청정도론

제1권

"법을 보는 자, 나를 본다"고 말씀하신
부처님 세존께
『청정도론』제1권을 바칩니다.

발간사

'빠알리 삼장의 한글 완역'을 근본 설립취지로 하여 〈초기불전연구원〉이 개원한지도 1년 6개월이 지났다. 이제 드디어 『청정도론』을 완역하여 출간하게 되었으니 이는 참으로 경이롭고(*acchariya*) 경사스러운(*abbhūta*) 사건이다. 『청정도론』은 빠알리 삼장을 이해하는 나침반이요, 이제 드디어 우리는 빠알리 삼장의 한글 완역을 위한 나침반을 얻었기 때문이다.

빠알리 삼장을 제대로 역출해내기 위해서는 몇 가지 구비해야 할 기본 장비들이 있다.

첫째는 언어학적 소양이 있어야 한다. 매개 언어인 빠알리어에 정통해야 한다. 빠알리어에 정통하기 위해서는 빠알리 문법과 어휘와 구문에 정통해야 하고 그러기 위해서는 빠알리어의 언어적 기반인 베다어와 쁘라끄리뜨어(방언)를 포함한 인도 고대어 즉 산스끄리뜨어에 대한 정확한 이해와 충분한 소양이 있어야 한다. 이들을 바탕으로 정확한 독해력을 완비하여야 한다.

둘째는 경에 대한 안목이 있어야 한다. 아무리 빠알리어에 능통하다해도 경에 대한 정확한 이해가 없이는 경에서 설하는 금구성언을 제대로 읽어낼 수 없다. 그러면 경에 대한 안목을 어디서 구할 것인가. 도대체 어떤 것을 두고 경에 대한 정확한 이해라 할 것인가 고뇌하지 않을 수 없다. 이런 고뇌를 바탕으로 전개되어 온 것이 아비담마의 역사이고 이런 아비담마의 체계를 통해서 경에 대한 정확한 이해를 추구해온 것이 주석서(Aṭṭhakathā)들이다. 경에 대한 정확한 이해는 그러므로 아비담마와 이에 바탕한 주석서들을 정확하게 섭렵하는 것에서 출발된다. 그렇지 않으면 자칫 자신의 반딧불만큼도 못한 알량한 이해를 가지고 광휘로운 태양과 같은 지혜라고 우기며 금구성언을 자기 깜냥으로 망쳐놓게 될 것이다. 두려운 일이다.

셋째는 수행이 뒷받침되어야 한다. 아무리 언어학적 소양과 경에 대한 정확한 이해를 갖추었다하더라도 이것을 지금 여기 내 삶에서 적용시켜 해탈열반을 실현하리라는 근본적인 태도를 가지지 못하는 한 삼장을 통해서 전승되어 온 부처님의 메시지는 바르게 읽어내지 못할 것이다.

〈초기불전연구원〉의 소임자들은 이러한 세 가지를 구비하려고 꾸준히 노력해 왔다. 그래서 인도유학시절에는 산스끄리뜨 공부에 열중하여 베다와 6파철학과 문법과 냐야(인명)를 공부하였으며 스리랑카와 미얀마에서는 아비담마를 공부하였고 틈틈이 위빳사나 센터에서 정진하는 것도 게을리 하지 않았다. 지금도 이 셋을 갖추기 위해서 노력하고 있으며 앞으로도 이것을 생명으로 하여 금구성언을 하나하나 한글로 옮길 것이다.

그리고 〈초기불전연구원〉에서는 이러한 세 가지 필수장비를 두루 갖추기 위해서 삼장을 본격적으로 역출하기 전에 빠알리 삼장 이해의 완벽한 지침서인

『청정도론』을 먼저 출간하게 되었다. 그것은 다음과 같은 이유 때문이다.

첫째, 『청정도론』에는 빠알리 삼장에서 나타나는 거의 대부분의 단어와 술어들이 집약되어 있다. 빠알리 사전들에 등장하는 단어들이 대략 1만 3천개 정도라면 『청정도론』에 등장하는 단어들은 대략 1만 1천개 정도이다. 『청정도론』은 수많은 합성어를 쏟아내며 삼장의 메시지를 함축적으로 전달하고 있는 어려운 문장들의 연속이다. 어느 하나 수월한 문장이 없다. 『청정도론』의 원문을 제대로 읽어내어야만 빠알리에 대한 언어학적 소양을 충분히 갖추었다고 자부할 수 있다는 것이 상좌부 교단의 정설이다. 이제 본원에서는 『청정도론』 역출을 계기로 거의 대부분의 빠알리 어휘와 술어들을 통일적으로 이해하고 정착하게 되었으며 조만간 이를 책으로 발표할 예정이다.

둘째, 『청정도론』은 빠알리 삼장을 이해하기 위해서 반드시 거쳐야 하는 노둣돌이다. 그러므로 붓다고사 스님은 다른 여러 주석서들의 서문에서 다음과 같이 자신 있게 밝히고 있다.(본서의 해제를 참조할 것)

> 모든 초월지들과 통찰지〔慧〕의 정의를 내리는 것과
> 무더기〔蘊〕·요소〔界〕·감각장소〔處〕·기능〔根〕과
> 네 가지 성스러운 진리〔諦〕와 여러 조건〔緣=緣起〕의 가르침과
> 극히 청정하고 능숙한 방법과 경전을 벗어나지 않은 도〔道〕와
> 위빳사나 수행 — 이 모든 것은
> 내가 지은 『청정도론』에서 아주 청정하게 〔설명되었다.〕
> …
> 『청정도론』은 네 가지 전승된 가르침〔四阿숨〕들의
> 중앙에 서서 거기서 말씀하신 뜻을 드러내기 때문이다."

그러므로 『청정도론』을 읽어내지 못하면서 경에 대한 정확한 이해를 말한다는 것은 어불성설이다.

셋째, 『청정도론』은 계·정·혜라는 불교수행의 세 버팀목과 칠청정이라는 불교수행의 일곱 절차를 그 근간으로 하고 있다. 특히 18장에서 22장까지에서 상세하게 열거하고 있는 다섯 가지 청정은 통찰지 수행의 핵심을 이룬다. 이것은 순간(18장)과 조건(연기, 19장)을 철저하게 봐서 모든 경계에 속지 않고(20장) 지혜를 완성하여(21장) 구극의 청정인 사쌍팔배(四雙八輩)의 성자의 경지로 인도하는(22장) 청정한 길을 제시하고 있기 때문에 스스로를 『청정도론』이라 부르고 있으며 불교수행에 있어서 만대의 표준을 천명하고 있다.

이처럼 『청정도론』의 번역은 빠알리 역출자가 갖추어야할 위의 삼대요소를 충족하지 않고서는 누구도 감히 엄두를 내지 못하는 일이다.

이제 〈초기불전연구원〉에서는 『청정도론』을 세상에 내어놓는다. 상좌부 불교의 부동의 준거를 마침내 제대로 소개하게 되었다는 자부심도 없는 것은 아니지만 그것보다는 본서로 인해 〈초기불전연구원〉이 빠알리 삼장의 완역 불사를 감당할 충분한 실력을 갖추었음을 유감없이 보여주는 증거가 되리라는 점에서 더 큰 의미를 찾는다. 물론 아직 미흡한 점이 많을 것이다. 강호제현들께서 검증해주시기를 기대한다.

〈초기불전연구원〉에서는 상좌부 아비담마의 핵심인 『아비담맛타 상가하』를 상세한 주해와 함께 번역하여 『아비담마 길라잡이』(상/하)로 출간하면서 역경불사의 돛을 달았다. 그리고 초기불교의 3대 수행지침서인 「긴 념처경」,

「출입식념경」,「염신경」과 그 주석서들을 옮긴 『네 가지 마음챙기는 공부』와 『들숨날숨에 마음챙기는 공부』도 이미 출간하여 수행자들로부터 많은 호응을 얻고 있다. 그리고 『아비담맛타 상가하』(아비담마 길라잡이) 역출을 바탕으로 하여 이제 『청정도론』을 완역해내면서 역경불사를 위한 토대가 제대로 다져졌다고 자평한다.

마음챙김(sati)을 토대로 불교수행법이 지금까지 면면히 이어져오고 『아비담맛타상가하』와 『청정도론』을 항해도로 하여 빠알리 삼장이 순조롭게 우리들에게까지 전승되어왔듯이 본원도 이들을 의지하여 올해부터 본격적으로 빠알리 삼장 역경불사 3차 5개년 계획을 하나하나 실현해갈 것이다. 차질 없이 빠알리 삼장을 모두 완역하여 삼보님전에 헌정할 것을 거듭 다짐해본다.

이러한 불사는 부처님의 가피가 없이는 결코 가능한 일이 아닐 것이다. 부디 제불보살님들과 호법선신들의 가피력이 〈초기불전연구원〉에 함께 하시어 본원의 역경불사가 장애 없이 성취되게 하소서!

Ciraṁ tiṭṭhatu lokasmiṁ sammāsambuddhasāsanaṁ.
(이 세상에 부처님 교법이 오래 오래 머물기를!)

불기 2548년 3월

초기불전연구원
지도법사 각 묵

전체 목차

제1권

　해제　　　　　　　　　　　　　　　　　　23
　제1장　계〔戒〕　　　　　　　　　　　　　119
　제2장　두타행　　　　　　　　　　　　　217
　제3장　명상주제의 습득　　　　　　　　　265
　제4장　땅의 까시나　　　　　　　　　　　331
　제5장　나머지 까시나　　　　　　　　　　421
　제6장　부정〔不淨〕의 명상주제　　　　　439
　제7장　여섯 가지 계속해서 생각함〔隨念〕　457

제2권

　제8장　계속해서 생각함의 명상주제　　　19
　제9장　거룩한 마음가짐〔梵住〕　　　　　35
　제10장　무색〔無色〕의 경지　　　　　　　193
　제11장　삼매　　　　　　　　　　　　　　223
　제12장　신통변화　　　　　　　　　　　　281
　제13장　초월지　　　　　　　　　　　　　345
　제14장　무더기〔蘊〕　　　　　　　　　　399
　제15장　감각장소〔處〕와 요소〔界〕　　　503
　제16장　기능〔根〕과 진리〔諦〕　　　　　527

제3권

제17장 통찰지의 토양〔緣起〕	19
제18장 견청정〔見淸淨〕	173
제19장 의심을 극복함에 의한 청정	197
제20장 도와 도 아님에 대한 지와 견에 의한 청정	215
제21장 도닦음에 대한 지와 견에 의한 청정	279
제22장 지와 견에 의한 청정	43
제23장 통찰지수행의 이익	397
결론〔nigamanakathā〕	425
후기〔ganthakāraguṇakittana〕	428
역자후기	433
참고도서	437
색인 및 찾아보기	445

제1권 목차

해제   23

  1. 들어가는 말 ··· 25
  2. 상좌부불교에서 차지하는 『청정도론』의 위치와 성격 ············ 28
  3. 책의 제목 ··· 33
  4. 저자에 대해서 ··· 35
  5. 붓다고사가 지은 주석서들 ···································· 40
  6. 『청정도론』 탄생의 역사적 배경 ······························· 42
  7. 붓다고사의 역할 — 著述家가 아닌 編譯/譯出家 ·············· 49
  8. 『해탈도론』(Vimuttimagga)과 『청정도론』 ··················· 50
  9. 『청정도론』의 복주서들 ······································· 56
 10. 『아비담맛타 상가하』(아비담마 길라잡이)와 『청정도론』 ······· 59
 11. 『청정도론』의 중요성 — 수행의 측면에서의 고찰 ············· 62
 12. 상좌부불교의 발전 단계 ······································ 63
 13. 『청정도론』의 구성 및 개관 — 계·정·혜를 중심으로 ·········· 74
 14. 칠청정의 측면에서 본 『청정도론』 ··························· 80
 15. 번역의 저본 및 현존하는 번역본들 ··························· 94
 16. 『청정도론』에 나타나는 주요단어들의 한글번역에 대하여 ······· 98
 17. 맺는 말 ··· 116

제1장 계(戒) 119

집필동기(因由分)		121
계의 해설	§16	131
Ⅰ 무엇이 계인가	§17	132
Ⅱ 무슨 뜻에서 계라 하는가	§19	134
Ⅲ 계의 특징, 역할, 나타남, 가까운 원인은 무엇인가	§20	134
Ⅳ 무엇이 계의 이익인가 = 계의 이익에 대한 주석	§23	136
Ⅴ 얼마나 많은 종류의 계가 있는가	§25	138
한 가지 및 두 가지	§26	139
세 가지	§33	143
네 가지	§39	146
계목의 단속에 관한 계	§43	148
감각기능(根)의 단속에 관한 계	§53	154
생계의 청정에 관한 계	§60	159
필수품에 관한 계	§85	171
네 가지 청정을 성취하기 위한 방법	§98	179
다섯 가지	§131	196
Ⅵ 무엇이 이것의 오염원인가 Ⅶ 무엇이 깨끗함인가	§143	204

제2장 두타행 · · · 217

13가지 두타행 ··· §2   220

    1. 분소의를 입는 수행의 주석 ························ §14   226

    2. 삼의만 수용하는 수행의 주석 ····················· §23   230

    3. 탁발음식만 수용하는 수행의 주석 ··············· §27   232

    4. 차례대로 탁발하는 수행의 주석 ·················· §31   235

    5. 한 자리에서만 먹는 수행의 주석 ················ §35   237

    6. 발우 〔한 개〕의 탁발음식만 먹는 수행의 주석 ········· §39   239

    7. 나중에 얻은 밥을 먹지 않는 수행의 주석 ········ §43   242

    8. 숲에 머무는 수행의 주석 ·························· §47   243

    9. 나무 아래 머무는 수행의 주석 ··················· §56   246

    10. 노천에 머무는 수행의 주석 ······················ §60   249

    11. 공동묘지에 머무는 수행의 주석 ················ §64   250

    12. 배정된 대로 머무는 수행의 주석 ··············· §69   253

    13. 눕지 않는 수행의 주석 ··························· §73   254

    일반적인 항목의 주석 ···································· §77   256

제3장 명상주제의 습득   265
Ⅰ 삼매란 무엇인가 ……………………………………… §2   268
Ⅱ 무슨 뜻에서 삼매라 하는가 ………………………… §3   268
Ⅲ 삼매의 특징, 역할 등은 무엇인가 ………………… §4   269
Ⅳ 얼마나 많은 종류의 삼매가 있는가 ……………… §5   269
    한 가지 및 두 가지 …………………………………… §6   269
    세 가지 ………………………………………………… §10   271
    네 가지 ………………………………………………… §14   272
Ⅴ 무엇이 이것의 오염원인가 Ⅵ 무엇이 깨끗함인가 ……… §26   277
Ⅶ 어떻게 닦아야 하는가? ……………………………… §27   277
    1. 열 가지 장애의 설명 ……………………………… §29   278
    2. 명상주제를 주는 자에 대한 설명 ……………… §57   291
    3. 기질의 설명 ………………………………………… §74   299
       40가지 명상주제의 설명 ………………………… §103   315

제4장 땅의 까시나		331
4. 적당하지 않은 사원과 적당한 사원의 설명	§1	333
적당하지 않은 사원	§2	334
적당한 사원	§19	339
5. 사소한 장애를 끊음	§20	340
6. 닦는 절차	§21	340
(1) 땅의 까시나	§21	340
까시나 만들기	§24	341
두 가지 삼매	§32	346
표상을 보호함	§34	346
열 가지 본삼매에 드는 능숙함	§42	350
다섯 가지 비유	§67	362
초선의 주석	§74	364
초선의 정형구	§79	367
다섯 가지 구성요소들을 버렸음 등의 설명	§104	380
세 가지로 좋음	§110	383
오래 머묾을 성취함	§120	387
표상을 확장하는 방법	§127	391
다섯 가지 자유자재	§131	393

제2선의 주석	§137	396
제2선의 정형구	§139	397
제3선의 주석	§151	402
제3선의 정형구	§153	403
제4선의 주석	§180	411
제4선의 정형구	§183	412
다섯으로 분류한 禪〔五種禪〕	§198	419

제5장 나머지 까시나 　　　　　　　　　　　　421

(2) 물의 까시나	§1	423
(3) 불의 까시나	§5	425
(4) 바람의 까시나	§9	426
(5) 푸른색의 까시나	§12	427
(6) 노란색의 까시나	§15	428
(7) 붉은색의 까시나	§17	428
(8) 흰색의 까시나	§19	429
(9) 광명의 까시나	§21	430
(10) 한정된 허공의 까시나	§24	431
일반적인 항목의 주석	§28	432

제6장 부정(不淨)의 명상주제　　　　　　　　　　　439
　부푼 것 등의 용어 설명 ······················· §1　441
　1. 부푼 것의 명상주제 ·························· §12　444
　2. 검푸른 것 ······································· §70　461
　3. 문드러진 것 ··································· §71　462
　4. 끊어진 것 ······································ §72　462
　5. 뜯어 먹힌 것 ·································· §73　463
　6. 흩어진 것 ······································ §74　463
　7. 난도질당하여 뿔뿔이 흩어진 것 ········· §75　463
　8. 피가 흐르는 것 ······························· §76　464
　9. 벌레가 버글거리는 것 ······················ §77　464
　10. 해골이 된 것 ································ §78　465
　일반적인 항목의 주석 ·························· §83　467

제7장 여섯 가지 계속해서 생각함[隨念]   475

   1. 부처님을 계속해서 생각함[佛隨念] ············ §2   479

      (1) 아라한 ·· §4   479

      (2) 바르게 깨달으신 분 ··· §26   487

      (3) 영지(靈知)와 실천을 구족하신 분 ················· §30   489

      (4) 피안으로 잘 가신 분 ······································ §33   490

      (5) 세상을 잘 아시는 분 ······································ §36   492

      (6) 가장 높으신 분 ··· §46   497

      (7) 사람을 잘 길들이시는 분 ······························ §47   498

      (8) 신과 인간의 스승 ··· §49   499

      (9) 부처님 ··· §52   501

      (10) 세존 ·· §53   502

   2. 법을 계속해서 생각함[法隨念] ·························· §68   510

   3. 승가를 계속해서 생각함[僧隨念] ······················ §89   519

   4. 계를 계속해서 생각함[戒隨念] ·························· §101   524

   5. 보시를 계속해서 생각함[施隨念] ······················ §107   527

   6. 신을 계속해서 생각함[天隨念] ·························· §115   530

   일반적인 항목의 주석 ·· §119   532

약어

A.   Aṅguttara Nikāya(증지부)
AA.   Aṅguttara Nikāya Aṭṭhakathā = Manorathapūraṇī(증지부 주석서)
AAṬ.   Aṅguttara Nikāya Aṭṭhakathā Ṭīkā(증지부 복주서)
ApteD   Apte's *Practical Sanskrit-English Dictionary*

BDD   Ven. Buddhadatta's *Concise Pali-English Dictionary*

CMA   *A Comprehensive Manual of Abhidhamma*
Cp.   Cariyapiṭaka(짜리야삐따까)
CpA.   Cariyapiṭaka Aṭṭhakathā(짜리야삐따까 주석서)

D.   Dīgha Nikāya(장부)
DA.   Dīgha Nikāya Aṭṭhakathā = Sumaṅgalavilāsinī(장부 주석서)
DAṬ.   Dīgha Nikāya Aṭṭhakathā Ṭīkā(장부 복주서)
Dhk.   Dhātukathā(界論)
Dhp.   Dhammapada(법구경)
DhpA.   Dhammapada Aṭṭhakathā(법구경 주석서)
Dhs.   Dhammasaṅgaṇi(法集論)
DhsA.   Dhammasaṅgaṇi Aṭṭhakathā = Aṭṭhasālinī(법집론 주석서)
DhsMT. Dhammasaṅgaṇi Mūlaṭīkā(법집론 근본복주서)
Dv.   Dīpavaṁsa(島史)

HOS   Harvard Oriental Series, Vol. 41

It.	Itivuttaka(如是語)
ItA.	Itivuttaka Aṭṭhakathā(여시어 주석서)
Jā.	Jātaka(本生譚)
JāA	Jātaka Aṭṭhakathā(본생담 주석서)
Khp.	Khuddakapātha(쿳다까빠타)
Kv.	Kathāvatthu(論事)
KvA.	Kathāvatthu Aṭṭhakathā(논사의 주석서)
M.	Majjhima Nikāya(중부)
MA.	Majjhima Nikāya Aṭṭhakathā(중부 주석서)
Miln.	Milindapañha(밀린다왕문경)
Mv.	Mahāvaṁsa(大史)
Nd1.	Mahā Niddesa(大義釋)
Nd2.	Cūla Niddesa(소의석)
Netti.	Nettippakaraṇa(指道論)
NettiA.	Nettippakaraṇa Aṭṭhakathā(지도론 주석서)
NMD	Ven. Ñāṇamoli's *Pali-English Glossary of Buddhist Terms*
Pe.	Peṭakopadesa(藏釋論)
PED	*Pāli-English Dictionary* (PTS)
Pm.	Paramatthamañjūsā = Visuddhimagga Mahāṭīkā(청정도론 주석서)

Ps.	Paṭisambhidāmagga (무애해도)
PṬ.	Paramatthadīpanī Ṭīkā (빠라맛타디빠니 띠까)
Ptṇ..	Paṭṭhāna (發趣論)
PTS	Pāli Text Society
PtṇA.	Paṭṭhāna Aṭṭhakathā (발취론 주석서)
Pug.	Puggalapaññatti (人施設論)
PugA.	Puggalapaññatti Aṭṭhakathā (인시설론 주석서)
Pv.	Petavatthu (아귀사)
PvA.	Petavatthu Aṭṭhakathā (아귀사 주석서)
S.	Saṁyutta Nikāya (상응부)
SA.	Saṁyutta Nikāya Aṭṭhakathā = Sāratthappakāsinī (상응부 주석서)
Sn.	Suttanipāta (經集)
SnA.	Suttanipāta Aṭṭhakathā (경집 주석서)
Th.	Theragāthā (장로게)
Ud.	Udāna (감흥어)
Vbh.	Vibhaṅga (分別論)
VbhA.	Vibhaṅga Aṭṭhakathā = Sammohavinodanī (분별론 주석서)
Vin.	Vinaya Piṭaka (율장)
VinA.	Vinaya Piṭaka Aṭṭhakathā = Samantapāsādikā (율장 주석서)
VinAṬ.	Sāratthadīpanī Ṭīkā (사라타디빠니 띠까 = 율장 복주서)
Vis.	Visuddhimagga (청정도론)

VṬ.	Abhidhammattha Vibhavinī Ṭīkā(위바위니 띠까)
Vv.	Vimānavatthu(천궁사)
VvA.	Vimānavatthu Aṭṭhakathā(천궁사 주석서)
Yam.	Yamaka(쌍론)
YamA.	Yamaka Aṭṭhakathā = Pañcappakaraṇa(야마까 주석서)
길라잡이	『아비담마 길라잡이』(Abhidhammattha Sanghaha 역해)
냐나몰리	The Path of Purification
삐 마웅 틴	The Path of Purity(PTS)
상가하	Abhidhammattha Sanghaha(아비담맛타 상가하)

일러두기

(1) 삼장(Tipiṭaka)과 주석서(Aṭṭhakathā)는 별다른 언급이 없는 한 모두 PTS본임. 복주서(Ṭīkā)는 미얀마 6차결집본임. M6/i.45는 『중부』 6번 경(『중부』 제1권 45쪽)을, M123은 『중부』 123번 경을, M.iii.123은 『중부』 제3권 123쪽을 나타냄.

(2) 본문의 단락번호는 HOS본의 단락번호를 따랐음.

(3) Pm의 숫자는 미얀마 6차결집본의 단락번호를 뜻하며 Pm에서 숫자 언급이 없는 것은 『청정도론』의 해당 원문에 대한 주석임을 나타냄.

(4) 관련된 곳의 문단번호는 괄호 속에 표기하여 제시하고 있음. 예를 들면 Ⅲ.§33은 『청정도론』 HOS본의 3장 33번 문단을 뜻함.

해제〔解題〕

해제(解題)

1. 들어가는 말

현존하는 불교는 크게 북방불교와 남방불교로 나누어진다. 북방불교는 설일체유부로 대표되는 부파불교를 제외하고는 모두 대승(Mahāyana)이라 자처하고 남방불교는 스스로를 상좌부(Theravāda)라 부른다. 상좌부는 말 그대로 부처님의 직계 제자를 위시한 장로 즉 큰스님들이 전승해온 부처님의 가르침이라는 말이다. 그래서 상좌부는 스님(출가자)들이 전승해온 스님들을 위한 가르침[1]이라 할 수 있다. 부처님의 45년간 가르침을 결집하고 전승해온 것도 스님들의 몫이었기 때문에 자연히 초기경들은 출가한 스님들이나 당시 외도 수행자들[2]에게 한 가르침이

---

1) 여기서 스님(bhikkhu)이라는 말 속에는 "도를 닦는 자는 누구나 비구라고 이름한다(『네 가지 마음챙기는 공부』, 80)"는 『장부 주석서』의 말처럼 장부일대사를 해결하고자하는 마음을 낸 모든 사람이 다 포함된다. 상좌부는 이런 마음을 낸 사람들을 위한 가르침이라는 의미이다.

2) 외도(外道)는 'aññatitthiya'의 한자역어이다. 여기서 'añña'는 '다른'을 나타내는 형용사이고 'titthiya'는 tittha(Sk. tīrtha, 여울)에서 파생된 명사로 '여울에 있는 자'를 나타낸다. 그래서 문자적으로는 '다른 쪽 여울에 있는 자'라는 뜻이며 불교에서는 부처님의 가르침 이외의 다른 길을 가는 자라는 의미로 쓰인다. 그래서 중국에서는 外道로 옮겼고 sectarian으로 영역하고 있다. 이런 외도 수행자로 초기경에서는 주로 유행승(paribbājaka, 遊行僧)들이 언급되고 있으며 그 외 사문(samaṇa, 沙門), 바라문(brahmaṇa), 나체 수행자(acela)들이 언급되고 있다. 아울러 육사외도(六師外道)로 여러 경에서 정리되어 나타난다. 이들 가운데 바라문들은 주로 결혼한 자들이었으며 다른

대부분을 이룬다. 그리고 출가자들은 '법에 의지하라'는 부처님의 유훈에 따라 이런 법을 배우고 연구하고 실천하고 체득하고 가르치는 일에 자신들의 모든 것을 다 바쳤다. 이런 그들의 노력이 고스란히 담긴 교학체계를 우리는 아비담마(Abhidhamma)라 부른다. 그래서 상좌부불교는 아비담마 불교이기도 하다.

아비담마는 문자 그대로 '법(dhamma)에 대해서(abhi)'라는 말이며 그래서 현장스님은 구사론에서 '대법(對法)'으로 옮겼다. 아비담마는 사리뿟따 존자를 비롯한 부처님 직계제자들과 그 후에 수많은 스님들이 법을 참구하고 고뇌하면서 발전시킨 어떤 일관된 법체계이다. 그들은 아비담마를 '수승한 법, 특별한 법'이라 불렀으며3) 중국에서는 그래서 승법(勝法)이라 옮겼고 대법(大法)이나 무비법(無比法)이라고도 옮겼다. 이처럼 출가자들의 제일의 관심은 오직 법이었지 결코 중생이 아니었다. 그들에게 중생이니 인간이니 하는 것은 법이 아닌 개념(paññatti)일 뿐이었다. 그들은 법을 배우고 연구하고(pariyatti, 교학) 그것을 내 삶에 적용시켜 도를 닦고(paṭipatti, 도닦음) 그래서 무상·고·무아의 법의 실상(보편적 성질)을 꿰뚫고 통찰하여(paṭivedha) 부처님이 보이신 해탈열반을 실현하기 위해서 일생을 다 바쳤다. 이처럼 법을 참구하며 평생을 바친 스님들이 부처님의 법을 참구하여 출가사문이 된 성스러운 과실(sāmaññaphala, 沙門果)을 증득하고 불법이 오래오래 이 세상에 머물게 하기 위해서 전승해온 가르침이 상좌부불교이고 아비담마이다.

그들은 소승이라든지 은둔불교라든지 아공법유라든지 부처님 가르침을 편협하게 이해하고 있다든지 하는 그들을 향한 어떠한 비난이나 도

      자들은 대부분 독신 수행자들로 이들은 모두 각 파에서 설정한 해탈(mokṣa, Pāli. mokkha)을 추구하여 수행을 하던 수행자들이었다.
3)   *tattha kenaṭṭhena abhidhammo? dhammātirekadhammavisesaṭṭhena atirekavisesatthadīpako hettha abhi-saddo.*(DhsA.2)

전에도 별 관심이 없었다. 그들의 관심은 부처님이 직접 설하신 법을 올바르게 이해(빠리얏띠)하고 그것을 자신에게 적용시켜 잘못된 견해를 극복하고 바른 도를 실천하여(빠띠빳띠) 괴로움에서 벗어나(빠띠웨다) 부처님이 보이신 해탈열반을 직접 실현하는 것이었으며 이런 출가생활이 이웃이나 불교도들에게 가장 큰 공덕을 가져다준다고 확신하고 있었다. 이렇게 함으로 해서 세상의 위없는 복전(福田, puññakkhetta)이 된다고 부처님께서 설하셨기 때문이다.[4]

그들은 역사적으로 존재한 어떤 불교보다도 그들의 법체계가 가장 부처님 원음을 순수하게 지켜오고 있다고 자부하여 왔으며 역사와 언어학이 발달한 요즘에는 이러한 사실을 거부하기 힘들다. 그리고 현장 스님이나 의정스님의 기록을 보면 그 당시에도 인도대륙에는 법의 궁구를 근본으로 하는 상좌부를 위시한 소위 말하는 부파불교의 교세가 대승보다 월등히 우세하였음을 알 수 있다. 그 후 무슬림의 침공으로 대승은 인도대륙과 중앙아시아와 동남아시아에서 그 자취를 감추었지만 상좌부는 그 전통을 면면히 계승해왔다. 오히려 역대 왕들로부터 부처님의 정통성을 인정받아 교단은 보호를 받았으며 그들의 법에 대한 결벽증에 가까운 진지함과 엄격한 승행은 지역민들의 큰 외호를 받아왔다. 출가자가 평생을 바쳐 법을 궁구하고 실천하며 검소하게 살 때 민중은 소승이라 비난하지 않았고 오히려 그러한 승단을 존중하고 외호하였고 그들을 복밭이라 여겼다. 이것이 상좌부불교의 역사이다.

여기 이러한 상좌부불교의 부동의 준거가 되는 『청정도론』이 있다. 붓다고사가 5세기에 편찬한 이 책은 너무나 잘 알려졌기 때문에 상좌부불교에 관한한 아무도 『청정도론』을 거부하지 못한다는 것은 더 이상 언설을 필요치 않는다. 『청정도론』을 상좌부불교의 부동의 준거라

---

[4] M.i.446 등.

고 인정한다면 이제 우리에게 이런 몇 가지 질문이 생긴다. '『청정도론』은 무엇을 설하고 있기에 1600여 년 동안 상좌부불교의 대명사로 불려왔는가? 그것은 구체적으로 무엇을 표방하고 가르치고 있는가? 그리고 그것이 표방하고 있는 가르침은 정말 열반이라는 청정으로 인도하는 도가 될 수 있는가?'

이제 해제를 쓰면서 철저히 이러한 관심과 의문과 고뇌를 바탕으로 시작하려한다. 그것이 역사적이고 학문적인 접근보다 더 의미있다고 판단한다. 아울러 이런 고뇌에 대한 나름대로의 대답은 『청정도론』이라는 결코 만만치 않은 책과 마주하고 앉아서 정독을 하고 계신 여러 독자들과 공유하는 보편적인 질문에 대한 답이 될 수 있으며 그래서 이 책을 읽는 독자들에게 이런 문제의식을 가진 해제가 훨씬 더 도움이 된다고 판단한다.

그러나 제대로 된 역사적 근거와 학문적인 분석 없이 『청정도론』의 근본 입각처를 논하는 것은 자칫 주관적이고 감상적인 접근이 될 수 있을 것이다. 그래서 먼저 『청정도론』과 저자에 관한 일반적인 고찰을 한 뒤 이 문제를 나름대로 천착해보고자 한다.

2. 상좌부불교에서 차지하는 『청정도론』의 위치와 성격

상좌부불교에서 『청정도론』의 위치는 각별하다. 아니 『청정도론』을 빼놓고 상좌부불교를 말한다는 것 자체가 성립될 수 없다. 그래서 20세기 초 서양의 어느 학자는 붓다고사를 스리랑카 불교의 두 번째 창시자라 부르기도 하였다.5) 지금 관점에서 보자면 거친 발상에 지나

---

5) "*It would be hardly too much to say that Buddhaghosa was the second founder of the Buddhism of Ceylon.*(R S. Copleston, 5)"

지 않지만 그만큼 백여 년 전의 서양학자들의 눈에도 붓다고사는 각별한 사람이었던 것이 틀림없다.

『청정도론』의 성격을 한마디로 말하자면 『청정도론』은 기본적으로 주석서라는 점이다. 그것도 경장인 4부 니까야(Nikāya)에 대한 주석서이다. 그래서 『청정도론』이 아무리 아비담마적인 방법론으로 불교의 기본 주제인 계·정·혜를 설명한다 하더라도 『청정도론』은 아비담마 논서가 아닌 경장의 주석서라는 기본 성격을 분명히 해야 한다. 즉 부처님의 직접적인 가르침을 논의의 중심에 두고 있다는 말이다.

그래서 붓다고사는 『장부 주석서』(DA)와 『중부 주석서』(MA)와 『상응부 주석서』(SA)와 『증지부 주석서』(AA)와 『율장의 주석서』(VinA) 서문들에서 공히 다음과 같이 밝히고 있다.

"모든 초월지들과 통찰지(慧)의 정의를 내리는 것과
무더기(蘊)·요소(界)·감각장소(處)·기능(根)과
네 가지 성스러운 진리(諦)와 여러 조건(緣=緣起)의 가르침과
극히 청정하고 능숙한 방법과 경전을 벗어나지 않은 도(道)와
위빳사나 수행 – 이 모든 것은
내가 지은 『청정도론』에서 아주 청정하게 [설명되었다]
그러므로 거기서 설한 것은
다시 여기서 고찰하지 않을 것이다.
『청정도론』은 네 가지 전승된 가르침(四阿含)[6]들의
중앙에 서서 거기서 말씀하신 뜻을 드러내기 때문이다"[7]

---

6) 전승된 가르침으로 옮긴 원어 '아가마(āgama)'는 중국에서 아함(阿含)으로 옮긴 바로 그 단어이다. 빠알리에서도 이렇게 4부 니까야를 4아함으로 부르고 있다.
7) *sabbā ca abhiññāyo, paññāsaṅkalananicchayo ceva khandhadhātāyatanindriyāni, ariyāni ceva cattāri.*

해제(解題) 29

그래서 노만(K.R. Norman)도 이렇게 고찰하고 있다.

"그러므로 자연스럽게 『청정도론』은 삼장으로부터 네 가지 성스러운 진리(四諦)를 중심점으로 한 모든 중요한 가르침을 추출해 와서, 각 장을 그 주제와 관련지어 그것으로 논문의 전체에 수놓으면서 그들을 제시하고 있다. 그리고 각 장은 이러한 인용과 설명을 통해서 시종일관된 전체적인 체계 안에 서로 긴밀하게 조직되어있다. 여기에다 인도나 스리랑카에서 있었던 아주 많은 일화들을 통해서 특정 가르침을 예시하고 있다. 이렇게 하여 전체는 정교하게 만든 큰 건축물 안에 농축되어있다."[8]

실제로 역자가 VRI CD-ROM 버전으로 'visuddhimagge(위숫디막가에서)'라는 키워드로 조회해본 결과 경장의 네 가지 주석서들 가운데서는 206번이 나타났고 복주서들에서는 64번이 나타났으며 소부의 주석서들과 복주서들에서는 33번, 아비담마 주석서들과 복주서들에서는 53번, 율장의 주석서들과 복주서들에서는 21번이 나타났다. 『청정도론』이라는 이름을 밝히지 않고 언급하고 있는 곳을 합치면 이를 훨씬 넘는다고 한다.

이는 경장의 네 가지 주석서뿐만 아니라 붓다고사가 지은 율장의 주석서와 논장의 세 주석서와 다른 주석서들도 그 중심에는 항상 『청정도론』이 놓여있다는 말이 된다. 그래서 『청정도론』에서 논의한 주제

---

8)   saccāni paccayākāradesanā, suparisuddhanipuṇanayā
     avimuttatantimaggā, vipassanā bhāvanā ceva.
     iti pana sabbaṁ yasmā, visuddhimagge mayā suparisuddhaṁ
     vuttaṁ tasmā bhiyyo, na taṁ idha vicārayissāmi.
     majjhe visuddhimaggo esa catunnampi āgamānañhi
     ṭhatvā pakāsayissati, tattha yathā bhāsitaṁ atthaṁ.
                      — DA. i. 2-3; MA.i.2; SA.i.2; AA.i.2; VinA.i.2.
     Norman, 120-21.

는 그 주석서들에서 다시 설명하지 않는 것을 원칙으로 한다. 물론 많은 곳에 같은 설명이 반복되고 있기는 하지만. 그러므로 실로『청정도론』은 부처님의 직설이라고 자부하며 지금까지 남방 상좌부에서 면면히 전승해오는 경·율·론 삼장에 대한 모든 논의의 핵심에 있고 모든 해설의 기본 토대가 되고 있다.

조금 더 부연해서 설명해본다. 붓다고사는 방대한 부처님의 가르침 가운데서 가장 중요하고 반복해서 나타나는 가르침이나 문장들을 제일 먼저『청정도론』에서 계·정·혜의 주제 하에 일목요연하게 해설하여 초기불교에 대한 밑그림을 완성하고 있다. 이를 바탕으로 경장과 율장과 논장에 대한 주석서를 하나하나 지어나갔다. 만약 어떤 주제가『청정도론』에서 설명이 되지 않았지만 어떤 특정 니까야의 주석서의 주요 주제로 이미 설명을 했다면 그 특정 주석서를 참조하라고 언급하고 다른 주석서에서는 생략하는 방법으로 전체 주석서를 하나의 큰 장으로, 큰 체계로 구성하고 있다. 다시 말하면『장부』에서『증지부』까지의 주석서들은 어느 것이 먼저 출간되었다고 정확하게 이야기하기 곤란할 정도로 서로서로 상호언급(cross-reference)을 하고 있다는 점이다. 그래서 네 가지 주석서들은『청정도론』을 중심에 두고 거의 동시에 발표되었다고 보는 것이 타당하다.

이는 마치 메인 컴퓨터 A의 하드디스크에 함께 공유할 데이터를 저장해놓고 A1, A2, … An의 컴퓨터의 하드 디스크에다가 각각 다른 주제의 데이터를 저장하면서 반복해서 나타나는 데이터는 메인 컴퓨터 A를 참조하라고 연결해주고, 그 뿐만 아니라 어떤 데이터가 An에서 중요한 데이터로 저장이 되어있으면 특정 컴퓨터에서는 An을 연결해주면서 서로 데이터를 공유하고 있는 체계와 같다. 여기서 메인 컴퓨터 A의 역할을 하는 것이 바로『청정도론』이며 A1, A2 … An의 컴퓨터들은 각각 율장의 주석서들, 경장 4부 니까야의 주석서들, 논장의 주석서들에 해당한다고 보면 된다.

물론 붓다고사의 저작인지 의심스럽지만 그의 저작으로 인정되는 나머지 다섯 가지 주석서들9)과 담마빨라10)가 주석한 소부의 일곱 가지 게송으로 된 경들에 대한 주석서에서도 『청정도론』은 항상 그 중심에 놓여있다. 이 경우에도 『청정도론』에서 설명된 것은 『청정도론』을 참조하라는 언급만 있을 뿐 설명은 없다.11)

이런 구조의 핵심에 『청정도론』이 놓여있기 때문에 남방불교는 『청정도론』불교요 붓다고사 불교라 불러도 틀린 말이 아니라 할 수 있다.

한편 『청정도론』⇔주석서(Aṭṭhakathā)들의 구조는 Pm⇔복주서(Ṭīkā)들에도 그대로 적용된다. 『청정도론』이 주석서들의 중심에 놓여있다면 복주서들 가운데에는 『마하띠까』로 잘 알려진 『청정도론』의 복주서12) 『빠라맛타만주사』(Paramattha-mañjūsā, Pm, Mahāṭīkā, 마하띠까)가 놓여있다. 『청정도론』 복주서(Pm)의 저자인 담마빨라는 『장부』, 『중부』, 『상응부』의 복주서들의 저자이기도 하다. 여기서도 담마빨라는 각각의 복주서들을 주석하면서 Pm에서 설명한 부분은 더 이상 거론하지 않고 모두 Pm을 참조하라고 언급하고 있다. 이처럼 붓다고사의 방법을 그대로 적용하고 있는 것이다. 12세기에 사리뿟따에 의해서 만들어진 『증지부 복주서』에서도 꼭 같은 방법이 적용되어 Pm에서 이미 설명한 것은 이 Pm을 참조하라고 하고 있다.

---

9) 아래 §5를 참조할 것.
10) 아래 §9를 참조할 것.
11) "*ayamettha saṅkhepo, vitthārato pana asubhādibhāvanānayo visuddhi-magge vuttanayena gahetabbo.*(UdA.236, 등)"
12) 『청정도론』의 주석서들은 주석서(Aṭṭhakathā)라 부르지 않고 복주서(Ṭīkā)라고 부른다. 왜냐하면 『청정도론』이 삼장의 주석서(Aṭṭhakathā)에 해당하기 때문이다.

이처럼 『청정도론』⇔주석서들의 관계는 Pm⇔복주서들의 관계로 발전되는 것이다. 그만큼 『청정도론』을 이해하는 것은 남방불교의 삼장 ⇒ 주석서 ⇒ 복주서의 발전을 이해하는 핵심이 된다.

3. 책의 제목

먼저 『청정도론』에 나타나는 청정도론에 대한 설명부터 살펴보자. 『청정도론』(I. §5)에서는 스스로 이렇게 정의한다.

> "여기서 청정(visuddhi)이란 모든 더러움이 없어진 지극히 청정한 열반이라고 알아야 한다. 그 청정에 [이르는] 도가 청정도(visuddhimagga)다. 도(magga)란 체득하는 수단(adhigama-upāya)을 뜻한다."

여기에 대해서 담마빨라는 Pm에서 "이것으로 청정을 찾아간다, 찾는다, 얻는다고 해서 청정도라 한다. 청정도는 비방편(nippariyāya)이므로 출세간도라고 알아야 한다."13)라고 설명하고 있다.

붓다고사는 본서에서 경에 나타나는 청정도의 의미를 다섯 가지로 제시한 후 여기서는 계와 삼매와 통찰지 즉 계・정・혜를 의미한다고 말하고 있다. 간추려서 말하면 계・정・혜를 상수로 하여 열반이라는 지극한 청정을 얻는 수단인 그 도, 그 방법을 설명하고 있는 것이 『청정도론』이라는 뜻이다. 그리고 붓다고사는 본서에서(I. §7) 이런 계・정・혜를 통해서 실현되는 청정도를 다음과 같이 극명하게 밝히고 있다.

> "마치 사람이 땅위에 굳게 서서 날카롭게 날을 세운 칼을 잡고

---

13) "*visuddhiṁ maggati gavesati adhigacchati etenāti visuddhimaggo. ··· visuddhimaggoti ca nippariyāyena lokuttaramaggo veditabbo.*(Pm.3)"

큰 대나무 덤불을 자르는 것처럼, 계의 땅위에 굳게 서서, 삼매의 돌 위에서 날카롭게 날을 세운 위빳사나 통찰지의 칼을, 정진의 힘으로 노력한 깨어있는 통찰지의 손으로써 잡은 뒤, 자기의 상속에서 자란 갈애의 그물을 모두 풀고 자르고 부수어버릴 것이다.
그는 도의 순간에 엉킴을 푼다고 한다. 그는 과의 순간에 엉킴을 푼 자가 되어 신을 포함한 세상에서 최상의 공양을 받을만한 자가 된다."

한편 청정을 언급하면서 빼놓을 수 없는 것이 일곱 단계의 청정(sattavidhā visuddhi) 즉 칠청정(七淸淨)이다. 칠청정은 ① 계청정 ② 마음청정 ③ 견청정 ④ 의심을 제거함에 의한 청정 ⑤ 도와 도 아님에 대한 지견청정 ⑥ 도닦음에 대한 지견청정 ⑦ 지견청정이다.

이 일곱 단계의 청정은 차례대로 얻어지고 각 단계는 바로 다음 단계를 떠받쳐주고 있다. 첫 번째는 계(戒, sīla)와 두 번째는 정(定, samādhi, 삼매)과 나머지 다섯은 혜(慧, paññā, 통찰지)와 관련되어있다. 그리고 처음 여섯 가지는 세간의 도이고 마지막은 출세간의 도이다. 그리고 칠청정 가운데서 뒤의 다섯 가지 청정은 순수 위빳사나의 길이므로 상좌부의 전통 수행법을 소상하면서도 분명하게 밝힌 상좌부 수행체계의 골수에 해당된다.

사실 부처님 가르침을 계·정·혜로 분류하여 설명하는 것은 모든 불교에 공통된 방법이라 할 수 있다. 그러나 칠청정에 초점을 맞추어서 불교를 설명하는 것은 『청정도론』을 위시한 상좌부 전통에만 나타나는 각별한 점이다. 그러므로 이것은 『청정도론』과 『해탈도론』을 구분 짓는 잣대이기도 하며 『청정도론』과 다른 부파의 논서들을 구분 짓는 방법론이기도 하다. 칠청정에 대해서는 아래 §14에서 상세하게 고찰해보기로 하고 여기서는 이 정도로 간략하게 언급하고 넘어간다.

4. 저자에 대해서

『청정도론』의 저자 붓다고사 스님은 인도사람으로 알려져 있다. 인도 역사가 다 그러하듯이 붓다고사에 대한 정확한 역사적인 근거를 찾기란 쉽지 않다. 그러나 워낙 중요한 인물이기 때문에 다른 사람들 보다는 비교적 정확하게 그의 연대를 추적해볼 수 있다. 붓다고사에 관한 자료는 다음 몇 가지를 들 수 있다.

첫 번째로 제일 중요하고 직접적인 자료는 그의 저술들 끝에 나타나는 간단한 후기(nigamana)들이다. 지금도 그렇지만 출가자들은 자신을 자세하게 드러내는 것을 꺼리기 때문에 빠알리 전적들의 후기를 가지고 저자에 대한 구체적인 사실을 밝힐 수가 없다.

두 번째는 스리랑카의 역사서인 『마하왐사』(Mahāvaṁsa, 大史) 가운데 붓다고사를 다루고 있는 부분(XXXVII. §§215-246)이다. 이것은 『마하왐사』의 제2편에 속하는데 제1편이 완성된 4세기보다 무려 800여년 뒤인 12세기 뽈론나루와 불교부흥 시대에 쓰여진 것이다.

세 번째는 15세기에 미얀마에서 쓴 것으로 보이는 붓다고사의 일대기를 다룬 『붓다고사웃빳띠』(Buddhaghosuppatti, 붓다고사의 탄생)를 들 수 있다. 이 책은 전기가 아니고 냐나몰리 스님이 '통속소설(popular novel)'이라고 폄하했듯이14) 전설이나 소설에 가까운 문헌이기 때문에 자료로서의 가치는 많이 떨어진다.

네 번째로는 17세기나 18세기에 미얀마에서 편찬된 것으로 보이는 『간다왐사』(Gandhavaṁsa, 책의 역사)를 들 수 있다. 이것도 역시 후대의 저술이라 신뢰도는 떨어지지만 상좌부에 나타나는 여러 서적의 저자들을 전통적인 견해에 따라 비교적 정확히 서술하고 있기 때문에 상

---

14)   냐나몰리 스님, xxiv.

대적으로 그 신뢰도는 높은 편이다.

첫 번째 자료들 가운데서 MA와 AA의 후기(nigamana)에 의하면 그는 지금 마드라스 부근인 꼰제와람(Conjevaram)에 위치해 있었음이 분명한 마유라숫따빳따나(Mayūrasuttapaṭṭana)에 살았으며15) 유명한 조띠빨라(Jotipāla) 스님과 함께 지금 타밀나두 주에 해당하는 깐찌뿌라(Kañcipūra)에 살았다고 한다.16)

그리고 『청정도론』의 후기에 의하면 그는 스스로를 모란다케따까(Moraṇḍa-kheṭaka), 즉 모란다 지방 출신으로 부르고 있다. 남방스님들은 전통적으로 이 지역을 붓다고사가 인도에서 머물던 사원이 있던 곳으로 보지 않고 붓다고사가 태어난 곳으로 보기도 한다. 이곳은 지금 인도 안드라쁘라데쉬의 나가르주나콘다와 아므라와띠 중간쯤에 있는 어느 마을일 것이라고 주장한다. 이렇게 되면 붓다고사가 부처님 성도지인 마가다(지금의 비하르주) 출신이라는 『마하왐사』의 기록과 어긋난다. 그러나 이런 인도학자들의 주장이 힘을 받기 위해서는 더 정확한 근거와 자료가 필요하다 하겠다.

『사만따빠사디까』(VinA)의 니가마나(후기)에는 조금 더 자세한 정보가 나타난다. 이 부분을 옮겨본다.

> "나는 위나야의 달인이신 붓다밋따(Buddhamitta) 장로로부터 싱할리어로 된 마하앗타까타(Mahā-Aṭṭha[kathā])와 마하빳짜리(Mahā-Paccarī)와 꾸룬디(Kuruṇḍi)를 배웠다. [아누라다뿌라의] 마하 메가와나(Mahā Meghavana, 큰 구름숲) 숲에는 세존의 보리수로 장엄된 대사(Mahāvihāra)가 있다. … [이 논은] 시리니와사(Sirinivāsa) 왕 20년에 시작하여 21년에 완성하였다. …"17)

---

15)   MA.v.109.
16)   AA.v.98.
17)   Vin.vii.1415.

여기서 언급되고 있는 시리니와사 왕은 마하나마(Mahānāma) 왕(AD 409-431)이라고 하는데 여러 정황을 살펴볼 때 마하나마왕이 확실하다.

붓다고사에 대한 상세한 언급은 『마하왐사』에 나타난다. 그러나 이것은 붓다고사 멸후 700여년이 지난 12세기에 쓰여진 것이라 절대적으로 신뢰하긴 어렵지만 『마하왐사』의 정확성은 다른 문헌에 비해서 훨씬 높게 평가되고 있고, 또 지금 상좌부에서 인정되고 있는 붓다고사에 대한 정설이기 때문에 조금 상세하게 살펴볼 필요가 있다. 운문으로 되어있는 『마하왐사』의 관련 구절(Mv.XXXVII. §§215-246)을 산문으로 옮겨본다.

(1) 보리수가 있는 곳(인도 보드가야) 근처에 바라문 학도가 있었다. 그는 모든 학문과 지식과 베다에 통달했다. 그는 그가 배운 것에 정통했고 정확하게 그 구절을 외웠다. 그는 각파의 가르침에 깊은 관심을 가지고 있었기 때문에 전 인도를 다니며 논쟁을 벌였다. (§§215-216)

(2) 어느 날 그는 어떤 사원에 와서 빠딴잘리의 [요가수뜨라]를 한 구절도 틀린 데가 없이 정확하게 외웠다. 레와따라는 장로가 그의 비범함을 알아보고 제도하고자하여 '누가 당나귀 울음소리를 내는가'라고 하였다. 그는 '그러면 당신은 당나귀 울음소리의 뜻을 아시오'라고 반문했고 장로는 '알지'라고 대답하고는 그것을 정확하게 외우면서 각 구절의 뜻을 설명하고 잘못된 점까지 지적하였다.(§§217-220)

(3) 청년은 물었다. 그러면 '당신의 진언(manta)을 외워보십시오.' 장로는 아비담마를 외웠다. 그러나 그는 그 뜻을 정확하게 이해할 수 없었다. '이것은 어느 분의 진언입니까?' '이것은 부처님의 가르침이라네.' '제게 주십시오.' '그대가 출가를 해야 하네. 그러면 주겠네.' 그는 그 진언에 지대한 관심이 있었기 때문에 출가

하였다. 삼장을 다 배우고 "이것은 유일한 도다(M.i.55)"라고 확신하였다.(§§221-223)

(4) 그의 음성(*ghosa*)은 부처님(Buddha)처럼 깊고 그윽했기 때문에 붓다고사(Buddhaghosa, 佛音)라 불렀으며 그의 음성은 부처님처럼 전 대지위에 [퍼질 것이다].(§224)

(5) 거기서 그는 『냐노다야』(Ñāṇodaya)라는 논서를 지었고 『담마상가니』의 주석서인 『앗타살리니』(Atthasālinī, DhsA)를 지었다.18) 그 다음에 그는 빠릿따(Paritta, 護呪)에 대한 주석서를 짓기 시작했다.(§§225-226)

(6) 레와따 장로가 그것을 보고 '여기는 단지 성전(Pāli)만 남아있을 뿐이고 주석서(Aṭṭhakathā)는 남아있지 않으며 스승들의 학설도 조각나버리고 더 이상 전해오지 않는다네. 그러나 [섞이지 않은] 순수한 싱할리 주석서가 아직 보존되어있다네. 그것은 부처님께서 가르치셨고 사리뿟따 등이 합송한 그대로 3차 결집에 의해서 전승된 것이라네. 그것은 지혜가 구족하신 마힌다 장로가 바르게 주석하는 방법에 따라 싱할리어로 옮긴 것이라네. 그곳으로 건너가게. 가서 그것을 배우고 마가다어로 다시 옮기게. 그러면 온 세상에 큰 이로움이 될 것일세.'(§§227-230)

(7) 이렇게 말하자 그는 기뻐하면서 출발하기로 결심하였다. 그는 큰 지혜를 가진 마하나마(Mahānāma) 왕의 재위 때에 이 섬으로 왔다.(§231)

(8) 그는 모든 참된 사람(*sādhu*)들이 머무는 대사(大寺, Mahā-vihāra)에 도착했다. 거기서 그는 대중방에 머물렀으며 상가빨라 아래서 상좌부의 가르침인 순수한 싱할리 주석서를 모두 다 배웠다. 그는 '오직 이것만이 법의 주인께서 뜻하신 바이다'고 확신하였다. (§§232-233)

---

18) 이를 근거로 해서 노만은 현존하는 『앗타살리니』(DhsA)는 붓다고사가 스리랑카로 건너가서 개정한 개정판이라고 보고 있다. Norman, 124-25.

(9) 그래서 그는 승가를 모아놓고 '제가 주석서를 만들도록 모든 책을 주십시오'라고 [부탁했다]. 그러자 승가는 그를 시험하기 위해서 게송 두 개를 준 뒤 '이 게송으로 그대의 능력을 보여라. 그러면 우리는 책을 모두 그대에게 건네주겠다.' 그 게송에 대해서 그는 주석서와 더불어 삼장을 요약하였으며 그것을 『청정도론』이라고 이름하였다.(§§234-236)

(10) 그러자 [아누라다뿌라의] 보리수 아래에서 교학에 능통한 승가를 모이게 하여 그것을 읽어 내려갔다. 그의 재능을 시험하기 위해서 신들의 무리가 그 책을 감추어버렸는데 두 번째, 세 번째까지 그것을 반복했다.(§§237-238)

(11) 세 번째로 그 책을 읽기 위해서 가져왔을 때 신들이 앞의 두 책도 가져왔다. 비구들은 그 세 책을 동시에 읽어 내려갔으며 그 세 책 가운데 장이나 뜻이나 자료의 순서나 구나 음절이 상좌부의 성전과 다른 부분이 하나도 없었다. 그러자 승가는 크게 기뻐하여 '참으로 이 자는 미륵(Metteyya)이로다.'라고 계속하여 외쳤다. (§§239-242)

(12) 그들은 그에게 주석서를 포함하여 삼장을 내어주었다. 그는 도서관(*ganthakāra*)에 머물면서 싱할리 주석서를 근본언어인 마가다어로 옮겼다. 그는 다른 언어를 사용하는 모든 사람들에게 큰 이익을 주었다. 전통을 전승해온 장로들은 모두 그것을 성전(Pāli)으로 승인하였다. 그 임무를 마치고 그는 인도로 돌아갔으며 [보드가야의] 보리수에 예배를 올렸다.(§§243-246)

이런 역사적인 배경들을 바탕으로 학자들은 그의 연대를 이렇게 추적한다. 붓다고사는 마하세나(Mahāsena, AD334-362/274-302) 왕까지 언급하고 있는 『마하왐사』의 전반부에 언급이 되지 않으므로 그 이전으로 올라가지는 않는다. 그러나 『선견율비바사』의 중국번역연대(AD498)이후로 내려가지는 않는다. 중국번역에는 붓다고사의 이름은 나타나지 않지만 『청정도론』은 인용하고 있기 때문이다. 이렇게 볼 때 대략

370-450년 사이에 그를 넣을 수 있다.19)

『마하왐사』에는 붓다고사가 마하나마 왕(AD409-431/349-371)때 스리랑카로 건너왔다고 적고 있다. 만일 중국 황제 Ma-ho-nam에게 AD428년에 서신을 보냈다고 하는 왕이 같은 마하나마라면 이 연대는 확정적이다. 그리고『사만따빠사디까』(VinA) 후기에서 그는 시리니와사(Sirinivāsa) 왕 20년에 시작해서 21년에 끝냈다고 적고 있으므로20) 붓다고사도 이 시대의 인물인 것은 분명하다. 그리고 아무리 내려가도 『사만따빠사디까』가『선견율비바사』로 한역된 AD489이하로는 내려오지 않는다.21) 그리고『청정도론』이 다른 주석서보다 먼저 쓰여진 것을 감안한다면『청정도론』은 대략 AD425년 전후에 완성된 것으로 보는 것이 무방할 것 같다.

5. 붓다고사가 지은 주석서들

『마하왐사』와『간다왐사』22) 등에 의하면 전통적으로『청정도론』외에도 다음 12가지 주석서들이 붓다고사의 저작으로 나타난다.

(1) 율장의 주석서들
　① 사만따빠사디까(Samantapāsādikā): 율장의 주석서(VinA)
　② 깡카위따라니(Kaṅkhāvitaraṇī): 빠띠목카에 대한 주석서
(2) 경장의 주석서들
　③ 수망갈라윌라시니(Sumaṅgalavilāsinī): 장부의 주석서(DA)
　④ 빠빤짜수다니(Papañcasūdanī): 중부의 주석서(MA)

---

19)　Hinuber, 102-3.
20)　『담마빠다 앗타까타』의 후기(DhpA.iv.235)에서는 Sirikūṭa로 적고 있음. 이 이름들은 모두 마하나마왕의 다른 이름이라고 한다.
21)　Norman, 130.
22)　위 책, 121.

⑤ 사랏탑빠까시니(Sāratthappakāsinī): 상응부의 주석서(SA)
⑥ 마노라타뿌라니(Manorathapūraṇī): 증지부의 주석서(AA)
⑦ 빠라맛타조띠까(Paramatthajotikā): 쿳다까빠타(Kuddakapāṭha)와 숫따니빠따(Suttanipāta)의 주석서(KhuA, SnA)
⑧ 담마빠다앗타까타(Dhammapadatthakathā): 법구경(Dhammapada)의 주석서(DhpA)
⑨ 자따까앗타까타(Jātakatthakathā): 본생경의 주석서(JāA)

(3) 논장의 주석서들
⑩ 앗타살리니(Atthasālinī): 법집론(Dhammasaṅgaṇī)의 주석서(DhsA)
⑪ 삼모하위노다니(Sammohavinodanī): 분별론(Vibhaṅga)의 주석서(VbhA)
⑫ 빤짜빠까라나앗타까타(Pañcapakaraṇatthakathā): 나머지 다섯 논장의 주석서

이 가운데서 경장의 4부 니까야의 주석서들과 율장의 두 주석서는 의심할 여지가 없이 붓다고사의 저술로 인정이 된다.

논장의 세 주석서는 큰 틀로는 앞에서 밝혔듯이 『청정도론』과 긴밀한 관계 속에 편찬되었지만 『청정도론』과 다른 견해가 등장하기 때문에 이는 붓다고사의 제자들이 붓다고사의 지시나 감독에 따라 편찬했을 것이라는 견해들이 있다. 그러나 적어도 붓다고사가 큰 역할을 하면서 관련된 것은 분명하다. 그리고 노만은 몇 가지 이유로 이런 견해를 인정하지 않는다. 오히려 『마하왐사』의 서술에 따르면 논장의 『앗타살리니』(DhsA)나 『삼모하위노다니』(VbhA)는 붓다고사가 스리랑카로 오기 전에 인도에서 이미 저술한 것이고 그것을 다시 스리랑카에서 『청정도론』의 체계 속에 개작한 것이어서 견해가 다를 수도 있다고 보는 입장이다.[23] 역자도 이 견해를 존중한다.

나머지 붓다고사의 저작으로 언급하는 『소부 니까야』에 대한 주석

---

23) Norman, 124-25. 『길라잡이』 서문 §6도 참조할 것.

서들은 『청정도론』을 중심한 붓다고사의 저술들과는 서술방법 등이 다르기 때문에 다른 스님의 저술일 것으로 판단하는 학자들이 있지만 충분한 근거를 가지고 거론되는 다른 저자가 없고 전통적으로 붓다고사의 저술로 인정되기 때문에 냐나몰리 스님과 노만은 큰 무리 없이 붓다고사의 저술로 인정하는 편이다.24)

6.『청정도론』 탄생의 역사적 배경

율장의 주석서인『사만따빠사디까』(VinA)의 인유분(因由分, *nidāna-kathā*)에 의하면 아소까 대왕은 불교를 그의 통치이념으로 정하고 다른 나라나 인도의 변방으로 10무리의 전법사들을 파견하였다 한다.25) 이 것은 산치대탑의 유물 가운데서 열 곳의 전법사들의 유해(사리)를 담은 통이 발견됨으로 해서 의심할 여지가 없게 된다. 이렇게 전파한 불교는 아소까 대왕 때 이루어진 3차 결집에서 공인된 상좌부불교이다. 그 가운데서 가장 성공적으로 불법이 정착한 곳이 스리랑카와 간다라지방(*kasmīra-gandhāraraṭṭha*)이었다.26) 스리랑카는 현존하는 남방불교의 근원지이며 간다라는 북방 아비달마불교의 대명사가 된 설일체유부의 근거지이다. 규기가 지은『이부종윤론술기』에 의하면 간다라지방에 그 교세를 떨쳤던 설일체유부는 이 부파의 일곱 번째 논서인『발지론』을 지은 가다연니자(Kātyāyanīputra)에 의해서 BC150-50년쯤에 상좌부로부터 분파하였다고 한다.27)

---

24) Norman, 127-29.
25) VinA.i.63-64.
26) *kasmīra-gandhāra-raṭṭha*(VinA.i.64-66).
27) 권오민,『아비달마 불교』34.
    흥미롭게도 스리랑카에서도 거의 같은 시기에 무외산사파가 정통 상좌부를 자처하는 대사파로부터 분파하였다.

스리랑카 불교역사도 예외 없이 이러한 부파분열의 현상이 드러나는데 그것은 잘 알려진 바 무외산사(無畏山寺, Abhayagirivihāra)가 BC100년쯤에 설립되면서부터였다. 그러나 스리랑카는 정통상좌부 불교를 고스란히 간직하고 있다는 큰 자부심을 가진 대사(大寺, Mahāvihāra)의 각고의 노력으로 마침내 무외산사를 제압하고 정통 상좌부의 가르침을 지금까지 전승해오고 있다. 그 핵심에는 인도출신인 붓다고사스님이나 역시 인도출신인 붓다닷따, 아난다, 담마빨라 스님 등 기라성 같은 대가들이 있음은 재론할 여지가 없다. 이런 사실만 봐도 인도 내의 상좌부와 스리랑카의 상좌부는 긴밀한 관계를 가지고 있었으며 인도 상좌부에서도 스리랑카의 상좌부를 그 정통으로 인정하고 있었다고 볼 수 있다. 그러다 인도에 불교가 미약해지면서 스리랑카는 상좌부 불교의 보고로서의 역할을 해왔으며 미얀마와 태국 등지로 전파되었다. 이제 스리랑카의 역사를 통해서 이를 살펴보자.

어느 시대 어느 사회를 막론하고 보수와 진보, 쇄국과 개방의 갈등과 대립은 있어왔을 것이다. 붓다고사가 스리랑카로 오기 몇 백 년 전부터 스리랑카의 상황도 마찬가지였다고 본다. 스리랑카가 예부터 지금까지 인도대륙의 정치, 문화, 경제적인 영향권에 속한다고 볼 때 스리랑카의 정치와 문화 행위는 인도대륙과 분리하여 이해할 수 없으며 그런 와중에 보수는 항상 민족의식의 고취에 관심이 많고 진보는 외국(인도)의 사조를 수용하면서 적극적으로 국제사회에 동참하려는 생각을 가졌을 것이다. 사건 중심으로 이런 상황 몇 가지를 살펴보자.

첫째, 아소까 대왕의 아들이며 출가해서 스님이 된 마힌다(Mahinda) 장로가 BC 3세기 때 불교를 스리랑카에 전할 때 빠알리 삼장과 주석서를 함께 전했다고 한다. 문제는 이 주석서는 마힌다 장로에 의해서 싱할리어로 옮겨져서 그 후 계속해서 싱할리어로 전승되어왔다는 점이다. 학자들은 붓다고사가 지은 현존 주석서 문헌들을 자세히 분석한

결과 주석서에 나타나는 인도스님들의 언급은 거의 전부 마힌다 장로가 스리랑카로 전해주기 이전인 아소까 왕 이전의 스님들의 일화들이고, 그 외에 언급되고 있는 것들은 모두 그 후에 스리랑카에서 있었던 일화들이라고 한다.28) 이런 점에서 볼 때 초기주석서는 마힌다 장로가 전한 것이 분명하고 이는 싱할리어로 계속 보강되면서 전승되어왔다고 보고 있다.

스리랑카에서 상좌부의 정통성을 주장하는 이들이 그 주석서들을 빠알리가 아닌 싱할리어로 전승해왔다는 사실은 역사적으로 중요한 의미를 가진다. 그 가장 큰 이유는 인도대륙의 변화무쌍한 학파난립과 신흥사상의 영향을 받지 않기 위해서였을 것이고, 실제 그것은 전통적인 가르침을 다른 신흥사상과 섞지 않고 전승할 수 있다는 큰 장점으로 작용했을 것이다.

그러나 그 여파로 자연적으로 스리랑카의 상좌부는 스리랑카에만 고립되게 되었을 것이다. 인도의 강한 문화적 정치적인 입김에서도 상좌부 전통을 잘 고수해오는 장점도 있지만 반면 자연 국제 불교의 흐름과는 고립되게 되었을 것이다. 물론 인도전역, 특히 남인도에 상좌부 가르침은 상당히 퍼져있었을 것이지만 스리랑카 상좌부의 입장에서는 그것마저도 신흥사상과 섞인 것으로 의심하였을 것이며 실제로 인도의 상좌부가 마힌다가 전한 것과 같은 고주석서를 가졌다고 보기는 힘들다. 그래서 스리랑카 대사(大寺)의 스님들은 더욱더 그들의 싱할리 주석서를 고수하였을 것이고 다른 부파에 노출시키기를 꺼려왔을 것이다.

그러던 중 역사적으로 큰 변화가 스리랑카 왕조에 생기게 된다.29) 왓따가마니(Vaṭṭagāmani, BC104-88) 왕 때에 바라문 띳사가 모반을 일으

---

28) 냐나몰리 스님, xx; Norman, 121.
29) 이하 냐나몰리 스님, x-xiv를 참조하였다.

키고 거기다가 기근과 침략까지 뒤따라 왕은 망명을 하게 된다. 대사의 비구들은 스리랑카의 남쪽이나 인도로 피난한다. 14년 후에 왕이 되돌아오고 비구들도 되돌아왔으나 문제는 이때부터 시작된다. 왕이 무외산사(無畏山寺)를 세운 것이다. 무외산사는 정통 상좌부의 대를 고집스럽게 이어 내려온 대사파에서 탈퇴하여 분파했다. 분명 무외산사는 신흥부파가 난립했던 인도와 긴밀한 관계가 있는 친인도적인 파였을 것이다. 왕은 무외산사를 옹호했다. 여기에는 인도와의 정치적 관계 등 여러 요인이 분명히 작용했을 것이다.

이에 위기를 느낀 대사(大寺)는 그 동안 구전으로 전승되어 오던 빠알리 삼장을 문자로 기록했다. 그것도 왕이 모르게 수도를 벗어나서 외딴 곳30)으로 가서 했다. 이 사실은 그들이 삼장에 대한 위기감을 크게 느꼈음을 말해준다. 왕의 후원이 끊어졌으므로 삼장을 구전으로 전승하기에는 역부족을 느꼈을 것이고 만일 왕이 안다면 왕권으로 삼장의 결집에 인도 신흥사상등 다른 이설을 넣으려는 영향력을 행사할 가능성이 컸기 때문일 것이다.

한편 이렇게 문자로 정착된 역사적인 사실을 후대 상좌부 전통에서는 4차 결집으로 부르고 있다. 빠알리 삼장의 문자화는 이런 역사적인 진통을 겪으면서 탄생되었다.

반면 무외산사는 역사의 부침을 겪으면서도 승승장구했던 것으로 보인다. 대사(大寺)에서 독립하여 왓따가마니 왕(BC104-88) 때 왓지뿟따까(Vajjiputtaka, 독자부)의 담마루찌 니까야(Dhammaruci Nikāya)를 그들의 정전으로 받아들였으며 보하리까 띳사(Vohārika-Tissa, AD215-237) 왕 때는 『방등부』(Vetuya Pitaka)를 받아들였다. 이 『방등부』는 왕의 신임을 받지 못하여 불태워지기도 하는 등 그 후 우여곡절을 겪었다. 『방등부』의 가르침은 대승에는 속하지 않지만 분명히 아함에서 더 발전된

---

30) 지금 스리랑카 Mātale 지방에 있는 알루 승원(Aluvihāra)임.

경전군이었음에는 틀림없다.

무외산사에 속하는 저작이거나 혹은 무외산사와 밀접한 관계에 있는 스님이 지은 것이 확실시되는 『위뭇띠막가』(Vimuttimagga, 해탈도론)도 이 무렵에 완성된 것이 분명하다. 그만큼 무외산사는 교학적으로도 체계를 갖추어갔으며 인도를 중심한 국제불교의 영향을 받으면서 활발하게 전개되었을 것이고 그것은 다시 대사의 위축으로 이어졌을 것이다. 대사의 교리적 체계를 담고 있는 주석서들은 모두 싱할리에 갇혀있었기 때문에, 혹은 일부러 가두어두고 다른 파에 공개하지 않았기 때문에 그들의 교학적인 열세는 당연하였을 것이다.

그러는 와중에 고타아바야(Goṭhābhaya, AD254-267) 왕 말년과 젯타띳사(Jeṭṭha-Tissa, AD267-277)왕 때 스리랑카는 큰 정치적 종교적 소용돌이에 휘말리는데 여기에는 인도 승려 상가밋따(Saṅghamitta)가 개입되어있다. 한때 젯타띳사 왕은 대사(大寺)를 옹호하고 상가밋따를 인도로 추방했으나 그를 뒤이은 마하세나(Mahāsena, AD277-304) 왕은 그를 다시 불러오고 대사를 9년이나 폐쇄하였다. 그 후 상가밋따는 암살당하고 대사는 다시 개원하고 『방등부』(웨뚤라 삐따까)를 다시 불사르는 등 크나큰 정치적, 종교적 소용돌이에 휘말리게 된다. 이런 배후에는 인도와 스리랑카간의 정치적, 문화적 충돌이 큰 역할을 했을 것임은 자명하다. 한편 『방등부』를 받아들이면서부터 무외산사파는 전통적인 빠알리로 전승된 삼장의 체계에서 볼 때 많이 혼란스러웠을 것이며 이것은 오히려 나중에 왕권으로부터 일종의 타락으로 의심받았던 것 같다.

그 후 민족의식이 점점 되살아나면서 붓다다사(Buddhadāsa, AD341-70)와 우빠띳사(Upatissa, 370-412) 왕 때 스리랑카의 역사서인 『디빠왐사』(Dīpavaṁsa, 島史)가 만들어지고 마하나마(Mahānāma, 412-434) 왕 때는 『마하왐사』(Mahāvaṁsa, 大史) 전편이 완성되기에 이르고 이때 붓다고사도 스리랑카로 들어오게 된다.

랑카 왕들이 자주의식이 강해지고 그런 왕들의 후원을 받은 대사도 여러 면에서 의식을 전환하게 되었을 것이다. 더 이상 주석서를 싱할리어에 가두어두어서는 안된다는 의견이 장로들 사이에서도 팽배했을 것이다. 그래서 그들은 그런 싱할리 주석서들과 그 외에 싱할리어로 전승되어 오던 여러 견해들을 빠알리로 부흥해내는데 많은 관심을 기울였을 것이며 그것을 그들 교단의 존립의 활로로 삼았을 것이다. 이미 『증지부 주석서』(AA)에 의하면 왓따가미니 왕(BC 104-88)때 빠알리 삼장을 문자로 정착시키면서 비구들은 수행보다는 부처님가르침의 바른 전승을 비구들의 더 큰 의무로 생각했다고 한다.(AA.i.92이하 참조)

그리하여 그들은 부처님 직계제자들의 사상을 고스란히 담고 있다고 자부하는 싱할리 주석서들의 빠알리화를 위한 적임자를 찾았을 것이고, 위에서 인용한 『마하왐사』의 붓다고사전기의 내용은 이런 사실을 반영해주고 있다. 빠알리어가 인도어이기 때문에 그들은 인도 대륙에 있던 상좌부 진영에서 이런 적임자를 물색했을 것이고 인도의 상좌부에서는 붓다고사라는 영민한 스님을 주목했고 그를 대사로 보냈거나 아니면 랑카의 상좌부에서 그를 초청하였을 것이다.

대사에서는 여러 가지 시험을 거치면서 그에게 싱할리 주석서들을 가르친 후 넘겨주었고 붓다고사는 『청정도론』을 완성하여31) 드디어 장로들의 인정을 받고 『청정도론』을 근간으로 각각의 빠알리 주석서들을 큰 체계 하에 집필하면서 모든 주석서들을 거의 동시에 완성했을 것이다. 그래서 정통 상좌부임을 자부하는 대사(大寺)에서는 이를 정통 견해로 인정하는 도장을 찍어 배포했을 것이다.

---

31) 두 번의 저술이 없어져버렸다는 『마하왐사』의 서술은 의미심장하다. 반대파들의 질투도 있었겠지만 여러 가지 복잡한 교단내외의 여러 사정들을 상징하고 있지 않나 싶다.

붓다고사의 이런 작업이 얼마나 성공적이었나 하는 것은 그 후의 역사가 증명해주고 있다. 무외산사나 제따와나사에서는 그 후 이렇다할 저작을 내놓지 못하고 있는데 비해[32] 대사에서는 이런 주석서들을 근간으로 바로 복주서들을 만들어내는 등 아난다 스님이나 담마빨라 스님 같은 기라성 같은 대가들을 배출하여 상좌부의 틀을 아무도 감히 넘보고 도전할 수 없는 큰 체계로 완성시킨다. 특히 담마빨라라는 대가에 이르러 상좌부는 완전한 기틀을 갖추고 그 후 어느 누구도 그 체계에 도전하지 못하게 된다.

12세기에 인도에서 무슬림 정권이 들어서면서 스리랑카에서는 민족부흥과 불교부흥이 불기 시작했고, 그것의 주역인 빠락까마바후(Parakkama-bāhu) 1세 왕(1153-1186)의 뽈론나루와 시대에 나머지 띠까(복주서)들이 완성되고, 무외산사와 제따와나사는 대사에 흡수되어 역사에서 사라지게 된다. 그리하여 스리랑카는 대사의 교리를 근본한 상좌부 불교의 본거지가 되며, 같은 12세기에 버마의 민족부흥과 불교부흥과 때를 맞추어 스리랑카의 상좌부불교는 버마와 태국과 캄보디아 베트남까지 그 영향을 미치게 된 것이다.

이상은 스리랑카의 민족운동과 상좌부 불교 부흥운동과 관련지어 고찰해본 것이고 인도 대륙의 측면에서도 다음과 같은 중요한 고찰을 해볼 수 있다.

마우리야 왕조이후 여러 왕조로 난립하던 인도대륙은 다시 AD 3-4세기에 빠딸리뿟뜨라에 힌두(바라문) 왕조인 굽타왕조가 정착하여 인도

---

32) 물론 이는 그들의 역사가 소실되어 아무것도 전해오지 않기 때문이기도 하겠지만 그들이 주석서나 복주서 등의 체계를 가지고 있었다는 구체적인 증거가 없는 듯하다.

의 많은 부분을 평정하면서 새로운 전기를 맞게 된다. 굽타왕조[33])는 학문을 크게 장려하여 이 왕조 때 인도의 바라문교를 비롯한 6파철학과 불교 자이나교 등의 교학체계가 그 체제를 완성하게 된다. 굽타왕조는 모든 종교와 학파를 존중했으며 그들이 그들의 교리를 산스끄리뜨어(넓게 보면 빠알리어와 자이나의 아르다마가디는 산스끄리뜨안에 포함된다)로 정착시킬 것을 강요한다. 그래서 이 시대에 각 사상의 학파들의 주요 수뜨라 문헌들이 많이 완성된다. 불교도 예외는 아니다. 이 시대에 『구사론』이 완성되고 대승의 여러 기본 논서들이 나타나고 있으며 더군다나 사회 통치체계와 관습체계로 『마누법전』이 완성된다. 이런 시대적 배경에서 상좌부불교도 예외는 아니었을 것이다.

이처럼 민족부흥과 상좌부 불교 부흥과 시기가 맞아 떨어져서 산스끄리뜨를 정확하게 구사할 수 있는 인도 스님들이 그 주역이 됨은 당연하고 더군다나 굽타왕조의 중심부(지금 비하르 주의 빠뜨나나 가야) 출신들이 그 역할을 담당했음은 당연하다 하겠다. 이런 배경으로 볼 때에도 상좌부 불교의 정전화(正典化, 빠알리화 혹은 산스끄리뜨화)는 미룰 수 없는 역사적인 요청이었을 것이다.

7. 붓다고사의 역할 — 著述家가 아닌 編譯/譯出家

이런 관찰을 토대로 여기서 우리가 분명히 해야 할 점은 붓다고사는 저술가의 입장에서 『청정도론』을 지은 것이 아니고 편역가 혹은 역출가의 입장에서 『청정도론』을 완성한 것이라는 사실이다. 다시 말해서 그의 역할은 대사의 장로들로부터 배우고 전승받은 싱할리어 주석서들과 인도의 안다라 지방 등에 존재하던 주석서들과 상좌부나 스리랑카 안에 존재하던 다른 여러 전적들을 비교 검토하여 대사에서 통용되는

---

[33]) 平川彰, 『인도불교사』 (하), 16-19 참조.

공식적인 견해를 중심으로 여러 가지 학설들을 취합하고 편집해서 대사의 정통견해로 고착시킨 것이라는 점이다. 그는 적어도 『청정도론』에서는 자신의 견해를 반영시키지 않았다고 본다.

『청정도론』을 지어서 대사의 까다로운 검증에 합격한 뒤 인도에 있을 때 지었다고 하는 초판 『앗타살리니』(DhsA)를 다시 개작해서 공표했다는 설을 만일 우리가 받아들인다면 『앗타살리니』는 오히려 그의 개인적인 견해를 제법 담고 있을 것이며 이것이 몇몇 곳에서 『청정도론』과 『앗타살리니』가 미세한 입장 차이를 보이는 이유 중의 하나로 봐도 무방할 것이다.

한편 담마빨라는 Pm에서 유감없이 그의 해박한 지식을 한껏 드러내 보인다. 그런 해박한 지식으로 『청정도론』의 입장을 완벽하게 변호하고 지지한다. 『청정도론』에는 이런 면이 거의 나타나지 않는다. 이것은 붓다고사가 해박한 지식이 모자라서라기보다는 『청정도론』 자체가 상좌부의 견해를 일목요연하게 만천하에 공포하는 것을 그 목적으로 하고 있기 때문이다. 하여 그의 개인적인 입장은 극히 자제하고 있는 것이라 하겠으며 그런 면에서 그는 그의 임무에 충실하다고 하겠다.

8. 『해탈도론』(Vimuttimagga)과 『청정도론』

『청정도론』을 언급하면서 빼놓을 수 없는 책이 바로 『해탈도론』(Vimuttimagga, 위뭇띠막가)이다. 이 책의 존재는 남방이나 서양 학자들에게는 알려지지 않았지만 일본 학자들에 의해서 한역 대장경에 포함되어있는 『해탈도론』이 소개되면서부터 큰 관심을 가지게 되었다. 왜냐하면 『해탈도론』의 체계는 『청정도론』의 혜품을 제외하면 거의 그 편집과 전개과정과 경인용 등의 방법이 동일하기 때문이다. 『해탈도론』은 AD 505년에 후난(Funan)의 삼장법사 상가빨라(Saṅghapāla, 僧護)

에 의해서 한역되었다. 원저자는 아라한 우빠띳사(Upatissa)라고 소개되었다. 이 우빠띳사가 율맥의 전승자로 율장에 나타나는 스리랑카의 우빠띳사와는 동명이인임이 분명한 것 같다.

한편 『청정도론』의 복주서인 Pm은 "여기서 '어떤 자들은'이라는 것은 우빠띳사 장로를 지칭하는 말이다. 그 분은 『위뭇띠막가』(해탈도론)에서 그렇게 설했다."34)라고 우빠띳사와 『위뭇디막가』를 단 한 번 직접 언급하고 있으며 그 내용은 한역 『해탈도론』에 그대로 나타난다.35)

여기서 『해탈도론』(위뭇띠막가)에 대한 학자들의 의견을 들어보자. 바파트(Bapat)는 몇 가지 이유로 『위뭇디막가』는 인도승 우빠띳사가 인도에서 저술한 것으로 생각한다. 이것은 그 때 당시 활약하던 상좌부 계열의 스님들이 대부분 인도출신임을 감안하면 설득력이 있다고 본다. 특히 『위뭇띠막가』의 두땅가에 대한 부분(이것은 『청정도론』의 두땅가와는 아주 다르다)이 티벳어로 번역된 것을 예로 들면서 북인도에서 저술된 것으로 본다.

『해탈도론』을 언급하면서 빼놓을 수 없는 중요한 언급이 『청정도론』의 주석서인 Pm에 나타난다. 『청정도론』에서 붓다고사가 상좌부의 견해에 따라 어떤 주제를 설명하면서 다른 자들의 견해를 인용하여 논박한 부분들 가운데 다섯 군데를 Pm의 저자 담마빨라는 무외산사(Abhayagiri Vihāra)의 견해라고 설명하고 있다. 이처럼 지적한 그 다섯 가지 견해들은 하나도 빠짐없이 『해탈도론』(위뭇디막가)에 정확하게 그대로 나타난다.36) 이 증거를 볼 때 『해탈도론』은 무외산사와 관련이

---

34) "*ekacce ti upatissattheraṁ sandhāyāha. tena hi vimuttimagge tathā vuttaṁ*(Pm.44, VIS. III. §80에 대한 주석)"
35) 『解脫道論 外』, 41. Soma Thera & Mahinda Thera, 57.

있었던 것이 분명하다. 그렇다고 해서 이것이 무외산사의 저작이라고 까지 볼 필요는 없는 것 같다. 노만37)과 냐나몰리 스님38)이 지적했듯이 다른 곳(인도든 스리랑카든)에서 저작된 것을 그들이 받아들였다고 볼 수도 있기 때문이다.

이렇듯 『해탈도론』은 『청정도론』을 지은 붓다고사와 『청정도론』의 주석서를 지은 담마빨라에게 익숙한 책이고 그들은 그 내용을 정확하게 파악하고 있었으며 『청정도론』 저작의 기본 모델이 되었다고 해도 과언이 아니다. 이 정도의 배경으로 『해탈도론』과 『청정도론』을 간략하게 비교해보자.

첫째, 『해탈도론』과 『청정도론』은 각각 해탈에 이르는 방법과 청정에 이르는 방법으로 공히 계·정·혜로 나누어 설명하고 있다. 그러나 『해탈도론』(총 12장)은 『청정도론』(23장)보다 분량이 아주 작다.

이 두 논은 각각 경에 나타나는 사구게를 해설하는 것으로 시작한다. 『해탈도론』은 『증지부』 등(A.ii.2; D.ii.123)에 나타나는 다음 게송을 해설하는 형식으로 논을 전개한다.

"계와 삼매와 통찰지와 위없는 해탈이라는 이 법들은
저 큰 명성을 가지신 고따마께서 깨달으신 것이다"39)

그 다음 『청정도론』처럼 간략한 설명에서부터 상세한 설명에 이르고 다시 계·정·혜의 각 항목을 해설하는 것이 『해탈도론』의 전체

---

36)   본서 II. §79; IV. §114; XIII. §116; XIV. §71; XXIII. §11의 주해 참조.
      Soma Thera & Mahinda Thera, 37; 94; 134; 220; 306 등 참조.
37)   K.R.Norman, 114.
38)   Ñāṇamoli, xxviii.
39)   sīlaṁ samādhi paññā ca vimutti ca anuttarā
      anubuddhā ime dhammā Gotamena yasāssinā.(A.ii.2; D.ii.123)

구성이다. 인용한 게송에서 위뭇띠(vimutti, 해탈)를 취하여 책의 제목을 『위뭇띠막가』(해탈도론)라 이름한 것이다.

이 방법은 "통찰지를 갖춘 사람은 계에 굳건히 머물러서 …"로 시작하는 『청정도론』의 방법론과 그대로 일치한다.

둘째, 『청정도론』에서 7청정은 청정을 성취하는 방법으로 채용되었으며 또한 이것 때문에 『청정도론』이라 불린다. 그러나 이런 7청정의 개념이 『해탈도론』에는 나타나지 않는다. 다시 말해 『해탈도론』에는 『청정도론』의 XVIII부터 XXI에 해당되는 부분이 없다. 『청정도론』의 18-23장은 청정을 얻는 방법을 구체적으로 서술하고 있는 『청정도론』의 핵심에 해당하는 부분인데 이것은 무려 66번이나 『무애해도』(Ps)를 인용하면서 『무애해도』를 토대로 청정에 이르는 길을 구체적으로 설명하고 있으며 이를 위빳사나의 지혜로 연결짓고 있다.

셋째, 『해탈도론』의 핵심은 정품에 있는데 『청정도론』과 비슷한 형태를 유지한다. 많은 부분이 서로 일치하고 있는 것으로 봐서 같은 자료를 바탕으로 저술하고 있음이 분명하다. 그러나 일반적인 서술방법은 서로 다르다.

『청정도론』에서는 40가지 명상주제를 설하는 대신에 『해탈도론』에서는 38가지 명상주제를 설한다.[40] 이것은 『중부 주석서』의 염처경의 주석 등에서 38가지 명상주제[41]라는 언급이 있듯이 40가지로 최종으로 정착되기 이전에 상좌부에서 통용되던 것과도 일치하는 것으로 보인다.

사무량과 무색계 4처는 두 책에서 서로 다르게 서술되고 있다.[42] 그리고 물질은 28가지가 아니라 『해탈도론』에서는 30가지로 언급된

---

40) Soma Thera & Mahinda Thera, 63.
41) 『네 가지 마음챙기는 공부』 119.
42) Soma Thera & Mahinda Thera, 181이하.

다.43) 13가지 두땅가는 완전히 다르게 설명되고 있다.44) 그러나 두 책의 정품은 많은 부분이 놀라울 정도로 같은 내용을 담고 있다. 예를 들면 『청정도론』과 『해탈도론』의 들숨날숨에 대한 마음챙김의 서술은 『청정도론』이 훨씬 길고 자세하지만 거의 일치한다.45)

넷째, 『해탈도론』에는 『청정도론』에 많이 나타나는 옛날 스님들의 일화가 하나도 나타나지 않는다. 이것은 『해탈도론』이 삼매를 닦는 수행승들의 간결한 지침서로 저작된 것임을 보여주는 단서가 된다.

다섯째, 무엇보다도 『청정도론』해설의 핵심인 아비담마가 『해탈도론』에서는 체계적으로 나타나지 않는다. 물론 『해탈도론』에는 처·계·온 등의 간략한 설명은 나타나지만 이것을 아비담마라 할 수는 없다. 예를 들면 알음알이의 무더기를 설명하면서 『담마상가니』(Dhs)의 89가지 마음에 대한 언급이 전혀 없다. 『빳타나』(Ptn)의 인용문이 하나도 보이지 않고 인식과정도 단 한 번 간략하게 언급될 뿐46) 전혀 설명되지 않는다.

이로 미루어볼 때 붓다고사가 『해탈도론』의 방법론을 빌어 아비담마의 체계를 심도 있게 설명하고 이를 바탕으로 칠청정과 위빳사나를 통한 도와 과의 증득으로 귀결시키고 완성시켜 명실상부한 상좌부의 대표적 논서로 만든 것이 『청정도론』이라 결론지을 수 있다.

남방 상좌부에서 가장 큰 비중을 차지하는 경은 아마 『무애해도』일 것이다. 삼장에 제일 늦게 편입된 것만 봐도 상좌부의 가르침을 나름대로 집대성한 경임에 틀림없다. 그러나 『무애해도』는 계속적인 반복

---

43)   위 책, 240.
44)   위 책, 27이하.
45)   위 책, 156-164 및 VIS. VIII. §§145-244를 참조할 것.
46)   Soma Thera & Mahinda Thera, 256-57.

속에 전후가 서로 투영되고 있고 뻬얄라(peyyāla, 반복구문의 생략)가 수없이 등장하는 등 그 전체적인 내용을 파악하기가 쉬운 것이 결코 아니다. 붓다고사가 인도에서 이미 『냐노다야』(Ñāṇodaya)를 완성했다고 하는데 그것은 아마 비슷비슷한 개념과 술어들이 반복적으로 기술되어있으며 전체적으로 그 내용을 간결하고 정확하게 파악하기 힘든 이런 『무애해도』의 해설서였을 듯하며47) 이것을 『해탈도론』에 접목시켜 『청정도론』으로 완성시킨 것이 아닌가 한다. 거듭 언급하지만 『청정도론』 가운데 특히 위빳사나의 지혜에 해당하는 5청정을 본격적으로 설명하는 18-23장에서 『무애해도』의 인용이 많은 것만 봐도 『청정도론』은 『무애해도』를 중시하는 것만은 틀림없다.48)

이처럼 『청정도론』이라는 하나의 대작이 나타나기 위해서 『해탈도론』과 같은 중요한 징검다리가 있었던 것은 자명한 사실이다.

이로 비추어볼 때 『해탈도론』은 삼매수행의 지침서로 저술된 것이지 아비담마에 바탕한 위빳사나 수행의 지침서라 해서는 안 될 것이다. 오히려 그 보다는 상좌부의 전통과는 다른 전통이나 스리랑카 상좌부에 전승되어오던 아비담마와 크게 관련이 없는 자가 지은 듯하다. 그래서 인도의 저술이거나 만일 스리랑카에서 저술된 것이라면 아바야기리나 제따와나 계열의 저술일 가능성이 크다 하겠다. 그러나 붓다고사가 『청정도론』을 저술할 때 『해탈도론』의 방법론을 빌어온 점과 담마빨라가 그것을 잘 아는 것으로 보아 大寺와 각축을 벌이던 스리랑카의 다른 파의 저술이라 하기 보다는 인도출신인 이들에게 이미 널리 알려진 인도에서 만들어진 저작으로 보는 것이 더 나을 듯하다.

---

47) Hinüber, 125.
48) Soma Thera & Mahinda Thera의 본문번역의 주해들에 의하면 『해탈도론』에도 『무애해도』의 경문과 일치하는 부분이 몇 군데 있다.

그러나 분명한 것은 『해탈도론』이 스리랑카 상좌부의 저술이 아니라 해서 대승계열의 논서로 보아서는 안된다는 점이다. 이것은 분명 같은 상좌부계열의 논서이다. 인용되고 있는 모든 경들이 초기경들에 그대로 나타나고 있으며 특히 상좌부의 심식설인 유분심(有分心, bhavaṅga-citta, 잠재의식, life-continuum)이 나타나고 있기 때문이다.49) 그러므로 그 기간을 최대로 널리 잡아도 18부파 가운데 한 유력한 부파의 저술이지 대승의 저작은 결코 아니다.

그러나 『청정도론』은 상좌부 불교국가에서만 알려진 반면 『해탈도론』은 국제적으로 잘 알려졌던 것 같다. 서역을 통해서 중국어로 번역이 되었고 12세기 인도의 벵갈지방에서 세나 왕조 때 다샬라슈리미뜨라(Daśalaśrīmitra)도 이 책을 이용했던 기록이 있다.50)

9. 『청정도론』의 복주서들

『청정도론』의 복주서들은 세 가지가 있다. 담마빨라 스님이 AD 6세기 중엽에 지은 『빠라맛타만주사』(Paramatthamañjūsā, Pm)와 저자를 알 수 없는 『상케빳타조따니』(Saṅkhepatthajotanī)와 12 세기에 미얀마의 차빠다(Chapada)가 지은 『위숫디막가간티』(Visuddhimaggaganthi)가 있다.51)

이 가운데서 남방 상좌부 최고의 학승이라 불러도 과하지 않는 담마빨라(Dhammapāla)52) 스님이 지은 Pm은 『마하띠까』(Mahāṭīkā, 대복주서)

---

49) Soma Thera & Mahinda Thera, 256; 『解脫道論 外』, 181.
50) Hinüver, 126.
51) 이들 세 책의 로마문자 교정본은 아직 출간되지 않았다. 최근에 유통되고 있는 VRI CD-ROM본을 통해서 로마문자로 읽을 수 있으며 프린트도 가능하다.

라 불리며, 빠알리 문헌 가운데서 아난다 스님이 지은 논장와 주석서에 대한 복주서와 더불어 최고로 난해한 책으로 꼽힌다. 그래서 아난다 스님의 논장의 복주석서를 『물라띠까』(Mūlaṭīkā, 근본복주서)라 부르듯이 이 책을 『마하띠까』(대복주서)라 부르는 것이다. 그것에 비해 『상께빳타조따니』는 『쭐라띠까』(Cūlaṭīkā, 작은 복주서)53)라 부르는데 그리 잘 알려지지 않은 책이다. 이 책은 주로 태국에서 『청정도론』의 주석서로 널리 유통되고 있다. 하여 태국어본이 전해온다. 한편 차빠다가 지은 『위숫디막가간티』는 스리랑카에서 유통되고 있다고 한다. 그러나 『마하띠까』가 『청정도론』의 복주서를 대표한다는 점에는 어느 누구도 이론을 제기하지 않는다.

그러나 아비담마의 나라라고 자부하며 Pm이 왕성하게 연구되어왔던 미얀마에서조차 역사적으로 Pm의 완전한 번역을 가지지 못했다. 부분적인 번역은 있었다는 기록이 있지만 찾아내기도 힘들다고 한다. 이 책은 미얀마 근래의 최고 고승 중의 한 분이며 우리에게 위빳사나의 대가로 잘 알려진 마하시 사야도에 의해서 1962-63년에 걸쳐서 총 네 권으로 번역되었으며 마하시 사야도의 명성은 바로 이 책의 완전한 번역 때문에 생겼다고 그의 제자 우 실라난다 스님은 전기에서 말한다.54)

Pm의 설명은 간결하나 심오하여 어느 한 두 단어를 제대로 이해하지 못하면 전체 문맥을 파악하기 어려울 정도로 축약되어있다. Pm에서 저자 담마빨라는 인도 육파철학의 가르침과 문법, 자이나 교설, 의

---

52) 담마빨라 스님이 한 명이냐 두 명이냐에 대한 논의 등 담마빨라 스님에 관한 논의는 역자의 박사학위 청구논문 'A Study in Paramattha-mañjūsā'의 서문에 학계의 연구성과가 반영되어있으니 참조할 것.(『길라잡이』 서문 38번 주해에 요점이 정리되어있다.)
53) 로마문자로 된 교정본으로는 일본 학자 지온 아베(Jion Abe)가 1장과 2장만을 비판적 교정을 해서 내놓은 'Saṅkhepatthajotanī, Visuddhimagga-Cūlaṭīkā Sīla-Dhutaṅga(Poona, 1981)'이 있다.
54) 『길라잡이』 서문 §13과 주해 53을 참조할 것.

해제(解題) 57

학 등에 이르기까지 어느 한 분야에도 빠짐이 없을 정도로 해박하고 정통한 지식을 보여준다. 사실 Pm에 나타나는 이런 여러 학파들의 다양한 견해 때문에 남방에서는 Pm을 난해하다고 하는 측면이 강한 것 같다.

그리고 Pm은 『청정도론』을 여러 면에서 정확하게 대변하고 있으며 남방 아비담마에 대한 일체의 다른 견해를 불식시키고 있다. 그래서 남방 아비담마 불교는 담마빨라에 의해서 최종적으로 정착되었다고 해도 과언이 아니다. 담마빨라 이후 그 어느 누구도 그의 견해에 이론을 제기하는 사람은 아직 없다고 한다. 역자가 연구한 Pm의 혜품의 토대 부분(『청정도론』 XIV-XVII에 해당하는 Pm)을[55] 보더라도 남방 아비담마는 사실은 담마빨라에 의해서 이미 완결이 되었으며 이것을 토대로 『아비담맛타 상가하』는 남방 아비담마의 전체 구도를 최종확정지은 책이라 본다.

이처럼 상좌부 불교의 주석서체계를 완성시키는데 붓다고사와 더불어 비슷한 시기에 세 사람이 있었으니 다름 아닌 붓다고사와 아난다(6세기 초)와 담마빨라(6세기 중반)이다.(붓다닷따를 넣기도 하나 논의의 대상이 아니므로 제외한다) 아난다 스님은 빠알리 문헌 가운데 최초의 복주서(Ṭīkā)를 저술한 분인데 그의 논장의 복주서에서 붓다고사스님의 의견과 다른 견해를 제법 드러냈다고 한다. 이것은 다시 아난다의 제자로 여겨지는 담마빨라가 그의 빼어난 실력으로 붓다고사의 견해를 지지함으로써 완전하게 상좌부의 견해로 정착시켰다고 한다.

그래서 붓다고사가 남방불교의 큰 체계를 완성한 사람이라면 아난다는 여기에 대한 이론을 제기하여 몇몇 문제점들을 부각시켰고 담마빨라는 다시 이런 모든 다른 견해를 불식시켜 남방불교를 완전히 고착시켰다 해야 한다. 붓다고사는 그의 역할에 충실하여 자신의 견해를 드

---

[55] 역자의 박사학위 청구논문을 참조할 것.

러내기 보다는 전통적인 견해를 모으고 편집해서 빠알리어로 재창출해내는 작업을 한 사람이라면 아난다는 거기에 대한 문제를 제기한 사람이고 담마빨라는 모든 다른 견해를 논파하고 아울러 자신의 해박한 지식을 유감없이 드러내면서 남방 아비담마의 입장을 최종적으로 만천하에 천명한 사람이라 할 수 있다.56) 이렇게 상좌부의 교설은 담마빨라에 의해서 최종 완성단계에 이르게 된다. 자연스럽게 그 후에는 이렇다할만한 큰 인물이 나타나지 않으며 600여년이 지난 12세기에 인도에서 무슬림왕조가 등장하자 불교가 사라지면서 스리랑카에서는 뽈론나루와 시대가 열리고 불교도 부흥의 시대에 다시 들어서게 된다. 이때 여러 대가들이 나타나서 다시 상좌부 교설을 여러 측면에서 연구하여 드러내게 된다.

10. 『아비담맛타 상가하』(아비담마 길라잡이)와 『청정도론』

역자가 각묵 스님과 공역으로 『아비담마 길라잡이』라는 제목으로 번역과 주해를 한 『아비담맛타 상가하』(Abhidhammatthasaṅgaha)는 '아비담마(abhidhamma) 주제(attha)의 길잡이(saṅgaha)'로 직역할 수 있는데 이것은 원문만으로는 겨우 50쪽 남짓한 분량에 지나지 않는 책이다. 그러나 이 작은 책 안에 아비담마의 모든 주제가 빠짐없이 거론되고 있기 때문에 상좌부 아비담마의 최고의 입문서로 자리매김하고 있다. 이 책은 대략 10/11세기쯤에 아누룻다(Anuruddha) 스님이 쓴 것으로 알려져 있다.

『상가하』는 한마디로 말해서 아비담마의 축약판이다. 방대하고 정교한 상좌부 아비담마 체계를 소화하고 요약하여 50쪽 정도로 압축한 것이다. 그러나 『상가하』에서 아비담마의 주제에 관한한 어느 한 부

---

56)   위 책, 34참조.

분도 놓친 것이 없다. 그렇기 때문에 초보자가 아무런 해설서 없이 이 책을 이해한다는 것은 불가능에 가깝다.

『상가하』의 위대성은 이것이 아비담마의 단순한 요약이나 축약이 아니라 비효율적이고 비체계적인 듯한 전통적인 아비담마의 서술방식을 획기적으로 전환했던 것에서 찾아야 한다. 전통적인 서술방법을 고수하고 있는 『청정도론』을 통해서 아비담마의 전체 윤곽을 그린다는 것은 초보자로서는 힘든 일이다.

예를 들면 『청정도론』에서는 마음·마음부수의 설명은 XIV장에서 인식과정은 I장 §§57-58 등에서 인식과정에 개재되는 마음의 역할은 XIV장 §110에서, 이런 식으로 『청정도론』의 체계를 따르다보니 아비담마가 흩어져서 나타나며 따라서 체계적으로 설명이 되지 않는 경우가 많다. 그러나 『아비담맛타 상가하』는 이런 아비담마를 아주 정교한 체제 속에서 전체를 통일된 장으로 설명해내고 있다.

이처럼 『상가하』는 워낙 체계적으로 잘 편집되었기 때문에 일단 이 책이 나타나자 남방의 모든 아비담마 체계는 이 책의 주제(attha)를 좇아서 다시 편성되어 가르쳐지고 있다고 해도 과언이 아니다. 그러므로 아비담마의 나라라고 불리는 미얀마뿐만 아니라 모든 남방 불교국가에서 이 책은 아바담마를 가르치고 배우는 기본 텍스트로 자리 잡아왔으며 일찍부터 영어로도 번역이 되었다.

역자가 각묵스님과 공동 번역한 『아비담마 길라잡이』는 『상가하』의 번역을 기본으로 하지만 아비담마에 관한 설명은 거의 대부분 『청정도론』을 인용하였다. 그 이외의 중요한 인용은 논장을 비롯한 여러 아비담마 주석서들, 특히 상가하의 주석서인 『위바위니 띠까』와 『빠라맛타디빠니 띠까』에서 발췌하여 보강하였다. 이런 의미에서 『아비담마 길라잡이』는 『아비담맛타 상가하』를 몸통으로 하고 『청정도론』

을 날개로 하여 이루어졌다 해도 과언이 아니다.

『길라잡이』에서도 밝혔지만 역자들의 의도는 무엇보다도 『아비담맛타 상가하』에 나열되고 있는 아비담마의 주제와 가르침을 가능하면 『청정도론』의 입장에서 설명하자는 것이었으며 일차적인 목적은 『청정도론』에서 쏟아져 나오는 아비담마의 술어들을 아비담마의 전체구도 속에서 체계적으로 이해하기 위한 것이었다. 이렇듯 『길라잡이』는 『청정도론』을 깊이 염두에 두고 역해한 것이다.

그래서 본 『청정도론』을 번역하면서 중요한 술어나 개념에 대해서는 『길라잡이』의 관련 페이지를 거의 대부분 주로 밝혔다. 『길라잡이』를 통해서 개념을 파악하면 『청정도론』은 한결 이해하기가 쉽기 때문이다. 그렇지 않고 『청정도론』만 읽어서는 특히 처음 접하는 분에게는 어려울 수밖에 없다. 그런 의미에서 『길라잡이』는 『청정도론』의 참고서이다. 『길라잡이』를 항상 곁에 두고 『청정도론』에 나타나는 생소한 술어들은 『길라잡이』의 색인에서 확인하여 그 해당 페이지를 찾아 설명을 읽으면 많은 도움이 되리라 확신한다. 이런 목적으로 역자가 『청정도론』 출간 이전에 각묵스님과 공역으로 『길라잡이』를 먼저 두 권으로 출판한 것이다.

『길라잡이』가 아비담마의 지도를 일목요연하게 보여주는 <u>교학의 지침서</u>라면 『청정도론』은 아비담마가 구체적으로 어떻게 수행에 적용되고 있는가를 심도 깊게 밝히고 있는 <u>수행의 지침서</u>라 해야 한다. 『길라잡이』에서 분석하여 드러낸 법들과 그들의 관계(조건, *paccaya*, 緣)가 『청정도론』에서는 7청정 가운데서 5청정으로 적용되어 설명된다.

다시 말해서 열반과 10가지 추상적 물질을 제외한 71가지 법을 내 안에서 확인하는 것이 바로 세 번째 청정인 견청정(XVIII)이며, 법들의 상호관계(조건, 緣 *paccaya*)를 내안에서 확인하는 것이 네 번째인 의심을 극복함에 의한 청정(XIX)이다. 다시 이 법들을 조건(緣)과 순간의 관계로써 파악하는 것이 다섯 번째 청정인 도와 도아님에 대한 지견청정(XX)이다. 이를 바탕으로 8가지 위빳사나의 지혜를 닦아가는 과정이 여섯 번째인 도닦음의 청정(XXI)이며 이를 통해서 도와 과와 열반을 실현하는 것이 마지막 일곱 번째 청정인 지견청정(XXII)이다. 이처럼 아비담마를 모르면 5청정으로 표현되는 위빳사나수행은 생각할 수도 없다. 그러므로 아비담마가 위빳사나고 위빳사나가 아비담마라고 한다. 이 정도의 핵심적인 이해를 가지고 이제 수행의 측면에서 『청정도론』을 고찰해보자.

11. 『청정도론』의 중요성 — 수행의 측면에서의 고찰

이상 문헌학적인 측면에서 『청정도론』에 대해서 살펴보았다. 『청정도론』은 문헌학적인 측면에서도 남방불교의 핵심이 되는 중요한 저작이지만 그보다는 『청정도론』이 담고 있는 내용의 측면에서 볼 때 그 가치는 훨씬 더 뛰어나다. 『청정도론』은 부처님 시대부터 붓다고사 때까지 전해 내려온 삼장과 싱할리 고주석서들을 통한 가장 전통적인 상좌부 불교를 있는 그대로 어떤 일관된 체계 속에 농축해서 전해주고 있기 때문이다. 그 일관된 체계는 다름 아닌 아비담마인데 『청정도론』은 아비담마의 체계로 계·정·혜의 주제를 철저하게 설명하고 있다. 그리고 무엇보다 더 중요한 것은 『청정도론』은 계청정과 마음청정이라는 두 가지 청정을 바탕으로 나머지 5청정으로 표현되는 위빳사나의 실참실수를 통해서 도와 과와 열반을 증득하는 실제수행으로 종결을 짓고 있기 때문에 위에서도 밝혔듯이 <u>아비담마와 위빳사나를 이어주는 수행지침서</u>라는 점이다.

이처럼 『청정도론』이 중요한 근본적인 이유는 『청정도론』이 아찰나(Sub-moment)를 다루는 극미의 세계에서부터 광활한 우주를 논하고 무수히 많은 중생의 거처를 논하고 깨달은 성자들의 경지를 논하는 고담준론이나 거대담론의 교학체계에만 머물지 않고 지금 여기 내 안에서 법의 찰나성과 연기성을 발견하고 체득하는 실천의 체계로, 철저한 수행의 체계로 살려내고 있다는 점일 것이다.

도대체 계를 어떻게 지녀야 하며 삼매는 어떻게 닦아야 하며 섬광보다도 예리하고 털끝을 쪼개는 것보다 더 날카롭다는 통찰지는 도대체 어디서부터 시작해서 어떻게 닦고 개발해야 하는가 하는 실제적인 측면을 『청정도론』은 하나하나 그 중요한 요점들을 정확하게 제시하고 있다. 『청정도론』을 읽으면서 이런 실수행의 측면을 밝혀내지 못하고 이를 지금 여기서 내 수행과 연결짓지 못한다면 『청정도론』은 한갓 옛스님이 지은 교리서나 고담준론이나 거대담론에 지나지 않을 것이다. 역자는 해제를 쓰면서 『청정도론』의 실참실수의 측면을 어떻게 잘 전달할까하는 것이 제일의 관심이며 그 역할을 조금이라도 할 수 있다면 더 없이 기쁘겠다. 『청정도론』이 어떻게 실제수행에 중요한 지침서가 되는가를 살펴보기 위해서 이제 상좌부불교의 교학체계의 근간부터 살펴보자.

12. 상좌부불교의 발전 단계

역사적으로 발전되면서 전승되어온 상좌부불교는 크게 세 가지 층으로 추적해서 이해할 수 있다.[57]

첫 번째 층에는 빠알리 경장(Sutta Pitaka)이 놓여있다.

두 번째 층에는 논장(Abhidhamma Pitaka)이 놓여있는데 특히 그중에서도 『담마상가니』(法集論)와 『위방가』(分別論)와 『빳타나』(發趣論)가

---

57) 이하 상좌부불교의 발전 단계는 냐나몰리 스님의 xxviii-xxx의 해당부분을 참조하였다.

상호 깊은 연관 속에 함께 놓여있다.

세 번째 층에는 본『청정도론』의 저자가 이전의 싱할리어로 된 자료들을 철저하게 모아서 그것을 빠알리로 편집하고 번역하여 완성한 주석서의 체계가 놓여있다. 물론 이 층에는 그 후에 계속 보강되어 온 논의들, 특히 6세기 때 담마빨라가 지은 복주서들부터 12세기 때『상가하』의 저자인 아누룻다 스님이나 그 후대의 복주서들이 공헌한 자료들까지 모두 포함되지만 이는 지금 우리의 논의의 영역을 벗어난 것이다.

이제 이 세 단계에 대해서 부연 설명을 조금 붙여본다.

첫째, 경장은 부처님 원음을 간직하고 있는 전적들이다. 그 가운데서도 4부『니까야』,『숫따니빠따』,『법구경』,『장로게』,『장로니게』,『여시어경』,『자설경』 등은 부처님과 직계제자들의 원음을 고스란히 간직하고 있다는데 큰 이설은 없다.

둘째, 논장은 경장의 부처님 가르침에 대한 아주 전문적이고 세분화된 체계이며 경장의 가르침에 대한 보충적인 논의를 모아놓은 성격이 짙다. 논장의 제일 즉각적인 목적은 법체계화이다. 여기서 법이란 '나'라는 존재(五蘊, 무더기들)를 출발점으로 해서 전개되고 벌어지는 무수한 사건들을 구성하는 기본요소들을 계열화한 것이다. 특히 그 가운데서도 우리의 정신(名)을 구성하고 있는 법들(마음과 마음부수법들)과 그들의 특징들과 역할들을 밝혀내고 정확하게 찍어내어 이들이 의지하고 있는 물질적인 토대나 대상과의 관계를 규명하고 그 마음과 마음부수법들의 상호관계를 설명하는 것이라 할 수 있다. 물론 부차적인 목적으로는 외도의 가르침과 다른 부파들의 주장으로부터 그들의 가르침을 효과적으로 보호하려는 것을 들 수 있다.

이렇게 법을 분류하고 정확하게 설명하는 궁극적인 목적은 끊임없이 그리고 한량없이 많은 취착을 유발시키면서 취착의 완전한 소멸을 성취하는 것을 방해하는 저 가설(paññatti), 관념, 개념들, 예를 들면 자아니, 영혼이니, 중생이니 하는 여러 가지 실체론적인 개념들을 부수는데 있다. 그리고 또 중요한 것은 법이라는 미명 하에 표출되고 있는 여러 가지 신비적인 체험들을 가려내고, 또 그것을 가려내는 여러 가지 장치들을 고안하고 찾아내어 그런 신비체험에 속아서 일대사를 그르치는 불상사를 방지하고자하는 것이다.

법의 분류와 체계화라는 이런 도구는 초기경장의 측면에서 보자면 새로운 시도이다. 물론 이런 법의 분류 내지 체계화는 이미 경장에서 연원하고 있음도 분명하다. 부처님의 후반부 20년은 기원정사에서 제자들과 함께 이런 법체계화에 몰두한 것으로 규정할 수 있다. 주제별로 가르침을 모은 상응부의 5천 가지 이상의 경들 가운데서 절반이상이 기원정사에서 설해졌다는 것이 그 증거가 될 수 있다. 그리고 『중부』의 여러 가지 위방가에 관계된 경들58)을 위시하여 적지 않은 경들을 통해서 세존께서 이미 사리뿟따나 깟짜야나 등의 직계제자들과 아비담마적인 법체계화를 행하고 계시는 것을 알 수 있으며 니까야의 적지 않은 경들이 사리뿟따나 깟짜야나 등 직계제자들에 의해 설해진 것이며, 특히 『장부』의 「상기띠 경」(D33)과 「다숫따라 경」(D34) 등도 부처님과 직계제자들이 법체계화를 위해서 얼마나 고심하였는가를 여실히 보여주고 있다.

한편 논장에서 법의 체계화에 등장하는 특별한 방법은 다음 세 가지

---

58) 예를 들면「짧은 업분석경」(Cūḷakammavibhaṅga Sutta, 135),「긴 업분석경」(Mahākammavibhaṅga Sutta, 136),「육처분석경」(Saḷāyatana-vibhaṅga Sutta, 137),「요점분석경」(Uddesavibhaṅga Sutta, 138),「무쟁분석경」(Araṇavibhannga Sutta, 139),「계분석경」(Dhātuvibhaṅga Sutta, 140),「진리분석경」(Saccavibhaṅga Sutta, 141),「보시분석경」(Dakkhiṇāvibhaṅga Sutta, 142) 등을 들 수 있다.

로 들 수 있다.

(1) 찰나적 존재인 법들의 아주 엄격한 구분 및 정의를 들 수 있다. 이것은 『담마상가니』(법집론, Dhs)와 『위방가』(분별론, Vbh)에서 완성되었다. 특히 『담마상가니』는 선·불선·무기와 욕계·색계·무색계·출세간이라는 분류법을 통해서 이런 각각의 사건 혹은 시간에서(samaye) 일어날 수 있는 마음을 모두 89가지로 분류해서 설하고 있다. 아울러 이 각각의 마음들이 일어날 때 어떤 마음부수(心所)법들이 일어나는가를 나열하고 다시 물질이 일어나는 것을 분류하고 있다. 마음을 선·불선·무기와 욕계·색계·무색계·출세간에 바탕하여 89가지 경우로 분류하는 것은 북방 아비달마에서는 나타나지 않는 상좌부 아비담마의 큰 특징 중의 하나이다. 이런 바탕 하에서 제법은 82가지로 엄격하게 구분되고 정의되고 있다.

(2) 이러한 법들을 분류하고 가려내기 위해서 삼개조와 이개조로 된 논모(論母, mātika, 논의의 주제)들을 창출해내었다. 아비담마는 논모를 통해서 발전되었다. 부처님이 설하신 법들을 여러 가지 논모로 정리하고 이런 논모를 토대로 법들을 정확하게 정의하고 있다. 『담마상가니』에는 22가지 삼개조 논모(tika-mātika)와 142가지 이개조 논모(duka-mātika)가 정리되어있다.

(3) 『빳타나』(발취론, Ptn)에서는 24가지 조건(paccaya)들의 조목을 아주 미세하고 상세하게 완성시키고 있다. 이런 도구들을 통해서 모든 법들은 일시적인 멈춤 상태에 있는 찰나적인 존재이며 이 찰나적인 멈춤은 다시 조건들에 의해서 연속적인 상태로 연결되고 있으며 논모는 그런 연속상태의 방향을 제시하고 있다. 24가지 조건은 법들 상호간의 관계를 규명하는 도구이다. 『빳타나』는 다양한 측면에서 함께 일어나고 멸하는 법들과 전찰나와 후찰나의 관계로 일어나는 법들 사이의 관

계를 심도깊이 해체하여 적나라하게 드러내고 있다.

이처럼 『담마상가니』와 『위방가』와 『빳타나』는 후대에 '아비담마의 방법론(abhidhamma-naya)'이라고 불리고 있는데 82가지로 분류되는 제법을 이해하는 아주 중요한 토대가 되고 있다. 논장의 7론 가운데 나머지 4론은 여러 전문 분야에서 이 셋을 보충해주는 역할을 하기 때문에 여기서 재삼 거론할 필요는 없다고 본다.

물론 이것은 논장에 대한 아주 대략적인 테두리에 지나지 않는다. 논장에는 아직 탐험하지 않은 광대한 미로를 가지고 있다 하겠다.

이제 세 번째 논의로 넘어가기 전에 여기서 한 가지 부연설명을 하고 넘어가자. 출가스님들의 가장 큰 역할이 무엇일까? 물론 스승이신 부처님의 가르침에 의지해서 해탈열반을 성취하고 생사문제를 해결하여 부처님 가르침을 증명하는 것이라 할 것이다. 그러나 불멸후에는 이보다는 법의 전승을 스님들의 가장 큰 역할로 꼽게 되었다. 이것은 특히 상좌부불교를 고스란히 간직하고 있다고 자부하는 스리랑카불교 역사가 증명해준다. 『증지부 주석서』(AA)에 의하면 대사의 스님들은 삼장을 문자로 기록할 즈음에 수행(paṭipatti)보다 경의 전승(suttante rakkhite)을 더 중시하기로 공사에서 결정했다는 기록이 나타나고 있다.[59]

그래서 예로부터 스님들은 암송 전문승(bhāṇika)들을 육성하여 부(Nikāya)별로 경을 암송해서 구전으로 전승해왔다. 이 전통은 지금까지도 미얀마에 그대로 남아있어 삼장을 고스란히 다 외는 스님들이 지금 네 분이나 살아있다고 한다. 그 외에도 매년 시험으로 2와 1/2장 법사, 2

---

59) AA.i.92이하. AA.i.93의 다음게송을 예로 들 수 있다.
"*suttantesu asantesu, pamuṭṭhe vinayamhi ca,*
tamo bhavissati loke, sūriye atthaṅgate yathā.
suttante rakkhite sante, paṭipatti hoti rakkhitā,
paṭipattiyaṁ ṭhito dhīro, yogakkhemā na dhaṁsati."

장 법사, 1장 법사, 니까야 법사 등으로 암송전문스님들을 육성해서 경의 암송전통을 전승해오고 있다.

다른 한편으로 부처님 생시부터 부처님과 직계제자들은 법체계화에 혼신의 힘을 다 기울여왔다. 특히 부처님께서 열반에 드시기 전 20여 년간은 사왓티의 제따와나 급고독원에 머무시면서 법체계화에 심혈을 기울이셨고 그 자취가 『상응부』에 고스란히 남아있다. 이런 전통은 즉시에 아비담마로 전승되어 사리뿟따 존자를 필두로 불멸후에는 더욱 더 박차를 가하여 논장(아비담마 삐따까)으로 전승되어왔다. 이런 논장은 다시 기라싱 같은 스님들의 주석을 거쳐 스리랑카에서는 싱할리어로 적힌 여러 고주석서들로 전승되어오다가 시절인연이 도래하여 붓다고사에 의해 다시 빠알리어로 편찬되어서 전승되어오는 것이다. 이제 세 번째 층인 주석서(Aṭṭhakathā)들에 나타나는 이런 법체계에 대한 고뇌의 흔적을 간략하게 살펴보자.

세 번째 문헌군인 주석서들에서 발견되는 체계들은 모두 논장(Abhidhamma Piṭaka)에서 비롯된 것이다. 그것이 경장에 대한 주석서일지라도 논장, 즉 아비담마의 제법에 대한 분석적인 방법론을 빌어 설명하고 있다. 비유하자면 경장은 발견한 귀중한 보물에 대한 묘사를 제공하고 있고 논장은 그것에 대한 지도를 만들고 있지만 이제 주석서에서는 발견도 강조하지 않고 지도를 만드는 것도 강조하지 않는다고 할 수 있다. 주석서의 입장은 이들을 정착시키고 부족한 부분을 메워서 불교의 총체적인 틀을 만드는 것이다. 그래서 경과 논에 서술된 자료들은 이러한 목적을 위해서 철저히 재음미된다. 그래서 상좌부 불교라는 큰 틀을 완성시키고 있다. 이 틀을 계정혜와 7청정으로 제시하고 있는 것이 다름 아닌 『청정도론』이다.

『청정도론』은 이런 세 번째 층의 근본이 되는 주석서이다. 그러므로 『청정도론』을 제대로 이해하기 위해서는 이런 세 번째 층을 이루는 중요한 방법론 가운데 몇 가지를 조금 상세하게 살펴볼 필요가 있다.

(1) 제일 먼저 들 수 있는 방법론으로는 법을 정확하게 분류하고 설명하기 위해서 고유성질(sabhāva, 自性)이라는 개념이 소개되고 있다는 것이다. 사바와(sabhāva)라는 술어는 경장이나 논장에는 나타나지 않는다. 주석서에서부터 제법을 철저하게 규명하는 방법론으로 나타나고 있다. A라는 법과 B라는 법이 서로 구분되는 이유는 바로 각각이 가지고 있는 고유성질이 다르기 때문이다. 예를 들면 감각접촉과 느낌과 인식과 의도와 집중과 주의가 각각 다른 법으로 인정되는 이유는 그 각각의 고유성질이 다르기 때문이다. 탐욕과 성냄과 어리석음, 탐욕 없음과 성냄 없음과 어리석음 없음이 각각 다른 이유도 그 각각의 법의 고유성질이 다르기 때문이다. 이런 고유성질을 인정하지 않으면 부처님이 설하신 많은 법들을 정확하게 정의할 수가 없으며 부처님 가르침을 잘못 이해하게 된다.

그리고 중요한 것은 상좌부에서 분류하는 82가지 법들 가운데 추상적인 물질 10가지를 제외한 72가지 법들은 모두 고유성질을 가지며 이런 고유성질을 가진 법들은 다시 위빳사나로 실참실구하는 대상이 된다고 정리한다. 법에 대한 정확한 이해와 관찰이 없이는 위빳사나는 불가능하다. 이런 측면에서도 고유성질은 중요하다.

물론 제법이 고유성질을 가진다는 이러한 주장 때문에 대승으로부터 아공법유(我空法有)라는 존재론적인 비판이 제기된다는 것은 너무도 잘 알려진 사실이다. 상좌부를 위시한 모든 부파에서는 이런 고유성질을 인정하고 있으며 아비담마/아비달마의 이런 입장을 강하게 비판하고 나온 것이 반야부를 위시한 대승불교이다. 그러나 상좌부를 위시한 모든 부파에서는 당연히 보편적 특징(sāmañña-lakkhaṇa, 共相)으로서의 제법무아는 기본전제로 그대로 튼튼히 유지되며 『청정도론』의 도처에서 강조되고 있다. 그리고 상좌부에서는 법을 결코 실유(實有)라고 강조하지 않는다.

(2) 『담마상가니』에서 사마야(samaya, 사건, 경우, 때, 시간)로 나타나던 법의 개념이 이제 카나(khana, 찰나, 순간)로 정착이 된다. 물론 이런 찰나는 이미 『위방가』와 『빳타나』를 위시한 논장에서 아주 많이 등장하는 술어이다. 그러나 주석서에서 이 찰나는 심도깊이 규명되고 설명된다. 이는 주석서가 법의 고유성질이란 개념을 도입함으로써 법을 존재론적으로 잘못 이해할 문제의 소지를 없애기 위해 법의 찰나생·찰나멸을 더욱더 강조하게 되었다고 보여진다. 찰나의 규명은 주석서 문헌을 통해서 이루어낸 아비담마 불교의 핵심이라 해도 과언이 아니다.

아비담마 불교의 가장 큰 특징 가운데 하나는 존재를 법들의 흐름(santati, 相續)으로, 찰나의 연속으로 파악한다는 것이다. 법은 일어나고 사라짐, 그것도 찰나생·찰나멸의 문제이다. 그것은 있다·없다의 문제가 아니다. 아비담마에서 법을 고유성질을 가진 것이라고 정의한다 해서 법을 유·무의 측면에서 고찰하면 그것은 아비담마를 크게 호도하는 것이 된다. 대승에서도 많이 인용하는 「가전연경」(S12:15)에서도 세상의 일어남을 보기에 없다하지 않고 세상의 소멸을 보기에 있다하지 않는다고 하고 있으며 이런 것을 중(中)의 견해라고 하고 있다. 아비담마의 이런 입장은 초기불교의 도처에 나타나는 무상의 가르침과 법들의 일어남, 사라짐, 머문 것의 변화함60)이라는 가르침을 철저하게 계승한 것이다.

수행의 측면에서 살펴보면 흐름, 변화, 무상성, 찰나를 제거해버린 수행이 다름 아닌 사마타수행 혹은 삼매수행이다. 삼매는 변하는 대상

---

60) *dhammānaṁ uppādo paññāyati, vayo paññāyati, ṭhitassa aññathattaṁ paññāyatīti*(S.iii.37)

에서 변하지 않는 표상(*nimitta*, 니밋따, 이것은 법이 아닌 개념에 속함)을 취해서 거기에 집중하는 수행이기 때문이다. 위빳사나 특히 『청정도론』 XVIII-XXII장에서 설명하고 있는 위빳사나는 변화와 무상을 주시하는 수행이다. 변화와 무상을 관찰해 들어가서 찰나를 만나고 이런 찰나생·찰나멸하는 법을 내관하는 수행법이다. 제법의 찰나생·찰나멸을 직시하여 매순간 무너지고 있는 법의 무상이나 법의 고나 법의 무실체성을 직시하여 무너짐(해체)의 지혜(*bhaṅga-ñāṇa*)로써 '나'니 '내 것'이니 하는 존재의 속박으로부터 벗어나 제행에 대해서 평온(우뻬카, 捨)을 유지하는 지혜를 개발해서 도와 과를 증득하는 체계를 위빳사나수행이라 하고 있다. 이처럼 찰나는 법과 뗄래야 뗄 수 없는 것이며 그러므로 법을 통찰하는 위빳사나와도 뗄 수 없는 관계이다.

그리고 주석서는 더 나아가서 이 찰나도 다시 일어나고 머물고 무너지는(*uppāda-ṭṭhiti-bhaṅga*) 세 아찰나(亞刹那, sub-moment)로 구성된다고 특수한 상황을 설정하게 된다. 찰나란 어떤 실체가 있는 것이 아니라 순간적인 흐름 그자체일 뿐이라는 말이다. 그런데 여기서 역자가 사용한 아찰나(*sub-moment*)라는 술어는 서양학자들이 만들어낸 것일 뿐 주석서에서는 결코 나타나지 않는다. 다시 말하면 아비담마에서는 아찰나란 단위를 인정하지 않는다는 뜻이다. 만일 아찰나라는 단위를 인정한다면 다시 아찰나를 구성하는 아아찰나(亞亞刹那)를 인정해야 하고 다시 더 짧은 단위를 인정해야 하기 때문에 무한소급의 오류에 빠질 뿐 아니라 무엇보다 중요한 것은 이런 것은 법의 무상·고·무아를 통찰하는 위빳사나의 대상이 아니기 때문이다. 법이 일어나고 머물고 사라지면서 존속하는 최소단위가 찰나이고 이것은 위빳사나의 대상이다. 그래서 법은 찰나로 파악되어야 한다고 하는 것이다.

(3) 그리고 주석서에서는 이런 법의 찰나성을 더욱더 깊이 규명하여 물질과 정신이 머무는 순간을 다르게 이해한다. 그래서 물질이 머무는

순간에 마음은 16번 일어나고 멸하는 것으로 전체 인식과정(vīthicitta)의 틀을 완성하고 있다. 즉 물질적인 대상을 알기 위해서는 16번 혹은 17번의 마음이 일어나고 멸한다고 정교한 인식과정을 체계화하고 완성하기에 이른다. 이런 과정에는 과보로 나타난 마음과 작용만하는 마음이 항상 개재되고 있으며 이런 매찰나 마음의 작용을 바탕으로 유익한(善) 업을 짓거나 해로운(不善) 업을 짓는 일곱 번의 속행(자와나)의 과정이 진행되면서 매순간의 마음들과 업과의 관계가 설정되고 있다. 이것은 특히 북방 아비달마에는 나타나지 않는 상좌부 주석서에만 전승되어오는 고유한 가르침이다. 이러한 인식과정은 찰나와 조건(緣)을 바탕으로 정교하게 조직된다. 인식과정에 대해서는 『아비담마 길라잡이』 4장에서 상세하게 설명하고 있으므로 여기서 더 이상 부연설명을 필요로 하지 않을 것이다.

(4) 주석서는 '고유성질을 가진 것(sabhāvaṁ dhārenti)을 법이라 한다'고 정의한다. 이런 법들의 고유성질을 고찰하는 특별한 방법으로 주석서는 특징(lakkhaṇa), 역할(rasa), 가까운 원인(padaṭṭhāba), 나타남(paccupa-ṭṭāna)의 네 가지를 채용하고 있으며, 법이 아닌 모든 것은 개념(paññatti)으로 분류하는 방법을 채용하고 있다. 이것은 실수행에 있어서도 아주 중요하다. 위빳사나란 다름 아닌 개념을 해체해서 법을 보는 것, 더 구체적으로 법의 고유성질과 보편적 성질(무상·고·무아)을 보는 것이기 때문이다.

아비담마의 입장에서 보자면 개념은 82가지 법들 특히 그 가운데서도 마음과 마음부수법들이 대상과 조우하면서 혹은 대상을 계속해서 문지르면서(anumajjana)[61] 만들어낸 물안개나 물보라와 같은 일종의 표

---

61) 본서 IV. §88에서 지속적인 고찰의 특징으로 이 단어가 쓰이는데 음미해 볼 만하다.

면효과라 할 수 있다. 이처럼 매 찰나의 법들이 만들어내는 무수한 표면효과에 지나지 않는 개념들을 실재하는 것으로 파악하고 거기에 크나큰 의미를 부여하여 그것을 '나' 혹은 '내 것'이라고 집착하여 아등바등하고 사력을 다해 거머쥐기 때문에 중생은 생사윤회로부터 벗어나지 못한다. 아비담마의 목적은 이런 개념들을 법들로부터 해체하고 분석하고 분리해서 이런 법들의 찰나적인 존재의 실상을 꿰뚫어 직접 확인해서 모든 취착에서 벗어나고자하는 것이다.

(5) 그리고 『빳타나』를 대신해서 마노(意)가 일어나는 토대로 심장토대를 명시하고, 물질을 구성하는 순수한 팔원소(깔라빠)의 개념이 주석서에서 등장한다. 현대 서양의 아비담마 학자들은 주석서에서 마노가 머무는 물질적인 토대를 심장토대로 설명하는 것을 달가워하지 않는다. 그들은 마노가 머무는 물질적인 토대는 심장이 아닌 뇌라고 보려는 입장이다. 깔라빠도 물질을 이해하는 중요한 술어이다. 깔라빠란 물질의 더미란 뜻이다. 18가지 구체적인 물질은 항상 깔라빠로 존재한다. 그들은 각각 분리되어서는 존재하지 않는다. 지수화풍 형상 냄새 맛 자양분이라는 8가지 물질의 최소단위가 함께 결합되어서 존재하며 이것을 순수한 팔원소라 한다. 이것을 기본으로 소리의 구원소 눈의 십원소 등으로 무리지어 깔라빠(더미)로 존재한다는 것이다. 여기에 대해서는 본서 XX. §2와 『길라잡이』 6장 §7의 10번 해설을 참조하기 바란다.

그 외에 경에 나타나는 몸의 32가지 부위[62]에 대한 상세한 서술을 비롯하여 몇 가지를 더 들 수 있지만 생략한다. 물론 이런 것들은 분명 인도대륙에서 전개되어온 불교 내외의 여러 논의들과 상호 영향이 없지는 않았을 것이며 이런 측면은 현존하는 『구사론』(俱舍論, Abhi-

---

[62]   경에는 31가지이고 『쿳다까빠타』와 『무애해도』와 주석서들에는 32가지임.

dharmakośa)을 비롯한 북전의 많은 논서들과의 비교연구를 통해서 어느 정도까지 밝혀질 수 있을 것이다.

13. 『청정도론』의 구성 및 개관 — 계 · 정 · 혜를 중심으로

이 정도로 상좌부 불교의 발전에 대해서 기본적으로 이해를 하고 이제 『청정도론』을 중점적으로 살펴보자. 잘 알다시피 『청정도론』 전체는 상응부에 나타나는 다음 하나의 게송에 대한 해설이라고 할 수 있다.

"통찰지를 갖춘 사람은 계에 굳건히 머물러서
마음과 통찰지를 닦는다
근면하고 슬기로운 비구는
이 엉킴을 푼다(S.i.13)"

『청정도론』은 먼저 이 게송을 간단하게 해설하고 이를 다시 계 · 정 · 혜의 3학과 계청정 등의 7청정으로 상세하게 해설하고 있다. 이것이 『청정도론』의 전체구성이다.

여러 학자들의 지적대로 『청정도론』은 법을 실참실구(實參實究)하는 수행자들의 상세한 참고서라고 해야 마땅하며 전체 23장은 한 부분도 예외 없이 치밀한 계획 하에 아주 체계적으로 조직되고 구성되어있다. 『청정도론』은 일화를 소개하는 부분과 접속사들이나 몇몇 부사들을 제외하고는 어느 한 단어도 아무런 의미 없이 수사학적으로 사용되지 않았다고 할 정도로 치밀한 언어를 구사하고 있다. 번역에 임하면서 이런 부분은 거의 대부분 번호를 붙여서 전후 상호관계를 일목요연하게 파악할 수 있도록 노력하였으며 필요하면 주로 부연설명을 하려하였다.

앞에서도 밝혔지만 『청정도론』은 계・정・혜의 측면과 칠청정의 측면에서 분류된다. 여기서는 먼저 계・정・혜의 측면에서 『청정도론』의 구성과 그 내용을 간략하게 살펴본다. 전체 23장 가운데 I장과 II장은 계품에 속하고, III장부터 XIII장은 정품에 속하며, 나머지 XIV부터 XXIII장까지는 혜품에 속한다. 계・정・혜를 상세하게 설명하기 위해서 저자는 각각에 대해서 다음과 같은 질문을 제기하고 여기에 대답하는 방식으로 논을 전개하고 있다.

① 무엇이 계/정/혜인가?
② 무슨 뜻에서 계/정/혜라 하는가?
③ 그들의 특징, 역할, 나타남, 가까운 원인은 무엇인가?
④ 얼마나 많은 종류의 계/정/혜가 있는가?
⑤ 무엇이 그들의 오염인가?(계와 정에만 나타남)
⑥ 무엇이 그들의 깨끗함인가?(계와 정에만 나타남)
⑦ 어떻게 닦아야 하는가?(정과 혜에만 나타남)
⑧ 계/정/혜를 닦으면 무슨 이익이 있는가?

각 품의 시작에서 이렇게 문제를 제기한 뒤 하나하나에 대해서 정확한 답변과 설명을 제시하는 것이 『청정도론』의 전체 구성이다. 『청정도론』은 다음과 같은 방법들을 사용하여 해설을 전개하고 있다.
(1) 기본적으로 『청정도론』은 삼장 특히 경장에 대한 주석서이기 때문에 『청정도론』에 등장하는 모든 해설은 반드시 해당되는 삼장의 경문을 인용하고 그것에 대한 상세한 주석을 가하는 형식으로 전개되고 있으며 삼장의 인용을 찾지 못할 때는 고주석서를 인용하여 이것을 해설한다.
(2) 이 경우 견해가 여럿일 때는 제일 널리 인정되는 (혹은 大寺의 공식적인) 견해를 처음에 소개하고 다른 것은 옵션으로 제시한다는 점이다. 이럴 때는 예외 없이 'vā(혹은)'이나 'atha vā(그런데 혹은)'라는 단어

를 사용한다.63)

(3) 이렇게 전개해나가면서 중요한 용어나 가르침에 대해서는 가능하다면 그 때까지 있었던 여러 스승들의 견해를 가급적이면 많이 밝히고 있다.64)

(4) 대사(大寺)에서 통용되지 않는 스승들이나 문파의 견해를 언급할 때는 '어떤 분들은(keci, 혹은 keci pana)'이라는 표현을 주로 쓴다. 이 경우에 Pm에서는 대부분 그 출처를 밝히고 있다.65)

(5) 각 장에서 중요하게 다루는 주제를 여러 측면에서 상세하게 기술할 때 대부분 'vinicchayo veditabbo(판별이 알아져야 한다)'라는 표현이 사용되고 있다.66)

(6) 필요한 부분에는 옛스님들의 일화를 들어서 실제 수행에 적용되는 방법을 보여준다.67)

이제 『청정도론』의 계품·정품·혜품의 내용을 간략하게 살펴보자. 그리고 조금 더 구체적인 개관은 아래 칠청정의 설명에서 언급될 것이다.

(1) 먼저 계품은 '④ 얼마나 많은 종류의 계가 있는가?'를 상세하게 설명하는 것이 그 주요 내용이다. 여기서 저자는 여러 가지로 분류되는 계를 열거하고 이 가운데서 계목의 단속, 감각기능(根)의 단속, 생계의 청정, 필수품에 관한 계의 네 가지 분류를 상세하게 설명하고 있다.

(2) 정품은 '⑦ 어떻게 닦아야 하는가?'에 초점이 맞추어지고 있다. 정품에 속하는 III장부터 XIII장 가운데서 III. §27부터 XI. §120번까지, 다시 말해서 정품의 거의 대부분을 어떻게 닦아야 하는가를 설명하는

---

63)   예를 들면 I. §33, 등.
64)   예를 들면 II. §35, 등.
65)   예를 들면 XIV. §42, 등과 이에 해당되는 Pm.
66)   예를 들면 II. §3, 등.
67)   예를 들면 I. §55, 등.

데 할애하고 있다. 사실 삼매란 것은 어떻게 닦을 것인가라는 실천의 측면이 중요하기 때문에 이는 당연한 것이라 할 것이다.

 이렇게 해서 정품은 주로 40가지 명상주제를 닦는 방법을 설명하는데 초점을 맞추고 있다. 특히 모든 명상주제는 III장의 일반적인 설명과 IV장의 땅의 까시나에서 설명하고 있는 삼매증득의 과정을 이해하지 못하면 제대로 파악할 수 없을 만큼 간략하게 요점만 설명되어있다.(그러나 VIII장의 몸에 대한 마음챙김과 들숨날숨에 대한 마음챙김은 상세하게 설명되고 있음) 그러므로 정품은 III장과 IV장을 숙지해야 한다. 특히 IV장은 땅의 까시나를 통해서 근접삼매와 본삼매를 증득하는 과정을 구체적으로 기술하고 있고 초선부터 제4선까지 그곳에 나타나는 禪의 구성요소들을 중심으로 초선부터 제4선까지의 정형구들을 상세하게 설명하고 있기 때문에 삼매수행의 중요한 지침이 된다.

 XII-XIII에서는 '⑧ 삼매를 닦으면 무슨 이익이 있는가?'를 5신통과 연관지어 설명하고 있다. 삼매와 신통이 어떻게 연결되고 있으며 삼매를 기초로 해서 어떤 과정을 통해서 신통을 나투는가를 구체적으로 설명하고 있다.

 (3) 혜품도 '⑦ 어떻게 닦아야 하는가?'에 초점을 맞추어 설명하고 있다. 혜품에 속하는 XIV장부터 XXIII장 가운데서 XIV. §32부터 XXII장 마지막까지, 그러니까 XXIII장만 제외하고 혜품의 전체를 여기에 할애하는 셈이다.

 한편 XIV. §32에서 저자는 통찰지수행에 대한 아주 요긴한 진술을 하고 있다. 전문을 옮겨보면 다음과 같다.

> "여기서 무더기(蘊), 감각장소(處), 요소(界), 기능(根), 진리(諦), 연기(緣起) 등으로 구분되는 법들은 이 통찰지의 토양(*bhūmi*)이다. 계청정과 마음청정 — 이 둘은 이 [통찰지의] 뿌리(*mūla*)이다. 견청정, 의심을 극복함에 의한 청정, 도와 도 아님에 대한 지견청

정, 도닦음에 대한 지견청정, 지견청정 — 이 다섯은 [통찰지의] 몸통(sarīra)이다.
그러므로 먼저 토양이 되는 법들에 대한 파악과 질문을 통해서 지혜를 굳건하게 한 뒤, 뿌리가 되는 두 가지 청정을 성취하고, 몸통이 되는 다섯 가지 청정들을 성취함으로써 통찰지를 닦아야 한다. 이것이 요점이다."

인용문에서 보듯이 저자는 통찰지수행을 열반이라는 궁극의 청정을 실현하는 기본으로 파악하고 있다. 그래서 앞의 계와 삼매는 통찰지의 뿌리로 파악하고 있으며 온·처·계·근·제·연(蘊·處·界·根·諦·緣)의 법들을 토양으로, 나머지 5청정을 몸통으로 파악하여 이것을 통해서 도와 과와 열반을 실현하는 것으로(XXII) 결론짓고 있다. 이런 진술만 봐도 『청정도론』은 삼매수행의 지침서는 결코 아니다. 삼매수행도 중요하지만 그것은 도와 과와 열반을 증득하기 위한 뿌리일 뿐이다. 물론 뿌리 없는 열매란 생각할 수 없지만. 그래서 굳이 사마타냐 위빳사나냐를 구분해서 말하자면 『청정도론』은 역시 위빳사나를 강조한 책이라고 할 수 밖에 없으며 이것이 초기/남방/북방에 공통되는 불교의 입각처라 할 것이다.68) 여기서 위빳사나란 바로 법에 대한 통찰지 즉 반야를 말하는 것이다.

이처럼 혜품의 XIV장부터 XVII장까지는 통찰지의 토양이라 하여 온·처·계·근·제·연(蘊·處·界·根·諦·緣)의 여섯 가지 불교의 근간이 되는 기본 법수들을 중점적으로 설명하고 있다. 여기서는 아비담마의 82법, 즉 물질 28법, 마음 1법, 마음부수 52법, 열반 1법이 전

---

68) 북방의 북종선과 간화선도 삼매보다는 통찰지를 강조한 수행이다. 그래서 『육조단경』도 '唯論見性 不論禪定解脫(오직 견성을 논할 뿐 선정을 통한 해탈은 논하지 않는다)'을 설하고 있다. 간화선과 위빳사나에 대한 비교연구는 각묵스님의 「간화선과 위빳사나 무엇이 같고 다른가」를 참조할 것.

부 특징, 역할, 나타남, 가까운 원인의 네 가지 측면에서 구체적으로 정의되고 있으며 아울러 89가지 마음(알음알이)의 분류가 상세하게 논의되고 있다.

그리고 『청정도론』 가운데서 가장 길고 가장 어렵다고 알려진 XVII 장에서는 24가지 조건(paccaya, 緣)이 설명되고 있으며 연기의 각지들이 여러 측면에서 상세하게 설명되고 있다. 『청정도론』 XIV장부터 XVI장까지는 아비담마의 법수를 이해하지 못하면 따라가기 힘들다. 『아비담마 길라잡이』를 통해서 아비담마의 82법과 89가지 마음과 24가지 조건에 대한 이해를 먼저하고 이 부분을 읽을 것을 권한다.

XVIII부터 마지막 XXII까지는 통찰지의 몸통이라 하여 7청정 가운데 5청정을 각각의 장에서 설명하고 있다. 앞의 온·처·계·근·제·연(蘊·處·界·根·諦·緣)을 근본으로 하는 통찰지의 토양이 완전히 이론적이라면 이 다섯 장에서는 이런 아비담마의 정확한 이해가 실제 위빳사나 수행에서 어떻게 적용되어 지금 여기서 구체적으로 관찰되어야 하는가를 심도 깊게 설명하고 있다.

역자는 정품이나 혜품의 토양보다도 이 부분을 『청정도론』의 핵심으로 파악하며 이것이야말로 남방 상좌부불교가 붓다고사라는 큰스님을 내세워 후대에 전해주고자하는 고구정녕한 메시지라 파악한다. 특히 위빳사나 수행자들은 반드시 이 부분을 정독하여 자신의 수행을 점검해야 한다고 생각한다. 위빳사나 수행을 하면서 내가 배운 스승이나 센터의 방법대로만 위빳사나를 이해하고 또 그것만을 위빳사나라고 고집하고 있지는 않는지 반성해보자는 말이기도 하다. 그리고 XXIII장은 통찰지수행을 통해 얻는 이익을 과의 증득에 초점을 맞추어 설명하고 있다.

14. 칠청정의 측면에서 본 『청정도론』

역자는 앞에서 본서를 『청정도론』이라고 이름한 가장 큰 이유는 본서가 칠청정의 과정을 설명하는데 초점을 맞추고 있기 때문이라고 했다. 그러므로 여기서는 계·정·혜라는 체계와 더불어 『청정도론』을 전개하는 또 다른 방법인 7청정의 측면에서 위빳사나 수행과 관련지어 살펴보고자 한다.

잘 알려진 대로 이 칠청정의 개념은 『중부』 제24경 「역마차경」 (Rathavinītasutta, M.i.145이하)에 처음 나타나며 여기서 아누룻다 존자는 사리뿟따 존자에게 다음과 같이 그가 세존 아래 출가수행하는 이유를 칠청정으로 명쾌하게 대답하고 있다.

> "도반이여, 그와 같이 계청정은 마음청정을 위해서입니다. 마음청정은 견청정을 위해서입니다. 견청정은 의심을 제거함에 의한 청정을 위해서입니다. 의심을 제거함에 의한 청정은 도와 도 아님에 대한 지견청정을 위해서입니다. 도와 도 아님에 대한 지견청정은 도닦음에 대한 지견청정을 위해서입니다. 도닦음에 대한 지견청정은 지견청정을 위해서입니다. 지견청정은 취착이 없는 완전한 열반을 위해서입니다. 도반이여, 이 취착 없는 완전한 열반을 위해서 세존을 스승으로 청정범행을 닦는 것입니다."

이 칠청정은 다시 『장부』 제34경 「다숫따라 경」(Dasuttarasutta, D.iii. 288)에서 9청정으로 나타나는데 이 칠청정에다 통찰지(paññā)의 청정과 해탈(vimutti)의 청정을 첨가한 것이다.

전체 『청정도론』은 이 칠청정을 통한 열반의 실현에 초점이 모아지고 있다. 그러므로 삼매수행이 『청정도론』의 핵심이라고는 절대로 말할 수 없다. 그러나 냐나몰리 스님조차 그의 서문에서『청정도론』의 이런 입각처를 강조하지 않고 있어서 유감스럽다. 이 칠청정은『아비담마 길라잡이』에서 역자가 나름대로 요약하여 정리한 바가 있다. 그러나 너무 산만한 감이 없지 않아서 여기서 다시 더 간단하게 핵심만 간추려 적으려한다.

(1) 계청정

계청정의 핵심은 단속(saṁvāra)이다. 단속은 감각기능, 즉 육근의 단속과 의식주 삼사의 단속이다. 그래서 본서에서도 계목의 단속, 감각기능(根)의 단속, 생계의 청정, 필수품에 관한 계의 네 가지 분류를 통해서 단속을 심도 깊이 설명하고 있다. 그래서 XVIII. §1에서도 "계청정이란 지극히 청정한 계목의 단속에 관한 계 등 네 가지 계를 뜻한다"라고 계를 요약하고 있다.

(2) 마음청정

마음청정의 핵심은 바로 삼매이다. 본서에서 삼매는 "삼매란 유익한 마음의 하나됨이다(kusalacittekaggatā samādhi, 善心一境性)(III. §2)"라고 명쾌하게 정의하고 있다. 그래서 마음청정이 바로 삼매라고 하는 것이다. 그리고 다시 III. §3에서 "마음과 마음부수들을 하나의 대상(eka-ārammaṇa)에 고르고 바르게 모으고, 둔다는 뜻이다"라고 조금 구체적으로 설명하고 있듯이 삼매란 유익한 마음이 <u>하나의 대상</u>에 집중된 상태이다.

위 인용문에서 보듯이 삼매에서 가장 중요한 술어 중의 하나가 바로 대상(ārammaṇa)이다. 우리는 가끔씩 아무런 근거 없이 대상을 뛰어넘는 것이 삼매요 수행의 요체라는 식으로 삼매를 설명하려는 성향을 갖고 있다. 그러므로 수행을 하고 있는 불자들은 삼매의 가장 기초가 되는 개념을 바르게 파악하고 삼매의 정확한 설명을 받아들여야만 한다.

그렇지 않으면 주관적인 편견으로 삼매를 이해할 가능성이 아주 높기 때문이다. 대상이 없는 마음이란 존재하지 않고 대상 없는 삼매는 존재하지 않는다. 이 점을 역자는 거듭거듭 강조한다. 물론 명명백백하게 현전하는 표상의 대상 하나에만 집중될 때는 다른 것은 모두 의미가 없어지므로 앞뒤가 끊어져서 시간개념이 없어진다고 그래서 대상을 초월했다고 표현할 수는 있을 것이다. 그러나 거기에는 닮은 표상(paṭibhāga-nimitta, 相似映像)이라는 분명한 대상이 엄연히 존재한다. 그리고 무색계선은 이런 표상을 바꾸는데서 출발한다. 신통도 마찬가지이다. 이처럼 대상과 표상의 중요성을 모르고서 바른 삼매를 증득하기란 참으로 어려운 일이다. 이런 측면에서 본서의 정품(III-XIII장)은 삼매수행자들이 반드시 정독해야 할 중요한 내용을 담고 있다 하겠다.

거듭 밝히지만 삼매수행의 핵심은 대상에 대한 표상(nimitta)이다. 대상에 집중하여 익힌 표상(uggaha-nimitta)을 얻고 이것이 다시 닮은 표상(paṭibhāga-nimitta)으로 승화되어야 한다. 표상이란 개념이고 개념은 시간과 관계가 없는 것이다.[69] 이 닮은 표상은 너무 강렬하고 맑고 밝고 깨끗하여 이것에 마음이 하나로 집중될 때 이 강렬한 닮은 표상에 집중된 힘으로 다섯 가지 장애(五蓋)들은 극복된다. 따라서 초선부터 제4선까지 그 경지에 따라 여섯 가지 禪의 구성요소들, 즉 일으킨 생각, 지속적인 고찰, 희열, 행복, 마음의 하나됨, 평온이 강하게 유지되는 것이다. 이것이 삼매수행의 핵심이다.

이러한 초선부터 제4선(혹은 오종선의 제5선)까지를 본삼매라 부르며 본삼매를 증득하기 이전의 단계를 근접삼매라 한다. 본삼매는 다시 증득(samāpatti, 等至)이라고도 부르며 때에 따라 이것은 사마타(samatha, 止)

---

69) paññattiyā saddhiṁ nibbānassa saṅgahitattā kālavimuttā pī ti.(PtṇA. 352)

라고도 한다. 그래서 전체적으로 禪과 본삼매와 증득과 사마타는 동의 어이다. 삼매는 넓은 개념의 집중을 뜻한다. 그래서 근접삼매, 본삼매, 그리고 위빳사나에서만 나타나는 찰나삼매도 삼매의 범주에 속한다. 그러나 근접삼매나 찰나삼매는 엄밀히 말하면 禪=증득(등지)=사마타는 아니다.

그리고 본삼매 가운데서도 제4선의 지극히 평온하고 깨끗함을 바탕으로 그 대상을 바꾸면서 무색계4선(공무변처 증득부터 비상비비상처 증득까지)도 차례대로 증득된다. 그래서 선의 경지로는 제4선과 무색계4선은 같은 경지로 취급한다. 열 가지 까시나 중에서 허공의 까시나를 제외하고 9가지 까시나 가운데 어느 하나를 가지고 색계 제4선, 혹은 5종선일 경우 제5선에 들었다가 무색계선에 들고자하면 그 까시나를 없애고 허공을 대상으로 제1무색계선에 든다. 하여 차례대로 무색계4선에 들 수 있다. 이처럼 색계 제4선에 도달한 경우에만 무색계의 네 가지 선은 성취가 된다. 그래서 XVIII. §1에서 "마음청정이란 근접삼매를 포함한 여덟 가지 증득(等至)을 뜻한다"라고 마음청정을 설명하고 있다.

한편 삼매수행은 다섯 가지 자유자재의 실현으로 귀결된다고도 할 수 있다. 『청정도론』은 말한다.

> "다섯 가지 자유자재가 있으니, ① 전향의 자유자재(āvajjana-vasī) ② 입정의 자유자재(samāpajjana-vasī) ③ 머묾의 자유자재(adhiṭṭhāna-vasī) ④ 출정의 자유자재(vuṭṭhāna-vasī) ⑤ 반조의 자유자재(paccavekkhaṇa-vasī)이다. '원하는 곳에서, 원하는 시간에, 원하는 기간만큼 초선으로 전향한다. 전향에 어려움이 없다. 그러므로 이것이 전향의 자유자재이다. 원하는 곳에서 … 입정한다. 입정에 어려움이 없다. … (IV. §131)"

이렇게 해서 삼매를 통해 마음을 임의자재로 쓸 수 있는 것이다. 이렇게 마음을 자유자재로 쓰는 것이야말로 삼매수행을 마음청정이라 부르는 가장 큰 이유 중의 하나라 할 수 있다.

이런 다섯 가지 자유자재한 힘을 얻어서 삼매는 제4선을 바탕으로 해서 초월지, 소위 말하는 오신통의 기초가 되는 것이다. 제4선에 들지 않고서는 절대로 신통을 나툴 수 없다. 그래서 제4선을 기초가 되는 禪(*padaka-jjhāna*)이라고 한다. 제4선은 무색계 4禪과 신통의 기초가 되기 때문이다. 물론 이런 禪의 경지는 위빳사나의 튼튼한 기초이다. 이 경우에 초선부터 제4선까지는 역시 위빳사나의 기초가 되는 禪이라고 부른다.

『청정도론』에서는 이러한 계청정과 마음청정을 [통찰지의] 뿌리(*mūla*)라고 부르고 있다. 이정도의 이해를 바탕으로 삼아 이제 통찰지의 몸통이 되는 5청정에 들어가보자.

(3) 견청정

본서에서 "정신·물질을 있는 그대로 보는 것이 견청정(見淸淨, *diṭṭhi-visuddhi*)이다.(XVIII. §2)"라고 정의하고 있듯이 아비담마에서 분석하고 분류하고 있는 81가지 법(열반제외)을 정확하게 있는 그대로 보는 것이 견청정이다. 여기서 본다는 개념은 관념으로 보거나 아는 것이 절대 아니다. 내 안에서 직접 확인하고 체험한다는 의미이다. 81가지를 전부다 봐야하는가. 『청정도론』은 아니라고 말한다. 자기의 처해진 상황에 따라 '어느 한 가지 방법으로 간략하게 혹은 상세하게(XVIII. 5)' 보면 된다.

여기서 중요한 점은 "그러므로 물질을 파악하는 것이 선명하게 된 자가 정신(=수상행식)을 파악하는 수행을 해야 한다. 그렇지 않은 사람이 하면 안된다.(XVIII. §23)"라는 점이다. 이것은 뒤의 네 번째 다섯 번째 청정들에서도 계속해서 강조하고 있다. 견청정에 나타나는 요긴한 말씀 중의 하나이다. 『청정도론』은 말한다.

> "다섯 가지 취착하는 무더기(五取蘊)들이 있을 때 중생이나 인간이라는 인습적인 표현이 있을 뿐이지 궁극적인 뜻에서 하나하나 세밀히 조사하면 '내가 있다'라든가 혹은 '나'라고 거머쥐는 토대가 되는 중생이란 것은 없다. 궁극적인 뜻으로 볼 때 오직 정신·물질만 있을 뿐이다. 이렇게 보는 자의 봄(見, dassana)을 있는 그대로 봄(yathābhūta-dassana, 如實見)이라 한다.(XVIII. §28)"

이것이 견청정을 닦는 이유이다. 비단 견청정을 통해서 뿐만 아니라 나머지 청정들을 통해서도 아상이나 중생상이나 수자(영혼)상을 극복해야 한다고 『청정도론』은 누누이 강조하고 있다. 요약해서 말하면 법을 지금여기 이 순간, 내 안에서 파악하는 것이 견청정이다. 법을 본다는 것은 찰나(순간)를 보는 것이다.(XX. 97이하 참조)

(4) 의심을 극복함에 의한 청정

"정신·물질에 대한 조건(paccaya, 緣)을 파악함으로써 삼세에 대한 의심을 극복하여 확립된 지혜를 의심을 극복함에 의한 청정(kankhā-vitaraṇa-visuddhi, 度疑淸淨)이라 한다.(XIX. §1)"라는 정의처럼 조건의 파악이 의심을 극복함에 의한 청정이다. 사실 모든 의심은 조건, 즉 연기법을 파악하지 못하기 때문에 일어나는 것이다. "나는 정말 과거에 존재했는가 아니면 과거에 존재하지 않았는가? 나는 과거에 무엇이었을까? 나는 과거에 어떠했을까? 나는 과거에 무엇이 되었다가 다시 무엇이 되었을까? …(M.i.8, XIX. §6)"라는 등의 과거·현재·미래에 대한 16가지 의심은 조건과 연기법에 대해 미혹했기 때문에 일어난 것이다.

여기서는 정신·물질의 법들을 여러 가지 조건으로 파악하는 방법이 상세하게 언급되고 있다. 그래서 "정신의 조건을 공통적인 것과 특별한 것 두 가지로 보고 물질의 조건은 업 등의 네 가지로 본다(XIX.

§7)"고 요약하고 있다.

다시 조건의 파악에서는 연기의 순관·역관과 12가지 방법으로 업을 파악함을 통해서 파악한다. 이렇게 되면 '안 것의 통달지(ñāta-pariññā)'를 얻는다.

(5) 도와 도 아님에 대한 지견청정

5청정 가운데서 실제 수행과 관련해서 가장 중요한 것이 바로 『청정도론』 XX장에서 설명되고 있는 이 도와 도 아님에 대한 지견청정이다. 그러니 조금 상세하게 살펴보자.

"이것은 도고 이것은 도가 아니라고 이와 같이 도와 도 아님을 알고서 확립된 지혜를 도와 도 아님에 대한 지(知)와 견(見)에 의한 청정이라 한다.(XX. §1)" 그러면 무엇이 그것인가? 결론적으로 말하면 견청정의 핵심인 법을 봄과, 의심을 극복함에 의한 청정의 키워드인 조건을 함께 적용시켜, 지금 여기서 물심의 현상을 본격적으로 참구해 들어가는 것을 말한다. 그래서 도를 아는 것으로는 깔라빠의 명상을 들고 있고 이런 물질의 철저한 파악을 통해서 그 다음에 정신(수상행식=마음과 마음부수들)을 명상한다. 이렇게 하면 드디어 초보적인 생멸에 대한 지혜가 일어나게 된다.

이즈음에 광명 등 열 가지 경계가 생기는데 이 경계를 바르게 알아 이들은 도가 아니라고 하면서 거기에 안주하지 않는 것이 도가 아님에 대한 지견청정인 것이다.

다시 말하면 순간과 조건으로 정신·물질의 법을 파악하는 것은 도에 대한 지견청정이고 그럴 때 나타나는 10가지 경계를 바른 도가 아니라고 파악하는 것이 도가 아님에 대한 지견청정이다.

여기서 도를 아는 것은 깔라빠의 명상으로부터 시작한다. 그러므로 제대로 위빳사나를 하기 위해서는 깔라빠라는 의미를 정확하게 파악해야 하며 이것을 내 몸속에서 정확하게 찾아내어야 한다. 그렇지 못하면 깔라빠의 명상을 제대로 하기가 어렵다. 이렇게 깔라빠를 내 안에서 정확하게 확인하면 그 즉시에 우리는 이런 깔라빠로 된 물질의 무상·고·무아를 뼈시리게 보게 된다. 그래서 『청정도론』은 말한다.

> "물질은 그 어떤 것이든, 그것이 과거의 것이든 미래의 것이든 현재의 것이든, 안의 것이든 … 멀리 있는 것이든, 가까이 있는 것이든, 그 모든 물질을 무상하다고 구분하는 것이 한 가지 명상이다. 그 물질을 괴로움이라고 구분하는 것이 한 가지 명상이다. 무아라고 구분하는 것이 한 가지 명상이다.(XX. §6; §13)

이렇게 관찰하는 것이 어려운 자들을 위해서 본서는 친절하게 여러 가지 관찰법을 제시하고 있다. 너무 길어진 듯하여 여기서는 이정도로 마친다. 이런 깔라빠를 통한 물질의 명상을 바탕으로 §43이하에서 정신이 생겨나는 것을 관찰하는 법을 설명하고 있다. 다시 §46이하에서 물질에 대해서 명상하는 7가지 방법을 상술하고 있으며 다시 이를 바탕으로 §76이하에서 정신에 대해서 명상하는 7가지 방법을 상술하고 있다. 이렇게 간략한 방법에서부터 아주 구체적인 방법에 이르기까지 정신과 물질을 명상하는 방법을 제시하고 있으며 이것을 통해서 도(수행의 바른 길)에 대한 지견을 확립시켜주고 있다.

실로 이것은 <u>아비담마의 정신·물질(=법)의 분석과 정의를 구체적으로 내안에서 확인해가는 수행법</u>이라 할 수 있다. 이처럼 아비담마는 위빳사나 수행의 전부라 해도 과언이 아니다. 이처럼 추상적인 물질 10가지를 제외한 아비담마의 71가지 법을 내안에서 확인하면 우리는 자연스럽게 그리고 점점 더 깊이 그리고 더 확고하게 무상·고·무아인 제법의 특징을 확인하게 되는 것이다. 이렇게 확인하면 자연스레 아상·인상·중생상·수자상은 극복되어 모든 취착을 여의고 도와 과와 열반을 확고하게 실현할 튼튼한 발판을 만드는 것이다.

부처님 가르침을 만나 금생에서 도와 과와 열반을 실현하지는 못한다하더라도 적어도 이런 해탈열반의 확고한 발판을 얻어야 우리가 위대한 대스승의 교설을 만난 참다운 의미와 보람이 있는 것이다. 그렇게 되면 천인사에 대한 우리의 믿음은 더욱 깊어질 것이고 이것은 생사의 두려운 저 바다를 건너는 튼튼한 배가 되어줄 것이다.

이렇게 할 때 초보적인 생멸을 관찰하는 지혜(*udayabbayānupassanā-ñāṇa*)가 나타난다고 본서는 말하고 있다.(XX. §104) 역자는 다음에 나타나는 구절을 『청정도론』의 전체 가운데서 가장 간절한 말씀 중의 하나라고 파악한다.

> "그가 무명 등이 일어나기 때문에 무더기들의 일어남을 보고, 무명이 멸하기 때문에 무더기들의 소멸을 보는 것이 <u>조건을 통해</u> 일어나고 사라짐을 보는 것이다. 그러나 생기는 특징과 변하는 특징을 보면서 무더기들의 일어나고 사라짐을 볼 때 그것은 <u>순간</u>을 통해 일어나고 사라짐을 보는 것이다. 오직 일어나는 순간에 생기는 특징이 있고, 무너지는 순간에 변하는 특징이 있기 때문이다.(XX. §99)" (그래서 『청정도론』은 다시 말한다.) "<u>조건과 순간</u>을 통해 상세하게 마음에 잡도리한다.(XX. §97)"

이 <u>순간(*khaṇa*)과 조건(*paccaya*)은 아비담마의 두 가지 기본 주제이다.</u> 이 세상의 모든 존재에 대해서 그것이 물질적인 것이든 정신적인 것이든 매순간에 집중하여 그들이 무상·고·무아라는 것에 사무치고, 매순간 일어나는 이들 오온의 기멸은 모두 조건의 힘(*paccaya-satti*)에 의해서 한치의 오차도 없이 조건지워져서 일어나고 사라진다고 파악해야 위빳사나에 바로 들어가는 자라 할 수 있다.

인용에서 보듯이 특히 『청정도론』에서는 순간보다 조건을 앞에 두어 조건을 파악함에 대한 중요성을 역설하고 있다. 24가지로 세밀하게 분석하고 있는 조건들을 통해서 물심의 현상을 분석하고 분해하지 않는 한 미세한 의심은 결코 제거되지 않기 때문이다. 그래서 네 번째 청정인 의심을 극복함에 의한 청정은 바로 24가지 조건을 파악하는 것이라고 『청정도론』도 강조하고 있는 것이다.

이 조건과 조건의 힘을 보는 눈을 가지면 왜 부처님께서는 12연기로 대표되는 '이것에 조건됨(*idappaccayatā*)'을 그렇게 강조하고 계시며, 왜 『청정도론』에서는 XVII장에서 그렇게 상세하면서도 복잡하게 그것도 그렇게 많은 분량을 할애해가면서 그리고 조건의 설명은 어렵다고 거듭 하소연하면서 강조하고 있는지, 왜 담마빨라 스님은 자신의 모든 지식과 지혜를 동원해서 그렇게 상세하게 연기의 주석을 하고 있는지, 왜 레디 사야도가 조건에 대한 이해의 대가라 불리는지 확실히 절감할 수 있을 것이다.

예를 들면, 왜 나에게 일어나는 수많은 물심의 현상이 남에게서는 일어나지 않고 바로 매순간 나의 물심의 현상으로 일어나는가? 왜 특정한 심리현상은 두고두고 내 마음들의 대상이 되는가 등의 근원적인 문제를 상좌부에서는 24가지 조건을 설정하여 이를 통해서 파악하고 설명하고 있다.

이렇듯 이 <u>순간과 조건</u>에 눈뜨지 못하는 한, 순간과 조건에 대한 법안(*dhamma-cakkhu*)이 조금이라도 생기지 않는 한, 위빳사나는 단지 말에 지나지 않을 것이다. 『청정도론』은 말한다.

> "일어나고 사라짐의 관찰이라 부르는 초보적인 위빳사나의 지혜를 얻는다. 이것을 얻었기 때문에 위빳사나를 시작한 자(*āraddha-vipassaka*)라는 명칭을 얻는다.(XX. §104)"

『청정도론』에서는 이처럼 순간과 조건에 눈을 떠야 비로소 위빳사나를 시작한 자라는 이름을 얻게 된다고 하는 사실을 명심해야 한다. 이 둘에 눈뜨기 전에는 제법 그럴듯한 기법을 구사하거나 혹은 수승한 경계가 나타난다 해도 그것은 위빳사나가 아니다. 단지 경계일 뿐이다. 그래서 이런 경계들이 도가 아님을 밝혀주기 위해서 이제 다음의 열 가지 위빳사나의 경계(오염, 결함, upakkilesa)를 『청정도론』은 드러내보이고 있다. 순간과 조건에 사무치지 못하면 누구든지 이런 경계에 빠져버릴 수 있기 때문이다. 이제 이를 살펴보자. 도가 아님을 아는 지견청정을 두고 『청정도론』은 이렇게 설한다.

> "이 초보적인 위빳사나로써 위빳사나를 시작한 자에게 열 가지 경계(결함, upakkilesa)들이 일어난다. 위빳사나의 경계는 진리를 통찰함에 이른 성스러운 제자에게 그리고 그릇되게 수행하거나, 명상주제를 놓아버린 게으른 사람에게는 일어나지 않는다. 오직 바르게 수행하고 지속적으로 명상주제와 함께하는 위빳사나를 시작한 선남자에게 일어난다. 무엇이 그 열 가지 경계들인가? ① 광명 ② 희열 ③ 경안 ④ 결심 ⑤ 분발 ⑥ 행복 ⑦ 지혜 ⑧ 확립 ⑨ 평온 ⑩ 욕구이다.(XX. §105)"

구체적인 것은 해당되는 본문을 살펴보기 바란다. 그러나 그 강조점은 다음에 있다.

> 그는 이런 광명을 '이것은 내 것이 아니고, 이것은 내가 아니며, 이것은 나의 자아가 아니다.(M.i.136)'라고 면밀히 관찰한다.(XX. §127)

한편 이런 세 가지 청정을 통해서 괴로움의 진리(苦諦)와 일어남의 진리(集諦)와 도닦음의 진리(道諦)를 정확하게 구분하고 있다. 이렇게 내안에서 이 셋을 철저하게 확인해야 우리는 비로소 고집도의 세 가지 진리를 알았다고 하는 것이다. 물론 그것이 아직은 세간적인 차원이지만. 『청정도론』은 이렇게 말한다.

> "어떻게? 견의 청정에서는 정신·물질을 구분함으로써 괴로움의 진리(苦諦)를 구분하였다. 의심을 극복함에 의한 청정에서는 조건을 파악함으로써 일어남의 진리(集諦)를 구분하였다. 이 도와 도 아님에 대한 지견청정에서는 바른 도를 강조함으로써 도의 진리(道諦)를 구분하였다. 이와 같이 세간적인 지혜로 세 가지 진리들을 구분하였다.(XX. §130)"

거듭 강조하거니와 도와 도아님에 대한 지견청정을 통해서 우리는 순간과 조건이라는 아비담마와 위빳사나의 핵심 주제에 사무쳐야 하겠다. 그래야 우리는 비로소 위빳사나를 시작한 자라는 이름을 얻게 되는 것이다.

역자는 이 도와 도아님에 대한 지견청정이 위빳사나 수행자에게는 무엇보다 중요하다고 판단하여 상세하게 소견을 피력하다보니 너무 장황해진 느낌이 든다. 이제 간단하게 나머지 두 가지 청정의 정의를 살펴보고 마무리하려한다.

(6) 도닦음에 대한 지견청정

도닦음의 지견청정은 다음의 9가지로 구성된다.

> "이제 여덟 가지 지혜를 통해서 위빳사나는 정점에 이르게 된다. 아홉 번째는 진리에 수순(隨順)하는 지혜이다. 이 [아홉 가지를] 도닦음에 대한 지견청정이라 한다.
> ① 경계(결함)를 벗어났고 과정에 들어있는 도를 닦는 위빳사나라고 불리는 생멸을 관찰하는 지혜

② 무너짐을 관찰하는 지혜
   ③ 공포로 나타나는 지혜
   ④ 위험을 관찰하는 지혜
   ⑤ 역겨움을 관찰하는 지혜
   ⑥ 해탈하고자하는 지혜
   ⑦ 깊이 숙고함을 관찰하는 지혜
   ⑧ 상카라에 대한 평온의 지혜,
   ― 이들을 여덟 가지 지혜라 한다고 알아야 한다.
   아홉 번째인 진리에 수순하는 지혜란 수순(隨順, *anuloma*)과 동의어이다.(XXI. §1)"

이 아홉 가지에다 앞의 깔라빠에 대한 명상의 지혜를 넣어서 10가지 위빳사나의 지혜라고도 부른다.

이 가운데서 ① 생멸을 관찰하는 지혜와 ② 무너짐을 관찰하는 지혜와 ⑧ 상카라에 대한 평온의 지혜가 핵심이다.

한편 생멸을 관찰하는 지혜는 전반부(XX. 93이하)와 후반부로 나누어서 설명하는데 전반부는 10가지 경계가 남아있기 때문에 이들을 도와 도아님에 대한 지견청정을 통해서 청정하게 하고 도닦음의 지견에서 다시 이를 닦는다. 여기서는 더욱더 오온의 무상·고·무아를 철저하게 관찰하고 체득하는 것을 강조하고 있다.

두 번째로 무너짐을 관찰하는 지혜가 위빳사나 지혜 가운데서 가장 중요한 전환점이다. 이제 드디어 철옹성처럼 단단하게 조합되어 '나'니 '내 것'이니 자아니 영혼이니 하면서 굳게 뭉쳐있던 무더기들이 해체되고 부서지고 무너지는 것이다. 이 지혜에서 가장 중요한 개념은 다음의 세 가지이다.

"대상을 바꿈(vatthu-saṅkamana)이란 물질이 무너짐을 본 뒤, 물질이 무너짐을 본 그 마음도 무너짐을 봄으로써 첫 번째 대상으로부터 다른 대상으로 옮겨감이다. 통찰지의 전이(vivaṭṭana)란 일어남을 버리고 소멸에 머묾이다. 전향하는 힘(āvajjanā-bala)이란 물질이 무너짐을 본 뒤, 무너짐을 대상으로 가졌던 그 마음도 무너지는 것을 보기 위해 즉시에 전향하는 능력이다.(XXI. §20)"
[그래서] "모든 상카라(行)들의 일어남과 머묾과 진행과 표상을 내려놓고 오직 무너짐을 본다. 마치 깨지기 쉬운 도자기가 깨지는 것을 보는 것처럼, 가는 먼지가 흩어지는 것을 보는 것처럼, 볶인 깨가 터지는 것을 보는 것처럼.(XXI. §27)"

여기서 핵심은 물질의 무너짐을 본 그 마음도 무너짐을 철저하게 관찰하는 것이다. 이렇게 해서 오온이, 즉 나라는 철옹성 같던 개념이 해체되고 부서지고 무너지는 것이다. 남방 스님들도 이 무너짐의 지혜를 수행의 대전환점으로 강조하고 있다.

상카라에 대한 평온의 지혜는 "이와 같이 공하다고 보고는 세 가지 특상을 제기하여 상카라들을 파악할 때 공포와 기뻐함을 버린 뒤 상카라들에 대해 무관심하게 되고 중립적이 되고, '나'라거나 '내 것'이라고 취하지 않는다.(XXI. 61)"라고 설명되고 있다. 중요한 부분이므로 본문을 정독하시기 바라며 여기서는 더 이상 언급하지 않는다. 이를 통해서 세 가지 해탈의 관문으로 들어간다. 그것에 대해서는 여기서 설명하지 않고 한 대목만 인용하면서 마무리 짓는다.

"여기서 무상이라고 천착한 자든, 괴로움이라고 천착한 자든, 무아라고 천착한 자든 출현할 때에 무상으로부터 출현함이 있으면 이 세 사람은 믿음이 강하다. 그들은 믿음의 기능(信根)을 얻는다. 표상 없는 해탈로써 해탈한다. 첫 번째 도의 순간에 믿음을 따르는 자들이 된다. 일곱 곳에서 믿음으로 해탈한 자들이 된다. 만약 괴로움으로부터 출현함이 있으면 이 세 사람은 편안함(輕安)이 크다. 삼매의 기능(定根)을 얻는다. 원함 없는 해탈로써 해탈한다. 모든 곳에서 체험한 자들이 된다. 무색계 禪을 의지처로 한 자는 최상의 과의 경우 양면으로 해탈한 자가 된다.
무아로부터 출현함이 있으면 이 세 사람들은 영지가 크다. 통찰지의 기능(慧根)을 얻는다. 공한 해탈로써 해탈한다. 첫 번째 도의 순간에 법을 따르는 자들이 된다. 여섯 곳의 경우 견해를 얻은 자가 된다. 최상의 과의 경우 통찰지로 해탈한 자가 된다.(XXI. §89)"

(7) 지견청정

이제 마지막으로 지견청정의 정의를 살펴보자. 『청정도론』은 "예류도, 일래도, 불환도, 아라한도, 이 네 가지 도에 대한 지혜를 지견청정이라 한다.(XXII. §2)"라고 정의하고 있다.

여기서는 예류도부터 아라한과까지의 사쌍팔배(四雙八輩)에 대한 개념을 정확하게 설명하고 있다. 그런 후 이들 네 가지 지견청정의 위력을 설명하기 위해서 여러 가지 방법으로 설명하고 있는데 특히 37조도품이 자세히 설명되고 있다. 여기에 대해서는 본문을 정독하시기 바라면서 지견청정에 대한 설명은 이정도로 줄인다.

15. 번역의 저본 및 현존하는 번역본들

『청정도론』이 중요한 책인 만큼 『청정도론』 빠알리 원본은 남방불교의 각 나라마다 잘 보존되어 왔다. 그러나 모두 자기들 고유의 문자로 쓰여있기 때문에 다른 나라 사람들이 접근하기에는 어려움이 많았다. 그래서 널리 알려진 영국의 PTS본이 국제적으로는 모든 빠알리 연구의 기본 텍스트로 자리잡고 있다. 『청정도론』도 이미 PTS에서

1920/1년에 리즈 데이빗(CAF Rhys Davids) 여사가 교정본을 출판하여 『청정도론』연구에 많은 기여를 했다. PTS본은 스리랑카 필사본을 바탕으로 해서 만들어졌으며 단락 번호가 명기되어있지 않은 단점이 있다.

『청정도론』이 중요한 텍스트인 만큼 그 교정본에 대해서도 서양학자들은 일찍부터 관심을 가져왔다. 그 가운데서도 미국출신의 헨리 와런(Henry Warren)이 심혈을 기울여 교정본을 만들다가 미처 출판하지 못한 상태에서 요절하고 인도학자 담마난다 꼬삼비(Dhammanda Kosambi)가 교정을 마무리하여 Harvard Oriental Series(HOS)로 출판한 HOS본[70]은 아비담마의 나라라 불리는 미얀마본을 저본으로 해서 여러 다른 필사본들을 참조해서 교정한 것이다. HOS본은 각장을 다시 단락별로 상세하게 구분하여 편집하였기 때문에 참조하기가 편리하게 되어있다. 무엇보다도 지금 제일의 영어 번역으로 통하는 냐나몰리 스님의 영역본이 이것을 저본으로 하였기 때문에 원문과 영어번역을 대조해서 보기가 용이하다. 그래서 역자도 이 HOS본을 저본으로 번역하였다.

로만 문자로 원문을 볼 수 있는 또 다른 판본은 인도의 고엔카 위빳사나 센터에서 설립한 VRI(Vipassanā Research Institute)에서 내놓은 CD-ROM버전(1997)이다. 이것은 미얀마 육차결집본을 그대로 컴퓨터에 입력한 것이기 때문에 육차결집본이라 불러도 상관이 없을 정도이다. 이 CD-ROM의 『청정도론』원문은 거의 오타가 없을 정도로 잘 편집되어있으며 역자도 많은 도움을 받았다. 특히 Pm이 함께 입력되어있고 단락번호까지 같아서 둘을 함께 참조하는데 큰 도움이 되었다.

---

70) 1950년에 출판하였으나 담마난다 꼬삼비의 서문은 1927년에 쓴 것으로 나타난다. 2차대전 등의 영향으로 출판이 지연되었던 것 같다.

그 외 Pm은 스리랑카본과 태국본도 참조하였다. 자세한 것은 참고도서를 참조하기 바란다.

『청정도론』 최초의 서양번역은 PTS에서 뻬 마웅 틴(Pe Maung Tin)이 1922년(제1권), 1928년(제2권), 1931년(제3권)까지 장장 10년에 걸쳐서 번역해낸 것을 들 수 있다. 역자는 이 책을 많이 참조하지는 않았지만 애매한 부분은 많이 체크한 셈이다. 전체적으로 냐나몰리 스님의 번역에 비하면 용어 선택 등이 신중하지 못한 것 같고 오역도 심심찮게 발견되었다. 그러나 미얀마의 전통적인 해석을 많이 반영하고 있어서 애매한 부분을 해결하는데는 도움이 많이 되었다.

한편 서양최초의 상좌부 스님이면서 유명한 학승으로 알려진 독일출신 냐나띨로까(Ñāṇatiloka) 스님이 1927년에 독일어로 번역출판을 하였다. 완전한 번역을 꼽는다면 냐나띨로까 스님의 이 독역을 서양최초의 번역이라 해야 할 것이다. 스님은 1952년 재판을 찍으면서 뻬마웅 틴 번역의 잘못을 지적하고 있다고 한다. 역자가 독일어를 모르는 탓으로 참조하지 않았다.

한편 불기 2500년을 기념하여 스리랑카에서 펴낸 냐나몰리 스님의 영역본 'The Path of Purification'은 1956년에 초판 발행하였으며 지금까지 최고의 영역본으로 자리매김하고 있다. 이 책의 역자서문에서 밝히고 있듯이 이 책에는 당대에서 내로라하는 세분 서양출신 스님들의 노고가 들어있다. 역자인 냐나몰리 스님의 은사스님이면서 독일어로 번역한 냐나띨로까 스님이 1-2장을 꼼꼼히 교정하셨다. 그러나 이미 연로하신 스님은 병 때문에 더 이상 교정을 보지 못하셨고 그 분의 제자인 역시 독일 출신인 냐나뽀니까 스님이 나머지를 독일어 번역본과 대조하면서 꼼꼼히 체크했다고 한다.

냐나뽀니까 스님은 저 유명한 BPS의 창시자며 30여 년 간을 회장으로 있으면서 BPS를 세계제일의 불교출판 및 학회로 일으킨 장본인이며 많은 번역을 하다가 1992년에 입적하셨다. 이처럼 냐나몰리 스님의 'The Path of Purification'은 냐나띨로까(Ñāṇatiloka) - 냐나뽀니까(Ñāṇaponika) - 냐나몰리(Ñāṇamoli)로 연결되는 지난세기 서양 출신 고승 세 분들71)의 공이 들어있는 책이며 당시 유명한 학승이었던 스리랑카의 소마(Soma) 테라의 역할도 컸었다. 이런 배경에서 탄생된 책이라서 그런지 이 책은 지금까지 『청정도론』에 관한한 최고의 번역서로 자리매김하고 있다. 역자는 이 영역본을 가장 많이 참조하였다.

그리고 이 책은 Pm의 중요한 부분을 주해에서 많이 소개하면서 본문의 이해를 돕고 있다. 단점이라면 뒤로 갈수록 Pm의 영역에 애매하고 잘못된 부분이 제법 나타난다는 점이라 할 수 있겠다.

그러나 역자가 비록 본서에서 냐나몰리 스님의 애매하고 잘못된 번역을 다소 지적하고 있기는 하지만 냐나몰리 스님의 전체 번역에서 보자면 그야말로 미미한 것에 지나지 않는다. 사실 냐나몰리 스님의 'The Path of Purification'은 역자의 번역에 큰 힘이 되었으며 이제 한글번역판을 내어놓음으로써 스님께 감사의 보답을 조금이라도 하게 된 셈이다.

그 외에 역자가 참조한 번역본으로는 중국어 번역본이 있다. 역자를 밝히지 않고 전 3권으로 1971년에 타이페이에서 출간된 것이다. 어려운 빠알리 표현을 어떻게 한문으로 정착시키는지를 알 수 있어서 나름대로 도움이 되었다. 이 책은 거의 대부분 뻬 마웅 틴의 영역본과 일치하고 있었다. 아마 뻬 마웅 틴의 영역본과 역시 뻬 마웅 틴의 영역

---

71) 이 분들은 상좌부 불교를 서양에 뿌리내리는데 큰 역할을 한 분들이다. 이들의 맥을 잇고 있는 지금 스리랑카 BPS(Buddhist Publication Society)의 회장직을 맡으면서 『상응부』(이미 출간)와 『증지부』의 신역에 힘을 쏟고 계신 비구 보디(Bhikkhu Bodhi)도 서양불교에서는 빼놓을 수 없는 스님이다. 공교롭게도 이 네 분은 국적은 각각 다르지만 모두 유태인 출신들이라 한다.

본을 참조해서 옮겼다고 하는 일역본을 참조하면서 옮긴 것으로 추정된다. 역자가 일어에 어두워서 일역본은 참조하지 않았다.

역자가 미얀마어를 모르기 때문에 미얀마 본도 직접적으로는 참조할 수 없었고 위에서 밝혔듯이 우 난다말라 사야도를 통해서 수웨즈리 사야도의 번역본을 참조하였고 애매한 부분은 그 분의 번역본에 의지한 곳이 몇 군데 된다.

전체적으로는 『청정도론』의 『대복주서』(마하띠까)인 담마빨라 스님의 Pm에 크게 의존하였다. 난해한 문장이나 합성어의 분해는 거의 전적으로 Pm에 의지했다. Pm이 아니었으면 수없이 등장하는 『청정도론』의 합성어를 제대로 분석해낼 수 없었을 것이다. 거듭 담마빨라 스님의 위대함에 감탄하였다.

16. 『청정도론』에 나타나는 주요단어들의 한글번역에 대하여

본서를 옮기면서 정한 기본 방침은 정확한 이해와 한글화이다. 이런 방침은 『길라잡이』의 역자서문의 §13에서 언급하였다. 여기서는 『청정도론』에 나타나는 중요한 술어나 단어들을 본서에서 어떻게 옮기고 있는지를 살펴보려 한다.

(1) 기본 교리와 관련된 술어들

『청정도론』에서 밝히고 있듯이 통찰지의 토양이 되는 초기불교의 법수는 온·처·계·근·제·연(蘊·處·界·根·諦·緣)으로 정리가 된다. 부처님의 가르침은 이 6가지를 기본 골격으로 한다고 『청정도론』은 이해하고 있다. 이것을 구체적으로 말하면 5온·12처·18계·22근·4제·12연기이다. 물론 이 외에도 번뇌, 폭류, 속박, 장애, 오염원 등의 불선법들의 더미들과 37조도품 등이 있는데 이는 『길라잡이』

제7장에 잘 정리되어있으니 이를 참조하기 바란다.

온(蘊)으로 한역되어 우리에게 전해진 *khandha*는 본서 전체에서 '무더기'로 옮기고 있다. 그래서 색온은 '물질의 무더기'로 수온은 '느낌의 무더기'로 상온은 '인식의 무더기'로 행온은 '상카라들의 무더기'로 식온은 '알음알이의 무더기'로 옮긴다.

여기서 문제는 행온(行蘊)으로 한역한 상카라칸다(*saṅkhāra-kkhandha*)인데 아직 마땅한 역어를 찾지 못해서 그냥 '상카라(行)들의 무더기'로 옮겼다. 상카라는 문맥에 따라 다르게 옮겨야 정확한 뜻을 전달하겠는데 일반적으로는 '형성된 것'으로 12연기에서는 '업형성력'으로, 오온에서는 '심리작용'으로 이해하면 무난할 듯하다. 공통되는 역어가 없어서 '행들의 무더기'로 옮기려다가 그냥 상카라들의 무더기로 옮겼다. 여기에 대해서는 XIV. §131의 주해를 참조하기 바란다.

느낌과 인식도 각각 감성과 지성과 관련된 단초가 되는 심리현상이므로 감각(感覺)과 지각(知覺)으로 옮기면 둘이 잘 대비가 되어서 좋을 것도 같지만 여태까지의 번역과 통일을 기하기 위해서 느낌과 인식으로 그대로 두었다.

처(處)로 한역되었던 *āyatana*는 '장소'라고 옮기며 특히 이것이 12처로 알음알이가 일어나는 대상과 기능의 관계를 드러내는 경우에는 모두 '감각장소'로 옮겼다. 즉 '눈의 감각장소', '형상의 감각장소' … '마노의 감각장소', '법의 감각장소'이다.

계(界)로 한역한 *dhātu*는 '요소'로 옮겼고 근(根)으로 한역한 *indriya*는 '기능'으로 옮겼으며 감각과 관련된 육근(六根)은 모두 '눈의 감각기능' 등 '감각기능'으로 옮겼다. 제(諦)로 한역한 *sacca*는 '진리'로 옮겼으며 연기(緣起)로 한역한 *paṭiccasamuppāda*는 그대로 '연기'로 옮겼다. 이와 관련하여 연(緣)으로 한역한 *paccaya*는 '조건'으로 옮겼다. 물론 이들 술어들은 때에 따라서 이해를 돕기 위해서 괄호 안에 한문을 병기한 곳이 많다.

그리고 선(善)·불선(不善)·무기(無記)로 한역한 *kusala · akusala · abyākata*는 모두 유익함·해로움·결정할 수 없음으로 옮겼다. *kalyāna*는 '좋은'으로 옮겼고 *guna*는 '덕'으로 *puññā*는 '공덕'으로 *sucarita*는 '선행'이나 '좋은 행위'로 *duccarita*는 '악행'이나 '나쁜 행위'로 옮겼다.

불교 전체에서 가장 중요하다 할 수 있는 *dhamma*는 '법'으로 한역된 것을 그대로 사용했다. 혹 드물게 문맥에 따라 현상 등으로 옮긴 경우가 있는데 이 때는 반드시 '(法)'이라 부기해 넣어서 그것이 담마(*dhamma*)의 역어임을 알 수 있게 했다. 법을 어떻게 이해하고 어떻게 내 안에서 파악하는가 하는 것은 불교의 근본이며 특히 법(*dhamma*)과 대면함(*abhi*)을 근본주제로 하는 아비담마의 생명이다. 그래서 가급적이면 '현상'이니, '것'이니, '사물'이니 하는 애매한 용어로 *dhamma*를 옮기는 것은 피하였다. 그리고 *viparinnāma-dhamma*같은 경우에는 '변하기 마련인 것'이라든지 '변하기 마련이며'라는 등으로 옮기지 않고 '변하기 마련인 법'이라고 '법'을 살려서 옮겼다. 경에서 부처님께서 *dhamma*라는 술어를 채용하셨을 때는 그런 충분한 이유가 있다고 판단했기 때문이다.

(2) 지혜(*ñāna*)와 관련된 술어 및 단어들

위의 기본 법수 외에 초기불교와 주석서 문헌군들에서 가장 중요하게 나타나는 술어는 아마 지혜와 관련된 용어들일 것이다.[72] 아니 그 성격상 기본법수들보다 더 중요하게 취급되어야 할지도 모른다. 불교는 지혜의 가르침이요 이런 지혜를 통해서 내 안에서 법을 확인하는 가르침이기 때문이다.

우리는 지혜라 하면 얼른 반야를 떠올린다. 그 이외의 지혜에 대해

---

72) 여기에 대해서는 『금강경 역해』 136-40을 많이 참조하였다.

선 생각해보지 않는 경향이 있다. 아니 반야(paññā, Sk. prajñā)가 아닌 것은 알음알이 놀음이거나 지식쯤으로 치부해버리는 경향이 있다. 이렇게 되면 부처님 가르침을 자칫 단편적으로 이해하는데 그치고 만다. 그러나 초기경에서 부처님께서는 다양한 지혜를 말씀하고 계신다. √jñā(to know)에 여러 가지 접두어를 붙여서 부처님께서는 기존의 베다 문헌이나 초기 산스끄리뜨 문헌에서는 잘 나타나지 않는 다양한 전문술어를 만들어 지혜의 다양한 측면을 드러내고 계신다. 이제 초기경에서부터 나타나며 특히 주석서 중의 주석서인 『청정도론』에서 정확하게 정의하고 있는 술어들을 하나하나 살펴보자.

먼저 염두에 두어야할 점은 √jñā(to know)에서 파생된 술어들은 크게 두 부류로 나누어진다는 점이다. 하나는 불교의 지혜를 나타내는 술어군이고 다른 하나는 지혜가 아닌 일반적인 앎(알음알이, 인식)에 관계된 술어군이다. 먼저 전자부터 살펴보자. 초기경과 『청정도론』에 나타나는 지혜에 속하는 술어들은 다음과 같다. 냐나(ñāṇa, 지혜), 빤냐(paññā, 통찰지), 아빈냐(abhiññā, 초월지), 빠린냐(pariññā, 통달지), 안냐(aññā, 구경지)이다.

① 냐나(ñāṇa)는 지혜를 나타내는 가장 보편적인 술어이다. ñāṇa는 지혜가 아닌 일반적인 앎이나 지식을 나타내는 경우에는 거의 쓰이지 않는다. 전문술어로 사용될 때는 예외 없이 지혜를 뜻한다. 그래서 본서에서는 모두 '지혜'로 옮기고 있다. 초기경에서도 예를 들면 둑케 냐나(dukkhe ñāṇa, 괴로움에 대한 지혜) 등으로 나타나며 이는 장부 상기띠숫따(D33)와 다숫따라 숫따(D34)에서는 10가지 지혜로 정착이 되었다. 무애해도에서는 73가지 지혜가 언급될 정도로 중요한 술어로 사용되며 본서에서도 마찬가지이다.

② 빤냐(paññā)는 pra(앞으로)+√jñā에서 파생된 여성명사이다. 반야

로 음역하고 있으며 지혜를 나타내는 술어 가운데 가장 잘 알려진 술어이다. 이 빤냐는 냐나와 거의 동의어라고 봐도 무방하지만 냐나가 지혜일반을 나타내는 것이라면 빤냐는 통찰해서 아는 조금 특수한 영역을 나타내는 술어라고 봐야 한다. 이것의 동사 빠자나띠(*pajānāti*)도 같은 의미를 나타내고 있다. 본서에서는 모두 '통찰지'로 옮겼다.

문자적으로 보면 그냥 피상적으로 대상을 분별해서 알거나(*vijānāti*, 위자나띠, 分知 ⇒ *viññāṇa*, 識) 뭉뚱그려 아는 것(*sañjānāti*, 산자나띠, 合知 ⇒ *saññā*, 想)을 넘어서서 '앞으로 더 나아가서(*pra*-) 아는 것'을 뜻한다. 이것이 반야의 가장 초보적인 의미라 하겠다. 그래서 꽃들이 있구나(산자나띠)라거나 장미, 백합, 라일락이 있구나(위자나띠)라고 대상을 그냥 인식하는 것이 아니라 저 대상을 변하는 것으로(無常, *anicca*, Sk. *anitya*) 알고, 그러기에 필경에는 고(苦, *dukkha*, Sk. *duḥkha*)일 수밖에 없는 것으로 알며, 그러기에 어떤 불변하는 실체가 없는 것으로(無我, *anatta*, Sk. *anātmā*) 아는 것을 *pajānāti*라고 한다.

그 외에도 사제(四諦)를 안다든지 특히 긴 념처경(大念處經, D22)에서 '숨을 길게 들이쉬면서 길게 들이쉰다고 알고(*pajānāti*) …' 등의 공부짓는 과정에 중요하게 나타나고 있으며 가장 눈여겨봐야 할 점은 '해탈했으면 해탈했다고 안다(*pajānāti*)'(위 9, 14번 주해 참조할 것), 그리고 여실지견(如實知見)으로 옮기는 '*yathābhūtaṁ pajānāti*' 등으로 초기경에서는 대단히 중요하게 쓰이고 있다.

역자는 본서에서는 그래서 '통찰지'로 옮기고 있으며 '*pajānāti*'는 '꿰뚫어 안다'로 옮기고 있다. 이 술어는 빠띠웨다(*paṭivedha*, 통찰) — 빠띠윗자띠(*paṭivijjati*, 통찰하다)라는 단어와 밀접한 관계를 가지고 있는 것만 봐도 통찰 혹은 꿰뚫음의 의미가 강하다.

③ 아빈냐(*abhiññā*)는 *abhi*(향하여, 위로, 넘어서)+√*jñā*에서 파생된 여성명사이다. 불교에서 만들어진 술어 가운데서 접두어 '*abhi*'는 대부분

'수승한'의 의미가 있고 그래서 한문으로 勝을 써서 번역하고 있다.(예를 들면 Abhidhamma를 勝法으로 옮김) 문자적인 의미로 본다면 '위로 초월하여 안다'는 뜻이다.

아빈냐(abhiññā)는 일반적으로는 모든 종류의 신통을 나타낸다. 특히 찰아빈냐(chaḷabhiññā, 여섯 가지 초월지)는 육신통(六神通)으로 한역된 술어이다. 그러나 역자는 일반적으로 신통으로 옮기고 있는 'iddhi'와 구분 짓기 위해서 아빈냐를 '초월지'로 옮기고, 잇디(iddhi)는 '신통'으로 옮긴다.

『아비담마 길라잡이』에서는 'abhiññā'를 '신통지'로 옮겼다. 그러나 아빈냐는 신통만을 뜻하지는 않는다. 본서 III. §15에서 "처음 禪을 닦는 것부터 시작하여 그 禪의 근접삼매가 일어날 때까지 계속되는 삼매의 수행을 도닦음(paṭipadā)이라 한다. 근접삼매부터 시작하여 본삼매까지 계속되는 통찰지를 초월지(abhiññā)라 한다."라고 설명하고 있기 때문이다. 이처럼 이것은 본삼매에서 생기는 지혜이므로 초월적이다. 서양의 'transcendental'과도 통하는 의미이다. 삼매의 상태에서 나타나는 초월적인 현상이기 때문이다. 신통이란 것도 역시 그러한 것이다. 그래서 '초월지'라 옮겼다. 물론 이 초월지에는 여러 가지 신통들도 다 포함된다.

④ 본서에서 중요하게 쓰이는 술어에는 빠린냐(pariññā)가 있다. 이것은 pari(둘레에, 원만히)+√jñā에서 파생된 여성명사이다. 문자적인 의미대로 무엇을 '완전히, 철저히, 원만히 안다'는 뜻이다. 경에서 '모든 취착을 철저히 안다는 말(sabbupādāna-pariññā-vādā)'이라는 등으로 나타난다. 반야를 통해서 성취되는 지혜이다. 본서에서는 '통달지'로 옮기고 있다. 중부의 M43에 "빠린냐(통찰지)는 무엇을 목적으로 합니까?"라는 질문에 대해서 "빠린냐(통찰지)는 아빈냐(초월지)를 목적으로 하고 빠린냐(통달지)를 목적으로 하고 빠하나(버림)를 목적으로 합니다."라고 나타난다. 이처럼 아빈냐(초월지)와 빠린냐(통달지)는 빤냐(통찰지)가 있어야 개

발되는 지혜라 할 수 있다.
본서 XX. §3에는 다음의 세 가지 통달지를 설명하고 있다.

> "안 것의 통달지(ñātapariññā, 知遍知) 조사의 통달지(tīraṇapariññā, 審察遍知) 버림의 통달지(pahānapariññā, 斷遍知)가 있다.
> 물질은 변하는 특징을 가지고, 느낌은 느껴진 특징을 가진다고 이와 같이 그 법들의 개별적인 특징을 조사함으로써 생기는 통찰지가 안 것의 통달지이다.
> 물질은 무상하고 느낌은 무상하다는 방법으로 그 법들에게서 보편적인 특징을 제기한 뒤 생기는 보편적인 특징을 대상으로 가지는 위빳사나의 통찰지가 조사의 통달지이다. 이런 법들에서 영원하다는 인식 등을 버림으로써 생긴 특징을 대상으로 가진 위빳사나의 통찰지가 버림의 통달지이다."

그리고 이것의 동사 빠리자나띠(parijānāti)는 '철저히 안다'로 옮기고 있다.

⑤ 안냐(aññā)는 ā(이리로, 넘어서)+√jñā에서 파생된 여성명사이다. 경에서는 모든 번뇌를 멸한 구경의 경지를 나타내는 술어로 나타난다. 그래서 본서에서는 '구경지' 혹은 '구경의 지혜'로 옮겼다. 즉 "생은 멸했다. 범행은 성취되었다. 할 바를 모두 다했다. 이제 이 이후에 다신 존재하지 않는다고 꿰뚫어 안다."는 것을 경에서는 안냐(aññā)라고 부르고 있다. 그 외에도 동사 아자나띠(ājānāti)는 제자들이 세존의 법문을 '원숙하게 완전히 다 안다'고 할 때 나타나고 있다. 예를 들면, "세존이시여, 세존께서는 '탐욕은 마음의 오염원이다. 증오는 마음의 오염원이다. 미혹은 마음의 오염원이다'라고 오랜 세월을 이런 법을 설하셨습니다. [이것을] 저는 완전히 알고 있습니다.(M14/i.91)"

⑥ 이러한 특별한 영역의 지혜에는 포함시킬 수 없지만 주석서에서

지혜로 취급하고 있는 √jñā에서 파생된 중요한 술어로 삼빠자나(sampaññā)를 들 수 있다.

먼저 이것의 동사 삼빠자나띠(sampajānāti)부터 살펴보자. 이것은 앞에서 언급한 빠자나띠(pajānāti)에다 다시 접두어 saṁ(함께)을 더 첨가한 것이다. 이것의 중성 명사형인 삼빠자나(sampajāna)는 sati(念)와 함께 쓰여서 사띠삼빠자나(sati-sampajāna)로 많이 나타나는데 이는 正念正知로 번역하고 있듯이 마음챙김의 공부에서 중요한 술어로 쓰이고 있다. 본서에서는 '분명하게 알아차림'으로 옮겼다. 특히 「긴 념처경」에 "비구는 나아갈 때에도 물러날 때에도 [자신의 거동을] 분명히 알면서(正知) 행한다(sampajāna-kāri)." 등으로 나타난다. 특히 율장에서 쓰여서 예를 들면 삼빠자나 무사와다(sampajānā-musā-vādā)라 하면 잘 알고 있으면서 고의로 거짓말하는 것을 말한다. 이처럼 삼빠자나띠는 충분히 잘 아는 것, 고의성이 짙을 정도로 잘 알고 있는 것을 뜻한다 하겠다. 이를 통해서 「긴 념처경」에 나타나는 알아차림의 의미를 파악할 수 있을 것이다.

이처럼 「긴 념처경」 등에 나타나는 삼빠자나(sampajāna, 분명하게 알아차림)를 다시 주석서에서는 여성형 추상명사인 삼빠잔냐(sampajaññā)로 표기하여 위의 여러 추상명사와 동일한 계열로 표기하며 이를 지혜(ñāṇa)라고 설명하고 있다. 본서에서는 이를 '분명한 지혜'로 옮긴다.

이와 같이 초기경에서는 여러 가지로 지혜를 나타내고 있다. 이제 √jñā가 지혜가 아닌 일반적인 앎의 뜻으로 나타나는 술어들을 살펴보자.

⑦ 먼저 인식으로 옮기고 있는 산냐(saññā)는 saṁ(함께)+√jñā에서 파생된 여성명사이다. 이것의 동사 산자나띠(sañjānāti)는 일반적으로 '인식하다'는 의미인데 예를 들면 여러 다른 종류의 꽃들을 '꽃'이라고 합쳐서(saṁ) 인식하는 것, 즉 표상(表象)하고 지각하는 것을 뜻한다 할 수 있을 것이다. 인식에는 소위 말하는 계열화작업이 들어가는데 수많

은 경험을 바탕으로 해서 A1, A2, A3 등을 보고 우선 일차적으로 A라고 인식하고 지각하는 작용을 생각하면 접두어 *saṁ*(함께, *together*)이 쓰인 의미를 유추해볼 수 있을 것이다. 경과 주석서에서는 단순한 지각이나 표상작용만이 아닌 더 깊은 의미를 가지고 있으며 이것은 니밋따(*nimitta*, 표상)나 빤냣띠(*paññatti*, 개념) 등과도 또한 밀접한 관계를 가지고 있다.

⑧ 알음알이로 옮기는 윈냐나(*viññāṇa*)는 *vi*(분리해서)+$\sqrt{jñā}$에서 파생된 중성명사이다. 중성명사형 어미 '-*na*'는 모두 진행의 의미를 가지고 있다. 그래서 앞에서 나온 여러 단어들이 여성형 추상명사인데 반해서 윈냐나는 진행을 나타내는 중성명사형 어미 '-*na*'를 붙여서 만든 단어라는 것을 음미해볼 필요가 있다. 동사형 위자나띠(*vijānāti*)는 문자 그대로 '분별해서 안다'는 의미이다. 예를 들면 한 곳에 놓인 여러 가지 꽃들을 보고 장미, 백합, 카네이션, 튤립 등으로 분리해서(*vi*-) 아는 것을 말한다 하겠다. 물론 장미니 백합이니 하고 인식하는 것 자체는 산냐이지만 이렇게 비유할 수 있다는 말이다.

윈냐나(識)는 서양학자들이 '*mere awareness*'라고 이해하고 있듯이 개념작용(*notion*, 산냐)이 생기기 이전의 단계로 매찰나 대상을 접하는 순간순간 생기는(생겼다가는 멸하고 또 다시 다른 조건에 의해서 생겼다가는 멸하고를 반복하는) 그런 알음알이 작용(*consciousness*)을 뜻한다고 하겠다. 그래서 주석서에서는 이것은 항상 찟따(*citta*, 마음, 心)와 동의어로 간주되며 감각기능과 감각대상과 더불어 찰나생·찰나멸하는 것으로 설명한다.

동사로서 경에 많이 나타나는 산자나띠(*sañjānāti*)와 위자나띠(*vijānāti*)를 굳이 분별해서 말해본다면 어떤 대상들을 보고 저게 꽃이라고 인식하면 그것은 산자나띠라 할 수 있겠고, 저것은 장미꽃, 저것은 무슨 꽃이라고 분별해서 안다면 그것은 위자나띠라고 할 수 있겠다. 산자나띠와 위자나띠는 이처럼 서로 반대되는 기능을 표현하고 있다고 하겠다. 이 산자나띠와 위자나띠 두 가지는 우리가 보통으로 대상을 인식하는 것을 표현한 말이라 보면 무리가 없을 것이다. 본서 XIV. §§3-6에서 붓다고사 스님은 'sañjānāti - vijānāti - pajānāti'라는 의미를 중심으로 'saññā - viññāṇa - paññā'의 의미를 비유와 함께 설명하고 있는데 시사하는 바가 크다.

⑨ 그리고 아비담마에서 아주 중요하게 등장하는 빤냣띠(paññatti, 개념)도 이 어근에서 파생된 술어이다. 이것은 빠자나띠(pajānāti)의 사역형태인 빤냐뻬띠(paññāpeti)에서 파생된 명사로 '알게 하다, 선언하다, 지적하다, 인정하다, 정의하다' 등의 뜻에서 '알게 하는 것 = 개념, 정의, 이름' 등을 뜻하며 아비담마에서는 82가지 법을 제외한 우리가 개념짓고 이름붙여 아는 모든 것을 빤냣띠라고 한다. 마음과 마음부수들과 대상의 역동적인 관계를 통해서 산출된 것으로써 예를 들면 '자아, 인간, 컴퓨터, 책상, 산하대지, 꽃' 등 우리가 이름붙여 아는 수많은 것들을 개념(빤냣띠)들이라 이해하면 된다.

⑩ 이와 유사한 술어로 윈냣띠(viññatti)가 있다. 같은 방법으로 이것은 위자나띠(vijānāti)의 사역동사인 윈냐뻬띠(viññāpeti)에서 파생된 명사인데 아비담마에서는 까야 윈냣띠(kāya-viññatti)와 와찌 윈냣띠(vaci-viññatti)로 정착되었다. 중국에서는 각각 身表와 言表로 옮겼으며 역자는 '몸의 암시'와 '말의 암시'로 옮겼다. 이는 각각 몸의 업(身業)과 말의 업(口業)과 연결된 중요한 술어이다.

⑪ 그리고 본서에서는 아눈냐(anuñña)도 제법 나타나는데 주로 I장에서 부처님께서 사용해도 좋다고 허락하신 네 가지 필수품과 관련된 문맥에서 나타난다. 그래서 '허용, 허락' 등으로 옮겼다.

⑫ 그 외에 빠띤냐(paṭiñña)도 나타나는데 이는 '명제, 맹세, 약속, 서원'

등으로 문맥에 따라 옮겼다.

(3) 견해(diṭṭhi)와 관련된 술어 및 단어들

초기경에서 자나띠(jānāti, 알다)라는 동사와 밀접한 관계로 나타나는 동사가 빳사띠(passati, 보다)다. 이런 자나띠-빳사띠(jānāti-passati)의 구문은 수행과 관련해서 아주 많이 나타나며 이 경우에는 예외 없이 항상 '자나띠-빳사띠(안다-본다)'의 순서로 나타나고 이것이 명사화되면 냐나닷사나(ñāṇa-dassana, 지와 견, 知見)로 정착이 되며 이것이 본서의 핵심인 다섯 가지 청정의 마지막 세 가지를 나타내는 술어로 등장하고 있다.

우리 상식으로는 먼저 보고(빳사띠, passati) 그 다음에 아는(자나띠, jānāti) 것이 순서일 것 같지만 경에서는 반드시 알고(jānāti) 본다(passati)는 순서로 나타남을 명심해야 한다. 이것은 아주 중요한 의미를 지닌다. 이 경우 빳사띠(passati, 보다)와 닷사나(dassana, 견해, 확정적 견해)73)는 모두 지혜로 통찰한 것을 직접 [눈으로]74) 확인한다는 의미가 아주 강하게 내포되어있다. 그래서 알고 보는 구문으로 정착이 되고 지와 견으로 또 지견으로 정착이 된 것이다. 이것은 초기불교를 이해하는 생명줄과도 같은 술어이다. 그래서 5청정에서도 지견이라는 술어가 그렇게 강조되어 등장하고 있다.

---

73) 왜 동사는 passati인데 명사는 passana가 되지 않고 dassana가 되는가라고 의문을 가지는 분들이 있을 것이다. 동사 passati의 어근은 √dṛś(to see)이기 때문에 명사는 dassana가 된다. 이런 불규칙은 산스끄리뜨에서 아주 드물게 나타난다. 그러나 접두가가 붙을 때는 명사형은 passana가 되어 vipassana(위빳사나) 등으로 된다.

74) 여기서 눈으로라는 것은 중요한 의미를 가진다. 그래서 경에서는 법을 꿰뚫어 보는 눈을 법의 눈(dhamma-cakkhu, 法眼)이라 표현하고 통찰지의 눈(paññā-cakkhu, 慧眼)이라는 표현도 나타난다. 그리고 닛데사에서는 다섯 가지 눈이 언급되고 있으며 금강경에서도 마찬가지이다. 이처럼 어떤 눈이든 눈으로 직접 확인하고 체험하고 체득한다는 의미가 passati(본다)와 dassana(견)에 강하게 들어있다.

빳사띠(*passati*)에다 접두어 *vi*(분리해서)를 붙인 위빳사띠(*vipassati*)도 경에 나타나며 이것의 명사형인 위빳사나(*vipassana*)는 우리가 잘 아는 술어이다. 위빳사나는 그러므로 지금 여기서 나의 다섯 무더기 안에서 [무상·고·무아인 법의 특징을] 뼈시리게 직접 체험, 확인, 체득한다는 의미가 강하게 내포되어있다. 역자는 위빳사나의 의미를 살려 '위빳사나 한다'로 옮겼다.

「긴 넘처경」등 수행에 관계되는 경에서 나타나는 아누빳사띠(*anupassati*, 관찰하다, 隨觀하다)도 몸 느낌 마음 법을 바로 지금 여기서 직접 알고 체험한다는 뜻이다. 역자는 '관찰하다'로 옮기고 있다. 사마누빳사띠(*samanupassati*)라는 또 다른 술어가 있다. 더 면밀히 더 세밀히 관찰한다는 의미에서 역자는 '면밀하게 관찰하다'로 옮겼다.

한편 빳사띠(*passati*)의 명사로는 경과 주석서에 두 가지로 나타난다. 우리에게 널리 알려진 딧티(*diṭṭhi*)와 닷사나(*dassana*)이다. 경에서는 닷사나(*dassana*)라는 단어는 냐나-닷사나(*ñāṇa-dassana*)의 구문 외에는 그렇게 많이 나타나지 않고 주석서도 마찬가지이다.

그러면 딧티(*diṭṭhi*)와 닷사나(*dassana*)의 차이는 무엇일까? 딧티(*diṭṭhi*)는 단독으로 쓰이면 거의 대부분 잘못된 견해(邪見)를 나타낸다. 물론 여기에 삼마(*sammā*)라는 접두어가 붙으면 삼마딧티(*sammā-diṭṭhi*) 즉 바른 견해(正見)라는 의미가 된다. 특히 가따(*gata*, 간)라는 어미가 첨가되어 딧티가따(*diṭṭhi-gata*)로 나타날 경우 '사견에 빠진'이란 의미를 내포한다.

그러나 닷사나(*dassana*)는 불교에서는 대부분 '바른 견해, 확정된 견해, 분명한 견해'를 뜻하고 다른 외도를 지칭하면서 사용될 경우는 그들의 확정된 사상이나 철학적 견해라는 의미가 된다. 그래서 현대 인도에서 닷사나의 산스끄리뜨인 다르샤나(*darśana*)는 철학(*philosophy*)으로 옮기고 있다. 자이나에서는 그들의 제일 신조인 '바른 다르샤나(*sammyak-darśana*,

해제(解題) 109

Pāli. sammā-dassana)'를 '바른 믿음(right belief)'으로 옮기기도 한다. 이와 같이 닷사나는 단순한 봄을 뜻하는 것이 아니라 철학, 신조의 의미를 내포하고 있다.

그래서 본서에서는 dassana를 문맥에 따라 '봄, 확고한 견해' 등으로 옮기지만 봄은 단순한 봄이 아니라 바른 믿음, 확고한 견해를 뜻하는 것으로 보아야 할 것이다. 냐나닷사나는 '지견(知見)' 혹은 '지와 견'으로 옮긴다.

우선 지혜와 견해에 대한 술어를 이만큼이라도 이해해두자. 초기경을 보는 시야가 넓어지리라 확신하며 초기불교 수행을 접하는 우리의 태도도 더 깊어질 것이다.

한편 '안다'는 동사로 √vid(to know)를 빼놓을 수 없는데 불교에서는 웨다나(vedanā, 느낌, 受)가 이 단어에서 파생되었으며 무명으로 옮기는 아윗자(avijjā)와 영지로 옮긴 윗자(vijjā, 明)도 이것에서 파생되었다. 또한 기술이나 지식으로 옮기는 vijjā도 여기서 파생된 단어이다. 이처럼 √vid는 안다기보다는 직접 '경험한다, 체험한다'는 의미가 강하다 하겠다. 그러나 √vid에서 파생된 단어들은 √jñā의 경우처럼 전체적인 통일 속에서 특별한 전문적인 술어로 정착된 경우는 찾아보기 힘들다 하겠다.

(4) 설명과 관련된 술어 및 단어들

그 다음에 살펴봐야 할 술어나 단어들은 설명에 관한 것들이다. 본서에서 저자는 다양한 단어들을 채용하여 성전의 문구들을 풀이하고 있다. 그들을 간략하게 설명해본다.

먼저 웃데사(uddesa)와 닛데사(niddesa)를 들 수 있다. 이 두 술어는 주석서에 자주 등장한다. 'uddesa'는 요점이나 개요를 나타내고 'niddesa'는 세부적인 설명이나 해설을 뜻한다. 예를 들면 경이나 주석서에서 먼저 그 경의 요점을 간략하게 정리한 것은 웃데사이고 그 후 하나하나 상세하게 설명해나가는 것은 닛데사이다. 역자는 전자를 '개요'로 후자를 '해설'로 옮기고 있다. 이들은 uddisati와 niddisati 등의 동사로도 나타난다. 동사의 경우는 크게 세분해서 옮기지 않고 '가르치다'라는 일반 동사에 준해서 문맥에 어울리게 옮겼다.

다음으로 까타(kathā)와 완나나(vaṇṇana)를 들 수 있다. 이들은 주석이나 설명과 관련된 술어인데 둘 다 큰 구별을 하지 않고 '설명'이나 '주석' 등으로 옮기고 있다. 이 두 술어 가운데 특히 까타(kathā)는 윗타라(vitthāra)와 상케빠(saṅkhepa)라는 단어와 함께 쓰여 각각 '상세한 주석'과 '간략한 주석' 혹은 설명으로 옮기고 있다.

빠까사나(pakāsana)와 동사 빠까사띠(pakāsati)도 자주 나타나는데 분명하게 드러내다라는 의미인 '분명하게 설명하다, 분명하게 드러내다'로 옮겼다.

그리고 중요한 술어로 위닛차야나야(vinicchayanaya, 판별하는 방법)가 있는데 이것은 이미 앞에서 밝혔듯이 각 장에서 중요하게 다루는 주제를 어떤 특정한 측면에서 상세하게 기술할 때 대부분 사용되고 있다.

설명의 술어로 나타나지는 않지만 와와타나(vavathāna)도 많이 나타나는 술어인데 여기서 언급하는 것이 좋을 것 같다. 이는 특히 몸의 32가지 부위나 사대 등에서 정확하게 그 부위를 구분하고 구별하고 확실하게 아는 것을 나타내는 것으로 주로 쓰인다. 그래서 일단 '구분'으로 옮겼는데 그 뜻을 있는 그대로 다 살려내지 못한 것 같다. 단순한 구분의 의미와 함께 이를 직접 내 안에서 찾아내고 정확하게 확인한다는 실수행과 연결된 의미가 강하다.

그리고 '말하다 설하다'의 의미를 나타내는 동사형들이 무수히 나타난다. 그들은 동사 왓띠(vatti), 와짜띠(vacati)와 관련된 동사형들인데 다음을 들 수 있다.

가장 많이 나타나는 형태가 웃따(vutta, 과거분사형)인데 부처님이나 옛 스님들의 말씀을 인용했을 경우에는 '설하셨다'로 저자의 앞의 설명일 경우에는 '설했다', '설명했다' 등으로 옮겼다.

그다음으로 아하(āha, 대과거형)를 들 수 있는데 대부분 부처님의 말씀을 인용할 때 쓰이며 물론 옛스승들의 견해를 인용할 때도 가끔 쓰인다. 이 경우에는 모두 '말씀하셨다'로 옮겼다.

대여섯 번 정도 아보짜(avoca, 아오리스트 과거형)가 나타나는데 아오리스트가 가까운 과거를 나타낸다는 문법적인 설명과는 달리 이 단어는 예외 없이 부처님의 일화나 말씀의 인용에 사용되고 있다. 그만큼 존칭의 의미가 강하다. 물론 '말씀하셨다'로 옮겼다.

명사형인 와짜나(vacana)도 무수히 나타나며 문맥에 따라 '말씀, 말, 설명' 등으로 옮겼다.

(5) 증득과 관련된 술어 및 단어들

이쯤에서 『청정도론』에 많이 나타나는 증득에 관계된 단어들을 살펴보자.

먼저 본서에서 전문술어로 정착한 '증득'이라는 술어는 중국에서 등지(等至)[75]로 옮긴 본삼매의 증득을 뜻하는 사마빳띠(samāpatti)이다. 이 술어는 saṁ+ā+√pad(to go)에서 파생된 여성명사로써 사선-사처-상수멸(四禪-四處-想受滅)의 본삼매에만 적용되는 전문술어이다. 증득이라는 술어가 다분히 일반적인 의미를 내포하고 있어서 다른 합당한 단어를 찾고 있지만 충분히 그 뜻을 살릴 역어를 아직 발견하지 못하여 증득

---

75) samāpatti의 한문역어로는 等持 보다는 等至가 더 많이 쓰였으며 실제로 等至가 saṁ+ā+√pad(to go)의 원의미에 잘 부합한다. 그래서 본서에서는 等持 대신에 等至로 한문을 표기한다.

이라고 옮긴다. 문자 그대로 옮긴 한역 등지는 일반인들에게는 아무래도 이해하기 힘든 술어일 것 같다. 동사 사마빳자띠(samāpajjati)도 증득하다로 옮겼다.

같은 동사 √pad에서 파생된 단어로 우빠삼빠데띠/우빠삼빠다(upasampadeti/upasampada)를 들 수 있는데 명사는 '구족'으로 동사는 '구족하다'로 옮기고 있다. 우빠삼빠다(upasampada)가 계와 관련되어 쓰이면 구족계로 옮긴다.

얻음, 성취, 증득으로 많이 쓰이는 단어들은 다음과 같다.

'가다'라는 의미를 지닌 동사 어근 √gam과 √i에서 파생된 단어들로는 adhigacchati/adhigama(체득하다), āpeti/appana(얻다), sameti(성취하다) 등을 들 수 있는데 이들은 문맥에 따라 '얻다, 성취하다' 등으로 옮겼다.

그리고 또 많이 나타나는 √āp(to get)에서 파생된 동사 papunāti도 뺄 수 없다. 이 단어도 '얻다'를 중심으로 문맥에 맞추어 옮겼다.

한편 √sadh(to accomplish)에서 파생된 sādheti, siddheti와 명사 siddhi 등은 '성취하다, 성취, 완성' 등으로 옮겼다.

얻다를 뜻하는 동사 √labh에서 파생된 단어도 많은 데 labheti는 '얻다'로 옮겼고 명사 lābha는 주로 세속적인 이익이나 성취를 뜻하므로 '이득'으로 옮겼다.

이와 관련하여 ānisaṁsa는 계·정·혜의 이익에 관계된 문맥에서 나타나므로 '이익'으로 옮겼고 attha가 이런 의미로 쓰일 때도 '이익' 등으로 옮겼다. hita는 '이로움'으로 옮겼다.

(6) 소멸과 관련된 술어 및 단어들

한편 소멸과 관련된 비슷한 단어들 가운데 많이 나타나는 khaya는 '부서짐'으로 vaya는 '사라짐'으로 bhaṅga는 '무너짐'으로 vināsa는 '파괴, 없어짐' 등으로 *nirodha*는 '소멸'로 *virāga*는 '탐욕의 빛바램'으로 옮기며 그 외의 단어들은 문맥에 맞게 옮겼으며 여기서 일일이 언급하지 않는다.

열반과 적정과 관련된 단어인 *upasama*는 '고요함'으로 *santi*는 '고요' 혹은 문맥에 따라 '평화'로 *nibbāna*는 '열반'으로 *khema*는 '안은'으로 *yogakkhema*는 '유가안은'으로 옮겼으며 다른 단어들은 문맥에 따라 옮겼고 여기서 언급하지 않는다.

(7) 수행과 실천에 관련된 술어 및 단어들

빠알리 술어들을 언급하면서 빼놓을 수 없는 단어들이 수행과 실천에 관계된 것들이다. 먼저 일반적으로 수행이라 옮기는 단어로 *bhāvana*를 빼놓을 수 없다. √*bhū*(to become)에서 파생되었으며 '되어감, [좋은 방향으로] 되게 함'이라는 일차적인 의미에서 광의의 수행이라는 뜻을 나타내는 단어이다. 역자는 문맥에 따라서 '수행'이나 '닦음'으로 옮긴다.

그 다음에 언급하고 싶은 단어가 *paṭipatti*인데 이 단어는 *prati*(對하여)+√*pad*(to go)에서 파생된 여성형 추상명사다. '[길을] 대하여 밟고 가다'는 원의미에서 역자는 '도닦음'으로 옮긴다. 중국에서는 行道로 옮겼다. 실천적인 의미가 강하다. 괴로움의 소멸로 인도하는 도닦음(道聖諦)으로도 나타나며 본서에도 도처에 나타나고 있다.

이와 거의 동의어로 쓰이는 단어가 일반적으로 도(道)로 옮기는 *magga*이다. 일반적인 도닦음, 수행이라는 의미에서는 이 두 단어는 거의 동의어라 해도 무방하지만 전문술어로 쓰일 때는 다르다. 엄밀히 구분할 때는 *paṭipatti*(도닦음)는 출세간의 도와 과에 이르기 이전까지의 수행을 뜻하고 *magga*(도)는 출세간도까지 모두 포함하는 넓은 의미의 수행에 적용되는 술어다.

이제 일반적으로 실천에 관계된 단어에 대해서 간단히 살펴보자.

*sikkhati*는 말 그대로 '공부하다'로 옮겼고 *bahulikāra*는 말 그대로 '많이 짓는다'인데 역자는 '많이 [공부]짓는다'로 옮겨 실수행의 의미를 살렸다. *punappuna*도 수행과 관련해서 많이 나타나는데 '거듭거듭'으로 옮겼다. *āsevana*는 '반복함'으로 *manasikāra*는 '마음에 잡도리함'으로 옮겼다. 중국에서 여리작의(如理作意)로 옮긴 *yoniso manasikāra*도 수행에서 빼놓을 수 없는 단어인데 '근원적으로 마음에 잡도리함'으로 옮겼다.

수행과 실천과 관련지어 언급해야 할 단어 가운데 *pariyatti*는 교리적인 학습을 뜻하므로 '교학'이나 '배움'으로 옮겼고 *paṭivedha*는 '통찰'로 옮겼다. *pariyatti*(교학)-*paṭipatti*(도닦음)-*paṭivedha*(통찰)를 남방에서는 불교수행의 세 과정으로 설명한다. *nibbedha*도 통찰과 관련된 문맥에서 나타나는데 이는 '꿰뚫음'으로 옮겼다.

전혀 다른 문맥에서 나타나지만 한글로 옮기면서 구분하지 않을 수 없는 단어가 *sāsana*(명령)이다. 이는 부처님 가르침, 부처님 교단, 교법으로 옮길 수 있는데 앞의 *pariyatti*(교학)와 구분하기 위해서 '교단'으로 옮겼다. *sāsana*는 요즘 인도에서는 법원을 뜻한다. 그만큼 강한 의미가 들어있는 술어이다.

그리고 또 언급해야 할 일군의 술어들이 있다. *abhinivesa*는 긍정적인 의미일 때는 '천착'으로 옮겼고 부정적인 의미일 때는 '독단적 신조'라고 옮겼다. 어떤 사안에 깊이 들어가서 그것을 음미하고 파고 매달리고 하는 의미이다. *abhisamaya*도 몰입 등을 뜻하는데 문맥상 '관통'으로 통일해서 옮겼다.

이와 관련해서 언급해야 할 일군의 술어들이 또 있다.

*pariggaha*는 말 그대로 [핵심을] 움켜쥔다는 의미에서 '파악(把握)'으로 옮겼는데 실제로 철저하게 음미하고 파악하는 것을 뜻한다.

*gaha/gahana*도 공부하는 문맥에서 사용되면 이해하다의 의미를 지

니기 때문에 '이해' 등으로 옮겼다.

*paccavekkhaṇa*는 많이 등장하는 전문술어인데 '반조'로 옮겼다. 특히 삼매에 들었다가 나올 때는 반드시 반조의 지혜가 일어난다. 그리고 공부와 관련된 일련의 술어들로는 *upaparikkha*(면밀히 조사하다), *pariyesana*(탐구), *paṭisañcikkhati*(숙고하다), *paṭisaṅkhā*(숙고), *sallakkhati*(주시하다) 등을 들 수 있다. 그 외에도 구분지어 설명해야 할 단어들이 많지만 이 정도에서 마치고자 한다.

17. 맺는 말

이상으로 『청정도론』에 관해서 개략적으로 살펴보았다. 마무리지으면서 밝히고 싶은 점은 역자는 무비판적으로 상좌부를 옹호하거나 『청정도론』 제일주의를 지향할 생각은 전혀 없다는 것이다. 역자는 부처님 원음을 대하면서 그 의미를 두고 많은 고뇌를 하게 되었고 내 깜냥대로 금구성언을 이해하여 그것을 옳다고 고집하고 있지는 않은지 항상 두려웠다. 그러다보니 자연스레 빠알리 삼장에 대한 상좌부의 전통적 이해에 관심이 쏠리게 되었다. 2600여년을 끊이지 않고 전승해온 그들의 견해를 먼저 섭렵하지 않고서는 부처님 원음을 제대로 읽어낼 수 없다는 확신이 점점 자리잡았으며 그러다보니 주석서의 중심에 자리하고 있는 『청정도론』에 몰두하게 되었다.

상좌부가 전승해온 법체계는 역자가 생각했던 것 보다 훨씬 더 정교하고 엄밀한 것이며 특히 그것을 위빳사나 수행이라는 실참실구에 철저하게 적용시키고 있음을 보았다. 그들의 체계는 정말 출가자의 일대사를 다해 마칠 큰 체계라는 것을 나름대로 보았다. 이제 그것을, 바른 도를 실천하는 여러 수행자들과 나누어 가지고자하여 일천한 실력에도 불구하고 마음을 다해 번역작업에 임했다. 그래서 해제는 가급적이면 상좌부의 입장에 서서 그리고 역자가 고뇌했던 문제들을 접목시켜 쓰려고 하였다.

　역자는 본서가 우리 수행승들의 필독서가 되기를 희망한다. 『청정도론』에서 제시하는 이 찰나를 다투는 섬세하고 미세하면서 동시에 번갯불과도 같은 예리한 법의 이해와 24가지 조건(緣)의 분석이 도닦음의 바탕이 되어야 하며, 이것을 내안에서 직접 확인해 들어갈 때 일대사가 확연하게 드러날 것이라고 확신하기 때문이다. 초기경에서 부처님이 제시하신 바른 수행(정정진)은 선법·불선법의 판단, 즉 법의 간택(擇法)에서부터 출발한다. 이런 의미에서 법을 그 생명으로 하고 있으며 7청정을 통해서 도닦음을 상세하게 밝히고 있는 『청정도론』은 우리나라 수행자들에게도 수행의 지침서가 되기에 충분하다고 판단하며 도닦음을 삶의 최고 가치로 삼고 열심히 정진하시는 분들께 도움되길 바라는 마음 간절하다.

　끝으로 역자가 수행이 부족하고 언설이 모자라서 제대로 상좌부불교와 『청정도론』을 다 설명해내지 못하였음을 송구스럽게 생각하며 잘못된 부분은 독자들의 가차 없는 질정을 바란다.

제1장

silaniddeso

계〔戒〕

namo tassa bhagavato arahato sammāsambuddhassa
그분 세존, 공양 받아 마땅한 분, 정등각께 귀의하옵니다

제 1장 계(戒)

sīlaniddeso

집필동기(因由分)

nidānādikathā

1. "통찰지를 갖춘 사람은 계에 굳건히 머물러서
마음과 통찰지를 닦는다.
근면하고 슬기로운 비구는
이 엉킴을 푼다.(S.i.13)"[76)]

[세존께서는 『상응부』에서] 위와 같이 설하셨다. 그러면 왜 이것을 설하셨는가? 세존께서 사왓티(사위성)에 머무실 때였다. 밤에 어떤 천신이 세존을 뵈러 와서 자신의 의심을 해결하기 위해 다음과 같이 질문하였다.

---

76) "*sīle patiṭṭhāya naro sapañño*
cittaṁ paññañ ca bhāvayaṁ
ātāpī nipako bhikkhu
so imaṁ vijaṭaye jaṭaṁ"

"안의 엉킴이 있고, 밖의 엉킴도 있습니다.
사람들은 엉킴으로 뒤얽혀있습니다.
고따마시여, 당신께 그것을 여쭈오니
누가 이 엉킴을 풀 수 있습니까?"(S.i.13)

2. 이것이 그 간략한 뜻이다. **엉킴**(*jaṭā*)은 갈애의 그물의 동의어이다. 그것은 형상(*rūpa*, 色) 등의 대상들에서 아래위로 계속해서 일어나기 때문에 서로 꼬여있다는 뜻에서 엉킴이라 한다. 마치 대나무 덤불 등에서 가지들이 그물처럼 얽혀있는 것을 엉킴이라 부르듯이 그것은 자신의 필수품(*parikkhāra*, 資具)77)과 다른 사람의 필수품에 대해서, 자기 자신과 다른 사람에 대해서, 안의 감각장소(*āyatana*, 處)78)와 밖의 감각장소에 대해서 일어나기 때문에 **안의 엉킴과 밖의 엉킴**이라 한다. 이와 같이 일어나기 때문에 **사람들은 엉킴으로 뒤얽혀있다**. 마치 대나무 덤불 등이 대나무 가지들로 뒤얽혀있듯이 중생의 무리라 불리는 모든 유정들이 이 갈애의 그물에 뒤얽혀있다. 그것에 의해 한데 얽혀있고, 서로 꼬여있다는 뜻이다. 이와 같이 뒤얽혀있기 때문에 **고따마시여, 당신께 그것을 여쭙니다**라고 그것을 여쭙고 있다. **고따마**라고 세존을 종족의 이름으로

---

77) 출가생활에 필요한 네 가지 필수품을 말한다. 그것은 의복(*cīvara*), 탁발음식(*piṇḍapāta*), 거처(*senāsana*), 환자를 치료할 약품(*gilāna-paccaya-bhesajja-parikkhāra*)이다. 중국에서는 사사공양(四事供養)이라 부르기도 했다. 아래 <필수품에 관한 계>(§§85-97) 편을 참조할 것.

78) 안의 감각장소(*āyatana*, 處)는 눈, 귀, 코, 혀, 몸, 마노(意)이고 밖의 감각장소는 형상, 소리, 냄새, 맛, 감촉, 법이다. 이를 합하여 12가지 감각장소(十二處)라 부르기도 하고 여섯 안팎의 감각장소(六內外入)라 하기도 한다. 상세한 것은 XV. §1이하와 『길라잡이』 7장 §36을 참조할 것.

불렀다. **누가 이 엉킴을 풀 수 있습니까?**: 이와 같이 삼계를 얽어 두는 엉킴을 누가 풀 수 있습니까? 즉, 누가 이것을 풀 능력이 있습니까라고 그 [천신]은 질문하고 있다.

3. 이와 같이 질문을 받았을 때 모든 법에 걸림 없는 지혜를 가지셨고, 신들 가운데 신이시며, 제석들 가운데 최고의 제석이시고, 범천들 가운데 최고의 범천이시며, 네 가지 담대함(四無畏, vesārajja)79)을 증득하셨고, 열 가지 힘(dasa-bala, 十力)80)을 갖추셨으며, 장애 없는 지혜를 가지셨고, 모든 것을 두루 보는 눈(samantacakkhu, 普眼)을 가지신 세존께서 그에게 그 뜻을 대답하기 위해 다음과 같이 이 게송을 읊으신 것이다.

> "통찰지를 갖춘 사람은 계에 군건히 머물러서
> 마음과 통찰지를 닦는다.
> 근면하고 슬기로운 비구는
> 이 엉킴을 푼다."(S.i.13)

4. 이제 대성인께서 설하신 계 등의 분류를 가진
이 게송의 뜻을 있는 그대로 주석하리라.

---

79) 『중부』 「대사자후경」(Mahāsīhanāda Sutta, M12)에서 부처님께서는 정등각자(sammāsambuddha)가 됨, 번뇌 다한 자(khīṇāsava)가 됨, 장애가 되는 법들(antarāyikā dhammā), 괴로움의 부서짐(dukkhakkhaya)에 관한 법의 네 가지에 대해서 부처님을 비난할 자는 어디에도 없기 때문에 부처님은 안은(安隱)을 얻고 무외를 얻고 담대함을 얻어 머문다고 설하신다.(M12/ i.71-72)
80) 여래의 열 가지 힘(十力)에 대해서는 XII. §76주해를 참조할 것.

승리자의 교단에 아주 얻기 어려운 출가를 하고서
비록 청정을 원하고 노력하지만
계 등을 포함하고 안전하고 바른 청정에 이르는
도를 있는 그대로 알지 못하여
청정을 얻지 못하는 수행자들이 있다.

그들에게 기쁨을 주는 것이고, 지극히 청정한 해석이며 대사(大寺)81)에 머물던 분들의 가르침의 방식에 의지한 청정도론을 설하리라. 청정을 원하는 모든 어진 분들은 나의 해설을 주의 깊게 잘 들을지어다.

5. 여기서 **청정**(visuddhi)이란 모든 더러움이 없어진 지극히 청정한 열반이라고 알아야 한다. 그 청정에 [이르는] 도가 **청정도**(visuddhimagga)이다. 도(magga)란 얻는 수단(adhigama-upāya)을 뜻한다. 그런 청정도를 설하리라는 뜻이다.

6. 어떤 곳에서는 이 청정도를 위빳사나를 통해서만 설했다. 이와 같이 말씀하셨다.

---

81) 대사(大寺)로 옮긴 Mahāvihāra는 지금도 스리랑카의 아누라다뿌라(Anurādhapura)에 남아있다. 남방 상좌부 불교의 근본도량이었으며 수많은 고승대덕을 배출한 상좌부 불교역사의 산실이다. 대사와 십리 남짓 떨어져있던 무외산사(無畏山寺, Abhayagirivihāra)와 각축을 벌였으며 한때 무외산사 계열에서 『해탈도론』(Vimuttimagga)을 저술하는 등으로 욱일승천하기도 했다.(해제 §6과 §8참조) 그래서 붓다고사 스님께서도 이 청정도론은 대사의 전통을 그대로 잇고 있다고 본 게송에서 강조하고 있는 것이다.

"모든 상카라(行)들은 무상하다고
통찰지로 볼 때
괴로움을 역겨워하나니(厭惡)
이것이 청정에 [이르는] 도다."[82](Dhp.277)

어떤 곳에서는 禪과 통찰지를 통해 설하셨다. 이처럼 설하셨다.

"禪과 통찰지를 가진 자는
열반의 가까이에 있다."(Dhp.372)

어떤 곳에서는 업 등을 통해 설하셨다. 이처럼 말씀하셨다.

"사람들은 업, 영지(靈知, vijjā), 법, 계
숭고한 삶 — 이들을 통해 청정해진다.
종족과 재물로 청정해지는 것이 아니다."(M.iii.262)

어떤 곳에서는 계 등으로 설하셨다. 이처럼 말씀하셨다.

"항상 계를 갖추고 통찰지가 있고 깊이 삼매에 들고
부지런히 정진하고 근면한 자는
건너기 어려운 폭류를 건넌다.(S.i.53)"

어떤 곳에서는 마음챙김의 확립(satipaṭṭhāna, 念處) 등으로 설하셨다. 이처럼 말씀하셨다. "비구들이여, 이 도는 유일한 길이니 중생들

---

82) "sabbe saṅkhārā aniccā yadā paññāya passati
atha nibbindati dukkhe esa maggo visuddhiyā(Dhp.277)"
이 게송은 남방에서도 널리 암송되는 아주 유명한 게송이다. 그래서 원어를 인용했다.

을 청정하게 하고 근심과 탄식을 다 건너고 육체적 고통과 정신적 고통을 사라지게 하며 옳은 방법을 터득하고 열반을 실현하기 위한 것이다. 그것은 바로 '네 가지 마음챙김의 확립(四念處)'이다.(D. 10/ii.290)" 네 가지 바른 노력(四正勤) 등에서도 이와 같은 방법이 적용된다. 그러나 [여기서] 이 질문에 대답하시면서는 계 등으로 설하셨다.

7. 여기서 이것이 [게송의] 간략한 설명이다. **계에 굳건히 머물러서:** 계에 머물러서. 계를 철저히 봉행하는 자를 여기서 계에 머무는 자라 부른다. 그러므로 계를 철저히 수지하여 계에 굳건히 머무른다는 것이 여기서의 뜻이다. **사람:** 중생이다. **통찰지를 갖춘:** 세 가지 원인을 가진 재생연결[83])을 통해서 업에서 생긴 지혜를 가진. **마음과 통찰지를 닦는다:** 삼매와 위빳사나를 닦는다. 여기서 마음이라는 제목 아래 삼매를 서술했고, 통찰지라는 이름으로 위빳사나를 서술했다. **근면한 자:** 정진하는 자. 왜냐하면 정진은 오염원[84])들을 말려버리고(ātāpana) 태워버린다(paritāpana)는 뜻에서 열(ā-

---

83) '세 가지 원인을 가진 재생연결'이란 표현은 처음 읽는 분이 이해하기에는 어려운 개념이다. 먼저 재생연결과 재생연결식의 개념을 알아야 하고 이런 재생연결식은 과보로 나타난 마음 19가지 가운데 하나이며 이런 마음은 하나의 원인을 가진 마음, 두 가지 원인을 가진 마음, 세 가지 원인을 가진 마음으로 분류된다. 재생연결식은 XIV. §§111-113 및 §§133-145를 참조할 것.
여기서 말하는 통찰지는 일종의 생이지지라 할 수 있는데 이런 통찰지를 가지고 태어나려면 세 가지 원인을 가진 과보로 나타난 마음이 그 생의 재생연결식이 되고 그래서 그것이 그 사람의 바왕가(잠재의식)가 되어야 한다는 뜻이 내포되어있다. 아비담마 전체를 이해하면 해결되는 개념이다. 여기에 대한 이해를 가지려면 『길라잡이』 4장 §§24-25의 첫 번째와 두 번째 해설을 참조할 것.

tāpa)이라 부른다. 그것을 가진 자가 근면한 자(*ātāpī*)다. **슬기로운 자:** 슬기로움을 일러 통찰지라 한다. 그것을 갖춘 자라는 뜻이다. 이 단어는 깨어있는 통찰지를[85] 나타낸다.

질문에 대답하는 이 [게송]에서는 이처럼 세 번의 통찰지가 언급되고 있다. 그 가운데서 첫 번째는 태어나면서부터 가진 통찰지(*jāti-paññā*)이고, 두 번째는 위빳사나의 통찰지(*vipassanā-paññā*)이고, 세 번째는 모든 일을 주도하는 깨어있는 통찰지(*pārihārika-paññā*)이다.

윤회에서(*saṁsāre*) 두려움을(*bhayaṁ*) 보기(*ikkhati*) 때문에 **비구**(*bhikkhu*)라 한다. 그가 **이 엉킴을 푼다.** ① 계와 ② 마음이라는 제목 아래 표현된 삼매(定)와 ③-⑤ 세 가지의 통찰지(慧)와 ⑥ 근면함이라는 이런 여섯 가지 법을 갖춘 비구는 마치 사람이 땅위에 굳게 서서 날카롭게 날을 세운 칼을 잡고 큰 대나무 덤불을 자르는 것처럼, 계의 땅위에 굳게 서서 삼매의 돌 위에서 날카롭게 날을 세운 위빳사나 통찰지의 칼을 정진의 힘으로 노력한 깨어있는 통찰지의 손으로 잡아 자기의 상속에서 자란 갈애의 그물을 모두 풀고 자르고 부수어버릴 것이다.

그는 도의 순간[86]에 엉킴을 푼다고 한다. 그는 과의 순간에 엉킴을 푼 자가 되어 신을 포함한 세상에서 최상의 공양을 받을만한 자

---

84) 오염원으로 옮긴 *kilesa*는 『길라잡이』 7장 §12를 참조할 것. 아비담마에서는 ① 탐욕 ② 성냄 ③ 어리석음 ④ 자만 ⑤ 사견 ⑥ 의심 ⑦ 해태 ⑧ 들뜸 ⑨ 양심 없음 ⑩ 수치심 없음의 열 가지 오염원들을 설한다.
85) "슬기로움이란 알아차림이다(*nipako sampajāno*). 깨어있는(*pārihārikā*) [통찰지]란 명상주제를 지속적으로 지니기에 적합한 [통찰지]이다 (Pm.4.)"
86) 도의 순간과 도의 인식과정, 과의 순간과 과의 인식과정은 본서 XXII에 상세하게 설명되어있으며 이것은 『길라잡이』 9장 §§34-37에 잘 요약하여 설명되어있으니 참조할 것.

가 된다. 그래서 세존께서 말씀하셨다.

> "통찰지를 갖춘 사람은 계에 굳건히 머물러서
> 마음과 통찰지를 닦는다.
> 근면하고 슬기로운 비구는
> 이 엉킴을 푼다."(§1)

8. **통찰지를 갖춘 사람**이라고 설한 그 태어나면서부터 가진 통찰지에 대해서는 그가 해야 할 일이 없다. 왜냐하면 그것은 전생의 업에 의해서 그에게 생긴 것이기 때문이다. 그러나 **근면하고 슬기로운**이라는 것은 앞서 설한 정진으로 보존하고, 통찰지로 알아차림을 행하면서, 계에 굳건히 머물러 마음과 통찰지로 표현된 사마타와 위빳사나를 닦아야 한다는 뜻이다. 이와 같이 세존께서는 계(戒)와 삼매(定)와 통찰지(慧)의 제목으로 이 청정도를 설하셨다.

9. 이렇게 하여 ① 세 가지 공부(三學) ② 세 가지로 좋은 교법(sāsana) ③ 세 가지 영지(tevijjā, 三明)의 강하게 의지하는 [조건] ④ 양극단을 피함과 중도를 실천함 ⑤ 악처 등을 뛰어넘는 방법 ⑥ 세 가지 형태로 오염원을 버림 ⑦ 위범 등의 방지 ⑧ 세 가지 오염(saṁkilesa)의 정화 ⑨ 예류자 등이 되는 원인을 밝혔다.

10. 어떻게? 여기서 (1) 계는 높은 계를 공부짓는 것(adhisīla-sikkhā, 增上戒學)이고, 삼매는 높은 마음을 공부짓는 것(adhicitta-sikkhā, 增上心學)이고, 통찰지는 높은 통찰지를 공부짓는 것(adhipaññā-sikkhā, 增上慧學)을 나타낸다.

(2) 계는 교법의 처음이 좋은 것을 나타낸다. "무엇이 유익한 법

들(善法)의 처음인가? 아주 청정한 계다.(S.v.143)"라는 말씀과 "모든 악을 짓지 않음(諸惡莫作)(Dhp.183)" 등의 말씀 때문에 계가 교법의 처음이고, 그것은 후회하지 않음 등의 덕(guṇa)을 가져오기 때문에 좋은 것이다.

삼매는 중간이 좋은 것을 나타낸다. "유익함(善)을 받들어 행함(衆善奉行)(Dhp.183)" 등의 말씀 때문에 삼매(定)는 교법의 중간이고, 그것은 신통변화 등의 덕을 가져오기 때문에 좋은 것이다.

통찰지(慧)는 끝이 좋은 것을 나타낸다. "자기 마음을 맑히는 것(自淨其意), 이것이 부처님들의 교법이다(是諸佛敎)(Dhp.183)"라는 말씀 때문에, 또 통찰지가 그것의 정점이기 때문에 교법의 끝이고, 그것은 원하거나 원하지 않는 것에 대해 평정(tādi-bhāva)을 유지하게 하기 때문에 좋은 것이다.

다음과 같이 설하셨기 때문이다.

"굳건한 바위산이 바람에 흔들리지 않듯이
지자는 비난과 칭찬에 흔들리지 않는다.(Dhp.81)"

11. 마찬가지로 (3) 계는 세 가지 영지(三明)의 강하게 의지하는 조건을 나타낸다. 계의 증득에 의지하여 세 가지 영지를 성취하기 때문이다. 다른 이유를 통해서 얻는 것은 아니다. 삼매는 여섯 가지 신통지(六神通)의 강하게 의지하는 조건을 나타낸다. 삼매의 증득에 의지하여 여섯 가지 초월지(abhiññā)[87]를 성취하기 때문이다. 다른

---

87) 초월지 혹은 신통지로 옮긴 'abhiññā'는 'chaḷ-abhiññā(여섯 가지 초월지'라는 술어로 나타나기도 하며 중국에서 六神通으로 옮겼다. 이 가운데서 번뇌 다한 경지(khiṇāsava)인 누진통을 제외한 다섯 가지에 대해서는

제1장 계(戒) 129

이유를 통해서 얻는 것은 아니다. 통찰지는 무애해[88]의 분류의 강하게 의지하는 조건[89]을 나타낸다. 통찰지의 완성에 의지하여 네 가지 무애해를 성취하기 때문이다. 다른 이유를 통해서 얻는 것이 아니다. (4) 계는 쾌락의 탐닉에 몰두함이라 불리는 극단을 피하는 것을 나타내고, 삼매는 자기학대에 몰두함이라 불리는 극단을 피하는 것을 나타내고, 통찰지는 중도의 실천을 나타낸다.

12. (5) 마찬가지로 계는 악처를 뛰어넘는 수단을 나타내고, 삼매는 욕계를 뛰어넘는 수단을, 통찰지는 모든 존재를 뛰어넘는 수단을 나타낸다. (6) 계는 반대되는 것으로 대체하여 버림[90]으로 오염원을 버리는 것을 나타내고, 삼매는 억압으로 오염원을 버림을, 통찰지는 근절함으로 오염원을 버림을 나타낸다.

13. 마찬가지로 (7) 계는 오염원들의 위범의 방지를 나타내고, 삼매는 얽매임의 방지를, 통찰지는 잠재성향의 방지를 나타낸다. 또 (8) 계는 삿된 행위로 인한 오염의 정화를 나타내고, 삼매는 갈애로 인한 오염의 정화를, 통찰지는 사견으로 인한 오염의 정화를 나타낸다.

XII와 XIII에 자세히 설명되어있으며 『길라잡이』 9장 §21에 잘 정리되어있으니 참조할 것.
88) 무애해(無碍解, paṭisambhidā)에 대해서는 본서 XIII. §21 참조할 것.
89) 강하게 의지하는 조건은 VII. §§81-84와 『길라잡이』 8장 §11의 9번 해설을 참조할 것.
90) '반대되는 것으로 대체하여'라는 표현은 본서 전체에 몇 번 나타나고 있다. 이것의 원어는 'tad-aṅga'인데 XXII. §§112에 의하면 여기서 'aṅga'는 '[반대편에 속하는] 구성요소'라는 의미. 예를 들면 초선의 일으킨 생각, 지속적인 고찰 등의 구성요소들은 감각적 욕망 등의 다섯 가지 장애(五蓋)의 반대편에 있는 구성요소이다. 그래서 이렇게 의역하고 있다.

14. 마찬가지로 (9) 계는 예류자와 일래자의 원인을 나타내고, 삼매는 불환자의 원인을, 통찰지는 아라한의 원인을 나타낸다. 예류자는 계를 완성한 자라하고 일래자도 그와 같이 계를 완성한 자라 한다. 불환자는 삼매를 완성한 자, 아라한은 통찰지를 완성한 자라 한다.

15. 이와 같이 하여 ① 세 가지 공부(三學) ② 세 가지로 좋은 교법 ③ 세 가지 영지(三明)의 강하게 의지하는 [조건] ④ 양극단을 피함과 중도를 실천함 ⑤ 악처 등을 뛰어넘는 방법 ⑥ 세 가지 형태로 번뇌를 버림 ⑦ 위범 등의 방지 ⑧ 세 가지 오염의 정화 ⑨ 예류자 등이 되는 원인이라는 이 아홉 가지를 밝혔고, 아울러 이들 각각에 대해서 위와 같이 [계・정・혜]로 세 가지의 덕을 밝혔다.

계의 해설
sīlaniddeso

계의 본모습 등에 대한 주석
sīlasarūpādikathā

16. 이와 같이 여러 덕을 포함한 계・정・혜라는 제목으로 이 청정에 [이르는] 도를 설명했지만 너무 간략하게 설명하였다. 그러므로 모든 사람들을 돕기에는 충분하지 않다. 이제 이것을 상세히 설명하기 위해서 계에 관한 다음 질문들을 제기한다.

  I 무엇이 계인가?
  II 무슨 뜻에서 계라 하는가?

Ⅲ 계의 특징, 역할, 나타남, 가까운 원인은 무엇인가?
Ⅳ 무엇이 계의 이익인가?
Ⅴ 얼마나 많은 종류의 계가 있는가?
Ⅵ 무엇이 이것의 오염인가?
Ⅶ 무엇이 이것의 깨끗함인가?

17. 이것이 그 대답이다.

Ⅰ 무엇이 계인가? 살생 등을 절제하는 자나, 소임을 충실하게 실천하는 자의 의도(*cetanā*) 등의 법들이 계다. 『무애해도』에서 이와 같이 설하셨기 때문이다. "무엇이 계인가? ① 의도(*cetanā*)가 계다 ② 마음부수(*cetasika*)가 계다 ③ 단속(*saṁvāra*)이 계다 ④ 범하지 않음(*avītikkama*)이 계다.(Ps.i.44)"

여기서 ① **의도가 계**라는 것은 살생 등을 절제하는 자나 소임을 충실하게 실천하는 자에게 있는 의도다. ② **마음부수가 계**라는 것은 살생 등을 절제하는 자의 절제(*virati*)91)이다. 그리고 의도가 계라는 것은 살생 등을 버린 자의 [열 가지 유익한 업의 길 가운데] 일곱 가지92)의 의도다. 마음부수가 계라는 것은 "탐욕스러움을 버리고 탐욕스러움을 여읜 마음으로 머문다.(D2/i.71)"라는 방법으로 설한 탐욕 없음, 악의 없음, 바른 견해의 법이다.

---

91) 『길라잡이』 2장 §6 참조
92) 열 가지 유익한 업의 길(*kusala-kamma-patha*, 十善業道)은 몸의 3가지와 입의 4가지와 마음의 3가지로 짓는 업이다. 이 가운데서 마음의 3가지를 제외한 일곱 가지를 뜻한다. 마음으로 짓는 세 가지는 바로 다음에 나타나는 마음부수(心所)에 속하는 것으로 설명하고 있다. 유익한 업의 길에 대해서는 본서 XXII. §62와 『길라잡이』 5장 §22를 참조할 것.

18. ③ **단속이 계**라는 것은 여기서 다섯 가지 단속을 뜻한다고 알아야 한다. 계목을 통한 단속, 마음챙김을 통한 단속, 지혜를 통한 단속, 인욕을 통한 단속, 정진을 통한 단속이다.

여기서 "그는 이 계목을 통한 단속을 갖추었고, 잘 갖추었다.(Vbh. 246)"라고 한 것은 계목을 통한 단속이다. "그는 눈의 기능(眼根)을 보호한다. 눈의 기능의 단속을 실행한다.(D.i.70)"라는 것은 마음챙김을 통한 단속이다. 세존께서 아지따에게 설하셨다.

"세상에는 흐름(sota)들이 있나니
마음챙김이 그들을 저지한다.
흐름들의 단속을 나는 말하노니
통찰지가 그들을 저지한다.(Sn.1035)"

이것은 지혜를 통한 단속이다. 필수품을 수용하는 것도 이것과 관련된다.

그러나 "그는 추위와 더위를 견딘다(M.i.10)"라는 방법으로 언급할 때 이것은 인욕을 통한 단속이다.

"그는 감각적 욕망의 생각이 일어났을 때 그것을 참지 못한다 (M.i.11)"라는 방법으로 언급하신 것은 정진을 통한 단속이다. 생계의 청정도 이것과 관련된다.

이 다섯 가지 단속과 악(pāpa)을 두려워하는 선남자들이 마주치는 경계로부터 자신을 절제하는 것, 이 모두가 단속으로서의 계라고 알아야 한다. ④ **범하지 않는 것이 계**라고 한 것은 받아가진 계를 몸과 입으로 범하지 않는 것이다. 이것이 '무엇이 계인가'라는 질문에 대한 대답이다.

19. 나머지 질문 가운데서,

II 무슨 뜻(*aṭṭha*)에서 계라 하는가? 계행(*sīlana*)이라는 뜻에서 계다. 그러면 무엇을 계행이라 하는가? 안정시킴(*samādhāna*)이다. 계를 잘 지녀 몸의 업 등이 흩어짐이 없음을 뜻한다. 혹은 지탱함(*upadhāraṇa*)이다. 유익한 법들의 기초로 토대(*ādhāra*)가 된다는 뜻이다. 어원을 아는 자들은 이 두 가지 뜻을 인정한다. 그러나 다른 자들은 '머리라는 뜻이 계라는 뜻이다, 차다는 뜻이 계라는 뜻이다'라는 방법으로 여기서 그 뜻을 설명한다.

20. **III 계의 특징, 역할, 나타남, 가까운 원인은 무엇인가?**

　　비록 계가 여러 가지가 있지만
　　계행(*sīlana*)이 그것의 특징이다.
　　마치 형상(색깔)이 여러 가지가 있지만
　　보이는 성질이 그 특징이듯이.

푸르고 노란 색 등 여러 가지로 구별하더라도 색깔의 감각장소(處)는 보이는 성질이 그 특징이다. 왜냐하면 그것을 푸른 색 등으로 구별하더라도 보이는 성질을 넘지 않기 때문이다. 그와 마찬가지로 계를 의도 등 여러 가지로 구별하더라도 몸의 업 등을 안정시킴과 유익한 법들의 토대로 설한 계행이 그것의 특징이다. 의도 등 여러 가지로 구별하더라도 안정시킴과 토대의 상태를 넘지 않기 때문이다.

21. 이와 같은 특징을 가지는 계는,

> 작용과 성취라는 두 가지 뜻으로
> 그 역할을 알게 하나니 그것은 바로
> 나쁜 계행을 털어버리는 작용과
> 비난받지 않는 덕의 성취이다.

그러므로 이 계는 작용(*kicca*)이라는 뜻의 역할로 나쁜 계행을 털어버리는 역할을 하고 성취(*sampatti*)라는 뜻의 역할로 비난받지 않는 역할을 한다고 알아야 한다. 왜냐하면 특징 등에 관한한 오직 작용이나 성취를 역할이라 부르기 때문이다.

22. 깨끗함이 그것의 나타남이고 수치심과 양심이
그것의 가까운 원인이라고 지자들은 설명한다.

이 계는 "몸의 깨끗함, 말의 깨끗함, 마음의 깨끗함(A.i.271)"이라고 설한 깨끗함(*soceyya*)으로 나타난다. 계는 깨끗한 상태로 나타나고 그렇게 얻어진다. 양심과 수치심이 그것의 가까운 원인이라고 지자들은 설명한다. 가까운 원인이란 밀접한 이유라는 뜻이다. 양심과 수치심이 있을 때 계가 일어나고 지속된다. 없을 때는 일어나지도 지속되지도 않는다. 이와 같이 그 계의 특징과 역할과 나타남과 가까운 원인을 알아야 한다.

계의 이익에 대한 주석
sīlānisaṁsakathā

23. **Ⅳ 무엇이 계의 이익인가?** 후회 없음 등 여러 가지 덕을 얻음이 그 이익이다. 이와 같이 설하셨기 때문이다. "아난다여, 유익한 계들은 후회 없음(*avippaṭisāra*)이 그 목적이고, 후회 없음이 그 이익이다.(A.v.1)"

다시 이렇게 설하셨다. "장자들이여, 계를 가진 자가 계를 받들어 지님에 다섯 가지 이익이 있다. 무엇이 그 다섯인가? 장자들이여, 여기 계를 가지고, 계를 갖춘 자는 방일하지 않은 결과로 큰 재물을 얻는다. 이것이 계를 가진 자가 계를 받아지님으로써 얻는 첫 번째 이익이다.

다시 장자들이여, 계를 가지고, 계를 갖춘 자는 훌륭한 명성을 얻는다. 이것이 계를 가진 자가 계를 받아지님으로써 얻는 두 번째 이익이다.

다시 장자들이여, 계를 가지고, 계를 갖춘 자는 끄샤뜨리야의 회중이던, 바라문의 회중이던, 장자의 회중이든, 수행자의 회중이든, 그 어떤 회중에 들어가더라도 두려움이나 창피함이 없이 들어간다. 이것이 계를 가진 자가 계를 받아지님으로 얻는 세 번째 이익이다.

다시 장자들이여, 계를 지니고, 계를 갖춘 자는 매하지 않고 죽는다. 이것이 계를 가진 자가 계를 받아지님으로써 얻는 네 번째 이익이다.

다시 장자들이여, 계를 지니고, 계를 갖춘 자는 몸이 무너져 죽은 뒤에 선처 혹은 천상의 세계에 태어난다. 이것이 계를 가진 자가 계를 받아지님으로써 얻는 다섯 번째 이익이다.(D.ii.86)"

다시, "비구들이여, 만약 비구가 동료 수행자들이 자기를 소중하게 여겨주고, 호의를 가지고, 존중하고, 공경해주기를 원한다면 계를 완전하게 갖추어 행해야 한다.(M.i.33)"라는 방법으로 [동료 수행자들이] 소중히 여겨주고 호의를 가지게 되는 것부터 시작하여 마지막으로 번뇌의 소멸을 성취하는 것까지 여러 가지 계의 이익을 설하셨다. 이와 같이 계는 후회 없음 등 여러 가지 덕을 이익으로 가진다.

24. 나아가서,

> 계가 없이는 선남자가 교법에 발판을 얻지 못하니
> 누가 그런 계의 이익에 대해 그 한계를 말할 건가.
> 강가, 야무나, 사라부, 사라스와띠
> 혹은 흐르는 아찌라와띠, 큰 강인 마히조차도
> 이 중생들의 때를 씻을 수 없지만
> 계의 물만이 중생들의 때를 씻누나.
> 비를 몰고 오는 바람도, 노란 전단향의 향유도
> 진주 목걸이도, 보석도, 부드러운 달빛도
> 이 중생들의 열병을 잠재울 수 없지만
> 잘 보호되고, 성스럽고, 최고로 시원한
> 이 계가 그것을 잠재운다.
> 어디에 계의 향기(戒香)와 같은 향기 또 있을까!
> 그것은 순풍과 역풍에 고루 퍼지네.
> 계는 천상에 오르는 사다리요
> 열반의 도시로 들어가는 문이거늘
> 어디에 그런 사다리와 문이 또 있을까!

진주와 보석으로 장식한 왕들이 빛나기도 하지만
계로 장엄한 수행자가 빛나는 것만 같지 못하누나.
이 계는 자책 등의 두려움을 완전히 떨쳐버리고
계를 가진 자에게 항상 명성으로 인한 반가움 안겨준다.
이와 같이 덕의 뿌리이고 허물의 힘을 앗아버리는
간략히 설한 계의 이익에 대한 주석을 알아야 한다.

계의 분류에 대한 주석
sīlappabhedakathā

25. 이제 V 얼마나 많은 종류의 계가 있는가에 답한다.

① 우선 이 모든 계는 계행이라는 특징으로 한 가지이다.
② 행해야 할 것과 피해야 할 것으로 두 가지이다.
③ 그와 마찬가지로 선행과 청정범행의 시작으로
④ 절제하는 것과 절제하지 않은 것으로
⑤ 의지한 것과 의지하지 않은 것으로
⑥ 한시적인 것과 평생 지니는 것으로
⑦ 제한적인 것과 제한이 없는 것으로
⑧ 세간적인 것과 출세간적인 것으로 두 가지이다.
⑨ 저열한 것과 중간인 것과 수승한 것으로 세 가지이다.
⑩ 그와 마찬가지로 자기를 우선한 것과 세상을 우선한 것과 법을 우선한 것으로
⑪ 집착하여 취한 것과 집착하여 취하지 않은 것과 편안히 가라앉은 것으로

⑫ 청정한 것과 청정하지 않은 것과 의심스러운 것으로

⑬ 유학의 것과 무학의 것과 유학의 것도 무학의 것도 아닌 것으로 세 가지이다.

⑭ 퇴보에 빠진 것과 정체에 빠진 것과 수승함에 동참하는 것과 꿰뚫음(nibbedha)에 동참하는 것으로 네 가지이다

⑮ 그와 마찬가지로 비구, 비구니, 구족계를 받지 않은 자, 재가자의 계로

⑯ 천성적인 것과 습관적인 것과 법다운 것과 전생을 원인으로 한 계로

⑰ 계목의 단속, 감각기능(根)의 단속, 생계의 청정, 필수품에 관한 계로 네 가지이다.

⑱ 제한된 청정한 계 등으로 다섯 가지이다. 『무애해도』에서 이와 같이 설하셨다. "다섯 가지 계가 있다. 제한된 청정한 계, 제한없는 청정한 계, 완성된 청정한 계, 집착하여 취하지 않는 청정한 계, 편안히 가라앉은 청정한 계다.(Ps.i.42)"

⑲ 그와 마찬가지로 버림, 삼가함, 의도, 단속, 범하지 않음으로 다섯 가지이다.

26. 여기서 **한 가지** 부분에 관해서는 이미 설한 방법대로 뜻을 알아야 한다.

두 가지 부분에서 세존께서 '이것은 해야 한다'고 제정하신 학습계율(sikkhā-pada)을 실천하는 것이 **행해야 할 것**이고, '이것은 하지 말아야 한다'고 세존께서 금지하신 것을 하지 않는 것이 **피해야 할 것**이다. 여기서 이들 단어의 뜻은 다음과 같다. 그 가운데서 행하기 때문에(caranti), 즉 계들을 완전하게 갖추어 행하는 자로 실천하기

때문에 행해야 할 것(caritta)이다. 그것으로 삼가해야 할 것(varita)을 피하고(tāyanti) 보호하기(rakkhanti) 때문에 피해야 할 것(vāritta)이다. 이 가운데서 행해야 할 것은 믿음과 정진으로 성취되고, 피해야 할 것은 믿음과 마음챙김으로 성취된다. 이와 같이 행해야 할 것과 피해야 할 것으로 두 가지이다.

27. 두 가지의 두 번째에, 선행(善行, abhisamācāra)은 최상의 행위(uttamasamācāro)이다. 선행 그 자체가 바로 **선행**의 [계](abhisamā-cārika)다. 혹은 선행에 관해서 제정한 것이 선행의 [계](abhisamā-cārika)다. 이것은 생계가 여덟 번째인 계93) 이외의 나머지 계와 동의어이다. 도와 관련된 청정범행의 첫 단계가 **청정범행의 시작**인 계다. 이것은 바른 생계(ājīva)가 여덟 번째인 계와 동의어이다. 왜냐하면 이것은 도의 시작 단계이며 제일 먼저 반드시 청정하게 해야 하기 때문이다. 그러므로 이와 같이 설하셨다. "그의 몸의 업(身業)과 말의 업(口業)과 생계는 이전에 이미 청정해졌다.(M.iii.289)"

혹은, "사소한 것(khudda-anukhuddaka, 雜碎)94)(D.ii.154)"이라 불리는 학습계율은 선행이고, 나머지는 청정범행의 시작이다. 혹은 [비구와 비구니의] 두 계본에 포함된 것은 청정범행의 시작이고, [율장

---

93) 바로 밑에서 인용되고 있듯이 세 가지 몸의 업(身業)과 네 가지 말의 업(口業)과 함께 바른 생계(ājīva)가 그 여덟 번째이다.
94) 사소한 것(khudda-anukhuddaka)은 비구계목의 일곱 가지 항목 가운데서 바라이죄(pārājikā)를 제외한 나머지들이다. 그리고 승잔죄를 'khudda (사소한 것)'라고 하면 그 이후의 조죄(粗罪)부터는 모두 'anukhudda(더 사소한 것)'에 해당되고, 조죄를 사소한 것(khudda)이라 하면 그 이후의 단타죄(單墮罪)부터는 모두 더 사소한 것(anukhudda)에 해당된다.(AA. ii.208)
여기에 나타나는 바라이죄 등은 아래 §60의 주해를 참조할 것.

의]「칸다까」(Khandhaka, 犍度部)에서 설한 소임에 포함된 것은 선행이다. 이것을 성취하여 청정범행의 시작이 성취된다. 그래서 말씀하셨다. "비구들이여, 비구가 선행인 법을 원만하게 갖추지 않고 청정범행의 시작인 법을 원만하게 갖춘다는 것은 있을 수 없다.(A.iii. 14-15)" 이와 같이 선행과 청정범행의 시작으로 두 가지이다.

28. 두 가지의 세 번째에, 단지 살생 등을 삼가는 것이 **절제**(virati)**하는 계**이고, 의도 등 나머지가 **절제하지 않는 계다**. 이와 같이 절제하는 것과 절제하지 않는 것으로 두 가지이다.

29. 두 가지의 네 번째에, 두 가지 의지함이 있다. 갈애에 의지한 것과 견해에 의지한 것이다. 이 가운데서 "이 계를 통해서 나는 [위대한] 신이 되거나 아니면 다른 어떤 신이 될 것이다.(M.i.102)"고 존재의 성취를 바라면서 실천하는 것이 갈애에 의지한 것이다. "이 계를 통해 청정함이 있다.(Vbh.374)"라고 청정에 대한 견해로 실천하는 것이 견해에 의지한 것이다. 그러나 출세간적인 계와 그 출세간적인 것의 필수조건인 세간적인 계는 의지하지 않은 것이다. 이와 같이 **의지한 것**과 **의지하지 않은 것**으로 두 가지이다.

30. 두 가지의 다섯 번째에, 시간을 한정해놓고 받아지니는 계가 **한시적인 것**이고, 일생동안 받아지녀서 그와 같이 실천하는 것이 **평생 지니는 것**이다. 이와 같이 일시적인 것과 평생 지니는 것으로 두 가지이다.

31. 두 가지의 여섯 번째에, 이득(lābha)과 명성(yasa)과 친척과 사지(몸)와 생명 때문에 그 한계가 드러난 것이 **제한적인 것**이고,

그와 반대되는 것이 **제한이 없는 것**이다. 『무애해도』에서도 이와 같이 설하셨다. "무엇이 제한적인 계인가? 획득이 그 한계인 계가 있다. 명성이 그 한계인 계가 있다. 친척이 그 한계인 계가 있다. 사지가 그 한계인 계가 있다. 생명이 그 한계인 계가 있다. 무엇이 획득을 한계로 가진 계인가? 여기 어떤 이가 획득을 원인으로, 획득을 조건으로, 획득을 이유로 받아지닌 학습계율을 범한다. 이것이 획득이 그 한계인 계다.(Ps.i.43)" 이와 같은 방법으로 나머지도 상세히 알아야 한다.

제한이 없는 것의 대답에서도 이와 같이 설하셨다. "무엇이 획득을 그 한계로 갖지 않은 계인가? 여기 어떤 이가 획득을 원인으로, 획득을 조건으로, 획득을 이유로 받아지닌 학습계율을 범할 마음조차 일으키지 않는다. 그런데 어떻게 범하겠는가? 이것이 획득이 그 한계가 아닌 계다.(Ps.i.44)" 이와 같은 방법으로 나머지도 상세히 알아야 한다. 이와 같이 제한적인 것과 제한이 없는 것으로 두 가지이다.

32. **두 가지의 일곱 번째**에, 번뇌가 있는(sāsava) 모든 계는 **세간적인 것**이고 번뇌가 없는(anāsava) 것은 **출세간적인 것**이다. 이 가운데서 세간적인 것은 미래의 존재에서 향상을 가져올 뿐만 아니라 존재에서 벗어나는 필수조건이다.

이처럼 말씀하셨다. "율(vinaya)은 단속을 위함이고, 단속(saṁvāra)은 후회 없음을 위함이고, 후회 없음은 기쁨을 위함이고, 기쁨은 희열을 위함이고, 희열은 편안함(輕安)을 위함이고, 편안함은 행복을 위함이고, 행복은 삼매를 위함이고, 삼매는 여실지견을 위함이고, 여실지견은 역겨움(nibbidā, 厭惡)을 위함이고, 역겨움은 탐욕이 빛바램(離慾)을 위함이고, 탐욕이 빛바램은 해탈을 위함이고, 해탈은 해탈지견을 위함이고, 해탈지견은 취착 없는 완전한 열반(parinibbāna)을 위함이다. 이것을 위해 말하고, 이것을 위해 의논하고, 이것을 위해 가까이 의지하고, 이것을 위해 귀를 기울이나니, 그것은 곧 취착 없는 마음의 해탈(心解脫)이다.(Vin.v.164)"

출세간적인 것은 존재에서 벗어남을 가져오고, 반조의 지혜[95]에 토양이 된다. 이와 같이 세간적인 것과 출세간적인 것으로 두 가지이다.

33. **세 가지의 첫 번째**에, 저열한 열의와 마음과 정진과 검증[96]으로 실천하는 것이 **저열한 것**이고, 중간의 열의 등으로 실천하는 것이 **중간의 것**이고, 수승한 열의 등에 의한 것이 **수승한 것**이다.

혹은 명성을 바라고 받아지닌 것은 **저열한 것**이고, 공덕의 열매를 바라고 받아지닌 것은 **중간의 것**이고, '이것은 마땅히 해야 하는 것이다'라고 성스러운 성품 때문에 받아지닌 것은 **수승한 것**이다.

혹은 "나는 계를 지킨다. 그러나 다른 비구들은 계행이 나쁘고 사악한 법을 가졌다.(M.i.193)"라고 자찬하고 다른 이들을 비방하여 더러워진 것이 **저열한 것**이고, 더러워지지 않은 세간적인 계가 **중간의 것**이고, 출세간적인 것이 **수승한 것**이다.

혹은 갈애를 동기로 존재를 지속하고 향락을 위하여 실천하는 것이 **저열한 것**이고, 자기의 해탈을 위하여 실천하는 것이 **중간의 것**

---

95) 반조의 지혜(paccavekkhaṇa-ñāṇa)는 본서 XXII. §19이하와 『길라잡이』 9장 §34의 해설을 참조할 것.
96) 이 넷은 네 가지 성취수단(如意足)으로 잘 알려져 있다. 네 가지 성취수단은 본서 XXII. §36과 『길라잡이』 7장 §26을 참조할 것.

이고, 모든 중생들의 해탈을 위하여 실천하는 바라밀의 계가 **수승한 것**이다. 이와 같이 저열한 것과 중간인 것과 수승한 것으로 세 가지이다.

34. 세 가지의 두 번째에, 자기에게 적합하지 않은 것은 버리려하고 자기를 중시여기는 자존심 때문에 실천하는 것이 **자기를 우선한 것**이고, 세상의 비난을 면하고자하고 세상을 중시여기는 자가 세상을 중시 여기기 때문에 실천하는 것이 **세상을 우선한 것**이고, 법의 위대함을 공경하고자하고 법을 중시여기는 자가 법을 중시 여기기 때문에 실천하는 것이 **법을 우선한 것**이다. 이와 같이 자기를 우선한 것과 세상을 우선한 것과 법을 우선한 것으로 세 가지이다.

35. 세 가지의 세 번째에, 두 가지의 네 번째에서(§29) '의지한 것'이라고 설한 것이 **집착하여 취한 것**이다. 왜냐하면 갈애와 견해에 의해 취착되어있기 때문이다. 선한 범부가 도의 조건으로 실천한 계와 유학들의 도와 관련된 계가 **집착하여 취하지 않은 것**이고, 유학과 무학들의 과와 관련된 계가 **편안히 가라앉은 것**이다. 이와 같이 집착하여 취한 것과 집착하여 취하지 않은 것과 편안히 가라앉은 것으로 세 가지이다.

36. 세 가지의 네 번째에, 죄를 범하지 않았거나 혹은 범한 뒤 참회한 자에 의해서 완성된 것이 **청정한 것**이다. 죄를 범한 뒤 참회하지 않으면 그의 계는 **청정하지 않은 것**이다. 대상에 대해서, 혹은 어느 정도의 죄가 되는지에 대해서, 혹은 내가 죄를 범했는지 범하지 않았는지에 대해서 의심스러워하는 자의 계가 **의심스러운**

것이다. 이 가운데서 수행자는 청정하지 않은 계를 깨끗이 해야 한다. 의심이 있을 땐 의심스러운 대상을 피하고 의심을 제거해야 한다. 이와 같이 해야 그의 마음은 편안해진다. 이처럼 청정한 것 등으로 세 가지이다.

37. **세 가지의 다섯 번째**에, 네 가지 성스러운 도와 처음 세 가지 사문의 과와 관련된 계가 **유학의 것**이다. 아라한과 관련된 것이 **무학의 것**이다. 나머지는 **유학의 것도 무학의 것도 아닌 것**이다. 이와 같이 유학의 것 등으로 세 가지이다.

38. 세상에서는 각 중생들의 천성(pakati)을 계(sīla = 천성)라고 부른다. 그것을 두고 '이 사람은 낙관적인 계(천성)를 가진 자(sukha-sīla)이고, 이 사람은 비관적인 계(천성)를 가진 자(dukkhasīla)이고, 이 사람은 말다툼을 좋아하는 계(천성)를 가진 자이고, 이 사람은 장식을 좋아하는 계(천성)를 가진 자'라고 사람들은 말한다. 그러므로 이런 방편에 따라 "세 가지 계(천성)가 있다. 그것은 유익한(善) 계(천성), 해로운(不善) 계(천성), 결정할 수 없는(無記) 계(천성)다(Ps.i.44)"라고 유익한 것 등의 세 가지라고 『무애해도』에서는 설하셨다. 그러나 이 가운데서 해로운 것은 이 장에서 요구하는 계의 특징 등 가운데 그 어떤 것과도 뜻으로 서로 부합하지 않기 때문에 여기에 취하지 않았다. 그러므로 앞서 설한 방법대로 세 가지 계를 알아야 한다.

39. **네 가지의 첫 번째**에,

    계행이 나쁜 자를 섬기고
    계를 지닌 자를 섬기지 않으며

무지하여 일을 저지름에 허물을 보지 않고
삿된 사유가 가득하여 감각기능들을 보호하지 않는
이런 사람의 계는 **퇴보에 빠진 것**이다.
계를 성취한 것에만 기뻐하여
명상주제를 수행할 마음을 내지 않고
계를 가진 것으로만 만족하여
향상을 위해 애쓰지 않는
이 비구의 계는 **정체에 빠진 것**이다.
계를 지니고 삼매를 위해 노력하는
이 비구의 계는 **수승함에 동참하는 것**이다.
계를 지님만으로 만족하지 않고
역겨움을 위해 수행하는
이 비구의 계는 **꿰뚫음에 동참하는 것**이다.

이와 같이 퇴보에 빠진 계 등으로 네 가지이다.

40. **네 가지의 두 번째**에, 비구들을 위해 제정한 학습계율로 비구니들을 위해서 제정한 것으로부터 분리해서 [비구들이] 보호해야 하는 것이 **비구계**다. 비구니들을 위해서 제정한 학습계율로, 비구들을 위해서 제정한 것으로부터 분리해서 [비구니들이] 보호해야 하는 것이 **비구니계**다. 사미와 사미니를 위한 십계가 **구족계를 받지 않은 자의 계**다. 청신사와 청신녀를 위한, 항상 지녀야 하는 다섯 가지 학습계율(오계)과 만약 가능하다면 열 가지(十戒)와 포살의 구성요소인 여덟 가지 계(八戒 = 八冠齋戒)가 **재가자를 위한 계**다. 이와 같이 비구계 등으로 네 가지이다.

41. 네 가지의 세 번째에, 북 꾸루의 사람들이 범하지 않는 것은 **천성적인 계**다. 가문과 지역과 종파 등 각자의 행위의 규정이 **습관적인 계**다. "아난다여, 보살이 모태에 들 때 보살의 어머니는 남자들에 대해 감각적 욕망이 함께한 마음이 일어나지 않았나니, 이것이 필수적인 계다(M.iii.121)"라고 이와 같이 설한 보살의 어머니의 계가 **법다운 계**다. 마하가섭 등 청정한 중생들과 보살이 각각의 생에서 계를 가진 것이 **전생을 원인으로 한 계**다. 이와 같이 천성적인 계 등으로 네 가지이다.

42. 네 가지의 네 번째에,

① 세존께서 설하신 "여기 비구가 계목의 단속으로 단속하면서 머문다. 바른 행실(ācāra)과 행동의 영역(gocāra)을 갖추고, 작은 허물에 대해서도 두려움을 보며, 학습계율을 받아지녀 공부짓는다. (Vbh.244)"라고 한 이 계가 **계목의 단속에 관한 계**다.

② 그러나 "그는 눈으로 형상을 봄에 그 표상(nimitta = 全體相)을 취하지 않으며, 또 그 세세한 부분상(anubyañjana, 細相)을 취하지도 않는다. 만약 그의 눈의 감각기능(眼根)이 제어되어있지 않으면 탐욕스러움과 싫어하는 마음이라는 나쁘고 해로운 법(不善法)들이 그에게 [물밀듯이] 흘러들어 올 것이다. 따라서 그는 눈의 감각기능을 잘 단속하기 위해 수행하며, 눈의 감각기능을 잘 방호하고 눈의 감각기능을 잘 단속하기에 이른다.

귀로 소리를 들음에…, 코로 냄새를 맡음에…, 혀로 맛을 봄에…, 몸으로 감촉을 느낌에…, 마노(意)로 법을 지각함에 그 표상을 취하지 않으며, 그 세세한 부분상을 취하지도 않는다. 만약 그의 마노의 기능(意根)이 제어되어있지 않으면 탐욕스러움과 정신적 고통이라는 나쁘고 해로운 법(不善法)들이 그에게 [물밀 듯이] 흘러들어 올 것이다. 따라서 그는 마노의 기능을 잘 단속하기 위해 수행하며, 마노의 기능을 잘 방호한다. 마노의 기능을 [잘 방호하여] 잘 단속하기에 이른다.(M.i.180)"라고 설하신 것은 **감각기능(根)의 단속에 관한 계**다.

③ 생계 때문에 제정한 여섯 가지 학습계율을 범함으로 생긴 삿된 생계와, "계략, 쓸데없는 말, 암시, 비방, 이득으로 이득을 추구함(M.iii.75)"이라는 이런 삿된 법들을 통해서 생긴 삿된 생계로부터 절제함이 **생계의 청정에 관한 계**다.

④ "그는 지혜롭게 숙고하면서 옷을 수용하나니 오직 추위를 물리치고, 더위를 물리치고, 파리·모기·바람·햇빛·파충류와 닿는 것을 물리치고, 부끄러운 부분을 가리기 위해서이다.(M.i.10)"라는 방법으로 설한 숙고함을 통해 청정해진 네 가지 필수품의 수용이 **필수품에 관한 계**다.

계목의 단속에 관한 계
pātimokkhasaṁvarasīla

43. 이제 [네 가지의 네 번째 계에 관해서] 처음부터 차례대로 단어를 설명하고 뜻을 판별하여 주석한다. **여기**: 이 교법에서. **비구**: 윤회에서 두려움을 보기 때문에, 헤어지고 기운 옷 등을 입었기 때문에 이와 같은 명칭을 얻은 신심으로 출가한 선남자. **계목의 단속으로 단속하면서**: 여기서 계목이란 학습계율(*sikkhāpada-sīla*)을 뜻한다. 이것은 이것을 보호하고(*pāti*) 지키는 사람을 해탈케 하고

(mokkheti), 악처 등의 고통으로부터 벗어나게 한다. 그러므로 계목(pātimokkha)이라고 한다. 단속하는 것(saṁvaraṇa)이 단속(saṁvaro)이다. 몸과 입으로 범하지 않는 것의 동의어이다. 빠띠목카삼와라(pātimokkha-saṁvara, 계목의 단속)라는 합성어는 계목이 바로 단속이라고 풀이된다. 그 계목의 단속으로 단속하는 것이 **계목의 단속으로 단속하는 것**(pātimokkha-saṁvara-saṁvuta)이다. 그가 그것을 가진다, 갖춘다는 뜻이다. **머문다:** 행동거지(네 가지 자세 중의 하나)를 취한다.

44. 바른 행실과 행동의 영역을 갖추고 등의 뜻은 성전에서 설한 방법대로 알아야 한다. 이와 같이 설하셨기 때문이다. "**바른 행실과 행동의 영역을 갖추고:** 바른 행실이 있고, 바르지 못한 행실이 있다. 여기서 무엇이 바르지 못한 행실인가? 몸으로 범하고, 입으로 범하고, 몸과 입 [둘 다로] 범하는 것이 바르지 못한 행실이다. 모든 나쁜 계행이 바르지 못한 행실이다. 여기 어떤 자는 대나무를 주거나, 향기로운 잎을 주거나, 꽃과 과일과 목욕한 뒤 바르는 분가루와 치목을 주거나, 아첨하거나, 반쯤만 사실인 얘기를 하거나, 다른 이의 아이를 귀여워하거나, 심부름을 가는 것 등 이외에도 부처님께서 나무라신 다른 삿된 생계로 생계를 유지한다. 이것을 바르지 못한 행실이라 한다.

그러면 무엇이 바른 행실인가? 몸으로 범하지 않고, 입으로 범하지 않고, 몸과 입으로 범하지 않는 것이 바른 행실이다. 계를 통한 단속은 모두 바른 행실이다. 여기 어떤 자는 대나무를 주거나, 향기로운 잎을 주거나, 꽃과 과일과 목욕한 뒤 바르는 분가루와 치목을 주거나, 아첨하거나, 다른 이의 아이를 귀여워하거나, 심부름을 가거나, 부처님께서 나무라신 다른 삿된 생계로 생계를 유지하지 않는다. 이것을 바른 행실이라 한다."

45. "[탁발 등을 위한] **행동의 영역:** 행동의 영역이 있고, 행동의 영역이 아닌 것이 있다. 여기서 어떤 것이 행동의 영역이 아닌가? 여기 어떤 자가 기생집을 행동의 영역으로 삼거나, 과부, 노처녀, 중성, 비구니, 술집을 행동의 영역으로 삼거나, 왕들, 대신들, 외도들, 외도들의 제자들과 섞여 마을 사람들과 부적절한 교제를 하면서 머물거나, 비구들과 비구니들과 청신사들과 청신녀들에 대해 믿음도 없고 기뻐하지도 않고 욕설을 하고 비방하고 손해를 바라고 해로움을 바라고 재앙을 바라고 유가안은(瑜伽安穩)97)을 바라지 않는 그런 가족을 의지해 살고, 섬기고, 자주 왕래한다. 이것이 행동의 영역이 아닌 것이다.

그러면 어떤 것이 행동의 영역인가? 여기 어떤 자가 기생집을 행동의 영역으로 삼지 않고, 과부, 노처녀, 중성, 비구니, 술집을 행동의 영역으로 삼지 않으며, 왕들, 대신들, 외도들, 외도들의 제자들과 섞여 마을 사람들과 부적절한 교제를 하면서 머물지 않고, 비구들과 비구니들과 청신사들과 청신녀들에 대해 신뢰가 있고 기뻐하고 우

---

97) 유가안은은 *yogakkhema*(요가케마)의 한역이다. 여기서 유가(瑜伽)는 *yoga*의 음역이고 안은(安穩)은 *khema*의 의역이다. 이 단어는 리그베다에서부터 나타나는데 *yoga*는 '획득'을 *khema*는 '보존(저축)'을 뜻했다. 유가안은(Sk. *yogakṣema*)의 개념은 까우띨랴(Kautiya)의 정치학 논서인 아르타샤스뜨라(Arthaśāstra, 富論)에서 왕도정치의 이념으로 표방되었으며 초기부터 불교에서 받아들여 *anuttara*(無上)란 수식어를 붙여 *anuttara yogakkhema*(무상 유가안은)라는 표현으로 사용되었다. 이것은 열반의 동의어로 중요하게 쓰였다. 유가안은에 대한 상세한 논의는 각묵 스님(1997)을 참조할 것.

물과 같은 역할을 하고 가사를 수한 자들이 자주 오가며 성인들의 출입을 좋아하고 이로움을 바라고 유가안은을 바라는 그런 가족을 의지해 살고, 섬기고, 자주 왕래한다. 이것이 행동의 영역이다.

이와 같이 바른 행실과 행동의 영역을 구족했고, 바르게 구족했고, 가졌고, 바르게 가졌고, 충족했고, 갖추었고, 지녔다. 그러므로 바른 행실과 행동의 영역을 갖춘 자라 부른다.(Vbh.246-47)"

46. 다시 다음과 같은 방법으로도 바른 행실과 행동의 영역을 알아야 한다. 바르지 못한 행실은 두 가지이니, 곧 몸의 바르지 못한 행실과 말의 바르지 못한 행실이다. 그러면 어떤 것이 몸의 바르지 못한 행실인가?

"여기 어떤 자가 대중에 머묾에도 불구하고 불손하게 행동하면서 장로들을 [몸과 옷으로] 부딪치면서 서고, 부딪치면서 앉고, 그들 앞에 서고, 그들 앞에 앉고, 높은 의자에 앉고, 머리를 덮어쓴 채 앉고, 서서 얘기하고, 팔을 흔들면서 얘기하고, 장로들이 신발을 벗고 경행할 때 신발을 신고 경행하고, 그들이 낮은 경행처에서 경행할 때 높은 경행처에서 경행하고, 그들이 땅바닥에서 경행할 때 경행처에서 경행하고, 장로들의 자리를 밀치면서 서고, 밀치면서 앉고, 젊은 비구들을 의자에 앉지 못하게 하고, 한증막에서도 장로들에게 여쭙지도 않고 장작을 [더 난로 안에] 넣고, 문을 걸어 잠그고 … 욕실에서도 장로들을 부딪치면서 들어가고, 그들 앞에 들어가고, 부딪치면서 목욕하고, 그들 앞에서 목욕하고, 부딪치면서 나오고, 그들 앞에서 나오고 … 집안에 들어갈 때에도 장로들을 부딪치면서 가고, 그들 앞에서 가고, 밀어제치면서 장로들 앞에서 가고, 가정의 여인들이나 소녀들이 앉는 비밀스럽고 가려진 안방에 급작스럽게 들어가고, 아이들의 머리를 친다.(Nd1.228-229)" 이를 일러 몸의 바르지 못한 행실이라 한다.

47. 그러면 어떤 것이 말의 바르지 못한 행실인가? "여기 어떤 자가 대중에 머묾에도 불구하고 불손하게 행동하면서 장로들에게 여쭙지도 않고 법을 설하고, 질문에 답하고, 계목을 외우고, 서서 이야기하고, 팔을 흔들면서 이야기하고 … 집 안에 들어가서 여인이나 소녀에게 이와 같이 얘기한다. '아무개 성씨에다 아무개 이름을 가진 자여, 무엇이 있는가? 죽이 있는가? 밥이 있는가? 씹어 먹을 음식이 있는가? 무엇을 마실까? 무엇을 씹어 먹을까? 어떤 부드러운 것을 먹을까? 아니면 나에게 무엇을 주려는고?'라고 이와 같이 잡담을 늘어놓는다.(Nd1.230)" 이를 일러 말의 바르지 못한 행실이라 한다. 이와 반대되는 것을 바른 행실이라고 알아야 한다.

48. 다시 비구가 공손하고, 정중하고, 양심과 수치심을 갖추고, [속옷]을 단정히 하고 [겉옷으로] 잘 가려서 입고, 앞으로 나아가고 뒤로 갈 때나 앞으로 보고 옆으로 볼 때나 구부리고 펼 때나 그의 자태는 확신에 차있으며, 눈을 내리뜨고, 위의가 반듯하고, 감각기능들의 문을 보호하고, 음식에서 적당량을 알고, 항상 깨어있고, 마음챙기고 알아차리며, 소욕하고, 지족하며, 부지런히 정진하고, 선행을 성심으로 하고, 공경해야 할 분을 극진히 공경하면서 머문다. 이것을 일러 바른 행실이라 한다. 이와 같이 바른 행실을 알아야 한다.

49. 행동의 영역은 세 가지이니 강하게 의지하는 행동의 영역, 보호하는 행동의 영역, 결속하는 행동의 영역이다. 이 가운데서 ①

무엇이 **강하게 의지하는 행동의 영역**인가? 열 가지 논의의 주제[98]를 갖춘 좋은 도반(善友)을 의지하여 듣지 못한 것을 듣고, 들었던 것을 분명히 하고, 의심을 해결하고, 견해를 곧게 하고, 마음에 청정한 믿음을 얻는다. 혹은 그 사람으로부터 배울 때 신심이 증장하고, 계와 들음과 보시와 통찰지가 증장한다. 이것을 일러 강하게 의지하는 행동의 영역이라 한다.

50. ② 무엇이 **보호하는 행동의 영역**인가? "비구가 집 안에 들어가거나 길에 들어섰을 때 눈을 내리뜨고 쟁기의 길이만큼 내다보면서 단속하면서 간다. 코끼리를 쳐다보지도 않고, 말을 쳐다보지도 않고, 전차병과 보병과 여자와 남자를 쳐다보지도 않고, 위로 올려다보지 않고, 아래로 내려다보지도 않고, 사방팔방을 바라보면서 가지 않는다.(Nd1.474)" 이것을 일러 보호하는 행동의 영역이라 한다.

51. ③ 무엇이 **결속하는 행동의 영역**인가? 마음을 묶어 둘 네 가지 마음챙김의 확립(四念處)이다. 세존께서 이와 같이 설하셨기 때문이다. "비구들이여, 무엇이 자기의 고향동네(*petaka visaya*)인 비구의 행동의 영역인가? 그것은 네 가지 마음챙김의 확립이다.(S.v.1478)" 이것을 일러 결속하는 행동의 영역이라 한다.

이와 같이 그는 바른 행실과 행동의 영역을 구족했고 … 갖추었고, 지녔다. 그러므로 바른 행실과 행동의 영역을 갖춘 자라 부른다.

52. **작은 허물에 대해서도 두려움을 보고**: 학습계율을 무심코 범한 것과 해로운 마음을 일으키는 등 아주 작은 허물에 대해서도

---

98) IV. §38의 주를 참조할 것.

두려움을 보는 습관을 가진 자가 되어. **학습계율을 받아서 실천한다:** 학습계율 가운데서 실천해야 할 것을 모두 바르게 받아지녀 실천한다. 여기 **계목의 단속으로 단속한다**라는 이런 [성전의 구절은] 개인에 관한 가르침인데 계목의 단속의 계를 설하신 것이며 **바른 행실과 행동의 영역을 갖추고** 등은 모두 그와 같이 실천하는 자에게 계가 원만해지는 그 닦는 방법을 보이기 위해 설하셨다고 알아야 한다.

감각기능(根)의 단속에 관한 계

indriyasaṁvarasīla

53. 그러나 그 다음에 '그는 눈으로 형상을 봄에'라는 등으로 설한 감각기능의 단속에 관한 계에서 **그는**이라는 것은 계목의 단속에 관한 계에 머무는 비구를 말한다. **그는 눈으로 형상을 봄에:** [보는] 도구이기 때문에 '눈'이라는 인습적인 표현(*vohāra*)을 얻었고 형상(色)을 볼 수 있는 능력을 가진 눈의 알음알이(眼識)로 형상을 보고. 그러나 옛 스승들은 다음과 같이 말씀하셨다.

"눈은 형상을 보지 않는다. 왜냐하면 그것은 마음이 없기 때문이다. 마음(*citta*)도 형상을 보지 않는다. 왜냐하면 눈이 없기 때문이다. 감각대문(*dvāra*)과 대상이 서로 접촉할 때에 눈의 감성(感性, *pasāda*)[99]을 자신의 토대로 가지는 마음을 통해 본다. 이와 같은 것은

---

99) 전오식(前五識)이 일어나는 물질적 토대인 눈, 귀, 코, 혀, 몸을 아비담마에서는 감성(感性, *pasāda*)이라 부른다. 자세한 것은 『길라잡이』 6장 §3의 해설2를 참조할 것.

'그는 활로 쏜다'는 등의 경우에서처럼 부속물을 포함한 용법이다. 그러므로 [눈으로 형상을 본다는 말은] '눈의 알음알이로 형상을 본다'는 뜻이라고 알아야 한다."

54. **그 표상(*nimitta* = 全體相)을 취하지 않으며:** 여자라든지 남자라든지 하는 표상이나 아름답다는 표상 등 오염원의 바탕이 되는 표상을 취하지 않는다. 단지 본 것에서만 그친다. **세세한 부분상(*anubyañjana*, 細相)을 취하지도 않는다:** 손, 발, 미소, 웃음, 이야기, 앞으로 봄, 옆으로 봄 등의 형태를 취하지 않는다. 그런 형태는 오염원들을 더 상세하게 하기 때문에, 분명히 드러나게 하기 때문에 세세한 부분상이라는 이름을 얻는다. 그는 단지 있는 그대로 그것을 취한다.

55. 쩨띠야(Cetiya) 산에 머물던 마하띳사(Mahā-Tissa)[100] 장로처럼. 장로는 쩨띠야 산으로부터 출발하여 아누라다뿌라(Anurādhapura)로 탁발을 가고 있었다. 어떤 집안의 며느리가 자기 남편과 말다툼을 한 뒤 천녀(天女)처럼 단장을 하고 꾸민 뒤 그 시간에 아누라다뿌라에서 나와 친정집에 가던 도중 길에서 장로를 보고 음란한 마음이 생겨 활짝 웃었다. 장로는 이것이 무엇인가하고 쳐다보다가 그녀의 이빨에서 부정상(不淨想, *asubha-saññā*)[101]을 얻어 아라한이

---

[100] 빠알리어 이름 특히 스님들 이름 가운데 가장 많이 등장하는 이름이 바로 Tissa이다. 본서에만도 7명의 다른 띳사 스님들이 언급되고 있으며 DPPN에는 무려 47분의 부처님들이나 스님들 이름으로 Tissa가 소개되고 있고 Tissā라는 비구니 스님 등의 이름으로는 10분이 언급되고 있을 정도이다.

*tissa*라는 단어가 어디서 유래되었는지는 분명하지 않다. 빠알리어 *tisso*는 3을 나타내는 '*tayo*(Sk. *trai*)'의 여성 복수형이다.

되었다. 그래서 이와 같이 설하셨다.

"그녀의 이빨을 보고 이전의 인식을 기억했나니102)
그 자리에 서서 장로는 아라한이 되었다."

잠시 후 그녀를 뒤따라오던 남편도 장로를 보고 '존자시여, 혹시 어떤 여인을 못 보셨습니까'라고 여쭈었다. 장로는 그에게 대답했다.

"이곳을 지나간 자가 여자인지 남자인지 모르겠노라
단지 뼈 무더기가 이 신작로를 지나가는 것만 보았도다."

56. **만약 그의** 등의 뜻은 다음과 같다. 그것을 이유로, 즉 눈의 감각기능(眼根)을 단속하지 않은 것을 원인으로 만약 이 사람이 **눈의 감각기능(眼根)이 제어되어있지 않으면** 마음챙김이라는 덧문으로 눈의 문을 닫지 않은 채 머물 때 이 **탐욕스러움** 등의 법이 **흘러들어 올 것이다,** 결박할 것이다, 추격할 것이다. **그는 눈의 감각기능을 잘 단속하기 위해 수행하며:** 그런 눈의 감각기능을 마음챙김의 덧문으로 닫기 위해 수행한다. 이와 같이 수행할 때 **눈의 감각기능을 잘 방호하고 눈의 감각기능을 잘 단속하기에 이른다**고 한다.

57. 그런데 여기서 눈의 감각기능 자체를 가지고 단속이나 단속하지 않음을 말 할 수는 없다. 왜냐하면 눈의 감성을 의지하여 마음챙김이나 혹은 잊어버림이 일어나는 것이 아니기 때문이다.

---

101) 본서 VI에서 10가지 부정의 명상주제가 상세하게 설명되고 있으며 이것은 『길라잡이』 9장 §7에 정리되어있다.
102) 전생에서 많이 닦았던 부정상(不淨想)이 그녀의 이빨을 통해서 다시 생겨났다는 말이다.

대상인 형상이 눈의 영역에 나타날 때 잠재의식(*bhavaṅga*)이 두 번 일어난 뒤 멈추고 단지 작용만 하는 마노의 요소(意界)가 전향의 역할을 하면서 일어났다가 멸한다.103) 그 다음에 눈의 알음알이(眼識)가 보는 역할을 하고, 그 다음에 과보로 나타난 마노의 요소(意界)가 받아들이는 역할을 하고, 그 다음에 원인 없는 과보로 나타난 마노의 알음알이의 요소(意識界)가 조사하는 역할을 하고, 그 다음에 원인 없는 단지 작용만 하는 마노의 알음알이의 요소(意識界)가 결정하는 역할을 하면서 일어났다가 사라진다.

그 직후에 속행(速行, *javana*)104)이 일어난다. 여기서 잠재의식의 시기나 전향 등의 어느 시기에도 단속이나 단속하지 않음은 있지 않다. 그러나 속행의 순간에 만약 나쁜 계행이나 잊어버림이나 알지 못함이나 참을성 없음이나 게으름이 일어나면 단속하지 않은 것이 된다.105) 이와 같이 할 때 비로소 눈의 감각기능(眼根)을 단속하

---

103) 여기서 열거하고 있는 이런 일련의 마음의 흐름을 아비담마에서는 인식과정(*vīthi-citta*)이라 한다. 이런 인식과정을 이해하지 못하면 본문을 바르게 이해할 수 없다. 인식과정에 대해서는『길라잡이』 제4장에 상세하게 설명되어있으므로 참조하기 바란다.
　본서의 도처에 이런 인식과정과 관련된 술어들이나 단편적인 인식과정이 언급되고 있으므로 반드시 인식과정에 대한 기본 개념을 파악하고 있어야 본서를 제대로 이해할 수 있음을 밝힌다.
104) 속행에 대해서는『길라잡이』 3장 §8의 12번 해설과 4장 §12이하를 참조할 것.
105) 아비담마에 의하면 눈의 알음알이 그 자체는 과보의 마음이기 때문에 미래에 업을 생산할 유익하거나(善) 해로운(不善) 마음이 아니라고 설명한다. 유익함이나 해로움은 결정하는 마음 다음에 일어나는 속행(*javana*)의 과정에 해당되기 때문이다. 일곱 마음순간(心刹那)동안 진행되는 이 속행의 과정이 유익하거나 해로운 업을 짓는 마음순간이라고 아비담마는 말하고 있다. 이것은 아비담마의 인식과정을 이해하는 아주 중요한 사항이므로 반드시 숙지하고 있어야 한다.(『길라잡이』 3장 §8의 해설을 참

지 않은 것이라고 한다.

58. 왜 그런가? 이와 같이 되면 문도 보호되지 않고, 잠재의식도, 전향 등의 인식과정들도 보호되지 않기 때문이다. 무엇과 같은가? 만약 도시의 4대문을 단속하지 않으면 비록 도시 안의 집의 대문과 창고와 실내 등을 잘 단속했다 하더라도 도시 안의 모든 재물은 보호되지 않을 것이고, 지켜지지 않을 것이다. 왜냐하면 도시의 문으로 도적들이 들어와 제 멋대로 설칠 것이기 때문이다.

이와 같이 속행에서 나쁜 계행 등이 일어날 때 그것이 단속되지 않으면 문도 보호되지 않고, 잠재의식이나 전향 등의 인식과정들도 보호되지 않는다. 그러나 속행에서 계 등이 일어나면 문도 보호되고, 잠재의식과 전향 등의 인식과정들도 보호된다. 무엇과 같은가? 도시의 문을 단속했을 때는 비록 어떤 집안 등을 단속하지 않더라도 도시 안의 모든 재물은 안전하게 보호되고 지켜지는 것과 같다. 왜냐하면 도시의 문을 잠가버리면 도적들이 들어오지 않기 때문이다. 이와 같이 속행에서 계 등이 일어날 때 문도 보호되고, 잠재의식과 전향 등의 인식과정들도 보호된다. 그러므로 [엄밀히 말하면] 속행의 순간에 일어나지만 눈의 감각기능을 단속한다고 설한 것이다.

59. **귀로 소리를 들음에** 등에도 이와 같은 방법이 적용된다. 이와 같이 이것을 간략하게 **감각기능(根)의 단속에 관한 계**라고 알아야 한다. 이것은 형상(色) 등에서 오염원을 수반하는 표상 등을 취하는 것을 피하는 특징을 가진다.

조할 것)

생계의 청정에 관한 계
ājīvapārisuddhisīla

60. 감각기능의 단속 다음에 설한 생계의 청정에 관한 계에서 **생계 때문에 제정한 여섯 가지 학습계율**이란 구절은 다음과 같이 제정한 여섯 가지 학습계율을 뜻한다.

① "생계를 원인으로 하고 생계를 이유로 하여 삿된 욕심을 가지고 욕심의 희생이 되어, 존재하지도 않고 사실이지도 않은 인간을 넘어선 높은 법을 [얻었노라] 지껄인다." — 이것은 바라이죄(波羅夷罪, *pārājika*)106)를 범한 것이다.

---

106) 여기에 나타나는 전문술어들은 비구 227계와 비구니 348계를 범할 경우 그 죄의 성격에 따라 죄를 벗는 방법(出罪)을 크게 6가지로 규정한 것이다. 한편 비구 227계는 중한 것부터 가벼운 것까지 모두 일곱 가지 항목으로 분류하고 있다. 그러나 비구계목과 비구니계목은 그 계를 받지 않은 자들에게 공개하지 않는 것이 원칙이므로 여기서 설명하지 않는다.
① 바라이죄(波羅夷罪, *pārājika*): 네 가지 빠라지까를 범한 경우가 여기에 해당된다. 빠라지까의 정확한 어원은 밝히기 어려운데 일반적으로 *parā*(*away, over*)+√*ji*(*to conquer*)에서 파생된 것으로 간주한다. 이것을 범하면 승단에서 축출되기 때문에 이런 의미로 해석하는 것이다.
② 승잔죄(僧殘罪, *saṅghādisesa*,): 13가지 상가아디세사를 범한 경우가 여기에 해당된다. 이 술어 역시 정확한 어원을 밝히기 어렵다. 율장(Vin.iii.522)에서는 '*saṅgho ādimhi ceva sese ca icchitabbo assāti saṅghādi-seso.*'라고 풀이하고 있는데 이 죄를 범하면 승가(*saṅgha*)를 상수(*ādi*)로 나머지(*sesa*)에 대중공사에 관여하기 때문이라는 의미이다.
③ 조죄(粗罪, *thullaccaya*): 중한(*thulla*) 죄라는 뜻이다. 이것을 범하면 분명한 실토에 의해서 죄를 명백히 드러내어 그 죄목에 해당되는 처벌방법에 의해서 죄를 벗게 된다고 한다.
④ 단타죄(單墮罪, *pācittiya*): 92가지 빠찌띠야 가운데 특히 *nissaggiya pācittiya* 30가지를 범한 경우에 적용되며 해당물품을 압수하고 참회하는 것으로 죄를 벗게 된다.

② "생계를 원인으로 하고 생계를 이유로 하여 중매를 한다." ― 이것은 승잔죄(僧殘罪, saṅghādisesa)를 범한 것이다.

③ "생계를 원인으로 하고 생계를 이유로 하여 '당신의 절에 살고 있는 비구가 아라한이다'고 말한다." ― 자기를 지칭해서 한 것인 줄 듣는 이로 하여금 알게 한 사람의 경우 조죄(粗罪, thullaccaya)를 범한 것이다.

④ "생계를 원인으로 하고 생계를 이유로 하여 비구가 아프지 않으면서 자기를 위해 맛있는 음식을 부탁하여 먹는다." ― 이것은 단타죄(單墮罪, pācittiya)를 범한 것이다.

⑤ "생계를 원인으로 하고 생계를 이유로 하여 비구니가 아프지 않으면서 자기를 위해 맛있는 음식을 부탁하여 먹는다." ― 이것은 회과죄(悔過罪, pāṭidesanīya)를 범한 것이다.

⑥ "생계를 원인으로 하고 생계를 이유로 하여 아프지 않으면서 자기를 위해 국과 밥을 부탁하여 먹는다.(Vin.v.146)" ― 이것은 악작죄(惡作罪, dukkaṭa)를 범한 것이다.

이 여섯 가지 학습계율 가운데서,

61. 계략 등의 구절에 대한 성전은 다음과 같다. "여기서 무엇이 ① **계략**인가? 이득과 존경과 명성을 집착하고, 삿된 소원을 가지고, 그런 소원의 희생이 된 자가 필수품의 수용이라 부르는 것이나 혹은 간접적인 말로 눈살을 찌푸림, 거만함, 계략, 기만, 위선행

---

⑤ 회과죄(悔過罪, pāṭidesanīya): 4가지 빠띠데사니야를 범한 경우로 이것도 분명한 실토에 의해서 처벌을 받고 벗어나게 된다.
⑥ 악작죄(惡作罪, dukkaṭa): 75가지 사소한 학습계율(sekhiya)을 범한 경우로 뉘우치고 참회하는 것으로 벗게 된다.

위, 혹은 위의를 꾸미고, 취하고, 허식을 부리는 것을 일러 계략이라 한다."

62. "여기서 무엇이 ② **쓸데없는 말**인가? 이득과 존경과 명성을 집착하고, 삿된 소원을 가지고, 그런 소원의 희생이 된 자가 남들에게 말을 건넴, 대답함, 장황하게 말함, 격찬함, 계속해서 격찬함, 설득함, 계속해서 설득함, 제안함, 계속해서 제안함, 환심을 사는 말, 아첨하는 말, 반쯤 거짓인 말, 귀여워함을 일러 쓸데없는 말이라 한다."

63. "여기서 무엇이 ③ **암시**인가? 이득과 존경과 명성을 집착하고, 삿된 소원을 가지고, 그런 소원의 희생이 된 자가 남들에게 신호함, 신호를 보냄, 암시, 암시를 줌, 우회적인 말, 넌지시 말함을 일러 암시라 한다."

64. "여기서 무엇이 ④ **비방**인가? 이득과 존경과 명성을 집착하고, 삿된 소원을 가져, 그런 소원의 희생이 된 자가 남들에게 욕함, 얕봄, 헐뜯음, 윽박지름, 계속해서 윽박지름, 비웃음, 계속해서 비웃음, 모욕함, 계속해서 모욕함, 소문을 퍼뜨림, 뒤에서 험담함을 일러 비방이라 한다."

65. "여기서 무엇이 ⑤ **이득으로 이득을 추구함**인가? 이득과 존경과 명성을 집착하고, 삿된 소원을 가지고, 그런 소원의 희생이 된 자가 여기서 얻은 물건을 저곳으로 가져가고, 혹은 저곳에서 얻은 물건을 이곳으로 가져온다. 이와 같이 물건으로 물건을 구함, 찾음, 자세히 살핌, 구하러 감, 찾으러 감, 찾아 돌아다님을 일러 이득

으로 이득을 추구하는 것이라 한다.(Vbh.352-53)"

66. 이 성전의 뜻을 다음과 같이 알아야 한다. 우선 (1) 계략의 해설에서 **이득과 존경과 명성을 집착하고**란 이득과 공경과 명예에 마음이 쏠리고라는 뜻인데 '그것을 바라는'이라는 뜻이다. **삿된 소원을 가진:** 있지도 않은 공덕을 나타내기를 원하는. **그런 소원의 희생이 되어:** 소원에 습격당하여, 즉 정복되었다는 뜻이다. 『닛데사』(義釋, Nd1)에 필수품을 거절하는 것, 간접적인 말로 하는 것, 위의에 바탕을 둔 것의 세 가지 계략을 언급했다. 그러므로 이 세 가지를 보이기 위해 바로 다음에서 **필수품의 수용이라 부르는 것이거나 혹은**이라고 시작했다.

67. 옷 등의 공양청을 받은 [비구가] 실제로는 그것을 원하지만 삿된 욕심 때문에 그것을 거절한다. 그 신도들이 자기에게 절대적인 믿음이 있는 것을 알고는 다시 그들이 '우리 스님은 참으로 욕심이 적으시구나. 아무것도 받기를 원하지 않으신다. 만약 작은 어떤 것이라도 받아주신다면 우리에게 얼마나 행운일까!'라고 생각하면서 고급스런 옷 등을 그에게 가져오면 갖가지 수단을 동원하여 그들에게 호의를 베푸는 척 하면서 그것을 받는다. 그 다음부터 이 위선은 그것을 수레에 가득 실어오도록 만드는 바, 이 위선이 필수품의 수용이라고 부르는 계략에 관한 사례라고 알아야 한다.

68. 『닛데사』(義釋)에 이와 같이 설하셨기 때문이다. "무엇이 필수품의 수용이라 부르는 계략에 관한 사례인가? 여기 신도들이 옷과 음식과 거처와 병을 치료하는 약품을 보시하기 위해 비구를

초청한다. 그는 삿된 소원을 가졌고, 그런 소원에 희생이 되어 옷과 음식과 거처와 병을 치료하는 약품을 원하지만 더 많이 원하기 때문에 옷을 거절하고 음식을 거절하고 거처를 거절하고 병을 치료하는 약품을 거절한다.

그는 이와 같이 말한다. '수행자에게 비싼 옷이 뭐 필요한가요? 수행자는 공동묘지나 쓰레기더미나 혹은 가게의 폐물로부터 천 조각을 모아 가사를 만들어 입는 것이 적합합니다. 수행자에게 고급스런 음식이 뭐 필요한가요? 수행자는 탁발을 가서 얻은 한 덩이의 음식으로 생명을 유지하는 것이 적합합니다. 수행자에게 호사스런 집이 뭐 필요한가요? 수행자는 나무 아래나 노지에서 머무는 것이 적합합니다. 수행자에게 병을 치료하는 비싼 약품이 뭐 필요한가요? 수행자는 소의 오줌이나 혹은 오배자 열매로 약을 삼는 것이 적당합니다.' 따라서 그는 낡은 옷을 입고, 거친 음식을 먹고, 낡은 거처에서 머물고, 값싼 약을 사용한다.

신도들은 그를 이와 같이 여긴다. '이 수행자는 소욕하고, 지족하며, 은거하고, 대중과 더불어 교제하지 않고, 부지런히 정진하고, 두타행을 설하신다.'라고. 그래서 옷과 … 약품을 마련하여 더욱 자주 초대한다.

그 [비구]는 이와 같이 말한다. '세 가지가 함께 존재할 때 신심 있는 선남자는 많은 복덕을 쌓습니다. 신심이 있을 때 신심 있는 선남자는 많은 복덕을 쌓습니다. 보시할 물건이 있을 때 … 보시 받을만한 사람이 있을 때 신심 있는 선남자는 많은 복덕을 쌓습니다. 당신들에게 신심이 있고, 보시할 물건이 있고, 보시를 받을 내가 있습니다. 만약 내가 보시를 받지 않는다면 당신들이 복덕을 놓쳐버

릴 것입니다. 이것은 나에게는 필요치 않습니다. 그러나 당신들에게 호의를 베풀기 위해 받겠습니다.'

그것으로 인해 그는 많은 옷을 받고, 많은 음식을 … 약품을 받는다. 이와 같은 눈살을 찌푸림, 거만함, 계략, 기만, 위선을 '필수품의 수용이라 부르는 계략에 관한 사례'라 한다.(Nd1.224-25)"

69. 삿된 소원을 가진 자가 인간을 넘어선 높은 법을 증득했다는 것을 드러내기 위하여 말이나 갖가지 방법으로 부리는 위선을 '간접적인 말이라 부르는 계략에 관한 사례'라고 알아야 한다.

이와 같이 설하셨다. "무엇이 간접적인 말이라 부르는 계략에 관한 사례인가? 여기 삿된 소원을 가지고, 그런 소원에 희생되고, 존경받기를 원하는 어떤 자가 '이와 같이 사람들이 나를 존경할 것이다'라고 생각하면서 성자의 법에 관한 말을 한다. 이와 같은 옷을 입은 사문은 수행의 힘이 있다고 그는 말한다. 이와 같은 발우와 철로 된 물컵, 물병, 여과기, 열쇠, 허리띠와 신발을 신고 다니는 수행자는 수행의 힘이 있다고 말한다. 이런 은사스님을 모시고 … 이런 스승을 모시고, 동일한 은사스님을 모시고, 동일한 스승을 모시고, 그런 친구를 가졌고, 지기를 가졌고, 친한 사람을 가졌고, 동료를 가진 사문은 수행의 힘이 있다고 말한다.

이런 절에서 머물고, 긴 저택, 저택, 평평한 지붕을 가진 별장, 석굴, 작은 동굴, 오두막, 중각, 등대, 회관, 큰 방, 집회소, 가건물인 천막, 나무 아래에 머무는 사문이 수행의 힘이 있다고 그는 말한다. 혹은 아주 교활하고, 자주 눈살을 찌푸리고, 기이한 행위를 보이고, 뽐내고, 자기 입으로 자기 칭찬을 하여 다른 사람들의 존경을 받으면서 '이 사문은 이와 같은 고요한 삼매의 경지(等至)에 머묾을 얻었다'라고 심오하고, 비밀스럽고, 미묘하고, 은밀하고, 출세간적이고, 공함과 상응하는 얘기를 한다. 이와 같은 눈살을 찌푸림, 거만함, 계략, 기만, 위선을 간접적인 말이라 부르는 계략에 관한 사례라 한다.(Nd1.226-27)"

70. 삿된 소원을 가진 자가 존경받기를 열망하여 위의를 꾸며서 짓는 위선이 위의에 바탕을 둔 계략에 관한 사례라고 알아야 한다.

이처럼 말씀하셨다. "무엇이 위의라 부르는 계략에 관한 사례인가? 여기 삿된 소원을 가지고, 그런 소원에 희생되고, 존경받기를 원하는 어떤 자가 '이와 같이 사람들이 나를 존경할 것이다'라고 생각하면서 걷는 모습을 짓고, 서는 모습을 짓고, 앉는 모습을 짓고, 눕는 모습을 짓고, 고의로 [즉, 사람들이 나를 아라한이라고 알기를 바라면서] 걷고, 고의로 서고, 고의로 앉고, 고의로 눕는다. 삼매에 든 것처럼 걷고, 삼매에 든 것처럼 서고, 앉고, 눕는다. 대중 앞에서 참선을 한다. 이와 같은 위의를 꾸밈, 취함, 허식함, 눈살을 찌푸림, 거만함, 계략, 기만, 위선행위를 일러 위의라 부르는 계략에 관한 사례라 한다.(Nd1.225-26)"

71. **(1) 필수품의 수용이라 부르는 것**(§61): 필수품의 수용이라고 부르는 것으로라는 뜻이다. **간접적인 말로:** [다른 사람을 가리키는 척하면서] 자신을 [지칭하는] 가까운 말로. **혹은 위의의:** [가고, 서고, 앉고, 눕는] 네 가지 위의의. **꾸밈:** 처음부터 꾸밈 혹은 신중하게 꾸밈이다. **취함:** 취하는 태도. **허식:** 잘 지음. [사람들로 하여금] 믿음이 우러나오도록 짓는다는 뜻이다. **눈살을 찌푸림:** 중요하고 높은 지위를 보이는 방법으로 눈살을 찌푸리거나 얼굴을 찡그

린다는 뜻이다. 눈살을 찌푸리는 습관을 가졌기 때문에 눈살을 찌푸리는 자(bhākuṭika)라 한다. 그런 자의 모습이 **거만함**(bhākuṭiya)이다. **계략:** 위선이다. 계략을 부림이 **기만**이다. 계략의 상태가 **위선행위**이다.

72. (2) **쓸데없는 말**의 해설에서(§62) **말을 건넴**은 절에 오는 사람들을 보고 '무슨 일로 오셨습니까? 비구들을 초대하기 위해서입니까? 만약 그렇다면 먼저 가세요, 나는 나중에 발우를 들고 가겠습니다.'라고 이와 같이 먼저 말을 건넴이다. 혹은 자기를 알리면서 '나는 띳사라 합니다. 왕이 내게 신뢰를 가지고 있습니다. 이러이러한 대신이 나에게 신뢰를 가지고 있습니다.'라고 이와 같이 자기를 소개하는 말이 말을 건넴이다. **대답함**이란 질문을 받았을 때 앞서 설한 대로 말함이다. **장황하게 말함**이란 장자들이 만족하지 못할까 두려워하여 기회를 주면서 칭찬하면서 말함이다. **격찬**이란 그는 대지주이고, 대선주이고, 큰 시주자라고 이와 같이 사람들을 격찬하면서 말함이다. **계속해서 격찬함**이란 다방면으로 격찬하면서 말함이다.

73. **설득함**이란 '청신사들이여, 이전에는 이맘때에 새로운 보시를 했는데 요즘은 왜 보시하지 않습니까?'라고 이와 같이 하여 '존자시여, 보시를 올리겠습니다. 기회를 갖지 못했습니다.'라는 등으로 말할 때까지 점점 얽어맨다. 휘말려들게 한다는 뜻이다. 혹은 사탕수수를 손에 쥔 사람을 보고 '청신사여, 어디서 오는 중입니까?'라고 묻는다. '존자시여, 사탕수수 밭에서 오는 중입니다.' '사탕수수가 달던가요?' '존자시여, 먹어봐야 알지요.' '신도여, 비구는 사탕수수를 주시오라고 말할 수 없습니다.' 이와 같이 뒤얽힌 사람의 뒤얽

힌 말을 설득함이라 한다. **계속해서 설득함**이란 다방면으로 계속해서 빗대어 말함이 계속해서 설득함이다.

74. **제안함**이란 '이 가문은 오직 나만 압니다. 만약 여기 보시할 것이 생기면 오직 나에게만 보시합니다.'라고 이와 같이 지적하여 은근히 내비침이 제안함이다. 지적한다는 뜻이다. 여기서 기름장수의 일화를 알아야 한다. **계속해서 제안함**이란 다방면으로 계속해서 제안함이 계속해서 제안함이다.

75. **환심을 사는 말**이란 진리에 부합하는지, 법에 부합하는지 고려하지 않고 계속해서 하는 사랑스런 재잘거림이다. **아첨하는 말**은 겸손하게 말함이다. 자기를 낮은 지위에 두는 태도다. 마치 녹두를 삶을 때 어떤 것은 삶기지 않고 나머지는 삶기듯이 그 사람의 말 속에 일부분만 진실이고 나머지는 거짓인 사람을 녹두죽을 [쑤는] 자라 한다. 그 상태를 녹두죽을 쑴, 즉 **반쯤 거짓인 말**이라 한다.

76. **귀여워함**이란 귀여워하는 태도이다. 가정의 유모가 아이들을 귀여워하듯이 자기의 무릎이나 어깨에 올려 귀여워하는 것이다. 돌본다는 뜻이다. 그 귀여워하는 자의 행위가 귀여워 해줌이고, 그것의 상태가 귀여워함이다.

77. (3) **암시**의 해설에서 **신호함**이란 다른 사람으로 하여금 필수품을 보시해야겠다는 인식이 생기도록 하는 몸과 말의 어떤 동작이다. **신호를 보냄**이란 먹을 것을 가지고 가는 사람들을 보고 '어떤 종류의 먹을 것을 얻었습니까?'라는 식으로 신호를 보내는 것이다. **암시**란 필수품을 시사하는 말이다. **암시를 줌**이란 목동을 보고 '이

들은 젖소의 송아지인가 아니면 물소의 송아지인가'라고 묻고서 '존자시여, 이들은 젖소의 송아지입니다'라고 대답할 때 '이들은 젖소의 송아지가 아닐거야. 만약 젖소의 송아지라면 스님들도 우유를 얻었을 테니까.'라는 식으로 그 소년의 부모들로 하여금 알게 한 뒤 우유를 공양하게 하는 것 등이 암시를 주는 것이다. **우회적인 말**이란 근처에 두고 말하는 것이다.

78. 어떤 가족의 부양으로 지내던 비구의 일화를 여기서 이야기해야 한다. 어떤 가족의 부양으로 지내던 비구가 음식이 먹고 싶어서 그 집에 들어가 앉았다. 그를 보고 공양 올릴 마음이 내키지 않은 부인이 '쌀이 떨어졌습니다.'라고 말하면서 쌀을 꾸어오려는 척 이웃집으로 갔다. 비구는 광 안으로 들어가서 둘러보다가 문 뒤의 모퉁이에 있는 사탕수수와 그릇 속의 당밀과 끈에 꿰어 소쿠리에 담아놓은 소금에 절인 마른 생선과 단지 속의 쌀과 항아리 속의 버터기름을 본 뒤 밖으로 나와 앉아있었다.

부인은 돌아와서는 '쌀을 꾸어오지 못했습니다'라고 말했다. '청신녀여, 오늘은 걸식을 얻지 못할 것이라는 조짐을 일찍이 보았습니다'라고 비구가 말했다. '존자시여, 뭐라고 하셨나요?' '문 뒤의 모퉁이에 둔 사탕수수와 같은 뱀을 보았습니다. 그것을 때려야지 하고 쳐다보다가 그릇 속에 담긴 당밀 덩이와 같은 돌을 보았습니다. 뱀을 흙덩이로 쳤더니 소쿠리에 담긴 끈에 꿴 소금에 절인 마른 생선처럼 편 뱀의 목을 보았습니다. 그것이 흙덩이를 물려고 했을 때 단지에 담긴 쌀과 같은 이빨을 보았습니다. 그것이 화가 나자 마치 항아리 속의 버터기름과 같은 독이 섞인 침을 보았습니다.'

그녀는 '머리 깎은 자를 속일 수는 없구나'고 생각하면서 사탕수수를 대접하고는 밥을 지어 버터기름과 당밀과 생선과 함께 모두 드렸다고 한다.

79. 이와 같이 근처에 두고 하는 말을 우회적인 말이라고 알아야 한다. **넌지시 말함**이란 가능한 한 빙빙 둘러서 하는 말이다.

80. **(4) 비방**의 해설에서 **욕함**이란 열 가지 욕의 사례들로 욕하는 것이다. **얕봄**이란 경멸하여 말함이다. **헐뜯음**이란 '그는 신심도 없고, 환희심도 없다'라는 식으로 허물을 들추어냄이다. **윽박지름**이란 그것을 여기서 말하지 말라고 입으로 타박을 줌이다. **계속해서 윽박지름**이란 근거를 주고 원인을 주면서 다방면으로 계속해서 타박을 줌이다. 혹은 보시하지 않는 자를 보고 '오 보시의 왕이여'라고 하는 것이 윽박지름이다.

'보시의 대왕'이라고 말하면서 전적으로 윽박지름이 계속해서 윽박지름이다. **비웃음**이란 '씨앗을 까먹고 사는 이 사람의 삶도 삶이라 할 수 있는가?'라고 조롱하는 것이다. **계속해서 비웃음**이란 "모든 사람에게 '아무것도 없소'라는 말을 항상 보시하는 사람을 왜 보시하지 않는 사람이라고 말하는가?"라고 하는 지나친 조롱이다.

81. **모욕함**이란 보시를 하지 않는 자라고 말하거나 욕을 하여 모욕함이다. 다방면으로 모욕함이 **계속해서 모욕함**이다. **나쁜 소문을 퍼뜨림**이란 '이처럼 내가 소문을 퍼뜨리는 것을 두려워하여 보시를 하겠지'라고 생각하면서 집집마다, 마을마다, 지역마다 소문을 퍼뜨리는 것이다.

뒤에서 험담함이란 면전에서는 달콤한 말을 하고 등 뒤에서는 욕을 함이다. 면전에서 그들을 쳐다볼 수 없는 자가 그 사람들이 뒤로 돌아설 때 그 사람들의 등의 살점(maṁsa)을 물어뜯는 것(khādana)과 같다. 그러므로 이것을 뒤에서 험담함(maṁsikatā)이라고 한다. 마치 대나무 조각이 연고를 긁어내듯이 이것은 다른 사람의 덕을 깎아내리고 지우기 때문에, 혹은 향료를 갈아서 향을 추구하듯이 다른 이의 덕을 갈아버리고 부순 뒤 이득을 뒤쫓기 때문에 비방이라 한다.

82. (5) **이득으로 이득을 추구함**의 해설에서 **추구함**이란 뒤쫓음이다. **여기서 얻은 것**이란 이 집에서 얻은 것이다. **그곳:** 그 집에. **구함:** 원함. **찾음:** 뒤쫓음. **자세히 살핌:** 계속해서 뒤쫓음. 처음에 얻은 공양은 모두 이곳저곳의 가정의 아이들에게 주고 마지막으로 우유죽을 얻은 뒤 돌아간 비구의 일화를 여기서 이야기해야 한다. **구하러 감** 등은 구함 등의 동의어일 뿐이다. 그러므로 구함이 구하러 감이고, 찾음이 찾으러 감이고, 자세히 살핌이 찾아 돌아다님이다. 이와 같이 구성을 알아야 한다. 이것이 계략 등의 뜻이다.

83. 이제 **이러한 삿된 법** 등이라는 구절(§42)에서 **등**이란 단어는 다음과 같이 「범망경」(Brahmajāla Sutta, D1)에서 설한 여러 삿된 법들을 포함한다고 알아야 한다. "여기 어떤 훌륭한 사문과 바라문들이 신심으로 보시한 공양을 먹고 다음과 같은 하천한 재주를 부려 삿된 생계로 생계를 꾸린다. 즉, 손금보기, 점치기, 예언, 꿈 해몽, 관상, 쥐가 파먹은 옷의 구멍에 따라서 점치기, 불을 섬김, 주걱으로 헌공함 등이다.(D.i.9)"

84. 이와 같이 삿된 생계는 생계 때문에 제정한 이 여섯 가지

학습계율을 범하고 또 계략, 쓸데없는 말, 암시, 비방, 이득으로 이득을 추구함 등 이러한 삿된 법 등으로 생긴다. 그러므로 모든 종류의 삿된 생계로부터 절제함이 **생계의 청정에 관한 계**다. 여기서 단어의 뜻은 다음과 같다. 그것을 통해 그들이 살기 때문에 생계다. 무엇이 그것인가? 필수품을 찾는 노력이다. 청정이란 청정한 상태이다. 생계의(*ājīvassa*) 청정이(*pārisuddhi*) 생계청정이다.

필수품에 관한 계

paccayasannissitasīla

85. 그 다음에 설한 필수품에 관한 계(§42-④)에서 **지혜롭게 숙고하면서**란 수단과 방법으로 숙고한 뒤, 안 뒤, 반조한 뒤라는 뜻이다. 여기서 **추위를 물리치고**라는 식으로 설한 반조함이 바로 지혜롭게 숙고함이라고 알아야 한다.

86. 여기서 **옷**이란 내의 등 가운데 어떤 것이다. **수용한다**: 사용한다, 하의로 입거나 혹은 상의로 입는다. **오직**이란 것은 목적의 한계를 결정함에 있어 불가피함을 나타내는 구절이다. 수행자가 옷을 입는 목적은 오직 이 만큼이니, 그것은 곧 추위로부터 보호함 등이고 그 이상은 아니다. **추위**: 자신의 [사대의] 부조화나 밖의 온도의 변화로 일어난 어떤 추위.

물리치기 위해: 방지하기 위해. 몸에 괴로움이 일어나지 않도록 그것을 제거하기 위해. 몸이 추위로 방해를 받으면 마음이 산란해져 지혜롭게 노력할 수가 없다. 그러므로 세존께서 '추위를 물리치

기 위해 옷을 입어야 한다'라고 허락하셨다. 이 방법은 모든 곳에 적용된다. 단지 여기서 **더위**란 불로 인한 더위이다. 숲 속의 불 등에서 생긴 더위라고 알아야 한다.

87. **파리, 모기, 바람, 햇빛, 파충류와 닿는 것을:** 여기서 파리들은 물어뜯는 파리다. 눈 먼 파리라 불린다. 모기들은 그냥 모기들이다. 바람은 먼지 섞인 바람, 먼지 없는 바람 등의 종류이다. 햇빛은 태양의 햇빛이다. 파충류들은 뱀 등 기어가는 긴 생물들이다. 물려서 닿음과 접촉으로 닿음, 이 두 가지로 그들과 닿음이 있다. 옷을 입고 앉아있을 때 이들이 그를 괴롭히지 않는다. 그러므로 이런 경우에서 그들로부터 보호하기 위해 옷을 입는다.

88. **오직:** 이 단어를 다시 말한 것은 불가피한 목적의 한계를 결정하는 것을 보이기 위함이다. **부끄러운 부분을 가리기 위해서**라는 것은 불가피한 목적이다. 다른 것들은 한 때의 목적이다. 부끄러운 부분이란 남녀의 은밀한 곳이다. 이 부분이 드러나면 양심이 방해를 받고 손상된다. 그것은 부끄러움을 흔들기(*hiri-kopana*) 때문에 부끄러운 부분(*hirikopīna*)이라 부른다. '*hiri*(부끄러움)-*kopīna*(부분)-*paṭicchādana*(가림)-*ttha*(위함)'라는 합성어는 *hiri-kopīnassa*(부끄러운 부분의) *paṭicchādanatthaṁ*(가림을 위함)이라고 풀이된다. 암송할 때는 '*hirikopīnaṁ paṭicchādanatthaṁ*(부끄러운 부분을 가리기 위함)'이라고 [끊어서 읽기도] 한다.

89. **탁발음식:**107) 각종 먹을 것. 비구가 탁발을 행할 때(*piṇḍo-*

---

107) 이하 『중부』「제번뇌단속경」(Sabbāsavasaṁvara Sutta, M2)의 탁발

lya) 발우 속에 떨어지기 때문에(*patitattā*) 탁발음식(*piṇḍapāta*, 덩이가 떨어진 것)이라 부른다. 혹은 덩이들의(*piṇḍānaṁ*) 떨어짐(*pāta*)이 탁발음식(*piṇḍapāta*)이다. 각처에서 얻은 걸식의 모음, 수집이란 뜻이다. **오락을 위해서가 아니고**: 마을 청년들처럼 오락, 즉 재미삼아서가 아니라는 뜻이다. **취하기 위해서도 아니며**: 권투 선수나 레슬링 선수 등처럼 긍지를 드러내기 위해서, 힘의 긍지를 위해서, 남성의 긍지를 위해서도 아니며라는 뜻이다. **매력을 위해서도 아니고**: 궁녀나 기녀 등처럼 풍채의 매력을 위해서, 사지를 포동포동하게 만들기 위해서도 아니고라는 뜻이다. **장식을 위해서도 아니며**: 연기자나 무용가 등처럼 예뻐지기 위해서, 밝은 피부와 안색을 위해서가 아니며라는 뜻이다.

90. 여기서 **오락을 위해서가 아니고**는 어리석음의 강하게 의지하는 조건을 버리기 위해서 설했고, **취함을 위해서도 아니며**는 성냄의 강하게 의지하는 조건을 버리기 위해서, **매력을 위해서도 아니고 장식을 위해서도 아니고**는 탐욕의 강하게 의지하는 조건을 버리기 위해서 설했다. **오락을 위해서가 아니고 취함을 위해서도 아니며**는 자기에 대한 족쇄가 생김을 방지하기 위함이고, **매력을 위해서도 아니고 장식을 위해서도 아니고**는 타인에 대한 족쇄가

음식에 관한 다음 구절을 주석하고 있다.
"그는 지혜롭게 숙고하면서 탁발음식을 수용하나니 오락을 위해서가 아니고 취하기 위해서도 아니며 매력을 위해서도 아니고 장식을 위해서도 아니며, 오직 이 몸을 지탱하고 유지하고 해악을 쉬고 청정범행(梵行)을 잘 지키기 위해서이다. '그래서 나는 오래된 느낌을 물리치고 새로운 느낌을 일어나게 하지 않을 것이다. 나는 건강할 것이고 비난받지 않고 안은하게 머물 것이다'라고.(M.i.10)"

제1장 계(戒) 173

생김을 방지하기 위함이다. 이 네 가지로 지혜롭지 못한 도닦음과 쾌락의 탐닉에 몰두함 둘 다를 버리는 것을 설했다고 알아야 한다. **오직**이란 뜻은 이미 설했다.

91. **이 몸을:** 네 가지 근본물질(四大)로 이루어진 물질적인 몸을. **지탱하기 위해서:** 계속해서 존속하게 하기 위해. **유지하기 위해:** 삶의 과정이 끊어지지 않게 하기 위해, 혹은 오랫동안 존속하기 위해. 마치 낡은 집의 주인이 그 집을 위하여 버팀목을 사용하고, 차주가 차축을 위해 기름칠을 하듯이, 그는 이 몸을 지탱하고 유지하기 위해서 음식을 수용할 뿐, 오락과 취함과 매력과 장식을 위해서가 아니다. 그리고 지탱이란 생명기능(命根)108)의 동의어이다. 그러므로 **이 몸을 지탱하고 유지하기 위해서**라고 말한 것은 '이 몸의 생명기능을 유지하기 위해서'라는 뜻도 설했음을 알아야 한다.

92. **해악을 쉬고:** 괴롭힌다는 뜻에서 배고픔이 해악이다. 그것을 제거하기 위해 탁발음식을 수용한다. 이는 마치 상처에 연고를 바르는 것과 같고, 추위와 더위 등을 중화시키는 것과 같다. **청정범행을 잘 지키기 위해서:** 일체 교법의 청정범행과 도의 청정범행을 돕기 위해서. 탁발음식을 수용하여서 생긴 체력을 의지하여 삼학(三學, sikkhattaya)에 몰두하여 존재의 사막을 건너기 위해 수행할 때 그는 청정범행을 돕기 위해 음식을 수용한다. 마치 사막을 건너고자 하는 자들이 자기 아들의 고기를 사용하고, 강을 건너고자하는 자들

---

108) 아비담마에서는 물질의 생명기능과 정신의 생명기능 둘을 들고 있다. 생명기능에 대해서는 본서 XIV. §59와 §138, 그리고 『길라잡이』 2장 §2의 6번 해설과 6장 §3의 6번 해설을 참조할 것.

이 뗏목을 사용하고, 바다를 건너고자하는 이들이 배를 사용하듯이.

93. 그래서 나는 오래된 느낌을 물리치고 새로운 느낌을 일어나게 하지 않을 것이다: 이와 같이 마치 병든 자가 약을 사용하듯이 이 탁발음식을 수용하여 오래된 배고픈 느낌을 물리친다. 그리고 바라문들 가운데서, 손으로 잡아 일으켜야 할 때까지, 옷이 찢어질 때까지, 그 바닥에서 굴러야 할 때까지, 까마귀가 그의 입 속에 든 것을 쪼아 먹을 때까지, 먹은 것을 토해낼 때까지 먹는 어떤 무절제한 사람처럼 '결코 나는 무절제하게 먹어서 새로운 느낌을 일으키지 않으리라'고 생각하면서 음식을 수용한다. 혹은 지금의 적당하지 않고 무절제한 먹음으로 인해 이전의 업을 조건으로 하여 일어나기 때문에 오래된 느낌이라 부른다. 적당하고 절제 있는 먹음으로써 그 조건이 소멸되게 하면서 그 오래된 느낌을 물리친다.

그리고 지금 탁발음식을 적절하지 않게 먹는 업을 쌓아서 미래에 일어나기 때문에 새로운 느낌이라 부른다. 적절하게 탁발음식을 먹어서 그것의 뿌리가 생기지 않도록 하면서 그 새로운 느낌을 일어나지 않게 한다고 그 뜻을 알아야 한다. 이렇게 하여 적절하게 먹는 것을 포함하여 자기의 학대에 몰두함을 버림과 여법한 행복을 버리지 않음을 설했다고 알아야 한다.

94. 나는 건강할 것이고: 절제 있게 먹기 때문에 생명기능(命根)이 끊어진다거나 혹은 위의가 무너질 위험이 없다. 그러므로 필수품에 의지하여 생존하는 이 몸에 오랫동안 지속됨이라 부르는 건강을 가질 것이라고 생각하면서 수용한다. 마치 만성병을 앓고 있는 사람이 약을 수용하듯이.

비난받지 않고 편안하게 머물 것이다: 부적당하게 찾고, 받고, 먹는 것을 피하기 때문에 비난받지 않고, 절제 있게 먹기 때문에 편안하게 머물 것이라고 생각하면서 수용한다. 혹은 적당하지 않고 무절제하게 먹음으로 인한 지루함, 나태, 하품, 지자들의 비난 등의 허물이 없기 때문에 비난받지 않고, 적당하고 절제 있게 먹음으로 인해 체력이 생성되기 때문에 편안하게 머물 것이라고 생각하면서 수용한다. 혹은 포만감을 느낄 때까지 먹는 것을 피하여 눕는 즐거움과 축 늘어지는 즐거움과 혼침의 즐거움을 버리기 때문에 비난받지 않고, 포만감을 느끼기 전에 네 번이나 다섯 입의 분량을 덜 먹어서 네 가지 위의를 적절하게 닦기 때문에 편안하게 머물 것이라고 생각하면서 수용한다. 이와 같이 설하셨기 때문이다.

"네 다섯 덩어리를 덜 먹고 물을 마셔 끝내야 한다.
부지런히 정진하는 비구가 편안히 머물기에 적당하다."

— Th1.983.

이와 같이 하여 목적의 파악과 중도의 실천을 설했다고 알아야 한다.

95. 거처[109]: 침상(*sena*)과 좌구(*āsana*)이다. 절에서든 저택에서든 눕는 곳이 침상이다. 앉는 곳이 좌구다. 그것을 하나로 묶어 거

---

109) 이하 『중부』 「제번뇌단속경」(M2)의 거처에 관한 다음 구절을 주석하고 있다.
"그는 지혜롭게 숙고하면서 거처를 수용하나니 추위를 물리치고, 더위를 물리치고, 파리, 모기, 바람, 햇빛, 파충류와 닿는 것을 물리치고, 오직 기후의 변화에서 생기는 위험을 없애고, 한거(閑居)를 즐기기 위해서이다.(M.i.10)"

처(senāsana)라고 부른다. **오직 기후의 변화에서 생기는 위험을 없애고, 한거(閑居)를 즐기기 위해서이다:** 위험하게 한다는 뜻에서 기후가 바로 기후의 위험이다. 기후의 위험을 없애기 위함이고, 한거를 즐기기 위해서이다. 부적절한 기후는 몸의 괴로움으로 인해 마음을 산란하게 만들기 때문에 거처를 수용하여 피해야 한다. 그것을 피하기 위함이고 한거를 즐기기 위함이라는 뜻을 설했다.

물론 추위로부터 보호하기 위해서라는 등으로 기후의 위험을 피하는 것은 이미 설했다. 그러나 마치 옷을 수용함의 경우 부끄러운 부분을 가리는 것이 불가피한 목적이고 다른 것들은 한시적인 목적이다(§88)라고 설했듯이 여기서도 기후의 위험을 피하는 것은 불가피한 것임을 두고 이 거처를 설했다고 알아야 한다.

혹은 이미 설한 종류의 기후가 바로 기후이다. 그러나 위험은 두 가지이다. 드러난 위험과 숨겨진 위험이다. 이 가운데서 드러난 위험은 사자나 호랑이 등이고, 숨겨진 위험은 탐욕이나 성냄 등이다. 방어할 문이 없는 것과 부적당한 형상을 보는 것 등으로 인해 이런 [두 가지 위험]들이 고통을 초래하지 않을 그런 거처를 이와 같이 알고 반조하면서 수용할 때 그 비구는 지혜롭게 숙고하면서 오직 기후의 변화에서 생기는 위험을 없애기 위해서 거처를 수용한다고 알아야 한다.

96. **환자를 치료하는 약품을**[110]: 여기서 병과 반대방향으로

---

110) 이하 『중부』「제번뇌단속경」(M2)의 병구완을 위한 약품에 관한 다음 구절을 주석하고 있다.
"그는 지혜롭게 숙고하면서 환자를 치료하는 약품을 수용하나니 오직 일어난 고통스러운 느낌들을 물리치고 병없음을 최상으로 하기 위해서이다.(M.i.10)"

간다는 뜻에서 치료(paccaya)이다. 정반대로 간다는 뜻이다. 적합한 치료약과 동의어이다. 의사(bhisakka)의 일이고, 그에 의해 허가되었기 때문에 약(bhesajja)이다. 환자를 치료하는 약(gilāna-paccaya-bhesajja)이라는 합성어는 '환자(gilāna)를 치료하는 것(paccaya)이 바로 약(bhesajja)이다'라고 풀이된다. 의사가 환자에게 허락한 기름, 꿀, 버터기름 등 어떤 것을 뜻한다.

품(品, parikkhāra, 資具): "일곱 개의 도시의 성으로 그것은 잘 보호되었다(A.iv.106)"라는 등에서 장비(parivāra)를 설했다. "이 수레는 계의 장엄이 있고, 禪의 축이 있고, 정진의 바퀴가 있다(S.v.6)"라는 등에서는 장엄(alaṅkāra)을 설했다. "출가자는 삶을 살아갈 자구를 구해야 한다(M.i.107)"라는 등에서는 보조적인 품목(sambhāra)을 설했다. 여기서는 장비와 보조적인 품목이 적용된다. 왜냐하면 환자를 치료하는 약은 삶을 영위하기 위한 장비이다. 이것은 삶을 파괴할 괴로움이 일어나는 것을 방지하여 보호하기 때문이다. 또한 이것은 보조적인 품목이다. 생명을 연장할 기구이기 때문이다. 그러므로 '품(parikkhāra, 資具)'이라고 부른다.

이와 같이 '환자를 치료하는 약품(gilānapaccayabhesajja-parikkhāra)'이라는 합성어는 환자를 치료하는 것인 약과 품(자구)으로 풀이된다. 환자를 치료하는 그런 약품을 [수용한다]. 이것은 의사가 허가했고, 환자에게 적당한 기름, 꿀, 버터기름 등 삶의 필수품의 어떤 것을 설한 것이다.

97. **일어난:** 생겼고, 실재하고, 생산되었고, **고통스러운:** 여기서 고통은 요소들(四大)의 부조화이다. 그것으로 인해 생긴 문둥병, 종양, 종기 등이다. 고통에서 생겼기 때문에 고통스럽다. **느낌들을:**

고통스런 느낌, 해로운 과보로 나타난 느낌인데 그런 고통스런 느낌들을 말한다. 오직 **병 없음**(abyābajjha)**을 최상으로 하기 위해서:** 오직 고통으로부터 벗어날 때까지, 고통을 완전히 없앨 때까지 [약품을 수용한다]라는 뜻이다.

이와 같이 지혜롭게 숙고하면서 필수품을 수용하는 것을 특징으로 하는 이 **필수품에 관한 계**를 간략하게 알아야 한다. 문자적인 뜻으로는 여기서 옷 등은 중생들이 그것을 의지하고(paṭicca) 사용하면서 가고(ayanti), 움직이고, 나아가기 때문에 필수품(paccaya)이라 부른다. 그 필수품들에 관한 것이 필수품에 관한 계다.

네 가지 청정을 성취하기 위한 방법
catupārisuddhisampādanavidhi

98. ① 이와 같이 이 네 가지 계 가운데 **계목의 단속**은 **믿음**(saddhā)으로 성취되어야 한다. 왜냐하면 학습계율을 제정하는 것은 제자들의 영역을 벗어난 [부처님의 영역]이기 때문에 이것은 참으로 믿음으로 성취되어야 한다. 학습계율을 먼저 제정해달라는 제자들의 요청을 [부처님께서] 거절하신 것이 여기서 증거가 된다. 그러므로 [부처님께서] 제정하신 대로 학습계율을 전부 믿음으로 받아지녀 목숨도 고려하지 않고 잘 성취해야 한다. 이와 같이 설하셨기 때문이다.

> "어치 새가 알을 보호하고 야크가 꼬리를 보호하듯
> 사랑하는 자식이나 하나뿐인 눈을 보호하듯
> 그와 같이 계를 잘 보호하는 신중한 자는
> 항상 계를 존중해야 한다."

다시 말씀하셨다. "대왕이여, 이와 같이 내가 제자들을 위해 학습계율을 제정할 때 나의 제자들은 목숨을 버릴지언정 그것을 범하지 않을 것입니다.(A.iv.201)"

99. 숲에서 도적들에게 묶였던 장로의 일화를 여기서 알아야 한다. 마하왓따니(Mahāvattani) 숲에서 도적들이 장로를 검은 생 넝쿨로 묶은 뒤 누워있게 했다. 장로는 누운 채 칠일 동안 위빳사나를 증장하여 불환과를 증득한 뒤 그곳에서 입적하여 범천의 세계에 태어났다. 땀바빤니(Tambapaṇṇi)111) 섬에서는 [도둑들이] 다른 장로를 생 넝쿨로 묶은 뒤 누워있게 했다. 산불이 일어났을 때 넝쿨을 끊지 않고112) 오직 위빳사나를 확립하여 번뇌를 끊고 아라한이 됨과 동시에 완전한 열반에 들었다(samasīsi).113) 『장부』를 암송하던 아바야(Abhaya) 장로가 오백 명의 비구들과 함께 지나가다가 그것을 보고 장로의 시신을 화장하여 탑을 만들게 했다. 그러므로 다른 신심 있는 선남자도,

---

111) 옛날에는 스리랑카를 이렇게 불렀다.
112) 비구가 살아있는 식물을 끊는 것은 單墮罪(pācittiya)를 범하기 때문이다.
113) '아라한이 됨과 동시에 완전한 열반에 들었다'로 풀어서 옮긴 'samasīsin'은 『인시설론』(人施設論, Pug.19)에 처음 나타나는 단어로 간주된다. 이것은 '동시에(sama) 두 가지 목적을 성취한 자(sīsin, 문자적으로는 머리를 가진 자)'라는 뜻이다. 여기서 두 가지 목적이란 최고의 성위인 아라한됨과 완전한 열반(반열반=입멸)을 말한다. 그래서 아라한이 됨과 동시에 입적한 것을 말한다.
주석서에는 세 가지 samasīsin을 설하고 있다.(PugA.16) 그것은 'iriyā-patha-samasīsin(네 가지 위의 중에 아라한이 되어 입멸하는 것)'과 'roga-samasīsin(극심한 병이 끝남과 함께 아라한이 되어 입멸하는 것)'과 'jīvita-samasīsin(그 외 생명기능이 끝날 때 아라한이 되어 입멸하는 것)'이다. 본문에 나타나는 것은 'jīvita-samasīsin'이다.

계목을 청정하게 유지하면서 차라리 목숨을 버릴지언정
세상의 주인이 제정하신 계의 단속을 파하지 말지어다.

100. ② 계목의 단속을 믿음으로 성취하듯이 **감각기능의 단속**은 **마음챙김**으로 성취해야 한다. 감각기능의 단속은 마음챙김으로 성취되기 때문이다. 왜냐하면 마음챙김에 의해 감각기능들이 확고히 머물 때 탐욕 등의 침입을 받지 않기 때문이다. 그러므로 "비구들이여, 차라리 시뻘겋게 불타는 쇠막대기로 눈의 감각기능(眼根)을 파괴할지언정 눈으로 인식할 수 있는 형상들에서 표상(nimitta)을 취하지 말라(S.iv.168)"라는 방법으로 설하신 불의 가르침을 기억하여 형상 등의 대상에서 마음챙김을 놓아버리지 않고 표상 등을 취하는 것을 방어하여 이 [감각기능의 단속을] 잘 성취해야 한다. 표상 등을 취하는 것은 형상 등을 대상으로 눈 등의 문에서 일어난 알음알이에게 탐욕 등이 침입하게 한다.

101. 이와 같이 감각기능의 단속을 성취하지 못하면 계목의 단속에 관한 계는 지탱되지도 오래 존속하지도 않는다. 나뭇가지로 울타리를 치지 않은 농작물처럼. 이것은 오염원이라는 도둑들에 의해 침입을 받는다. 마치 대문이 열려있는 마을이 도둑들의 침입을 받듯이. 탐욕이 그의 마음에 스며든다. 마치 지붕을 잘 이지 않은 집에 비가 새듯이. 이와 같이 설하셨다.

> "형상과 소리와 맛과 냄새와
> 감촉에 대해 감각기능(根)을 보호하라.
> 이 문들이 열려있고 보호되지 않을 때

도둑들이 마을을 침범하듯 침입한다."
"마치 지붕을 잘못 이은 집에 비가 새듯
닦지 않은 마음에 탐욕이 침입한다.(Dhp.13)"

102. 그러나 감각기능의 단속을 성취할 때 계목의 단속에 관한 계도 지탱되고 오래간다. 나뭇가지로 울타리를 잘 친 농작물처럼. 이것은 오염원이라는 도둑들에 의해 침입을 받지 않는다. 마치 대문이 잘 닫혀있는 마을이 도둑들의 침입을 받지 않듯이. 탐욕이 그의 마음에 스며들지 않는다. 마치 지붕을 잘 이은 집에 비가 새지 않듯이. 이와 같이 설하셨다.

"형상과 소리와 맛과 냄새와
감촉에 대해 감각기능을 보호하라.
이 문들이 닫혀있고 잘 보호될 때
도둑들이 마을을 침범하지 못하듯 침입하지 못한다."

"마치 지붕을 잘 이은 집에 비가 새지 않듯
잘 닦은 마음에 탐욕이 침입하지 못한다.(Dhp.14)"

103. 이것은 지극히 수승한 교법이다. 이 마음이란 것은 신속하게 변한다. 그러므로 부정(不淨)함[114]을 마음에 잡도리하여 이미 일어난 탐욕을 제거하고 감각기능의 단속을 성취해야 한다. 갓 출가한 왕기사(Vaṅgīsa) 장로처럼. 장로는 갓 출가하여 탁발을 가다가 한 여인을 보고서는 탐욕이 일어났다. 그래서 아난다(Ānanda, 아난) 장로

---

114) 부정함을 닦는 수행은 본서 VI와 『길라잡이』 9장 §7에 열 가지로 정리되어있다.

께 말씀드렸다.

> "저는 감각적 욕망으로 불타고 있습니다.
> 그 불은 제 마음을 태웁니다.
> 고따마시여, 연민히 여기사
> 그것을 소멸하는 법을 설해주십시오.(S.i.188)"

아난다 장로는 설했다.

> "인식의 전도가 당신의 마음을 태웁니다.
> 아름답다는 표상(淨相)을 버리십시오.
> 그것은 탐욕으로 인도할 뿐입니다.
> 부정(不淨)함의 수행으로 마음을 닦고
> [마음이] 하나 되어 잘 삼매에 들도록 하십시오.
> 상카라(行)들을 타인이라고
> 괴로움(苦)이라고, 무아라고 보십시오.
> 큰 애욕을 끄십시오.
> 거듭거듭 불타지 않도록 하십시오.(S.i.188)"

왕기사 장로는 애욕을 털어버리고 탁발을 다녔다.

104. 나아가 감각기능의 단속을 성취한 비구는 꾸란다까(Kuraṇḍaka)의 큰 동굴에 머물던 찟따굿따(Cittagutta) 장로처럼, 쪼라까(Coraka)의 큰 절에 머물던 마하밋따(Mahā-Mitta) 장로처럼 해야 한다.

105. 꾸란다까의 큰 동굴에 일곱 분의 부처님의 출가에 관한 아름다운 벽화가 있었다고 한다. 많은 비구들이 거처를 둘러보면서 순례하다가 그림을 보고 '존자시여, 아주 멋진 그림입니다'라고 말했다. 장로가 대답했다. '60년을 넘게 이 동굴에서 살았지만 그림이 있는지 없는지조차 몰랐습니다. 오늘에야 비로소 눈을 가진 자들에 의해 알게 되었습니다.' 장로는 그만큼 그곳에서 오래 살았지만 일찍이 눈을 크게 떠서 동굴을 위로 올려다본 적이 없었다. 동굴의 입구에 한 그루의 큰 나가 나무가 있었다. 장로는 그것도 일찍이 올려다본 적이 없었다. 장로는 해마다 땅에 떨어진 꽃술을 보고 나무에 꽃이 핀 것을 알았다.

106. 왕이 장로의 덕을 듣고 경의를 표하기를 원하여 세 번이나 사람을 보내어도 장로는 가지 않았다. 그러자 왕은 그 마을에 있는 어린 아이를 가진 여인들의 가슴을 묶은 뒤 봉인하게 하여 '장로께서 오시지 않는 한 어린 아이들은 젖을 먹지 못한다'라고 말했다. 장로는 어린 아이들에 대한 연민으로 마하가마(Mahāgāma)에 갔다. 왕은 그 [소식을] 듣고 '가서 장로를 들어오시게 하라. 나는 계를 수지하리라.' 왕은 장로를 궐 안으로 모신 뒤 예배를 하고 공양을 올렸다. '존자시여, 오늘은 시간이 없습니다. 내일 계를 받겠습니다.'라고 말씀드리면서 장로의 발우를 받아들었다. 조금 배웅을 하고는 왕비와 함께 절을 올린 뒤 돌아갔다. 왕이 절을 올리든지 왕비가 올리든지 간에 장로는 '대왕이여, 행복하소서'라고 말했다. 이와 같이 칠일이 지나갔다.

107. 비구들이 말했다. '존자시여, 왜 존자께선 왕이 절을 올리거나 왕비가 절을 올리거나 간에 한결같이 '대왕이시여, 행복하소서'라고 말씀하십니까?' 장로는 '여보게들, 나는 왕인지 왕비인지 분별이 없다네'라고 대답했다. 7일이 지난 뒤 왕은 '장로께서 여기 머무시는 것이 고통이로구나'라고 알고서는 장로를 되돌아가시게 했다. 장로는 까룬다까의 큰 동굴에 돌아가서 밤에 경행대에 올랐다. 나가 나무에 살던 목신이 횃불을 들고 서있었다. 그때 그의 명상주제가 아주 청정했고 분명했다. 장로는 '참으로 오늘 내 명상주제가 아주 선명하다'고 기뻐했고 이경이 지났을 때 온 산을 진동시키면서 아라한이 되었다.

108. 그러므로 자신의 이로움을 구하는 다른 선남자도,

>작은 숲 속의 원숭이처럼
>밀림의 길들지 않은 사슴처럼
>안절부절못하는 어린 아기처럼
>눈을 두리번거리지 말지어다.
>두 눈을 내리 뜨고, 멍에의 길이만큼
>시선을 두는 자가 될 지어다.
>두리번거리는 숲 속의 원숭이 같은
>마음의 노예가 되지 말지어다.

109. 마하밋따(Mahā-Mitta) 장로의 어머니는 악성 종양으로 병이 들었다. 그녀의 딸도 출가하여 비구니가 되었다. 어머니는 그 딸에게 말했다. '스님, 오라버니한테 가서 나의 아픈 상태를 말씀드리고

약을 좀 얻어오세요.' 그녀는 가서 말씀드렸다. 장로는 대답했다. '나는 어떠한 약 뿌리 등을 모아 어떻게 약을 제조하는지 알지 못한다. 그러나 네게 약을 말해주겠다. 내가 출가한 이후 아직 탐욕과 함께한 마음으로 이성의 형상을 보아 감각기능들의 [단속에 관한 계를] 깨뜨린 적이 없다. 이 진실한 말로 나의 어머니가 쾌차하시길! 가서 이렇게 말씀드리고 청신녀인 어머니의 몸을 만져드려라.'

그녀는 가서 이 소식을 전하고 그와 같이 했다. 그 순간에 청신녀의 종양이 포말처럼 줄어들면서 사라졌다. 그녀는 일어나서 '만약 부처님께서 살아 계신다면 어찌 내 아들과 같은 비구의 머리에 그물의 장식을 가진 당신의 손으로 쓰다듬어주시지 않았겠는가!'라고 기쁨의 말을 외쳤다.

110. 그러므로,

> 밋따 장로처럼 다른 선남자들도 교단에 출가하여서는
> 귀중한 감각기능의 단속에 머물러야 한다.

111. ③ 감각기능의 단속을 마음챙김으로 성취하듯이 **정진** (vīriya)으로 **생계의 청정**을 성취해야 한다. 왜냐하면 바르게 정진하는 자가 삿된 생계를 버릴 수 있기 때문에 이것은 참으로 정진으로 성취된다. 그러므로 부적당하고 삿된 구함을 버리고 정진으로 탁발을 행함 등을 통해서 바른 구함으로 이것을 성취해야 한다. 청정한 필수품만을 수용하여 청정하지 못한 필수품은 독사처럼 피해야 한다.

112. 두타행115)을 받아지니지 않은 자의 경우 승가로부터, 비구들의 모임으로부터, 설법 등의 덕에 확신을 가진 신도들로부터 얻은

필수품은 청정한 것이다. 탁발을 행하는 것 등을 통해서 얻은 것은 아주 청정한 것이다. 두타행을 받아지닌 자의 경우 탁발을 행하는 것 등으로부터 그리고 자기의 두타의 덕에 확신을 가진 신도들로부터 두타행의 규칙에 맞게 얻은 필수품은 청정한 것이다. 만약 어떤 병을 치료하기 위해 썩은 오배자와 네 가지 단 것116)을 얻었을 때 네 가지 단 것은 다른 동료 수행자들이 수용할 것이라고 생각하면서 썩은 오배자의 조각만 수용할 때 그것은 두타행을 받아지닌 자에게 어울리는 것이다. 그는 실로 성인들의 계보에 든 최상의 비구라고 불린다.

113. 옷 등 다른 필수품에 대해서 그의 생계를 청정하게 하는 비구는 옷과 탁발음식에 대해 암시, 표시, 넌지시 말함, 귀띔을 해서는 안된다. 그러나 거처에 관해서는 두타행을 받아지니지 않은 자의 경우 암시, 표시, 넌지시 말함이 허용된다.

114. 이 가운데서 암시란 거처를 마련하기 위해 땅 등을 준비할 때 '존자시여, 무엇을 합니까? 누가 시주자입니까?'라고 재가자들이 물을 때 '아무도 없습니다.'하고 대답하는 것이다. 혹은 이와 같은 다른 암시를 주는 것이다. 표시란 '청신사들이여, 당신들은 어디서 삽니까?' '존자시여, 저택에 살고 있습니다.'라고 대답할 때 '청신사들이여, 비구들은 저택에 살아서는 안됩니다.'라고 말하는 것이다. 혹은 이와 같은 다른 표시를 주는 것이다. 넌지시 말함이란 '비구승가의 거처가 좁습니다'라고 말하는 것이다. 혹은 이와 같은 다른 것

---

115) 두타행은 본서 II에서 13가지로 잘 정리되어 설명되고 있다.
116) 네 가지란 버터기름, 꿀, 기름, 설탕이다.

을 넌지시 말함이다.

115. 약품에 관해서는 [암시 등] 모든 것이 허용된다. 그러나 이와 같이 얻은 약품을 병이 나은 후에도 사용할 수 있는가 아니면 사용해서는 안되는가? 여기서 율사(律師, *Vinayadhara*, 율을 호지하는 자)들은 세존께서 허락하셨기 때문에 사용해도 된다고 말한다. 그러나 경사(經師, *Suttantika*, 경을 수지하는 자)들은 비록 죄를 범하는 것은 아니지만 생계가 청정하지 않게 된다. 그러므로 그것을 사용해서는 안된다고 말한다.

116. 비록 세존께서 허락하셨지만 암시, 표시, 넌지시 말함, 귀띔을 하지도 않고, 소욕 등의 덕을 의지하여 목숨이 무너짐에 처하더라도 표시 등을 통해서 얻은 것을 제외한 그 이외의 필수품을 수용할 때 그는 [번뇌를] 말살하는 최고의 삶을 산다고 한다.

117. 예를 들면 사리뿟따(Sāriputta, 사리불) 장로와 같다. 어느 때 그는 한거를 연마하면서 마하목갈라나(Mahā-Moggallāna, 대목련) 장로와 함께 어떤 숲 속에서 지냈다. 사리뿟따 존자는 어느 날 복통이 생겨 극심한 고통을 겪었다. 마하목갈라나 장로가 해거름에 사리뿟따 장로에게 문안을 갔다. 장로가 누워있는 것을 보고 무슨 이유인지를 물었다. '도반이여, 그 전에는 무엇으로 병을 다스렸습니까?' 장로는 대답했다. '제가 출가하기 전 마을에 있을 때 저의 어머님이 버터기름과 꿀과 설탕 등을 섞어 순수한 우유죽을 만들어 주었습니다. 그것으로 치유가 되었습니다.' '도반이여, 알겠습니다. 만약 저나 장로에게 덕이 있다면 적어도 내일까진 구할 것입니다.'

118. 경행대 끝에 있는 나무에 사는 목신이 이들의 대화를 듣고서는 '내일 아침에 장로를 위해 죽을 얻게 하리라'고 생각했다. 목신은 장로를 공양하던 단월의 집에 가서 맏아들의 몸속에 들어가서 고통스럽게 만들었다. 그때 목신은 아들의 치료를 위해 모여든 친척들에게 말했다. '만약 내일 아침에 장로를 위해 이러이러한 죽을 준비한다면 아들을 놓아주겠소.' 그들은 '당신이 말하지 않아도 우리는 정기적으로 장로님께 공양을 올립니다'라고 말한 뒤 그 다음날 그와 같은 형태의 죽을 준비했다.

119. 아침에 마하목갈라나 장로가 와서 '도반이여, 탁발해서 돌아올 때까지 여기 계십시오'라고 말한 뒤 마을에 들어갔다. 그 신도들은 마중을 가서 장로의 발우를 받아들고 약속한 종류의 죽을 담아드렸다. 마하목갈라나 장로는 [죽을 얻었으므로] 떠나려는 모습을 보였다. 그들은 '존자시여, 드십시오. 더 드리겠습니다.'라고 말씀드리고는 장로가 다 드셨을 때 다시 발우 가득 죽을 드렸다. 장로는 돌아가서 '도반 사리뿟따여, 드십시오'라고 가까이 가져갔다. 장로는 그것을 보고 '아주 맛있게 생긴 죽이구나. 어디서 구했을까'라고 생각했다. 장로는 그것을 얻은 동기를 보고서 말했다. '도반 목건련이여, 이 음식은 수용해서는 안 될 것입니다'

120. 마하목갈라나 장로도 '나 같은 사람이 탁발해온 음식을 먹지 않다니'라는 생각 없이 그 한 마디에 발우의 가장자리를 잡고 한쪽에 쏟아버렸다. 죽을 땅에 버림과 동시에 사리뿟따 장로의 병도 사라졌다. 그때부터 45년 동안 다시 발병하지 않았다.

121. 그때 그는 마하목갈라나 존자에게 말했다. '도반이여, 비록 창자가 밖으로 나와 [음식을 찾아] 땅을 돌아다니더라도 말의 암시로 인해 생긴 죽을 먹는 것은 옳지 않습니다. 그 후 이 감흥어를 읊었다.

"만약 내가 입의 암시로 인해 생긴 꿀과 죽을
먹었다면 나의 생계는 비난 받았을 것이다.
비록 나의 창자가 밖으로 나와 돌아다닌다 하더라도
목숨을 버릴지언정 생계를 얼룩지게 하지는 않으리라."

— Miln.370.

"나는 내 마음을 제어 할 것이고, 삿된 구함을 삼가하여
부처님께서 비난하신 삿된 구함을 결코 행하지 않으리."

122. 찌라굼바(Ciragumba)에 머물던 망고를 먹고사는 마하띳사(Mahā-Tissa) 장로의 일화를 여기서 이야기해야 한다.(§133) 이와 같이 모든 경우에,

믿음으로 출가한 지혜 있는 수행자는
삿되게 구하려는 마음조차 내지 말고
생계를 청정하게 해야 한다.

123. ④ 정진으로 생계의 청정을 성취하듯이 **통찰지**로 **필수품에 관한 계**를 성취해야 한다. 왜냐하면 통찰지를 가진 자가 필수품에 대해 위험(ādīnava)과 이익(ānisaṃsa)을 볼 수 있기 때문에 이것은 참으로 통찰지로 성취된다. 그러므로 필수품에 대한 탐욕을 버리고

법답게 바르게 구한 필수품에 대해 앞서 설한 방법대로 통찰지로 반조한 뒤에 수용하여 그것을 성취해야 한다.

124. 여기서 반조는 두 가지이니 필수품을 얻을 때와 그것을 수용할 때이다. 얻을 때에 놓여진 옷 등을 요소(界, *dhātu*)라고 혹은 혐오스런 것이라고 반조한 뒤 그 다음에 그것을 수용하는 자의 수용은 허물이 없다. 수용할 때에도 그와 같이 반조하는 자에게는 허물이 없다.117)

125. 여기서 이것이 문제를 해결하는 판별이다. 네 가지 수용(*paribhoga*)이 있다. ① 훔친 것의 수용(*theyya-paribhoga*) ② 빚낸 것의 수용(*iṇa-paribhoga*) ③ 상속자의 수용(*dāyajja-paribhoga*) ④ 주인의 수용(*sāmi-paribhoga*)이다.

(1) 계행이 나쁜 자가 승가 가운데 버젓이 앉아서 [필수품을] 수용할 때 그 수용을 훔친 것의 수용이라 한다.

(2) 계를 지니는 자가 반조하지 않고 수용하는 것을 빚낸 것의 수

---

117) 얻을 때에 옷 등과 그것을 수용하는 사람에 대해 조건 따라 생기게 된 요소라고 마음에 잡도리하고, 탁발음식 등에 대해 우선 혐오스럽다는 인식으로 반조한다. 그러나 옷 등 이 모든 것이 혐오스런 것은 아니지만 더러운 몸에 와서는 극도로 혐오스럽게 된다고 반조한다. 이와 같이 반조하면서 얻은 다음에 수용하는 자에게 허물이 없다.(Pm.19)
원문의 '*tato uttari paribhuñjantassa*(그 다음에 수용하는 자의)'에서 '*tato uttari*(그 다음에)'란 '*paṭilābhakālāto uttari*(얻은 다음에)'의 뜻이다.(*Ibid.*)
그러나 냐나몰리 스님은 'for use is blameless in one who at the time of receiving robes, etc., reviews them either as [mere] elements or as repulsive, <u>and puts them aside for later use</u>'라고 다르게 영역했다.

용이라 한다. 그러므로 옷은 수용할 때(입을 때)마다 반조해야 한다. 음식은 덩이마다 반조해야 한다. 그렇게 할 수 없는 자는 음식을 먹기 전에, 먹고 난 후, 초경에, 중경에, 후경에 반조해야 한다. 만약 그가 반조하지 않은 채 날이 새면 빚낸 것을 수용하는 자의 위치에 놓인다. 숙소는 수용할 때마다 반조해야 한다. 약품을 얻을 때와 수용할 때에도 마음챙김을 가져야 한다. 비록 이와 같더라도 얻을 때에는 마음챙기고 수용할 때에 마음을 챙기지 않는 자의 경우 범한 것(*āpatti*)이 된다. 그러나 얻을 때에 마음을 챙기지 않더라도 수용할 때에 마음을 챙기는 자의 경우 범한 것이 아니다.

126. 네 가지 청정이 있으니 ① 참회를 통한 청정[118] ② 단속에 의한 청정 ③ 구함에 의한 청정 ④ 반조에 의한 청정이다.

이 가운데서 계목의 단속에 관한 계는 참회를 통한 청정이라 불린다. 왜냐하면 그것은 참회를 통해 청정해지기 때문에 참회를 통한 청정이라 한다.

감각기관의 단속에 관한 계는 단속에 의한 청정이라 불린다. 그것은 '다시는 이와 같이 하지 않으리라'는 마음속의 결의를 통한 단속으로 청정해지기 때문에 단속에 의한 청정이라 한다.

생계의 청정에 관한 계는 구함에 의한 청정이라 불린다. 왜냐하면 삿된 구함을 버리고 법답고 바르게 필수품을 얻는 자에게 구함이 청정하기 때문에 그것을 구함에 의한 청정이라 한다.

---

118) '참회의 청정'으로 옮긴 '*desanāsuddhi*'를 냐나몰리 스님은 '*purification by the Teaching*'이라고 영역했는데 여기서 '*desanā*'는 일반적으로 사용되는 '가르침'이라는 뜻이 아니고 '*āpattidesanā*'로 '죄를 범한 것을 참회함'의 뜻이다. 그러므로 참회를 통하여 계가 청정해진다는 뜻이다.

필수품에 관한 계는 반조에 의한 청정이라 불린다. 왜냐하면 그것은 앞서 설한대로 반조를 통해 청정해지기 때문에 반조에 의한 청정이라 한다. 그래서 '얻을 때에 마음을 챙기지 않더라도 수용할 때에 마음을 챙기는 자의 경우 죄를 범함이 아니다.(§125)'라고 설하였다.

127. (3) 일곱 종류의 유학(有學, sekkha)들이 필수품을 수용하는 것을 상속자로서의 수용이라 한다. 그들은 세존의 아들들이다. 그러므로 그들은 아버지가 가진 필수품들의 상속자가 되어 그 필수품들을 수용한다. 그들은 세존의 필수품들을 수용하는 것인가? 아니면 재가자들의 필수품을 수용하는 것인가? 비록 재가자들이 주었지만 세존께서 허락하셨기 때문에 세존의 소유물이다. 그러므로 세존의 필수품들을 수용한다고 알아야 한다. 「법상속자경」(法嗣經, Dhamma-dāyāda Sutta, M3)이 여기서 그 증거가 된다.

(4) 번뇌 다한 자(khīṇāsava)들이 수용하는 것을 주인의 수용이라 한다. 그들은 갈애의 예속을 벗어났기 때문에 주인이 되어 이것들을 수용한다.

128. 이러한 수용 가운데서 주인의 수용과 상속자의 수용은 모두에게 적합하다. 빚낸 것의 수용은 적합하지 않다. 훔친 것의 수용은 말할 필요도 없다. 그러나 계를 지닌 자가 반조한 뒤 수용하는 것은 빚낸 것의 수용과 반대되기 때문에 빚내지 않은 수용이라 한다. 혹은 이것은 상속자의 수용에 포함된다. 왜냐하면 계를 지닌 자는 [계의] 학습을 갖추기 때문에 유학이라 불리기 때문이다.

129. 이런 수용 가운데서 주인의 수용이 최상이기 때문에 이것

을 바라는 비구는 앞서 설한 반조하는 방법대로 반조한 뒤 수용하여 필수품에 관한 계를 성취해야 한다. 이와 같이 할 때 해야 할 바를 다 한 것이다. 다시 이와 같이 설하셨다.

"최상의 통찰지를 가진 제자는
선서께서 설하신 법을 듣고
탁발한 음식과 승원과 침상과 좌구와
가사를 빨기 위해 길어온 물을
헤아려본 뒤 사용해야 한다.(Sn.391)"

"그러므로 탁발한 음식과 침상과 좌구와
가사를 빨기 위해 길어온 물
이것에 대해 비구는 갈애를 일으키지 않는다.
마치 연잎의 물방울처럼.(Sn.392)"
"남의 도움으로 적당한 때에 얻었나니
딱딱하고 부드러운 음식과 맛에 대해
그는 항상 마음챙기고 적당량을 알아야 한다.
마치 상처에 연고를 바를 때처럼."

"사막을 건너기 위해 아들의 고기를 먹는 것처럼
차축에 기름을 칠하는 것처럼
갈애를 일으키지 않고
단지 생명을 유지하기 위해 먹어야 한다."

130. 이 필수품에 관한 계의 성취와 관련하여 [상가락키따 장로의] 조카인 상가락키따(Saṅgharakkhita) 사미의 일화를 이야기해야 한

다. 그는 바르게 반조한 뒤 수용하였다. 이처럼 설하였다.

> "차가운 쌀밥을 먹고 있을 때
> 은사스님께서 말씀하셨다.
> 사미여, 반조함이 없이
> 너의 혀를 데게 하지 말라.
> 은사스님의 말씀을 듣고 절박함이 일어났으니
> 바로 그 자리에 앉아서 아라한이 되었다.
> 그런 나는 사유가 원만함이 보름달과 같았다.
> 모든 번뇌 다했으니 이제 다시 태어남이란 없다."

그러므로 괴로움을 종식시키기를 원하는 다른 자도 지혜롭게 반조하면서 필수품들을 수용해야 한다.

이와 같이 계목의 단속에 관한 계 등으로 네 가지이다.

다섯 가지 가운데 첫 번째
paṭhamasīlapañcaka

131. 다섯 가지 부분에서 **다섯 가지의 첫 번째**에, 구족계를 받지 않은 자의 계 등으로 그 뜻을 알아야 한다. 『무애해도』에서 이와 같이 설하셨기 때문이다. "무엇이 ① 제한 있는 청정한 계인가? 구족계를 받지 않은 자들을 위한 제한이 있는 학습계율이 제한 있는 청정한 계다. 무엇이 ② 제한 없는 청정한 계인가? 구족계를 받은 자들을 위한 제한이 없는 학습계율이 제한 없는 청정한 계다. 무

엇이 ③ 완성된 청정한 계인가? 유익한 법(善法)에 몰두하고 유학의 끝인 고뜨라부(*gotrabhū*, 種姓)119)까지의 [유익한 법을] 완성하고, 몸과 생명을 돌보지 않고 목숨을 버리는 선한 범부들의 것이 완성된 청정한 계다. 무엇이 ④ 집착하여 취하지 않는 청정한 계인가? 일곱 종류의 유학의 계가 집착하여 취하지 않는 청정한 계다. 무엇이 ⑤ 편안히 가라앉은 청정한 계인가? 번뇌 다한 여래의 제자들과 벽지불들과 아라한들, 정등각을 이루신 여래들의 계가 편안히 가라앉은 청정한 계다."

132. (1) 여기서 구족계를 받지 않은 자들의 계는 숫자로 한정되어있기 때문에 **제한 있는 청정한 계**라고 알아야 한다.

(2) 구족계를 받은 자들의 계는,

> 9천 구지120)와 180구지와
> 다시 5백만과 3만6천
> 이 단속의 계들을 부처님께서 설하셨나니
> 율장에서 계들을 생략하면서 보이셨다

이와 같이 숫자로 한정되어있더라도 남김없이 받아지니기 때문에 또한 이득과 명예와 친척과 사지와 생명으로 제한할 수 없기 때문에 **제한 없는 청정한 계**라고 알아야 한다.

133. 이것은 찌라굼바(Ciragumba)에 머물면서 망고를 먹고 살던 마하띳사(Mahā-Tissa) 장로의 계와 같다.

---

119) 고뜨리부에 대해서는 『길라잡이』 4장 §14의 3번 해설을 참조할 것.
120) 구지(*koṭi*)는 천만을 나타낸다. XI. §102의 주를 참조할 것.

"사지를 성하게 하기 위해 재물을 버리고
목숨을 보호하기 위해 사지를 버리듯이
법을 계속해서 생각하는(法隨念) 사람은
사지와 재물과 목숨, 이 모두를 버려야 한다.

존자는 이상의 '참사람(sappurisa)의 염송(念誦)121)'을 버린 적이 없었다고 한다. 존자는 생명에 위험이 닥치더라도 학습계율을 범하지 않고 이 제한 없는 청정한 계를 의지하여 신도의 등에 업혀 갈 때에 아라한이 되었다. 이와 같이 설하셨다.

"아버지도 어머니도 식구도 친척들도
그대가 계를 지닌다고 해서 이런 일을 하지 않는다.

절박감을 일으켜 지혜롭게 명상하면서
그의 등에 업혀있을 때 아라한이 되었다."

134. (3) 선한 범부들의 계는 구족계를 받을 때부터 아주 깨끗한 보석처럼 잘 정제된 금처럼 아주 청정하기 때문에 마음에서 일어난 때(垢)조차도 없다. 이것은 아라한됨의 가까운 원인이 된다. 그러므로 **완성된 청정한 계**라 한다.

135. 마치 마하상가락키따(Mahā-Saṅgharakkhita) 장로와 그의 조

---

121) '참사람의 염송'으로 옮긴 원어 'sappurisa-anussati'는 '참사람이 계속해서 생각함(隨念)'이라 직역할 수 있을 것이다. 위의 게송이 참사람이 항상 마음에 새기고 챙기고 염두에 두어야 할 게송이라서 '참사람의 염송'으로 옮겼다.

카인 상가락키따(Saṅgharakkhita) 장로의 제처럼. 마하상가락키따 장로가 예순이 넘자 임종의 자리에 누웠다. 비구승가가 출세간[법]을 증득했는지에 대해 여쭈었다. 장로는 '나에게 출세간법은 없다'고 대답했다. 그때 그의 시자인 젊은 비구가 말했다. '존자시여, 존자께서 열반에 드신다고 생각하여 사방에서 12유순 이내의 사람들이 모여들었습니다. 존자께서 범부인 채로 임종을 맞이하시면 많은 사람들이 [여기 온 것에 대해] 후회할 것입니다.' '여보게, 나는 미륵 세존을 뵈리라 생각하고 위빳사나를 닦지 않았다네. 그렇다면 나를 앉도록 도와주고 기회를 주게.' 그는 장로를 앉도록 도와드리고 밖으로 나갔다. 장로는 그가 밖으로 나가는 순간 아라한과를 얻어 손가락을 튀겨 신호를 보냈다.

대중이 모여서 말했다. '존자시여, 이처럼 임종의 순간에 출세간법을 얻으시다니 참으로 어려운 일을 하셨습니다.' '여보게들, 이것은 어려운 것이 아니라네. 참으로 어려운 것을 말해주겠네. 여보게들, 나는 출가한 이래로 마음챙김 없이, 모르고서 지은 행위를 본적이 없다네.' 그의 조카도 50살에 이와 같이 아라한이 되었다.

136. "배움도 적고 계도 잘 지니지도 않으면
사람들은 계와 배움, 양쪽 모두로 그를 비난한다.

비록 배움이 적더라도 계를 잘 지니면
사람들은 계로 그를 찬탄하고
그의 배움도 성취된다.
비록 많이 배웠지만 계를 잘 지니지 않으면

사람들은 계로 그를 비난하고
그의 배움은 성취되지 않는다.122)

많이 배웠고 계를 잘 지니면
사람들은 계와 배움, 양쪽 모두로 그를 찬탄한다.
많이 배웠고, 법을 지니고, 통찰지 갖춘
마치 잠부의 금과 같은
부처님의 제자를 누가 감히 비난할 수 있으리.
신들도 그를 찬탄하고, 범천도 찬탄한다.(A.ii.7-8)"

137. (4) 유학들의 계를 **집착하여 취하지 않는 청정한 계**라 한다. 왜냐하면 견해로 그것을 집착하지 않기 때문이다. 또한 탐욕으로 집착하지 않을 때 범부들의 계를 집착하여 취하지 않는 청정한 계라 한다. 마치 꾸뚬비야뿟따(Kuṭumbiyaputta, 부잣집 아들) 떳사(Tissa) 장로의 계처럼. 존자는 그와 같은 계를 의지하여 아라한과를 얻기 위하여 [그의 제수가 보내어] 그를 죽이러 온 자들에게 말했다.123)

"두 다리를 자르고 그대들에게 보여주리라.
애욕을 가진 채 죽는 것이
실로 걱정스럽고 부끄럽구나
이렇게 생각하고는 지혜롭게 명상하여
여명이 틀 무렵 마침내 아라한이 되었노라.(MA.i.233)"

---

122) "계를 지니지 않은 사람의 배움은 자기와 다른 이의 더 나은 삶을 가져오지 못한다.(Pm.20)"
123) 이 분에 대한 일화는 『네 가지 마음챙기는 공부』 62-63에 나타난다.

138. 어떤 대장로가 병이 깊어 자기 손으로 밥을 먹을 수도 없었고, 자기의 대소변에 범벅이 되어 몸부림치고 있었다. 어떤 젊은 비구가 그를 보고서 '참으로 고통스럽구나, 생명현상이란 것은!'이라고 말했다. 대장로가 그에게 말하였다. '수좌여, 내가 지금 죽으면 천상에 태어날 것이다, 그것에는 조금도 의심이 없다. 그러나 이 계를 파하고 천상의 복을 얻는 것은124) 비구의 학습계율을 버리고 재가의 삶을 얻는 것과 다를 바가 없는 것이라네. 나는 계를 지닌 채 죽을 걸세.'라고 하였다. 그는 그 자리에 누워서 그 병을 명상하면서 아라한이 되었다. 그런 후 비구승가에게 이 게송을 읊었다.

> "내가 어떤 병에 걸려 심하게 고통 받고
> 사지가 뒤틀릴 때 나의 육신은
> 곧 바로 온통 시들어갈 것이다.
> 마치 뙤약볕의 먼지 속에 던져놓은 꽃처럼.
>
> 아름답지 않은 것을 아름답다 찬탄하고
> 불결한 것을 깨끗하다 생각한다.
> 여러 악취로 가득한 몸을 [있는 그대로] 보지 못하는
> 어리석은 자는 이를 아름다운 몸이라 찬탄한다.
> 아 부끄럽구나, 병들고 썩어가는 이 몸이여
> 악취가 나고 불결하고 병들기 마련이니
> 방일하고 어리석은 중생들은
> 선처로 나아가는 길을 버려버린다.(Jā.ii.437)"

---

124) 왜냐하면 천상의 복을 바라면서 계를 지키는 것은 계에 어긋나기 때문이다.

139. (5) 아라한 등의 계를 **편안히 가라앉은 청정한 계**라고 알아야 한다. 모든 불안이 편안히 가라앉았기 때문이고 또 청정하기 때문이다. 이와 같이 제한 있는 청정한 계 등으로 다섯 가지이다.

다섯 가지의 두 번째
dutiyasīlapañcaka

140. 다섯 가지의 두 번째에, 생명을 죽이는 것 등을 금함 등으로 그 뜻을 알아야 한다. 이와 같이 『무애해도』에서 설하셨기 때문이다. "다섯 가지 계가 있다. (1) – (10) 생명을 죽이는 것을 ① 버림이 계다 ② 삼가함이 계다 ③ 의도가 계다 ④ 단속이 계다 ⑤ 범하지 않음이 계다. 주지 않은 것을 가지는 것을 … 삿된 음행을 … 거짓말을 … 중상모략을 … 욕설을 … 잡담을 … 탐욕을 … 성냄을 … 사견을 ① 버림이 계다 ② 삼가함이 계다 ③ 의도가 계다 ④ 단속이 계다 ⑤ 범하지 않음이 계다.

(11) – (17) 출리로 애욕을 ① 버림이 계다 ② 삼가함이 계다 ③ 의도가 계다 ④ 단속이 계다 ⑤ 범하지 않음이 계다. 악의 없음으로 악의를 … 광명의 인식으로 해태와 혼침을 … 산란하지 않음으로 들뜸을 … 법을 구분하여 의심을 … 지혜로 무명을 … 기뻐함으로 지겨움(*arati*)을 ① 버림이 계다 ② 삼가함이 계다 ③ 의도가 계다 ④ 단속이 계다 ⑤ 범하지 않음이 계다.

(18) – (21) 초선으로 장애들을 ① 버림이 계다 ② 삼가함이 계다 ③ 의도가 계다 ④ 단속이 계다 ⑤ 범하지 않음이 계다. 제2선으로 일으킨 생각(尋)과 지속적인 고찰(伺)을 … 제3선으로 희열을 … 제

4선으로 즐거움과 괴로움을 ① 버림이 계다 ② 삼가함이 계다 ③ 의도가 계다 ④ 단속이 계다 ⑤ 범하지 않음이 계다.

(22) - (25) 공무변처의 증득으로 물질의 인식과 부딪힘(paṭigha)의 인식과 갖가지 인식을 ① 버림이 계다 ② 삼가함이 계다 ③ 의도가 계다 ④ 단속이 계다 ⑤ 범하지 않음이 계다. 식무변처의 증득으로 공무변처를 … 무소유처의 증득으로 식무변처를 … 비상비비상처의 증득으로 무소유처를 ① 버림이 계다 ② 삼가함이 계다 ③ 의도가 계다 ④ 단속이 계다 ⑤ 범하지 않음이 계다.

(26) - (32) 무상의 관찰로 항상하다는 인식을 ① 버림이 계다 ② 삼가함이 계다 ③ 의도가 계다 ④ 단속이 계다 ⑤ 범하지 않음이 계다. 괴로움의 관찰로 행복하다는 인식을 … 무아의 관찰로 자아라는 인식을 … 역겨움의 관찰로 즐김을 … 탐욕이 빛바램의 관찰로 탐욕을 … 소멸의 관찰로 일어남을 … 놓아버림의 관찰로 가짐을 ① 버림이 계다 ② 삼가함이 계다 ③ 의도가 계다 ④ 단속이 계다 ⑤ 범하지 않음이 계다.

(33) - (43) 부서짐의 관찰로 견고하다는 인식을 ① 버림이 계다 ② 삼가함이 계다 ③ 의도가 계다 ④ 단속이 계다 ⑤ 범하지 않음이 계다. 사라짐의 관찰로 축적을 … 변함의 관찰로 영원하다는 인식을 … 표상 없음의 관찰로 표상을 … 원함 없음의 관찰로 원함을 … 공함의 관찰로 고집을 … 수승한 통찰지를 통한 법의 위빳사나로 실재가 있다는 고집을 … 미혹함으로 인한 고집을 여실지견으로 … 위험의 관찰로 애착으로 인한 고집을 … 숙고함의 관찰로 숙고하지 않음을 … 속박으로 인한 고집을 물러섬(還滅)의 관찰로 ① 버림이 계다 ② 삼가함이 계다 ③ 의도가 계다 ④ 단속이 계다 ⑤

범하지 않음이 계다.

(44) - (47) 예류도로 사견과 함께 작용하는 오염원들을 ① 버림이 계다 ② 삼가함이 계다 ③ 의도가 계다 ④ 단속이 계다 ⑤ 범하지 않음이 계다. 일래도로 거친 오염원들을 … 불환도로 미세한 오염원들을 … 아라한도로 모든 오염원들을 ① 버림이 계다 ② 삼가함이 계다 ③ 의도가 계다 ④ 단속이 계다 ⑤ 범하지 않음이 계다.

이러한 계들은 마음에 후회를 만들지 않고, 반가움으로 인도하고, 희열로 인도하고, 경안, 기쁨, [삼매를] 반복함, [삼매의] 증장, 많이 [공부]지음, 삼매의 장엄, 삼매의 필요조건, 삼매의 장비, 삼매의 완성, 전적인 역겨움, 탐욕의 빛바램, 소멸, 고요, 초월지, 깨달음, 열반으로 인도한다.(Ps.i.46-47)"

141. 여기서 버림이란 이미 설한 생명을 죽이는 것(殺生) 등을 범하지 않는 것 이외에는 달리 한 법도 없다. 그러나 살생 등을 버림은 유익한 법의 토대를 제공한다는 뜻에서 유익한 법을 지지하고 그것으로 하여금 동요하지 않게 하여 안정되게 한다. 그러므로 앞서 설한 것과 같이(§19) 지탱함(*upadhāraṇa*)과 안정시킴(*samādhāna*)이라 불리는 계행의 뜻으로 계라고 했다. 나머지 네 가지 법들은 각각 [살생 등을] 삼가함을 통해서, 그것을 단속함을 통해서, 이 [삼가함과 단속의] 둘과 함께한 의도를 통해서, 그것을 범하지 않은 자의 범하지 않음을 통해서 마음의 일어남과 실재함에 관해125) 설했다. 그러나 그 계의 뜻은 이미 앞서 설했다. 이와 같이 버림의 계 등으

---

125) 여기서 마음의 일어남과 실재함(*cetaso pavattisabbhāva*)이란 아비담마의 마음(*citta*)과 마음부수(*cetasika*)들을 뜻한다. 즉 절제, 단속, 의도, 범하지 않음의 이 넷은 모두 마음부수라는 뜻이다.

로 다섯 가지이다.

142. 이렇게 하여 '(1) 무엇이 계인가? (2) 무슨 뜻에서 계라 하는가? (3) 무엇이 그것의 특징이고, 역할이고, 나타남이고, 가까운 원인인가? (4) 무엇이 계의 이익인가? (5) 얼마나 많은 종류의 계가 있는가?'라는 질문에 대한 대답을 마쳤다.

계의 오염과 깨끗함

sīlasaṁkilesavodāna

143. 이제 **VI 무엇이 이것의 오염원인가? VII 무엇이 이것의 깨끗함인가?**라고 설한 것에 대해 답하리라.

훼손 등의 상태가 계의 오염이다. 훼손되지 않은 상태 등이 이것의 깨끗함이다. 훼손된 상태 등은 이득과 명성 등 때문에 파계한 것과 일곱 가지 음행126)과 관련된 것에 포함된다. 일곱 가지 범계 (āpatti)의 무더기들 가운데서 처음이나 끝에 학습계율을 파한 자의 계는 훼손되었다고 한다. 마치 가장자리가 끊어진 천 조각처럼. 중간에 파한 자의 계는 뚫어졌다고 한다. 마치 중간에 구멍 난 천 조각처럼. 그들을 차례대로 둘 혹은 셋을 파한 자의 계는 오점이 있다고 한다. 마치 등이나 혹은 배에 나타난 얼룩덜룩한 검고 붉은 색 등의 어떤 색깔을 가진 소처럼. 그 사이사이에 그들을 파한 자의 계는 얼룩졌다고 한다. 마치 다른 색깔의 반점으로 얼룩덜룩한 소처럼. 이와 같이 우선 이득 등 때문에 파하여 훼손된 상태 등이 있다.

---

126) 아래 §§144-150을 참조할 것.

144. 그와 같이 일곱 가지 음행과 관련된 훼손된 상태 등이 있다. 세존께서 이와 같이 말씀하셨기 때문이다. "(1) 바라문이여, 여기 어떤 사문이나 바라문이 바르게 청정범행(梵行)127)을 한다고 주장을 하고, 또 실제로 여자와 함께 둘이서 음행을 하지는 않는다. 그러나 여자로 하여금 향수를 바르게 하고, 주무르게 하고, 목욕하게 하고, 만지게 한다. 그는 그것을 즐기고, 바라고, 만족을 느낀다. 바라문이여, 이것이 청정범행128)의 훼손이고, 뚫어짐이고, 오점이고, 얼룩이다. 바라문이여, 이 사람은 청정하지 않은 범행을 한다고 불린다. 음행의 족쇄에 묶여 태어남·늙음·죽음으로부터 해탈하지 못하고 … 괴로움으로부터 해탈하지 못한다고 나는 말한다."

145. "(2) 바라문이여, 다시 여기 어떤 사문이나 바라문이 있어 바르게 청정범행을 한다고 주장을 하고, 또 실제로 여자와 함께 둘이서 음행하지도 않고 여자로 하여금 향수를 바르게 하거나, 주무르게 하거나, 목욕하게 하거나, 만지게 하지도 않는다. 그러나 여자와 함께 농담하고, 놀이하고, 유희를 한다. 그는 그것을 즐기고, 바라고, 만족을 느낀다 … 괴로움으로부터 해탈하지 못한다고 나는 말한다."

---

127) 본서에서 '청정범행'으로 옮기고 있는 원어는 'brahmacariya'이다. 원어에는 '청정'에 해당되는 단어가 없지만 brahmacariya를 그냥 범행이라고 옮기면 梵行이 아닌 犯行으로 이해할 소지가 있어 모두 청정범행으로 옮긴다.
128) 냐나몰리 스님은 이 부분을 'This is what is torn, rent, blotched and mottled in <u>one who leads the life of purity</u>.'라고 옮겨서 'brahmacariyassa'를 <u>청정범행을 행하는 사람</u>으로 영역했는데 여기서는 청정범행 그 자체를 뜻한다.

146. "(3) 바라문이여, 다시 여기 어떤 사문이나 바라문이 바르게 청정범행을 한다고 주장을 하고, 또 실제로 여자와 함께 둘이서 음행하지도 않고, 여자로 하여금 향수를 바르게 하거나, 주무르게 하거나, 목욕하게 하거나, 만지게 하지도 않는다. 여자와 함께 농담하고, 놀이하고, 유희를 하지도 않는다. 그러나 자기의 눈으로 여자의 눈을 깊이 응시하고 쳐다본다. 그는 그것을 즐기고, 바라고, 만족을 느낀다 … 괴로움으로부터 해탈하지 못한다고 나는 말한다."

147. "(4) 바라문이여, 다시 여기 어떤 사문이나 바라문이 … 음행하지 않고 … 만지게 하지도 않고 … 유희하지도 않고 … 쳐다보지도 않는다. 그러나 여자들이 웃거나 얘기하거나 혹은 노래를 부르거나 혹은 울 때 벽을 넘어 혹은 담장을 넘어 여자의 소리를 엿듣는다. 그는 그것을 즐기고, 바라고, 만족을 느낀다 … 괴로움으로부터 해탈하지 못한다고 나는 말한다."

148. "(5) 바라문이여, 다시 여기 어떤 사문이나 바라문이 … 음행하지 않고 … 만지게 하지도 않고 … 유희하지도 않고 … 쳐다보지도 않고 … 여자의 소리를 엿듣지도 않는다. 그러나 이전에 여자와 함께 웃고, 얘기하고, 놀이하던 것을 회상한다. 그는 그것을 즐기고, 바라고, 만족을 느낀다 … 괴로움으로부터 해탈하지 못한다고 나는 말한다."

149. "(6) 바라문이여, 다시 여기 어떤 사문이나 바라문이 … 음행하지 않고 … 만지게 하지도 않고 … 유희하지도 않고 … 쳐다보지도 않고 … 여자의 소리를 엿듣지도 않고 … 회상하지도 않는

다. 그러나 그는 장자나 장자의 아들이 다섯 가닥의 감각적 욕망에 빠지고 사로잡혀 탐닉하는 것을 본다. 그는 그것을 즐기고, 바라고, 만족을 느낀다 … 괴로움으로부터 해탈하지 못한다고 나는 말한다."

150. "(7) 바라문이여, 다시 여기 어떤 사문이나 바라문이 … 음행하지 않고 … 만지게 하지도 않고 … 유희하지도 않고 … 쳐다보지도 않고 … 여자의 소리를 엿듣지도 않고 … 회상하지도 않고 … 탐닉하는 것을 보지도 않는다. 그러나 그는 천상의 지위를 바라면서 청정범행을 한다. '나는 이 계나 서계나 고행이나 청정범행으로 신이나 혹은 다른 어떤 작은 신이 되리라'고. 그는 그것을 즐기고, 바라고, 만족을 느낀다. 바라문이여, 이것이 청정범행의 훼손이고, 뚫어짐이고, 오점이고, 얼룩이다 … 괴로움으로부터 해탈하지 못한다고 나는 말한다.(A.iv.54-56)"

이와 같이 훼손된 상태 등은 이득과 명성 등 때문에 파계한 것과 일곱 가지 음행과 관련된 것에 포함된다고 알아야 한다.

151. 훼손되지 않은 상태 등은 ① 모든 학습계율을 파하지 않음 ② 참회의 갈마를 해야 하는 계를 파했을 때 참회의 갈마를 행함 ③ 일곱 가지 음행과 관련되지 않음 ④ 노여움, 적의, 얕봄, 비교함, 질투, 인색, 속임수, 사기, 완고함, 뻔뻔스러움, 자만, 거만, 허영, 태만 등 다른 해로운 법들을 일으키지 않음 ⑤ 소욕, 지족, 번뇌의 말살 등의 덕을 생기게 함으로써 성취된다.

152. 이득 등을 위해서 파하지 않은 계, 태만 때문에 파했지만 참회의 갈마를 행한 계, 음행에 관련된 것이나 혹은 노여움, 적의

등의 해로운 법들에 의해 손상되지 않은 계 — 이러한 모든 계를 두고 훼손되지 않았고 뚫어지지 않았고 오점이 없고 얼룩이 없다고 한다. 이러한 계는 벗어남을 가져오기 때문에 벗어나게 하는 것이고, 지자들에 의해 찬탄되기 때문에 지자들이 찬탄하는 것이고, 갈애와 사견으로 [계에] 집착하지 않기 때문에 들러붙지 않는 것이고, 근접삼매나 본삼매가 일어나도록 하기 때문에 삼매에 도움이 되는 것이다. 그러므로 그들의 훼손되지 않은 상태 등이 깨끗함이라고 알아야 한다.

153. 이 깨끗함은 계를 파함에서 위험을 보고 계를 성취함에서 이익을 보는 두 가지 방법으로 성취한다. 여기서 "비구들이여, 계행이 나쁘고 계를 파한 자에게 다섯 가지 위험이 있다(A.iii.252)"라고 설하신 경을 통해서 계를 파함에 대해서 위험을 보아야 한다.

154. 계행이 나쁜 사람은 나쁜 계행 때문에 신들과 인간들이 불쾌하게 여긴다. 동료 수행자들의 훈도를 받을 수 없다. 나쁜 계행을 비난할 때 괴로워한다. 계를 지닌 자를 찬탄할 때 후회한다. 그 나쁜 계행으로 인해 대마로 만든 옷처럼 추하다. 계행이 나쁜 사람의 견해를 따라 행하는 자들은 오랫동안 처참한 곳의 고통을 받기 때문에 그와 접촉하는 것 자체가 고통이다. 자기에게 시물을 보시한 사람들에게 큰 결과를 생기게 하지 못하기 때문에 그는 아무짝에도 쓸데가 없다. 여러 해된 오물 구덩이처럼 청정해지기 어렵다. 화장터에서 가져온 나무처럼 [승과 속의] 둘 모두로부터 제외된다. 비구라고 주장하지만 비구가 아닌 것이 마치 소의 무리를 따르는 당나귀와 같다.

그는 마치 모든 사람들의 적인 것처럼 항상 동요한다. 마치 죽은 시체와 함께 살수 없는 것처럼 그와 함께 살 수 없다. 비록 배움 등의 덕을 가졌더라도 동료 수행자들의 존경하는 바가 되지 않나니 마치 화장터의 불이 바라문들의 존경하는 바가 되지 않는 것과 같다. 수승한 법을 증득할 수 없나니 마치 장님이 색을 볼 수 없는 것과 같다. 정법에 대해 희망이 없나니 마치 천민의 아들이 왕위에 희망이 없는 것과 같다. 행복하다고 생각하지만 고통스럽다. 불의 무더기의 가르침(Aggikkhandha-pariyāya, 火聚喩, A.iv.128-34)에서 설한 그런 괴로움을 받기 때문이다.

155. 계행이 나쁜 자들의 마음이 다섯 가닥의 감각적 욕망을 즐기고, 인사를 받고, 경의를 받는 등의 행복과 만족에 사로잡혀 있지만 일단 그들이 그것을 기억하자마자 그 [업]으로 인해 가슴에 열병이 생기고 뜨거운 피를 토해 낼 극심한 고통을 받는다는 것을 보이시면서 모든 측면에서 업의 과보를 바로 아시는[129] 세존께서는 이렇게 말씀하셨다. "비구들이여, 그대들은 시뻘겋게 불타오르는 큰

---

129) 냐나몰리 스님은 이 문장을 "Now the Blessed one <u>has shown that</u> when the unvirtuous have their minds captured by pleasure and satisfaction in the indulgence of the five cords of sense-desires, in [receiving] salutation, in being honoured, etc., <u>the result of that kamma, directly visible in all ways, is very violent pain</u>, with that [kamma] as its condition, capable of producing a gush of hot blood by causing agony of heart with the mere recollection of it." 이라고 영역했다.
즉 원문의 'sabbākārena paccakkha-kamma-vipāko(모든 측면에서 업의 과보를 바로 아는)'를 'dassento(보이시면서)'의 목적격으로 보았다. 그러나 이것은 본 문장에서 문법적으로 주격이기 때문에 여기서 주격으로 나타나는 '세존(bhagavā)'을 수식하는 것으로 볼 수밖에 없다.

불무더기를 보는가? '그렇습니다, 세존이시여.' 비구들이여, 어떻게 생각하는가? 시뻘겋게 불타오르는 큰 불무더기를 껴안고 앉아있거나 누워있는 것과 부드럽고 아름다운 손발을 가진 성스러운 왕족의 딸이나 바라문의 딸이나 장자의 딸을 껴안고 앉아있거나 누워있는 것 가운데 어떤 것이 낫겠는가? '세존이시여, 부드럽고 아름다운 손발을 가진 … 딸을 껴안고 앉아있거나 누워있는 것이 더 낫겠습니다. 세존이시여, 시뻘겋게 불타오르는 큰 불무더기를 안고 … 누워있는 것은 고통스러울 것입니다.'"

156. "비구들이여, 그대들에게 고하고 선언하나니 계를 지니지 않고, 악법을 가지고, 불결한 행위를 하고, 의심하는 습관을 가지고, 자신의 행위를 숨기고, 사문이 아니면서 사문이라 주장하고, 청정범행을 닦지 않으면서 청정범행을 닦는다고 주장하고, [썩은 업에 의해] 안이 썩었고, [여섯 감각의 문을 통해 탐욕 등 오염원들이] 흐르고, [탐욕 등의] 쓰레기를 가진 자는 시뻘겋게 불타오르는 큰 불무더기를 껴안고 앉아있거나 누워있는 것이 더 나을 것이다. 무슨 이유 때문인가? 비구들이여, 그는 이 때문에 죽을지도 모르고 단말마의 고통을 가질지도 모르지만 그것으로 인해 몸이 무너져 죽은 뒤 처참한 곳, 불행한 곳, 파멸처, 지옥에 떨어지지는 않는다. 비구들이여, 계를 지니지 않고 … 쓰레기를 가진 자가 왕족의 딸을 안고 … 누워있다면 그것은 오랫동안 이익이 없고 괴로움으로 [인도할 것이다]. 그는 몸이 무너져 죽은 뒤 처참한 곳, 불행한 곳, 파멸처, 지옥에 떨어질 것이다.(A.iv.128-29)"

157. 이와 같이 불무더기의 비유로 여자와 밀접한 관계가 있고

다섯 가닥의 감각적 욕망에 탐닉함 때문에 생기는 고통을 보이시고, 같은 방법으로 다시 말총으로 만든 밧줄, 예리한 창, 철판, 무쇠덩이, 무쇠침상, 무쇠의자, 무쇠가마솥의 비유로 경배를 받고 합장을 받고 옷과 음식과 침상과 의자와 승원을 수용함 때문에 생기는 고통을 보이셨다.

"비구들이여, 이를 어떻게 생각하는가? 힘센 남자가 말총으로 만든 질긴 밧줄로 비구의 두 무릎을 감고 단단하게 죄면 그것은 우선 겉 피부를 벗겨지게 할 것이고, 그 다음에 속 피부를 벗겨지게 할 것이다. 그 다음에 살을 끊을 것이고, 그 다음에 힘줄을, 그 다음에 뼈를 끊을 것이다. 뼈를 끊은 뒤 그것은 골수를 뭉갤 것이다. 이렇게 하는 것과 부자 왕족이나 부자 바라문이나 부자 장자의 경배를 받는 것 가운데 어떤 것이 더 낫겠는가?(A.iv.129)"

"비구들이여, 이를 어떻게 생각하는가? 힘센 남자가 예리하고 기름에 단련한 창으로 비구의 가슴을 찌르는 것과 부자 왕족이나 부자 바라문이나 부자 장자의 합장공경을 받는 것 가운데 어떤 것이 더 낫겠는가?(A.iv.130)"

"비구들이여, 이를 어떻게 생각하는가? 힘센 남자가 시뻘겋게 불타는 뜨거운 철판으로 비구의 몸을 감싸는 것과 부자 왕족이나 부자 바라문이나 부자 장자가 신심으로 보시한 옷을 수용하는 것 가운데 어떤 것이 더 낫겠는가?(A.iv.130-31)"

"비구들이여, 이를 어떻게 생각하는가? 힘센 남자가 시뻘겋게 불타는 뜨거운 무쇠 부젓가락으로 비구의 입을 벌리고 시뻘겋게 불타는 뜨거운 무쇠덩이를 입에다 넣으면 이 무쇠덩이는 그의 입술을 태우고 입과 혀와 목구멍과 뱃속을 태우고 큰창자와 작은창자와 함께 아래로 빠져나갈 것이다. 이것과 부자 왕족이나 부자 바라문이나 부자 장자가 신심으로 보시한 음식을 수용하는 것 가운데 어떤 것이 더 낫겠는가?(A.iv.131 -32)"

"비구들이여, 이를 어떻게 생각하는가? 힘센 남자가 비구의 머리나 어깨를 잡고 시뻘겋게 불타는 뜨거운 무쇠로 된 침상이나 무쇠로 된 의자에 앉게 하거나 눕게 하는 것과 부자 왕족이나 부자 바라문이나 부자 장자가 신심으로 보시한 침상과 의자를 수용하는 것 가운데 어떤 것이 더 낫겠는가?(A.iv.132-33)"

"비구들이여, 이를 어떻게 생각하는가? 힘센 남자가 비구의 발을 위로 머리를 아래로 잡고 시뻘겋게 불타는 뜨거운 무쇠가마솥에 던져 넣으면 그 속에서 위로 올라가기도 하고 아래로 내려가기도 하고 옆으로 가기도 하면서 거품의 소용돌이 속에서 삶길 것이다. 이렇게 하는 것과 부자 왕족이나 부자 바라문이나 부자 장자가 신심으로 보시한 승원을 수용하는 것 가운데 어떤 것이 더 낫겠는가?(A.iv.133-34)"

158. 그러므로,

> 쾌락은 불무더기를 안고 있을 때의 고통보다
> 더 격렬한 고통의 결과를 가져오건만
> 파계한 자는 그것을 버리지 않나니
> 그에게 무슨 행복이 있을까?
>
> 계를 파한 자는 말총밧줄로 짓뭉개는 고통보다
> 더한 고통을 받을 것이거늘
> 남의 경배를 받음에 무슨 행복이 있을까?

계를 파한 자가 신심 있는 자들의
합장공경을 받는 것에 무슨 행복이 있을까?
창으로 찌르는 고통보다
더 예리한 고통의 원인일 뿐.

자제함이 없는 자가 옷을 수용함에
무슨 행복이 있을까?
그것으로 인해 오랫동안 지옥에서 불타는
철판에 닿음을 감수할 것을.

비록 탁발한 음식이 달콤하지만
계를 파한 자에게는 독과 같다.
그 때문에 오랫동안 불타는
무쇠덩이를 삼켜야 하리.

계를 파한 자들이 침상과 의자를 수용할 때
비록 행복이라 여기지만 고통일 뿐
그 때문에 그들은 오랫동안
불타는 쇠침상과 의자에서 고통스러워하리.

계를 파한 자가 신심으로 보시한
절에 머물 때 무슨 즐거움이 있을까?
그 때문에 불타는
무쇠가마솥에 머물러야 할 것을.
의심하는 습관을 가졌고, [탐욕 등] 쓰레기를 가졌고
[오염원들이] 흐르고, 악하고

안이 썩었다고 그를 꾸짖으면서
세상의 스승께서 말씀하셨다.

절제되지 않았고
사문의 옷을 걸쳤을 뿐 사문이 아니요
손상되었고, 자기의 [선근을] 파버리고 사는 자의
목숨을 어찌 부끄러워않으랴!

마치 장엄을 원하는 자가
오물을 버리고 시체를 버리듯이
계를 지닌 고요한 분은 [파계한] 그를 버려버리니
그런 그의 삶이란 과연 무엇이던가?
두려움은 조금도 벗질 못했고
모든 증득의 행복으로부터는 벗어나버렸으니
천상의 문은 그에게 굳게 닫혀있고
파멸처의 길에 올라있구나.

연민을 가진 자에게 계행이 나쁜 자를 제외하고
누가 다시 연민의 대상이 될까?
계행이 나쁜 것에는 참으로
여러 가지 결점이 있구나.

이와 같이 반조를 통해서 계를 파함에서 위험을 보는 것을 알아야 하고 앞서 설한 것과 반대로 계를 성취함에서 이익을 보는 것을 알아야 한다.

159. 다시,

계를 깨끗이 지니는 자가 발우와 가사를 수하는 것은
신심을 자아내게 하고 그의 출가는 결과를 가져온다.

계가 청정한 비구의 마음엔
자책 등의 두려움이 들어오지 않나니
마치 어두움이 해에 들어오지 않듯이.

계를 성취하여 빛나는 비구는 고행의 숲에서 빛난다.
마치 보름달이 허공에서 빛나듯이.

계를 지닌 비구는 그의 몸의 향기조차도
신들을 기쁘게 하거늘
계의 향기에 대해서야 말해 무엇하리.

계의 향기는 모든 향기 가운데 가장 수승하나니
그것은 걸림 없이 모든 방향에 퍼진다.

계를 지닌 자를 위해서 한 행위는
비록 적을지라도 큰 결과를 가져온다.
그러므로 계를 지닌 자는
공양과 공경의 그릇이 된다.

금생의 번뇌들이 계를 지닌 자를 괴롭히지 못하고
계를 지닌 자는 미래의 고통의 뿌리를 끊어버린다.

인간의 행복이든 천신들의 행복이든
계를 지닌 자가 원한다면
그것은 얻기 어려운 것이 아니다.

열반의 경지는 지극히 고요하나니
계를 지닌 자의 마음은 그곳으로 달려간다.

계는 모든 성취(*sampatti*)의 뿌리라고
현자는 갖가지 계의 이익을 알아야 하리.

160. 이와 같이 분석하는 자의 마음은 계를 파함을 두려워하고 계를 성취함으로 기운다. 그러므로 앞서 설한 계를 파함의 위험과 계를 성취함의 이익을 보고 극진히 공경하면서 계를 깨끗이 해야 한다.

161. "통찰지를 갖춘 사람은 계에 굳건히 머물러서(§1)"라는 이 게송으로 계·정·혜의 제목으로 설한 청정도론에서 이제 계를 충분히 해설하였다.

어진 이를 기쁘게 하기 위해 지은 청정도론에서
계의 해설이라 불리는
제1장이 끝났다.

제2장

dhutanganiddeso

두타행

제2장 두타행

dhutaṅganiddeso

1. 이제 소욕과 지족 등의 덕(guṇa)으로 앞 장에서 설명한 여러 종류의 계는 깨끗함을 구족하게 되었다. 그런 덕들을 성취하기 위하여 계를 받아지닌 수행자는 이제 두타행(dhutaṅga)130)을 실천해야 한다.

소욕, 지족, [번뇌의] 말살, 한거(멀리 여읨), 흩어버림, 부지런히 정진함, 공양하기 쉬움 등이라는 덕의 물로 그의 계가 더러움을 씻고 지극히 청정해질 때 그의 서원(vata)들도 성취된다. 이와 같이 허물 없는 계와 서원의 덕으로 모든 바른 행위가 청정해지고 옛 스승들의 성자의 계보의 처음 세 가지131)에 확고하게 머물러서 수행의 즐거움이라 불리는 네 번째 성자의 계보를 증득하게 될 것이다. 그러므로 이제 두타의 설명을 시작하리라.

---

130) '두타행(頭陀行)'으로 옮긴 'dhutaṅga(두땅가)'의 문자적인 뜻과 그 의미는 아래 §11에서 설명되고 있으니 참조할 것.
131) 예류자, 일래자, 불환자의 경지를 말하고 네 번째는 아라한이다.

13가지 두타행
terasadhutaṅgāni

2. 세간의 집착을 버리고, 몸과 목숨을 돌보지 않고, [열반을 증득하는 것에] 수순하는 도닦음을 시작하고자하는 선남자들에게 세존께서는 13가지의 두타행을 허락하셨다. 즉 ① 분소의를 입는 수행 ② 삼의(三衣)만 수용하는 수행 ③ 탁발음식만 수용하는 수행 ④ 차례대로 탁발하는 수행 ⑤ 한 자리에서만 먹는 수행 ⑥ 발우 [한 개]의 탁발음식만 먹는 수행 ⑦ 나중에 얻은 밥을 먹지 않는 수행 ⑧ 숲에 머무는 수행 ⑨ 나무 아래 머무는 수행 ⑩ 노천에 머무는 수행 ⑪ 공동묘지에 머무는 수행 ⑫ 배정된 대로 머무는 수행 ⑬ 눕지 않는 수행이다.

3. 여기서 다음과 같이 판별을 알아야 한다.

① 뜻에 따라 ② 특징 등에 따라
③ 받아지님에 따라 ④ 규정에 따라
⑤ 등급에 따라 ⑥ 무너짐에 따라
⑦ 각각의 이익에 따라
⑧ 유익함 등의 삼개조에 따라
⑨ 두타 등의 구별에 따라
⑩ 총괄적이고 세부적인 것에 따라

4. **(1) 뜻에 따라:** ① 길거리나 공동묘지나 쓰레기 더미 등 이런저런 흙먼지 더미 위에 있기 때문에 각각 이런 곳에 올려져있다

는 뜻에서 마치 더러운 흙먼지 더미와 같기 때문에 버려진 것(paṁsukūla, 빵수꿀라, 糞掃衣)이라 한다. 혹은 먼지 더미처럼 나쁜 상태에 이르기 때문에 버려진 것(糞掃衣)이다. 나쁜 상태로 변한다는 뜻이다. 이와 같은 어원을 가진 분소의를 입는 것도 빵수꿀라(paṁsukūla, 분소의)이다. 습관적으로 그것을 입는 자가 '분소의를 입는 자(paṁsukūlika, 빵수꿀리까)'이다. 분소의를 입는 자(빵수꿀리까)의 수행이 '분소의를 입는 자의 수행(paṁsukūlikaṅga, 빵수꿀리까 앙가)'이다. 수행(aṅga)이란 원인(kāraṇa)을 뜻한다.132) 그러므로 이것은 그것을 받아지님으로써 그 사람이 분소의를 입는 자(빵수꿀리까)가 되는 것의 동의어라고 알아야 한다.

② 이와 같은 방법으로 대가사와 윗옷과 아래옷이라 불리는 세 종류의 옷을 습관적으로 입기 때문에 '삼의만 [수용하는] 자(tecīvarika, 떼찌와리까)'이다. 그 사람의 수행이 '삼의만 [수용하는] 자의 수행(tecīvarikaṅga, 떼찌와리까 앙가)'이다.

5. ③ 걸식이라 불리는 물질의 덩이가 [발우 안에] 떨어진 것이 탁발음식이다. 다른 사람들이 준 음식덩이들이 발우 안에 떨어진다는 뜻이다. 그 음식덩이가 떨어진 것을 모으고, 이집 저집으로 다가가서 얻으려고 하기 때문에 '탁발음식만 [수용하는] 자(piṇḍapātika, 삔다빠띠까)'이다. 혹은 음식덩이를 모으는 것이 그의 서원이기

---

132) 냐나몰리 스님은 "*It is the action that is called the 'practice'.*"라고 영역했는데 여기서 '*kāraṇa*'는 *action*(행위)이 아니라 원인(*hetu*)이라고 Pm에서는 설명하고 있다.(*attano phalaṁ paṭicca hetubhāvaṁ gacchatī ti aṅgaṁ kāraṇaṁ*(결과에 대한 원인이 수행이요 *kāraṇa*이다). Pm.23) 즉 습관적으로 분소의를 입는 그 수행 때문에 그는 '빵수꿀리까(분소의를 입는 자)'라고 불린다는 뜻이다.

때문에 그는 '음식덩이가 떨어지게 하는 자(piṇḍa-pātī, 삔다빠띠)'이다. 모은다는 것은 찾아다닌다는 뜻이다. 삔다빠띠(piṇḍa-pātī, 음식덩이가 떨어지게 하는 자)가 바로 삔다빠띠까(piṇḍa-pātikaī, 탁발음식만 [수용하는] 자)이다. 탁발음식만 수용하는 자의 수행이 '탁발음식만 [수용하는] 자의 수행(piṇḍapātikaṅga, 삔다빠띠까 앙가)'이다.

6. ④ 끊어진 것(dāna)이 틈이다. 틈이 없는 것(apeta)이 틈 없음(apadāna)이다. 끊어짐이 없다는 뜻이다. 틈 없음과 함께함(saha)이 차례를 따름(sapadāna, 사빠다나)이다. 끊어짐이 없이, 집집마다 차례대로라는 뜻이다. 차례대로 탁발하는 습관을 가진 자가 '차례대로 탁발하는 자(sapadānacārī, 사빠다나짜리)'이다. 사빠다나짜리(차례대로 탁발하는 자)가 바로 사빠다나짜리까이다. 그의 수행이 '차례대로 탁발하는 자의 수행(sapadānacārikaṅga, 사빠다나짜리까 앙가)'이다.

7. ⑤ 한(eka) 자리(āsana)에서 먹는 것이 한 자리를 함(ek-āsana, 에까사나)이다. 그런 습관을 가졌기 때문에 '한 자리에서만 [먹는] 자(ekāsanika, 에까사니까)'라 한다. 그의 수행이 '한 자리에서만 [먹는] 자의 수행(ekāsanikaṅga, 에까사니까 앙가)'이다.

⑥ 두 번째 그릇을 거절하기 때문에 오직 한 발우(patta) 속에 있는 탁발음식(piṇḍa)이 발우의 탁발음식(pattapiṇḍa, 빳따삔다)이다. 한 발우의 탁발음식을 얻을 때에 발우의 탁발음식이라 이름하고 이 한 발우의 탁발음식을 습관적으로 가지기 때문에 그를 '발우[한 개]의 탁발음식만 먹는 자(pattapiṇḍika, 빳따삔디까)'라 한다. 그의 수행이 '발우[한 개]의 탁발음식만 먹는 수행(pattapiṇḍikaṅga, 빳따삔디까 앙가)'이다.

8. ⑦ 칼루(khalu)라는 것은 거절한다는 뜻의 부사이다. 먹는

것을 끝낸 뒤 얻은 밥을 나중에 얻은 밥(*pacchābhatta*, 빳차밧따)이라 한다. 나중에 얻은 밥을 먹는 것을 나중에 얻은 밥을 먹음(*pacchā-bhattabhojana*, 빳차밧따보자나)이라 한다. 나중에 얻은 밥을 먹음에 대해 '나중에 얻은 밥(빳차밧따)'이라 이름하고, 이런 나중에 얻은 밥을 습관적으로 가지기 때문에 그를 '나중에 얻은 밥을 먹는 자(*pacchābhattika*, 빳차밧띠까)'라 한다. 나중에 얻은 밥을 먹지 않는 자를 '나중에 얻은 밥을 먹지 않는 자(*khalupacchābhattika*, 칼루빳차밧띠까)'라 한다. 이것을 받아지님으로써 나머지 음식을 거절하는 것을 뜻한다.

그러나 주석서에서 이와 같이 설했다. 칼루(*khalu*)는 어떤 새를 뜻한다. 그 새는 입으로 열매를 물고 나서 만약 그것을 떨어뜨렸을 때 다시 다른 것을 먹지 않는다. 이 비구도 그와 같기 때문에 나중에 얻은 밥을 먹지 않는 자라 한다. 그의 수행을 '나중에 얻은 밥을 먹지 않는 자의 수행(*khalupacchābhattikaṅga*, 칼루빳차밧띠까 앙가)'이라 한다.

9.
⑧ 숲에서 머무는 습관을 가졌기 때문에 '숲에 머무는 자(*āraññika*, 아란니까)'이다. 그의 수행이 '숲에 머무는 자의 수행(*āraññik-aṅga*, 아란니까 앙가)'이다.

⑨ 나무 아래에서 머무는 것이 나무 아래 [머묾](*rukkhamūla*, 룩카물라)이다. 그런 습관을 가졌기 때문에 '나무 아래 머무는 자(*rukkha-mūlika*, 룩카물리까)'이다. 나무 아래 머무는 자의 수행이 '나무 아래 머무는 자의 수행(*rukkha-mūlikaṅga*, 룩카물리까 앙가)'다.

⑩ 노천에 머무는 자와 ⑪ 공동묘지에 머무는 자의 수행에 대해서도 같은 방법이 적용된다.

10.
⑫ 어떤 것이 배정된 것, 그것이 '배정된 대로(*yathāsanthata*,

야타산타까)'이다. 이것은 '이것이 그대에게 배정됩니다'라고 하듯이 처음으로 배정된 거처의 동의어이다. 그 배정된 거처에 머무는 습관을 가졌기 때문에 '배정된 대로 머무는 자(yathā-santhatika, 야타산타띠까)'이다. 그의 수행이 '배정된 대로 머무는 자의 수행(yathā-santhatikaṅga, 야타산타띠까 앙가)'이다.

⑬ 눕는 것을 거절하고 앉아서 머무는 습관을 가졌기 때문에 눕지 않는 자(nesajjika, 네삿지까)'이다. 그의 수행이 '눕지 않는 자의 수행(nesajjikaṅga, 네삿지까 앙가)'이다.

11. 이 모든 것은 이런 것을 각각 받아지님으로써 오염원(kilesa)들을 제거했기 때문에 [오염원을] 제거한(dhutassa) 비구의 수행들(aṅgāni)이다. 혹은 오염원을 제거했기 때문에 두타(dhuta)라고 이름을 얻은 지혜가 이들의 수행(aṅga)이기 때문에 이들을 두타행(dhutaṅga, 두땅가)이라 한다. 혹은 이들은 반대되는 것을 제거했기 때문에 두타이고, 도닦음(paṭipatti)이기 때문에 수행이다. 그러므로 두타행이라 한다. 이와 같이 여기서 뜻으로 판별을 알아야 한다.

12. **[(2) 특징 등에 따라]:** 이런 [두타행]들은 받아지니려는 의도(cetanā)를 그 각각의 특징으로 가진다. 이와 같이 설하셨다. "받아지니려는 자는 인간이고 마음과 마음부수들인 법들을 받아지닌다. 받아지니려는 의도가 두타행이다. 거절한 것은 대상이다." 이 모든 것은 간탐을 버리는 역할을 한다. 간탐 없는 상태로 나타난다. 소욕 등의 성스러운 법이 가까운 원인이다. 이와 같이 여기서 특징 등으로 판별을 알아야 한다.

13. (3)-(7) 받아지님에 따라, 규정에 따라 등의 다섯 가지:

이 모든 두타행은 세존께서 살아계실 때는 세존으로부터 직접 받아지녀야 한다. 세존께서 열반에 드신 후에는 큰 제자로부터, 만약 그가 없으면 번뇌 다한 자로부터, 불환자로부터, 일래자로부터, 예류자로부터, 삼장[법사]로부터, 2장[법사]로부터, 1장[법사]로부터, [5부 니까야 중에서] 1부 니까야의 [법사]로부터, 주석가로부터, 그가 없으면 두타행을 실천하는 자로부터, 만약 그도 없으면 탑전을 청소한 뒤 쪼그리고 앉아서133) 정각을 이루신 부처님 전에 허락을 청하는 것처럼 한 뒤 받아지녀야 한다.

자기 스스로 받아지니는 것도 허락된다. [자기 스스로 받아지니는 것에] 관해서는 쩨띠야(Cetiya) 산에 머물던 두 형제 장로 가운데 형님 장로가 두타행을 다른 이들에게 알리려고 하지 않던 것에 관한 일화를 설해야 한다.134) 이것은 우선 모든 두타행에 해당되는 일

---

133) 원어 'ukkuṭikaṁ(쪼그리고) nisīdati(앉는다)'는 보통 호궤합장으로 번역하기도 한다. 그러나 이것은 우리나라에서 엉덩이를 들고 꿇어앉는 호궤합장과는 다르다. 남방에 가보면 알겠지만 스님들이나 재가자들이 탑전이나 불전에서 원을 세우거나 참회하거나 건물을 새로 짓거나 하는 등의 중요한 의식을 거행할 때 모두 쪼그리고 앉아서 이마에 합장하고 있는 것을 볼 수 있다. 이것이 여기서 뜻하는 자세이다.

134) 냐나몰리 스님은 이 문장을 'And here should be told the story of the senior of the two brothers who were Elders at Cetiyapabbata and their fewness of wishes with respect to the ascetic practices'라고 영역했는데 문장의 구조를 잘못 이해한 듯하다. 왜냐하면 본문에 'ca(그리고)'라는 단어가 없기 때문에 이렇게 ① 두 형제 장로 가운데 형님 장로의 이야기와 ② 두타행에 관한 그들의 욕심이 적음을 말하고자 함이 아니고 두 형제 장로 가운데 형님 장로가 두타행을 하면서도 그것을 남들에게 자랑하지 않고 조용히 받아지닌 것에 관한 일화를 말하는 것이기 때문이다.

반적인 설명이다.

1. 분소의를 입는 수행의 주석
paṁsukūlikaṅgakathā

14. 이제 이들 각각의 받아지님과 규정과 등급과 무너짐과 이익에 대해 설할 것이다. 먼저 분소의를 입는 수행은 '신도가 준 옷은 거절하리라'거나 '분소의를 입는 수행을 받아지니리라'고 이 두 선언 가운데 어떤 하나로 받아지닌다. 이것이 여기서 **받아지님**이다.

15. 이와 같이 두타행을 받아지닌 자는 공동묘지에 버려진 것, 상점 앞에 버려진 것, 길거리의 천 조각, 쓰레기더미에서 발견된 것, 해산할 때 사용한 것, 목욕할 때 사용한 것, 욕실에서 나온 것, [공동묘지에] 가고 올 때 입었던 것, 불타다 남은 것, 소가 씹은 것, 개미가 쏜 것, 쥐가 갉아먹은 것, 단이 떨어진 것, 가장자리가 떨어진 것, 깃발로 사용했던 것, 탑에서 얻은 천 조각, 사문의 옷, 관정할 때 사용했던 것, 신통으로 만든 것, 골목에서 얻은 것, 바람에 날려 온 것, 신들이 선사한 것, 바닷가에 버려진 것 ― 이 가운데서 어떤 옷을 주워서 자른 뒤 헤진 부분은 버리고 성한 부분은 빨아서 옷을 만들어 그 전에 장자가 [보시한] 옷은 버리고 이것을 수용해야 한다.

> Pm에 의하면, "이 장로는 눕지 않는 두타행을 수지하고 있었다고 한다. 그러나 그 어느 누구도 그 사실을 알지 못했다. 그러던 어느 날 밤에 장로가 침상의 뒤쪽에 앉아있는 것을 동생 장로가 번갯불을 통해서 보고 여쭈었다. '장로시여, 장로께서는 눕지 않는 수행을 하십니까? 장로는 그 사실이 알려지기를 원치 않았기 때문에 그 순간에 얼른 누웠다가 나중에 다시 받아지녔다고 이런 일화가 전해내려 온다.(Pm.23)"고 한다.

16. 이 가운데서 **공동묘지의 것**이란 공동묘지에 버려진 것이다. **상점의 것**이란 상점의 문 앞에 버려진 것이다. **길거리의 천 조각**이란 공덕을 쌓고자하는 사람들이 창문을 통해 길거리에 던진 천 조각이다. **쓰레기더미에서 발견된 것**이란 쓰레기더미에 버려진 천 조각이다. **해산할 때 사용한 것**이란 태아의 더러움을 닦아낸 뒤 버린 천 조각이다. 떳사(Tissa)라는 대신의 어머니는 금 백 냥의 가치가 되는 천으로 태아의 더러움을 닦게 한 뒤 '분소의를 입는 수행자들이 가져갈 것이다'라고 생각하면서 딸라웰리(Tālaveḷi)의 거리에 버리게 했다. 비구들은 헤진 부분을 수선하기 위해 가져갔다.

17. **목욕할 때 사용한 것**이란 악귀를 쫓는 자들에 의해서 머리 감고 목욕한 환자들이 '재수 없는 옷'이라고 생각하면서 버리고 간 것이다. **욕실에서 나온 것**이란 욕실에서 버려진 천 조각이다. **[공동묘지에] 가고 올 때 입었던 것**이란 사람들이 공동묘지를 다녀온 뒤 목욕하고 나서 버린 것이다. **불타다 남은 것**이란 일부분이 불에 탄 것이다. 왜냐하면 사람들은 그것을 버리기 때문이다. **소가 씹은 것** 등이란 분명하다. 이런 것도 사람들은 버리기 때문이다. **깃발로 사용했던 것**이란 배를 타는 사람들은 깃발을 세운 뒤 배를 탄다. 그들이 시야를 벗어났을 때 그것을 가질 수 있다. 그리고 양쪽 군대가 물러간 뒤 전쟁터에 세워 둔 깃발도 가질 수 있다.

18. **탑에서 얻은 천 조각**이란 개미집을 [천 조각으로] 덮고 제사를 지낸 것이다. **사문의 옷**이란 비구의 소유물이다. **관정할 때 사용했던 것**이란 왕의 관정식을 행한 곳에서 버려진 옷이다. **신통**

으로 만든 것이란 '오라, 비구여'라고 부처님께서 말씀하셨을 때 생긴 옷이다. **골목에서 얻은 것**이란 샛길에 버려진 것이다. 주인들이 기억하지 못하고 떨어뜨린 것은 조금 지켜본 후에 가져야 한다. **바람에 날려 온 것**이란 바람에 날려서 멀리 떨어진 것이다. 그러나 이것은 주인들을 찾을 수 없을 때 가질 수 있다. **신들이 선물한 것**이란 아누룻다(Anuruddha) 장로에게 준 것처럼 신들이 준 것이다. **바다에 버려진 것**이란 바다 파도에 밀려 육지로 밀려온 것이다.

19. 그러나 '승가에게 보시하리라'고 보시한 것이나 옷을 탁발하러 나간 자들이 얻은 것은 분소의가 아니다. 비구들에게 보시할 때 승납의 차례135)에 따라 보시한 것과 특정한 거처에 머무는 자가 수용하도록 준비된 것은 분소의가 아니다. 이처럼 얻지 않고 얻은 것을 분소의라 한다. 여기서 시주자가 비구의 발 아래 놓은 것을 그 비구가 분소의를 입는 수행을 하는 자의 손에 쥐어 준 것은 한 편으로 깨끗한 것이다. 비구의 손에 쥐어 준 것을 그 비구가 분소의를 입는 수행을 하는 자의 발에 놓은 것도 한 편으로 깨끗한 것이다. 비구의 발에 놓은 것을 그 비구도 그와 같이 발에 놓아 얻은 것은 양쪽으로 깨끗한 것이다. 손에 쥐어 준 것을 그 비구도 분소의를 입는 수행을 하는 자의 손에 쥐어 준 것은 엄격하지 않은 옷이다. 이와 같이 분소의를 입는 자는 분소의의 종류를 알고서 옷을 수용해야 한다. 이것이 이 경우의 규정이다.

---

135) 냐나몰리 스님은 '… *one given after it has been got [at a presentation of robes by householders] <u>at the end of the Rains</u>, … is not a refuse-rag.*'이라고 영역했는데 적절하지 않다. 본문의 '*vassaggena gāhetvā*'는 '안거의 마지막에'가 아니고 '승납의 차례에 따라'로 해석해야 한다.

20. 이제 **등급**은 다음과 같다. 분소의를 입는 자는 세 가지가 있는데 엄격하고, 중간 정도이고, 가볍게 하는 자다. 공동묘지에 버려진 것만을 취하는 자는 엄격하게 하는 자다. '출가자가 가져갈 것이다'라고 생각하면서 내버린 것을 가져가는 자는 중간 정도로 하는 자다. 그의 발아래 둔 것을 가지는 자는 가볍게 하는 자다.

[엄격하게 하는 자 가운데] 누구든 자기의 좋아함이나 선택으로 재가자가 준 것을 받는 순간에 그의 두타행은 무너진다. 이것이 여기서 **무너짐**이다.

21. 이것이 이익이다. "분소의를 의지한 출가(Vin.i.58; 96)"라는 말씀이 있기 때문에 의지한 것136)에 어울리는 수행을 하고, 첫 번째 성자의 계보(예류자)에 머물고, [옷을] 보호할 고통이 없고, 타인에게 의지하지 않는 자유스런 생활을 하고, 도둑의 위험이 없고, 수용하려는 갈애가 없고, 사문에게 적당한 필수품이고, "값나가지 않고, 쉽게 얻을 수 있고, 허물이 없다(A.ii.26)"라고 세존께서 찬탄한 필수품이고, 믿음을 자아내게 하고, 소욕 등의 결과를 생기게 하고, 바른 도닦음을 증장시키고, 후대 사람들에게 본보기가 된다.

22. 마라의 군대를 항복받기 위해 분소의를 입은 수행자는
전쟁터에서 갑옷으로 무장한 왕족처럼 빛난다.

세상의 스승께서도 까시의 비단137) 옷 등을 버리고

---

136) 여기서 의지란 네 가지 필수품 즉 옷, 음식, 거처, 약품을 말한다. 여기서는 옷을 언급하고 있다.
137) 여기서 까시(Kāsi)는 지금 인도의 바라나시의 옛 이름이다. 지금도 인도

분소의를 입으셨거늘 누가 그것을 입지 못할까?

그러므로 비구는 스스로 서원한 말을 기억하여
수행자에게 적합한 분소의 입는 것에 즐거워할지어다.

이것이 분소의를 입는 수행에 대한 받아지님과 규정과 등급과 무너짐과 이익에 대한 설명이다.

2. 삼의만 수용하는 수행의 주석
tecīvarikaṅgakathā

23. 그 다음에는 삼의(三衣)만 수용하는 수행이다. 이것은 '네 번째의 옷은 거절하리라'거나 '삼의만 수용하는 수행을 받아지니리라'고 이 두 선언 가운데 어떤 하나로 **받아지닌다**.

삼의만 수용하는 비구가 옷을 만들 천을 얻고서도 건강이 나빠서 옷을 만들 수 없거나 혹은 만드는 것을 도와주는 사람을 만나지 못했거나 혹은 바늘 등을 얻지 못했을 때 그 동안만큼은 보관할 수 있다. 그것을 보관하는 것이 허물이 되지는 않는다. 그러나 물을 들인 이후부터는 보관해서는 안된다. 그렇게 되면 두타행의 도둑이라 이름한다. 이것이 그 **규정**이다.

24. **등급**에 따라 이것도 세 가지이다. 엄격하게 하는 자는 물들일 때에 먼저 하의나 상의를 물들여서 그것을 허리에 두른 뒤 다른 것을 물들여야 한다. 그것을 어깨에 걸치고 대가사를 물들여야 한

에서는 바라나시에서 만든 비단을 최상품으로 여긴다.

다. 그러나 대가사를 허리에 둘러서는 안된다. 이것은 마을안의 거처에 있을 때의 의무이다. 숲 속에 있을 때는 두 가지를 동시에 물들여도 된다. 그러나 다른 사람을 보게 되면 가사를 끌어당겨 자기 몸 위에 걸칠 수 있도록 반드시 [가사와] 가까운 곳에 앉아있어야 한다.

중간 정도로 하는 자는 물들이는 방 안에 물들일 때만 잠시 사용하는 가사가 준비되어있다. 그것을 하의로 입거나 상의로 걸치고 물들이는 일을 할 수 있다.

가볍게 하는 자는 함께 거주하는 비구들의 옷을 [빌려] 하의로 입거나 상의로 걸치고 물들이는 일을 할 수 있다. 그곳에 있는 침상의 덮개를 이용하는 것도 허락된다. 그러나 그것을 가져가서는 안된다. 함께 거주하는 비구들의 옷을 때때로 사용하는 것도 허락된다. 삼의만 수용하는 두타행을 수행하는 자는 어깨가사를 네 번째 것으로 가질 수 있다. 그것은 단지 한 뼘의 넓이와 세 완척138)의 길이여야 한다.

이 세 가지 가운데 누구든 네 번째 옷을 수용하는 순간에 두타행은 무너진다. 이것이 여기서 **무너짐**이다.

25. 이것이 이익이다. 삼의만 수용하는 비구는 몸을 보호하는 옷으로만 만족한다. 그러므로 날개를 달고 날아가는 새처럼 옷을 지니고 간다. 일이 적고, 옷의 저장을 피하고, 검소한 생활을 하고, 여분의 옷에 대한 탐욕을 버리고, 허락된 것에 대해서도 적당량을

---

138) '완척'으로 옮긴 'hattha(손)'가 도량단위로 쓰이면 영어의 cubit에 해당하는 길이다. 1완척(腕尺, cubit)은 팔꿈치에서 가운뎃손가락 끝까지의 길이(약 46-56cm)라 한다.

유지하여 번뇌를 말살하는 생활을 하고, 소욕 등의 결과를 생기게 한다. 이와 같은 덕을 성취한다.

26.   여분의 옷에 대한 갈애를 버리고
저장을 피하는
삼의만 수용하는 지혜 있는 수행자는
지족과 행복의 맛을 안다.

그러므로 날개와 함께 날아가는 새처럼
진정한 수행자는 삼의만으로 [산다].
행복을 원하는 자는 옷의 절제에 기뻐할지어다.

이것이 삼의만 수용하는 수행에 대한 받아지님과 규정과 등급과 무너짐과 이익에 대한 설명이다.

3. 탁발음식만 수용하는 수행의 주석
piṇḍapātikaṅgakathā

27.   탁발음식만 수용하는 수행은 '여분의 음식은 거절하리라'거나 '항상 걸식한 것만 수용하는 수행을 받아지니리라'고 이 두 선언 가운데 어떤 하나로 **받아지닌다.**

항상 걸식한 것만 수용하는 수행자는 ① 대중들에게 올리는 음식 ② 지정한 비구들에게 올리는 음식 ③ 초대하여 올리는 음식 ④ 제비뽑기[139]를 하여 올리는 음식 ⑤ 반달마다 올리는 음식 ⑥ 포

---

139)   지금도 미얀마에서 흔히 볼 수 있는 공양법이다. 서로 다른 종류의 보시

살일마다 올리는 음식 ⑦ 각 반달의 첫날에 올리는 음식 ⑧ 객들을 위한 음식 ⑨ 길 떠나는 자들을 위한 음식 ⑩ 병자를 위한 음식 ⑪ 간병자를 위한 음식 ⑫ 특정한 절에 올리는 음식 ⑬ 주요한 집에서 올리는 공양 ⑭ 차례대로 올리는 공양 — 이 열 네 가지 음식을 수용해서는 안된다.

만약 '대중 스님들에게 올리는 음식을 드십시오'라는 식으로 말하지 않고 '저희 집에서 대중 스님들이 공양을 드십니다. 스님께서도 공양을 드십시오'라고 말하고 주는 것은 받아도 된다. 대중 스님들로부터 제비뽑기한 것이 음식이 아니고 [약 등]이거나 절에서 요리한 음식이면 그것도 받아도 된다. 이것이 그 **규정**이다.

28. **등급**에 따라서 이것도 세 가지이다. 엄격하게 하는 자는 앞에서 가져왔거나 뒤에서 가져온 음식은 받는다. 문 밖에 서서 보시하는 사람들이 발우를 가져갈 때 발우를 준다. 식당으로 가져와서 준 음식도 받는다. 그 날 앉아서 [약속한 음식을 기다려서 늦게 가져온] 것은 받지 않는다. 중간 정도로 하는 자는 그 날 앉아서 늦게 가져온 음식도 받는다. 그러나 그 다음날의 음식은 동의하지 않는다. 가볍게 하는 자는 다음날의 음식과 이틀 뒤의 음식도 동의한다. 이 두 부류의 사람들은 의지하지 않는 자유로운 행복을 얻지 못하지만 엄격하게 하는 자는 얻는다.

어떤 마을에 성자의 계보에 관한 [설법이] 있었다고 한다. 엄격하게 하는 자가 다른 자들에게 말했다. '도반이여, 가서 법을 들읍시

물이 들어왔거나 공양에 초청된 인원수가 한정되어있을 때는 이런 식으로 제비뽑기를 해서 해당되는 보시물을 나눠 가지기도하고 공양청에 응하기도 한다.

다.' 그 가운데서 한 사람은 '존자시여, 어떤 사람의 음식을 받기로 약속이 되어있습니다'라고 대답했고, 다른 사람은 '존자시여, 저는 내일 음식을 받는 것에 동의했습니다'라고 대답했다. 이와 같이 그 두 사람은 결핍한 자들이었다. 엄격하게 하는 자는 다음날 아침 걸식을 행한 뒤 가서 법의 맛을 맛보았다.

이 셋 모두가 대중 스님들께 올리는 음식 등 여분의 음식을 수용하는 순간에 두타행은 무너진다. 이것이 여기서 **무너짐**이다.

29. 이익은 다음과 같다. ① "탁발음식 덩이를 먹는 것에 의지한 출가(Vin.i.58; 96)"라는 말씀이 있기 때문에 의지한 것에 어울리는 수행을 하고 ② 두 번째 성자의 계보(일래자)에 머물고 ③ 타인에게 의지하지 않는 자유스런 생활을 하고 ④ "값나가지 않고, 쉽게 얻을 수 있고, 허물이 없다(A.ii.26)"라고 세존께서 찬탄하신 필수품이고 ⑤ 게으름을 물리치고 ⑥ 생계가 청정하고 ⑦ 사소한 학습계율(sekhiya, 衆學)140) 수행을 원만히 하고 ⑧ 타인에 의해 양육되지 않고 ⑨ 타인을 돕고 ⑩ 자만을 버리고 ⑪ 맛에 대한 갈애를 제거하고 ⑫ 대중을 위한 음식(gaṇabhojana)과 다른 사람을 위한 공양 초청에 대신 응하는 것(paramparabhojana)과 바른 행동거지(cāritta)에 관한 학습계율을 위반하지 않게 되고 ⑬ 소욕 등에 적합하게 생활하고 ⑭ 바른 도닦음을 증장시키고 ⑮ 후대 사람들에게 연민심을 가진다.

---

140) '사소한 학습계율(sekhiya, 衆學)'은 바라이죄 등의 일곱 항목으로 분류된 비구계목 가운데 마지막 항목에 속하는 계목들이다. 이것은 어겨도 범계가 되지 않는 비구의 행동거지와 의식주에 대한 생활규범을 모아놓은 것이다.

30. 탁발음식 덩이에 만족하고
타인에 의존하지 않는 생활을 하고
음식에 탐욕을 버린 수행자는 사방에 자유롭다.

게으름을 떨치고, 생계가 청정하다.
그러므로 지자는 탁발하는 것을 경멸하지 말아야 한다.

"탁발음식으로 자신을 지탱하고
타인에 의해 부양되지 않는 비구가
만약 이득과 명예에 집착하지 않는다면
신들도 그를 부러워한다.(Ud.31)"

이것이 탁발음식만 수용하는 수행에 대한 받아지님과 규정과 등급과 무너짐과 이익에 대한 설명이다.

4. 차례대로 탁발하는 수행의 주석

sapadānacārikaṅgakathā

31. 차례대로 탁발하는 수행도 '탐욕스럽게 탁발하는 것을 거절하리라'거나 '차례대로 탁발하는 수행을 받아지니리라'고 이 두 선언 가운데 어떤 하나로 **받아지닌다**.

차례대로 탁발하는 자는 마을 입구에 서서 위험이 없는지 주시해야 한다. 거리나 마을에 어떤 위험이 있으면 그곳에서 나와 다른 곳에 탁발가도 된다. 집의 대문이나 골목이나 마을에서 아무것도 얻을 수 없으면 마을이라고 인식하지 말고 떠나야 한다. 만약 조금이라도 얻는다면 그곳을 버리고 떠나서는 안된다. 이 비구는 불안한 곳을 떠나 다른 곳에서 탁발할 수 있도록 마을에 일찍 들어가야 한다. 만약 시주자가 절에 와서 음식을 올리거나 도로에 나와서 발우를 받아서 음식을 올리면 그것은 허락된다. 이 비구가 길을 가다가 탁발하는 시간이 되면 그가 도착한 마을을 지나치지 말고 그곳에서 탁발해야 한다. 그곳에서 얻지 못했거나 혹은 조금밖에 얻지 못하면 마을의 차례대로 탁발해야 한다. 이것이 그 **규정**이다.

32. **등급**에 따라서 이것도 세 가지이다. 엄격하게 하는 자는 앞에서 가져왔거나 뒤에서 가져왔거나 공양하는 곳으로 가져와서 준 음식은 받지 않는다. 그러나 문 앞에서 발우를 건네준다. 이 두타행에 관한 마하가섭(Mahā-Kassapa) 존자만한 이가 없었다. 그의 경우도 발우를 건네준 사례가 언급되었다. 중간 정도로 하는 자는 앞에서 가져왔거나 뒤에서 가져왔거나 공양하는 곳으로 가져와서 준 음식도 받고 문 앞에서 발우도 건네준다. 그러나 약속한 음식을 기다리면서 앉아있지는 않는다. 이와 같이 그는 엄격하게 탁발음식을 수용하는 자의 규칙에 따른다. 가볍게 하는 자는 그날 올 음식을 기다리면서 앉아있다.

이 세 사람이 탐욕스럽게 탁발하는 순간 그들의 두타행은 무너진다. 이것이 여기서 **무너짐**이다.

33. 이것이 이익이다. [신도]가족들에게 항상 낯설고, 달과 같고, [신도]가족에 대한 탐욕을 버리고, 고루 연민을 느끼고, 친한 가족의 부양을 받음에서 오는 위험이 없고, 초대를 기꺼워하지 않고,

음식을 가져오기를 바라지 않고, 소욕 등에 어울리는 생활을 한다.

34. 집의 차례대로 탁발하는 비구는
가족들에게 달과 같고, 항상 낯설고, 인색하지 않고
모두에게 고루 연민을 느끼고
친한 가족의 부양을 받는 위험이 없다.

그러므로 탐욕스럽게 탁발하기를 버리고
눈을 내리뜨고, 멍에의 길이만큼 앞을 내다보며
대지에서 자유로움을 원하는 지자는
차례대로 탁발함을 행할지어다.

이것이 차례대로 탁발하는 수행에 대한 받아지님과 규정과 등급과 무너짐과 이익에 대한 설명이다.

5. 한 자리에서만 먹는 수행의 주석

ekāsanikaṅgakathā

35. 한 자리에서만 먹는 수행은 '여러 자리에서 먹는 것을 거절하리라'거나 '한 자리에서만 먹는 수행을 받아지니리라'고 이 두 선언 가운데 어떤 하나로 **받아지닌다**.

한 자리에서만 먹는 자는 식당에 앉을 때에 장로의 자리에 앉지 않고 '이 [자리개] 나에게 배정되겠다'라고 적당한 자리를 주시한 뒤 앉아야 한다. 만일 공양이 끝나기 전에 스승이나 은사스님이 오면 일어나서 의무를 행할 수 있다. 그러나 삼장법사 쭐라아바야

(Cūla-Abhaya) 장로는 말씀하셨다. '자리를 보존하거나 혹은 음식을 [보존해야 한다].141) 이 사람은 음식을 끝내지 않은 자다. 그러므로 의무를 다 할 수는 있지만 [다시] 음식을 먹어서는 안된다.' 이것이 그 규정이다.

36. 등급에 따라서 이것도 세 가지이다. 엄격하게 하는 자는 적거나 많거나 간에 그가 손을 댄 음식이외에 다른 것을 받지 않는다. 만약에 '장로께서 아무것도 드시지 않았다'고 사람들이 버터기름 등을 가져오면 약으로는 받을 수 있지만 음식으로 받아서는 안된다. 중간 정도로 하는 사람은 발우 속의 음식이 끝나기 전에는 더 받을 수 있다. 그는 음식이 다 했을 때 공양을 끝내는 자라 불린다. 가볍게 하는 자는 자리에서 일어나기 전까지 먹을 수 있다. 그는 물과 함께 공양을 끝내는 자다. 왜냐하면 발우를 씻을 물을 받기 전까지 먹을 수 있기 때문이다. 혹은 자리와 함께 끝내는 자다. 왜냐하면 자리에서 일어나기 전까지 먹을 수 있기 때문이다.

이 세 사람이 여러 자리에서 음식을 먹는 순간 그들의 두타행은 무너진다. 이것이 여기서 **무너짐**이다.

---

141) "**자리를 보존해야 한다**란 한 자리에서만 먹는 수행을 하는 비구는 음식을 다 먹을 때까지 [어른스님들이 오셨더라도] 일어나지 않고 자리를 지켜야 한다. 혹은 **음식을 보존해야 한다**란 아직 음식 먹는 것을 시작하지 않았다면 [어른스님들께 예를 표하기 위해서] 일어나야 한다는 뜻이다. 그래야만 그 음식을 먹을 수 있기 때문이다(Pm.28)"
그러나 냐나몰리 스님은 음식을 보존해야 한다는 뜻을 만약 일어났으면 나머지 음식을 버려야 한다는 뜻으로 다음과 같이 해석했다. '*He should either keep his seat [and finish his meal] or [if he gets up he should leave the rest of] his meal [in order not to break the ascetic practice].*'

37. 이것이 이익이다. 병이 없고, 몸의 고통이 없고, 몸이 가볍고, 몸에 힘이 있고, 행복하게 머물고, 여분의 음식을 거절하여 허물을 범하지 않고, 맛에 대한 갈애를 없애고, 소욕 등에 적합하게 생활한다.

38. 한 자리에서만 먹는 것을 좋아하는 수행자는
음식으로 인한 병을 만나지 않는다.
맛에 대한 탐욕을 버린 그는
자신의 [도닦는] 일을 잃지 않는다.

한 자리에서만 먹는 것은
편안한 삶의 원인이고
깨끗함과 [번뇌] 말살의 기쁨이 함께하나니
마음이 청정한 수행자는 그것을 기뻐할지어다.

이것이 한 자리에서만 먹는 수행에 대한 받아지님과 규정과 등급과 무너짐과 이익에 대한 설명이다.

6. 발우 [한 개]의 탁발음식만 먹는 수행의 주석
pattapiṇḍikaṅgakathā

39. 발우 [한 개]의 탁발음식만 먹는 수행은 '두 번째 그릇은 거절하리라'거나 '발우 [한 개]의 탁발음식만 먹는 수행을 받아지니리라'고 이 두 선언 가운데 어떤 하나로 **받아지닌다**.

발우의 탁발음식만 먹는 자는 죽을 먹을 때에, 그릇에 담긴 반찬을 얻으면 반찬을 먼저 먹거나 죽을 먼저 먹어도 된다. 만약 죽에다 반찬을 넣을 때에, 냄새나는 생선 등으로 만든 반찬을 넣으면 죽이 혐오스러워진다. 혐오스럽지 않게 해서 먹어야 한다.142) 그러므로 이것은 그와 같은 반찬에 관해서 설한 것이다. 그러나 꿀, 설탕 등 혐오스럽지 않은 것은 그 속에 넣어야 한다. 받을 때에도 적당량을 받아야 한다. 생야채는 손으로 받아서 먹어도 된다. 그렇게 하지 않고 발우 속에 넣어도 된다. 두 번째 그릇은 금지되었기 때문에 다른 나뭇잎조차도 허락되지 않는다. 이것이 그 **규정**이다.

40. **등급**에 따라서 이것도 세 가지이다. 엄격하게 하는 자는 사탕수수 대를 씹을 때를 제외하고 [음식을 먹을 때에] 찌꺼기를 버리는 것도 허락되지 않는다. 밥덩이와 생선과 고기와 빵을 분리하여 먹는 것도 허락되지 않는다. 중간 정도로 하는 자는 한 손으로 분리하여 먹을 수 있다. 그는 '손 수행자(*hatthayogī*)'라 불린다. 가볍게 하는 자는 '발우 수행자(*pattayogī*)'라 불린다. 발우 안에 담길 수 있는 것은 그 어떤 것이든 손이나 이빨로 분리하여 먹을 수 있다.

이 세 사람이 두 번째 그릇을 수용하는 순간 그들의 두타행은 무너진다. 이것이 여기서 **무너짐**이다.

41. 이익은 다음과 같다. 다양한 맛에 대한 갈애를 없애고, [한 개의 발우보다] 더 많은 것에 대한 소원을 버리고,143) 음식의 목적

---

142) "발우의 탁발음식만 먹는 수행자는 혐오스러운 음식은 받지 않을 수도 있다는 뜻이다.(Pm.29)"
냐나몰리 스님은 'So it is allowable [to do this] only in order to use it without making it repulsive'라고 애매하게 영역했다.

과 적당한 양을 보고, 쟁반 등을 소지하는 번거로움이 없고, 산란함
이 없이 먹고,144) 소욕 등에 적합하게 생활한다.

42. 눈을 아래로 내리뜬 진실한 수행자는
여러 그릇에서 생기는 산란함을 버리나니
참다운 세계를 가진 그는
맛에 대한 갈애의 뿌리를 뽑아버린다.

선량한 마음을 가진 그는
자기의 본성처럼 만족함을 지니나니
발우 [한 개]의 탁발음식을 먹는 자를 제외하고
누가 이런 음식을 먹을 수 있겠는가.

이것이 발우 [한 개]의 탁발음식을 먹는 수행에 대한 받아지님과
규정과 등급과 무너짐과 이익에 대한 설명이다.

7. 나중에 얻은 밥을 먹지 않는 수행의 주석
khalupacchābhattikaṅgakathā

43. 나중에 얻은 밥을 먹지 않는 수행은 '추가로 받은 음식을

---

143) "'갖가지 그릇에 담긴 다양한 맛에 대한 소원을 버리고'라는 뜻이다.(Pm. 29)" 냐나몰리 스님은 오직 문자 그대로 '*excessiveness of wishes is abandoned*'라고 영역하여 뜻이 드러나지 않는다.
144) "각각의 그릇에 담긴 음식을 먹을 때 그 각각에 대한 음식으로 인해 먹는 것이 산란해진다. 그러나 한 개의 발우에 담긴 음식을 먹을 때에는 그와 같지 않기 때문에 산란함이 없이 먹는다고 했다.(Pm.29)"
냐나몰리 스님은 이 부분을 영역하지 않았다.

거절하리라'거나 '나중에 얻은 밥을 먹지 않는 수행을 받아지니리라'고 이 두 선언 가운데 어떤 하나로 **받아지닌다**.

나중에 얻은 밥을 먹지 않는 자는 [음식에] 만족하고 나서 다시 음식을 올리도록 하여 먹어서는 안된다. 이것이 그 **규정**이다.

44. **등급**에 따라서 이것도 세 가지이다. 여기서 엄격하게 하는 자는 첫 번째 덩이에 대해서 충분하다고 거절하지 않는다. 그러나 그것을 삼킬 때에 다른 것을 거절한다. 그러므로 그가 이와 같이 충분하다고 거절했을 때 첫 번째 덩이는 삼키고 두 번째 덩이는 먹지 않는다. 중간 정도로 하는 자는 충분하다고 거절한 음식도 먹는다. 가볍게 하는 자는 자리에서 일어날 때까지 먹는다.

이 세 사람이 충분하다고 거절한 다음 음식을 올리도록 하여 먹는 순간 두타행은 무너진다. 이것이 여기서 **무너짐**이다.

45. 이익은 다음과 같다. 추가의 음식으로 인한 허물을 범함으로부터 멀어지고, 과식이 없고, 음식을 보관하지 않고, 다시 찾는 것이 없고, 소욕 등에 적합하게 생활한다.

46. 나중에 얻은 밥을 먹지 않는 지혜로운 수행자는
다시 음식을 찾는 성가심이 없고
저장을 하지 않고 과식을 버린다.

그러므로 허물을 벗어버리고자 하는 수행자는
선서께서 찬탄하시고
지족 등의 덕을 증장시키는
이러한 두타행을 의지할지어다.

이것이 나중에 얻은 밥을 먹지 않는 수행의 받아지님과 규정과 등급과 무너짐과 이익에 대한 설명이다.

8. 숲에 머무는 수행의 주석
āraññikaṅgakathā

47. 숲에 머무는 수행은 '마을의 숙소를 거절하리라'거나 '숲에 머무는 수행을 받아지니리라'고 이 두 선언 가운데 어떤 하나로 **받아지닌다**. 그러므로 숲에 머무는 자는 마을의 숙소를 떠나 동틀 무렵 숲 속에 있어야 한다.

48. 여기서는 마을의 경계도 마을의 숙소에 포함된다. 마을이란 한 채의 집이 있거나 여러 채의 집이 있거나, 담으로 둘러싸여있거나 담으로 둘러싸여있지 않거나, 사람이 살고 있거나 사람이 살고 있지 않거나, 넉 달 이상 어떤 무리들이 산 곳을 포함한다. 마을의 경계란 아누라다뿌라(Anurādhapura)처럼 대문의 석주가 두 개가 있다면 담으로 둘러싸인 마을의 대문의 석주 사이에 서서 보통의 힘을 가진 사람이 돌을 던졌을 때 돌이 떨어진 범위까지이다.(*cf.* Vin.iii.46)
율사들은 그 돌 던지는 것의 특징은 마치 청년들이 자기의 힘을 자랑하기 위해 팔을 펴서 돌을 던질 때처럼 던진 돌이 떨어진 곳까지라고 말하고, 경사(經師)들은 까마귀들을 쫓아버리기 위해 던진 돌이 떨어진 곳까지라고 말한다. 담으로 둘러싸여있지 않은 마을의 경우 맨 끝집의 대문에 서서 부인이 대야의 물을 버렸을 때 그 물이 떨어

진 곳이 집의 경계다. 그곳에서 앞서 설한 던진 돌이 떨어진 곳이 마을이고, 그곳에서 다시 던진 돌이 떨어진 곳이 마을의 경계다.

49. 율장의 가르침에 따르면 숲이란 "마을과 마을의 경계를 제외한 모든 곳이 숲이다(Vin.iii.46)"라고 설하셨다. 논장의 가르침에 따르면 "석주 밖을 나가면 모두 숲이다(Vbh.251)"라고 설하셨다. 그러나 경장의 가르침에 의하면 그것의 특징은 다음과 같다. "숲이란 500활의 거리만큼 떨어진 곳이다(Vin.iv.183)." 담으로 둘러싸인 마을의 경우 석주에서부터, 담으로 둘러싸이지 않은 마을의 경우 처음 돌이 떨어진 곳에서부터, 궁수가 당긴 활로 승원의 담까지 거리를 측정하여 확정해야 한다.

50. 만약 승원이 담으로 둘러싸여있지 않으면 맨 처음 숙소나 식당이나 상설 집회소나 보리수나 탑전을 — 비록 이들이 절로부터 멀리 떨어져있더라도 — 경계로 삼아 측정해야 한다고『율장의 주석서』들에서 설했다. 그러나『중부 주석서』에서는 마을과 승원의 경계를 생략하고 두 돌이 떨어진 곳의 사이에서 범위를 측정해야 한다고 설했다.(MA.ii.217) 이것이 여기서 숲의 범위이다.

51. 만약 마을이 가깝거나 사람들의 소리가 절에 있는 사람들에게 들리더라도 산과 강 등이 중간에 가로놓여있어 바로 갈 수가 없고, 만약 자연적으로 접근할 수 있는 길이 있더라도 그것이 배를 이용하여 갈 수 있는 길이라면 500활의 거리라고 간주한다. 두타행을 받아지니기 위해 마을 근처의 길을 여기저기 막아 [길을 멀게 만드는] 사람은 두타행을 훔치는 도둑이다.

52. 만약 숲에 머무는 비구의 은사나 혹은 스승이 병이 나서 필요한 것을 숲 속에서 얻지 못하면 그를 마을의 숙소로 모셔서 간호해야 한다. 그럴 경우에는 적절한 시간에 [마을에서] 나와서 두타행을 하기에 적합한 곳에서 여명을 맞아야 한다. 만약 동틀 무렵에 그들의 병이 심해지면 그들을 위해 간호해야 한다. 두타행의 청정에 개의치 않아도 된다. 이것이 그 **규정**이다.

53. **등급**에 따라서 이것도 세 가지이다. 엄격하게 하는 자는 항상 숲에서 여명을 맞아야 한다. 중간 정도로 하는 자는 넉 달의 안거기간 동안에는 마을에서 머물 수 있다. 가볍게 하는 자는 겨울에도 머물 수 있다.

이 세 사람이 [숲에 머무는] 한정된 기간 동안 숲에서 나와 마을의 숙소에서 법문을 들을 때 비록 여명이 밝아오더라도 두타행은 무너지지 않는다. 법문을 듣고 돌아오는 도중에 여명이 밝아오더라도 무너지지 않는다. 그러나 만약 설법자가 자리를 떴음에도 불구하고 잠깐 동안 누웠다가 떠나리라 생각하면서 잠이 든 사이 여명을 맞거나, 자신의 선택에 따라 마을의 숙소에서 여명을 맞으면 두타행은 무너진다. 이것이 여기서 무너짐이다.

54. 이익은 다음과 같다. 숲에 머무는 비구는 숲의 인식을 마음에 잡도리할 때 아직 얻지 못한 삼매를 증득할 수 있고, 이미 얻은 삼매를 보호할 수 있다. 스승께서 그를 기뻐하신다. 이처럼 말씀하셨다. "나기따(Nāgita)여, 나는 비구가 숲에 머무는 것을 기뻐한다.(A.iii.343)" 그가 멀리 떨어진 숙소에 머물 때 부적절한 형상 등에

의해 그의 마음이 흔들리지 않는다. 두려움을 버리고, 생명에 대한 집착을 버리고, 한거에서 오는 행복의 맛을 감상하고, 분소의를 입는 수행 등이 그에게 어울린다.

55. 한적한 곳에 머물고, 홀로 머물고
멀리 떨어진 숙소를 기뻐하는 비구는
숲 속에 머물러서
구세주의 마음을 기쁘게 한다.

혼자 숲 속에서 머무는 수행자는 행복을 얻는다.
제석을 포함한 신들도 그 맛을 알지 못한다.

분소의를 갑옷으로 입고
나머지 두타행의 무기를 갖고 숲 속의 전쟁터로 가서

머지않아 마라와 그의 군대를 이길 수 있으니
지자는 숲에 머묾을 기뻐할지어다.

이것이 숲에 머무는 수행의 받아지님과 규정과 등급과 무너짐과 이익에 대한 설명이다.

9. 나무 아래 머무는 수행의 주석

rukkhamūlikaṅgakathā

56. 나무 아래 머무는 수행은 '지붕 아래 머무는 것을 거절하리라'거나 '나무 아래 머무는 수행을 받아지니리라'고 이 두 선언 가운

데 어떤 하나로 **받아지닌다**.

그 나무 아래 머무는 자는 다음과 같은 나무들을 피하고 절의 외곽에 있는 나무를 의지해야 한다. 즉 국경에 있는 나무, 탑전의 나무, 고무나무, 과일이 열린 나무, 박쥐가 사는 나무, 속이 텅 빈 나무, 경내에 서있는 나무는 피해야 한다. 이것이 그 **규정**이다.

57. 등급에 따라서 이것도 세 가지이다. 엄격하게 하는 자는 자기가 좋아하는 나무를 선택하여 청소를 시켜서는 안된다.145) 떨어진 나뭇잎을 발로 밀어붙이고 머물러야 한다. 중간 정도로 하는 자는 그곳에 온 사람들에게 청소를 시킬 수 있다. 가볍게 하는 자는 절일을 보는 사람과 사미들을 불러 모아 청소를 시키고 땅을 고르고 모래를 뿌리고 담으로 둘러싸고 문을 세우게 한 다음 머물 수 있다. 그러나 [포살 등] 특별한 날에 나무 아래 머무는 수행자는 그곳에 앉지 말고 다른 숨겨진 곳에 앉아야 한다.

이 세 사람이 지붕이 있는 집 아래 머무는 순간 두타행은 무너진다. '알면서 고의로 지붕 아래서 새벽을 맞는 순간 이것은 무너진다'라고 『증지부』를 암송하는 자(Aṅguttarabhāṇaka)들은 말한다. 이것이 여기서 **무너짐**이다.

58. 이익은 다음과 같다. "나무 아래를 거처로 의지한 출가 (Vin.i.58; 96)"라는 말씀이 있기 때문에 의지한 것에 어울리는 수행을

---

145) 이 문장에서 부정 동사 '*na labhati*'를 냐나몰리 스님은 다음과 같이 청소를 시키는 것에만 적용을 시켰다. "*Herein, one who is strict is not allowed to have a tree that he has chosen tidied up.*" 그러나 삐 마웅 틴의 P.T.S 영역본과 한문본에서는 자기가 좋아하는 나무를 택해서도 안되고 또한 청소를 시켜서도 안된다고 두 곳에다 적용을 시켰다.

하고, "값나가지 않고, 쉽게 얻을 수 있고, 허물이 없다(A.ii.26)"라고 세존께서 찬탄한 필수품이고, 끊임없이 어린 나뭇잎이 변해 가는 것을 봄으로써 무상의 인식이 생기고, 거처에 대한 탐욕과 건축불사를 좋아함이 없고, 목신들이 함께 거주하고, 소욕 등에 적합하게 생활한다.

59. 최승자인 부처님께서 '의지할 것'이라고 찬탄하셨네
한거하는 자에게 나무 아래 같은 거처 또 어디 있을까.

거처에 대한 탐욕이 없고 신들이 보호하며
한적한 나무 아래에 항상 머문다.

어린잎이 처음엔 심홍색, 다음엔 푸른색, 또 황색이 되어
떨어지는 것을 보면서 영원하다는 인식을 버린다.

그러므로 부처님의 유산이요 수행을 즐기는 자의 거처인
한적한 나무 아래를 지자는 경멸하지 말지어다.

이것이 나무 아래 머무는 수행의 받아지님과 규정과 등급과 무너짐과 이익에 대한 설명이다.

10. 노천에 머무는 수행의 주석
abbhokāsikaṅgakathā

60. 노천에 머무는 수행은 '지붕 아래와 나무 아래 머무는 것을 거절하리라'거나 '노천에 머무는 수행을 받아지니리라'고 이 두 선

언 가운데 어떤 하나로 **받아지닌다**.

노천에 머무는 자는 법문을 경청하거나 혹은 포살을 하기 위해 포살당에 들어갈 수 있다. 만약 들어간 후 비가 내리면 비가 내리는 동안에는 나가지 않고 비가 그친 다음 나가도 된다. 식당이나 혹은 화실(火室)에 들어가서 소임을 볼 수도 있다. 식당에서 장로들에게 공양을 여쭐 수도 있고, 가르치거나 배울 때에 지붕 아래 들어갈 수도 있다. 또한 밖에 잘못 놓아둔 침상과 의자를 안으로 들여놓기 위해서 들어갈 수도 있다. 만약 길가는 도중 연장자의 필수품을 가지고 가다가 비가 내리면 길가에 있는 휴게소에 들어갈 수도 있다. 만약에 가진 것이 없을 때 '휴게소에서 쉬리라'고 생각하면서 급히 들어가서는 안된다. 평소의 걸음걸이로 안으로 들어가서 비가 그칠 때까지 쉬었다 떠나도 된다. 이것이 그 **규정**이다. 나무 아래 머무는 수행자에게도 이 방법이 적용된다.

61. **등급**에 따라서 이것도 세 가지이다. 엄격하게 하는 자는 나무나 바위나 집 근처에 살아서는 안된다. 오직 노천에 옷으로 천막을 만들어 살아야 한다. 중간 정도로 하는 자는 나무나 혹은 바위나 혹은 집 근처에서 안에 들어가지만 않으면 살아도 된다. 가볍게 하는 자는 [비가 안으로 들어오는 것을 방지할] 덮개가 없는 동굴과 나뭇가지가 덮여서 된 천막과 풀먹인 뻣뻣한 천과 전답을 지키던 사람들이 버린 일시적인 움막은 허용된다.

이 세 사람이 머물기 위해 지붕 아래나 나무 아래에 들어가는 순간 두타행은 무너진다. 알면서 고의로 그곳에서 새벽을 맞는 순간 이것은 무너진다고 『증지부』를 암송하는 자들은 말한다. 이것이 여기서 **무너짐**이다.

62. 이익은 다음과 같다. 거처에 대한 장애가 끊어지고, 해태와 혼침을 제거하고, "비구들은 사슴처럼 집착 없이 다니면서 집 없이 머문다.(S.i.199)"라는 칭찬에 적합하고, 집착이 없고, 사방에 자유롭고, 소욕 등에 적합하게 생활한다.

63. 출가생활에 어울리고 쉽게 얻을 수 있고
별들의 보석이 펼쳐졌고 달과 해가 빛을 주는

노천에 머무는 비구는 사슴과 같은 마음으로
해태와 혼침을 털어버려 수행의 기쁨에 의지한다.

그는 머지않아 한거에서 생긴 묘미를 얻나니
그러므로 지자는 노천에 머무는 것을 기뻐할지어다.

이것이 노천에 머무는 수행의 받아지님과 규정과 등급과 무너짐과 이익에 대한 설명이다.

11. 공동묘지에 머무는 수행의 주석
sosānikaṅgakathā

64. 공동묘지에 머무는 수행은 '공동묘지가 아닌 곳은 거절하리라'거나 '공동묘지에 머무는 수행을 받아지니리라'고 이 두 선언 가운데 어떤 하나로 받아지닌다. 공동묘지에 머무는 자는 사람들이 신도시를 만들어서 '이것은 공동묘지다'라고 확정했다고 해서 그곳

에서 머물러서는 안된다. 시체를 태우지 않은 곳은 공동묘지가 아니기 때문이다. 그러나 시체를 태운 이후 12년 동안 방치해 둔 곳이라 하더라도 그것은 공동묘지라 한다.

65. 그곳에 머무는 자는 경행대와 천막을 만들게 하고, 침상과 의자를 갖다 놓게 하고, 마실 물과 허드렛물을 준비하게 하고, 법을 설하면서 머물러서는 안된다. 이 두타행은 참으로 행하기가 어렵다. 그러므로 성가신 일을 피하기 위해 승가의 장로스님이나 혹은 그 지방의 통치자에게 통지한 뒤 방일함이 없이 머물러야 한다. 경행할 때 눈을 반쯤 뜨고 화장한 곳을 쳐다보면서 경행해야 한다. 공동묘지로 갈 때도 큰길은 피하고 샛길로 가야 한다. 낮 동안에 [그곳에 있는 모든] 대상을 [이것은 개미굴이고, 이것은 나무이고, 이것은 그루터기이고 등으로] 확정해야 한다. 그리하면 그것이 밤에 그에게 공포를 일어나게 하지 않을 것이다. 비록 귀신들이 비명을 지르면서 돌아다니더라도 [돌 등] 어떤 것으로 쳐서는 안된다. 하루라도 공동묘지에 가지 않으면 안된다. 공동묘지에서 중경을 보내고 후경에는 그곳을 떠나도 된다고 『증지부』를 암송하는 자들은 말한다. 귀신들이 좋아하는 깨 가루, 콩밥, 생선, 고기, 우유, 기름, 설탕 등의 음식을 가져가서는 안된다. 그는 신도집에 들어가서도 안된다. 이것이 규정이다.

66. 등급에 따라서 이것도 세 가지이다. 엄격하게 하는 자는 항상 불타고 있고, 항상 시체가 있고, 항상 곡소리가 있는 곳에서만 머물러야 한다. 중간 정도로 하는 자는 이 셋 가운데서 하나만 있는 곳에서 머물러도 된다. 가볍게 하는 자는 앞서 설한대로 공동묘지

라는 특징을 얻은 곳에서 머물러도 된다.

이 세 사람이 공동묘지가 아닌 곳에서 머물 때 두타행은 무너진다. 공동묘지에 가지 않은 날 두타행은 무너진다고 『증지부』를 암송하는 자들은 말한다. 이것이 여기서 무너짐이다.

67. 이익은 다음과 같다. 죽음에 대한 마음챙김(死念)을 얻고, 방일함이 없이 머물고, 부정한 표상(不淨相)을 얻고, 애욕을 버리고, 끊임없이 몸의 본성을 보고, 크게 절박감이 생기고, 건강에 대한 교만 등을 버리고, 두려움과 공포를 극복하고, 인간이 아닌 자들의 존경을 얻고, 소욕 등에 적합하게 생활한다.

68. 공동묘지에 머무는 수행자는 죽음을 수관하기 때문에
잠잘 때조차도 방일함의 허물이 그에게 닿지 않으리.
그가 많은 시체들을 볼 때
마음은 애욕에서 벗어난다.

큰 절박감 때문에 교만에 의지하지 않고
적정을 구하면서 바르게 노력한다.
공동묘지에 머무는 수행은 진기한 덕을 가져오기 때문에
열반으로 향하는 가슴으로 행해야 하리.

이것이 공동묘지에 머무는 수행의 받아지님과 규정과 등급과 무너짐과 이익에 대한 설명이다.

12. 배정된 대로 머무는 수행의 주석

yathāsanthatikaṅgakathā

69. 배정된 대로 머무는 수행은 '숙소에 대한 탐욕을 버리리라'거나 '배정된 대로 그곳에 머무는 수행을 받아지니리라'고 이 두 선언 가운데 어떤 하나로 **받아지닌다.**

배정된 대로 머무는 자는 '이것이 스님에게 배정되었습니다'고 하면서 주면 그것에 만족해야 한다. 다른 사람을 옮기게 해서는 안된다. 이것이 그것의 **규정**이다.

70. **등급**에 따라서 이것도 세 가지이다. 엄격하게 하는 자는 자기에게 배정된 숙소에 대해 '먼 곳입니까? 너무 가까운 곳입니까?'라거나 '귀신, 뱀 등이 극성을 부리는 곳입니까?'라거나 '더운 곳입니까, 추운 곳입니까?'라고 물어서는 안된다. 중간 정도로 하는 자는 물어도 된다. 그러나 가서 점검해서는 안된다. 가볍게 하는 자는 가서 점검한 다음 만약 그것이 마음에 들지 않으면 다른 것을 선택할 수 있다.

이 세 종류의 사람에게 숙소에 대한 탐욕이 일어나는 순간 두타행은 무너진다. 이것이 여기서 **무너짐**이다.

71. 이익은 다음과 같다. "얻은 것에 만족해야 한다(Ja.i.476; Vin.iv.259)"라는 가르침을 따르게 되고, 동료 수행자들의 이익을 바라고, 저열하고 수승한 것에 대한 분별을 버리고, 순응함과 거슬림을 버리고, 지나친 욕심의 문을 닫아버리고, 소욕 등에 적합하게 생활한다.

72. 배정된 대로 머무는 수행자는 얻은 것에 만족한다
건초가 깔린 곳에서도 분별없이 행복하게 잠잔다.
그는 호화로운 것을 기뻐하지 않고
낡은 것을 얻음에 성내지 않는다.
젊은 동료 수행자들의 이익을 바라고 연민한다.
그러므로 지자는 성자들이 따랐고 부처님께서 찬탄하신
배정된 대로 머묾을 기뻐함에 전념할지어다.

이것이 배정된 대로 머무는 수행의 받아지님과 규정과 등급과 무너짐과 이익에 대한 설명이다.

13. 눕지 않는 수행의 주석

nesajjikaṅgakathā

73. 눕지 않는 수행도 '눕는 것을 거절하리라'거나 '눕지 않는 수행을 받아지니리라'고 이 두 선언 가운데 어떤 하나로 **받아지닌다.**

눕지 않는 자는 밤의 삼경 가운데서 한 경 동안은 일어서서 경행할 수 있다. 네 가지 위의 가운데에 오직 눕는 것만 허락되지 않는다. 이것이 그 **규정**이다.

74. **등급**에 따라서 이것도 세 가지이다. 엄격하게 하는 자는 등받침, 쭈그리고 앉을 수 있는 천으로 된 방석, 묶는 끈을 사용해서는 안된다. 중간 정도로 하는 자는 이 셋 가운데서 하나를 사용해도 된다. 가볍게 하는 자는 등받침과 쭈그리고 앉을 수 있는 천으로 된

방석과 묶는 끈과 쿠션과 5지 의자와 7지 의자를 사용해도 된다. 여기서 5지 의자란 등받침이 부착된 [네 다리를 가진] 의자다. 7지 의자란 등받침과 양쪽에 팔받침이 부착된 [네 다리를 가진] 의자다. 그것은 삐타(의자) 아바야(Piṭha-Abhaya) 장로를 위해서 만들었다고 한다. 장로는 불환자가 된 뒤 열반에 들었다. 이 세 사람이 눕는 순간에 두타행은 무너진다. 이것이 여기서 **무너짐**이다.

75. 이익은 다음과 같다. "누워서 자는 즐거움과 옆으로 누워 자는 즐거움과 조는 즐거움에 빠져 머문다(M.i.102)"라고 설한 마음의 얽매임을 끊고, 어떤 명상주제라도 그것에 전념하기에 적합하고, 그의 위의는 믿음을 자아내게 하고, 열심히 정진하기에 적합하고, 바른 도닦음을 증장시킨다.

76. 가부좌를 결하고 윗몸을 곧추 세우고
앉아있는 수행자는 마라의 가슴을 떨리게 한다.

눕는 즐거움과 조는 즐거움을 버리고 부지런히 정진하고
앉는 것을 기뻐하는 비구는 고행림을 빛낸다.

[감각적 욕망을 떨친] 세속을 여읜 희열과 행복을 얻나니
지자는 눕지 않는 두타행에 전념할지어다.

이것이 눕지 않는 수행의 받아지님과 규정과 등급과 무너짐과 이익에 대한 설명이다.

일반적인 항목의 주석

dhutaṅgapakiṇṇakakathā

77. 이제 다음의 게송에 따라 설명한다.

⑧ 유익함 등의 삼개조에 따라
⑨ 두타 등의 구별에 따라
⑩ 총괄적이고 세부적인 것에 따라
판별을 알아야 한다(§3)

78. **(8) 유익함(善) 등의 삼개조에 따라:** 모든 두타행은 유학, 범부, 번뇌 다한 아라한 등에 따라 유익함(善)이거나 결정할 수 없는 것(無記)이다.146) 두타행은 해로움(不善)이 아니다. 그러나 어떤 자는 이렇게 말할지도 모른다. "'삿된 욕심을 가졌고 그 욕심에 희생이 된 자가 숲에 머무는 자가 된다(A.iii.219)"라고 시작하는 말씀이 있기 때문에 두타행이 해로움이기도 하다.'라고. 그에게 이와 같이 말해야 한다. '해로운 마음으로 숲에 살지 않을 것이다'고 우리는 말하지 않는다. 숲에 머무는 자는 누구든지 숲에 머무는 자다.147) 그가

---

146) "유학과 범부의 경우 두타행은 이로운 것이고, 번뇌 다한 아라한의 경우 이것은 무기이다. 유학과 범부는 도닦음을 완성하기 위해 두타행을 실천하고, 아라한은 행복하게 머물기 위해 그것을 실천한다.(Pm.37)"

147) Pm에서는 다음과 같이 주석을 하고 있다.
"두타행이 해로움이기도 하다라는 것은 해로운 마음으로도 두타행을 실천할 수 있다는 뜻이 된다. 그러나 그것은 옳지 않다. 출가자가 해로운 마음을 가지고 숲에 머무는 것은 두타행이라 할 수 없다. 왜 그런가? 두타행의 특징이 없기 때문이다. 왜냐하면 이것은 번뇌를 제거했기 때문에 그 번뇌를 제거한 사람이 하는 수행이거나 지혜나 의도의 수행인데, 해로

삿된 욕심을 가진 자 일수도 있고 욕구가 적은 자 일 수도 있다. 그러나 이것을 받아지녀서 오염원들을 제거했기 때문에 [오염원을] 제거한(dhutassa) 비구의 수행(aṅgāni)을 두타행(dhutaṅga)이라 한다. 혹은 오염원을 제거했기 때문에 두타(dhuta)라고 이름을 얻은 지혜가 이 두타(dhuta)의 수행(aṅga)이기 때문에 이들을 두타행(dhutaṅga)이라 한다. 혹은 이들은 반대의 것을 제거했기 때문에 두타(dhuta)이고, 도닦음이기 때문에 수행(aṅga)이다(§11). [만약 해로운 마음으로 두타행을 실천할 수 있다고 한다면 그렇지 않다. 왜냐하면] ① 해로움(不善)이라면 어느 누구도 이것을 수행으로 받아지녀 [번뇌를] 제거한 자라 하지 않는다. ② 해로움은 아무것도 제거하지 못하는데, 그 해로움이 수행이라고 두타행을 설명해버릴지도 모른다. ③ 이러한 해로움은 옷에 대한 탐욕 등을 제거하지 못하고 그래서 도닦음은 수행(aṅga)이 아닌 것이 된다. 그러므로 두타행에 해로움은 없다고 말한 것은 잘한 것이다.148)

79. 두타행은 유익함 등의 삼개조와는 상관없다고 주장하는 자들에게는149) 궁극적인 뜻에서 두타행이란 존재하지 않는 것이 되고

운 법들에는 이것이 없기 때문이다. 그러므로 단지 숲에 머문다는 이유로 숲에 머무는 자라고 부를 수는 있지만 숲에 머무는 수행을 하는 자가 되는 것은 아니라는 것을 보여주기 위해 'na maya'로 시작되는 문장을 설하셨다.(Pm.37)"

148) 세 가지 옵션으로 해로움은 두타행이 아니라는 것을 보여주고 있다. 두 번째 설명에서 해로움은 어떤 나쁜 것도 제거할 수 없다고 했는데 이 나쁜 것은 해로움의 반대되는 법이 아니기 때문이다. 냐나몰리 스님은 두 번째 옵션의 문장을 다음과 같이 애매하게 영역했다. "… *nor does what is unprofitable shake off anything so that those things to which it belonged as a practice could be called 'ascetic practices'.*"

149) "아누라다뿌라의 아바야기리(Abhayagiri, 무외산)에 머물던 자들의 주

만다. 무엇을 제거하기에 존재하지도 않는 [개념]을 두타행이라고 이름 붙일 수 있겠는가? "두타의 덕을 받아지닌다(Vin.iii.15)"라는 말씀과도 그들의 주장은 어긋난다. 그러므로 그 견해를 받아들일 수 없다.

이것이 우선 유익함 등의 삼개조에 따른 설명이다.

80. **(9) 두타 등의 구별에 따라:** 두타를 알아야 하고, 두타를 설하는 자를 알아야 하고, 두타의 법을 알아야 하고, 두타행을 알아야 하고, 누구에게 두타행의 실천이 적합한지 알아야 한다.

81. 여기서 **두타**란 오염원을 제거한 사람이나 혹은 오염원들을 제거하는 법이다. **두타를 설하는 자**란 두타를 행하지만 두타를 설하지 않는 자가 있고, 두타를 행하지 않지만 두타를 설하는 자가 있고, 두타를 행하지도 설하지도 않는 자가 있고, 두타를 행할 뿐만 아니라 두타를 설하는 자도 있다.

82. 이 가운데서 두타행을 통해 자기의 오염원들을 제거했지만

장이다. 그들의 견해에 따르면 두타행은 유익함(善)이나 무기와 관련된 것이 아니라 단지 개념(*paññatti*)일 뿐이라고 한다. 그럴 경우 개념이란 궁극적인 뜻에서는 실재하는 것이 아니기 때문에 번뇌를 제거할 수 없게 되고, 또한 그것을 받아지닐 가능성도 없게 된다. 그러나 두타행이 개념이라는 그들의 주장은 성전의 말씀과 어긋나기 때문에 받아들일 수 없다는 것을 설명하고 있다.(Pm.37)"
청정도론에 나타나는 여러 다른 학설 가운데 Pm에서 아바야기리(무외산) 파에 속하는 견해라고 밝힌 부분은 모두 다섯 군데이다. 이 다섯 번의 이견은 그런데 『해탈도론』에 그대로 나타나고 있다. 그러므로 『해탈도론』이 무외산사와 깊은 관계가 있는 저술이라는 것은 분명하다. 여기에 대해서는 서문 §8(주해36)에 언급하고 있으므로 참조하기 바란다.

다른 자에게 두타행에 대해 훈계하거나 가르치지 않는 자가 있으니 바꿀라(Bākula) 장로와 같다. 이런 자를 '두타를 행하지만 두타를 설하지 않는 자'라 한다. 이와 같이 말씀하셨다. "이 바꿀라 존자는 두타를 행하지만 두타를 설하지 않는 자다."

두타행을 통해 자기의 오염원들을 제거하지는 않았지만 다른 자에게는 두타행에 대해 훈계하고 가르치는 자가 있는데 우빠난다(Upananda) 장로와 같다. 이런 자를 '두타를 행하지 않지만 두타를 설하는 자'라 한다. 이와 같이 말씀하셨다. "석가족의 후손인 우빠난다 존자는 두타를 행하지는 않지만 두타를 설하는 자다."

둘 모두 갖지 못한 자가 있는데 랄루다이(Lāḷudāyī)와 같다. 이런 자를 '두타를 행하지도 설하지도 않는 자'라 한다. 이와 같이 말씀하셨다. "이 랄루다이 존자는 두타를 행하지도 않고 두타를 설하지도 않는 자다."

둘 모두 갖춘 자가 있는데 법의 사령관인 [사리뿟따 존자와] 같다. 이런 자를 '두타를 행할 뿐만 아니라 두타를 설하는 자'라 한다. 이와 같이 말씀하셨다. "이 사리뿟따 존자는 두타를 행하면서 또한 두타를 설하는 자다."

83. **두타의 법을 알아야 한다:** 두타행의 의도와 함께 수반되는 다음의 다섯 가지 법을 두타의 법이라고 한다. 그것은 소욕, 지족, [오염들의] 말살, 한거, 이 [두타행이] 존재함이다. 왜냐하면 "오직 소욕을 의지하여(A.iii.219)"라고 시작하는 말씀이 있기 때문이다.

84. 여기서 소욕과 지족은 탐욕 없음(不貪)이다. 말살과 한거는 두 가지 법에 속하는데 탐욕 없음과 어리석음 없음(不嗔)이다. [두타

행이] 존재함은 지혜이다. 탐욕 없음을 통해서 금지된 것에 대한 탐욕을 털어버리고(dhunāti), 어리석음 없음을 통해서 금지된 것들에 대한 위험을 가리는 어리석음을 털어버린다. 또한 탐욕 없음을 통해서 허락된 것들을 수용할 때 일어나는 쾌락의 탐닉을 털어버리고, 어리석음 없음을 통해서 두타행에 대해 지나친 말살 때문에 일어나는 자학에 몰두함을 털어버린다. 그러므로 이 법들을 두타의 법이라고 알아야 한다.

85. **두타행을 알아야 한다:** 열세 가지의 두타행을 알아야 한다. 즉 ① 분소의를 입는 수행 ② 삼의(三衣)만 수용하는 수행 ③ 탁발음식만 수용하는 수행 ④ 차례대로 탁발하는 수행 ⑤ 한 자리에서만 먹는 수행 ⑥ 발우의 탁발음식만 먹는 수행 ⑦ 나중에 얻은 밥을 먹지 않는 수행 ⑧ 숲에 머무는 수행 ⑨ 나무 아래 머무는 수행 ⑩ 노천에 머무는 수행 ⑪ 공동묘지에 머무는 수행 ⑫ 배정된 대로 머무는 수행 ⑬ 눕지 않는 수행이다. 이들은 뜻과 특징 등에 따라 이미 설했다.

86. **누구에게 이 두타행의 실천이 적합한가?** 탐하는 기질150)을 가진 자와 어리석은 기질을 가진 자에게 적합하다. 무슨 이유인가? 두타행의 실천은 닦기가 어렵고, [오염원들을] 말살하는 생활이기 때문이다. 도닦음이 어려운 것을 통해 탐욕이 가라앉고, 말살을 통해서 방일하지 않는 자에게 어리석음이 제거된다. 숲에 머무는 수행과 나무 아래 머무는 수행의 실천은 성내는 기질을 가진 자에게 적합하다. 서로 부딪치지 않고 머물 때 성냄이 가라앉기 때문이다.

---

150) 기질에 대해서는 III §74이하와 『길라잡이』 9장 §3을 참조할 것.

이것이 두타 등의 구별에 따른 설명이다.

87. **(10) 총괄적이고 세부적인 것에 따라:** 총괄하여 말하면 이 두타행들은 오직 여덟 가지이다. 즉 세 가지 주가 되는 수행과 다섯 가지 단독적인 수행이다. 여기서 차례대로 탁발하는 수행(4)과 한 자리에서만 먹는 수행(5)과 노천에 머무는 수행(10)인 이 셋은 주가 되는 수행이다. 차례대로 탁발하는 수행을 지키는 자는 탁발음식만 수용하는 수행(3)도 지킨다. 한 자리에서만 먹는 수행을 지킬 때 발우의 탁발음식만 먹는 수행(6)과 나중에 얻은 밥을 먹지 않는 수행(7)도 잘 지킨다. 노천에 머무는 수행을 지키는 자에게 나무 아래 머무는 수행(9)과 배정된 대로 머무는 수행(12)을 지키는 것이 무슨 필요가 있을까?

이와 같이 이 세 가지 주가 되는 수행과, 숲에 머무는 수행(8), 분소의를 입는 수행(1), 삼의만 수용하는 수행(2), 눕지 않는 수행(13), 공동묘지에 머무는 수행(11)이라는 이 다섯 가지 단독적인 수행이 그 여덟 가지이다.

88. 다시 그들은 네 가지가 된다. 즉 두 가지 옷과 관련된 것, 다섯 가지 음식과 관련된 것, 다섯 가지 숙소와 관련된 것, 한 가지 정진과 관련된 것이다. 이 가운데서 눕지 않는 수행이 정진과 관련된 것이고 나머지는 분명하다.

다시 이 모든 것은 의지하는 것으로 두 가지이다. 즉, 열두 가지 필수품에 의지한 것과 하나의 정진에 의지한 것이다.

실천해야 할 것과 실천하지 않아야 할 것으로도 두 가지이다. 두타행을 실천할 때 그의 명상주제에 향상이 있으면 그는 그것을 실천해야 한다. 그것을 실천할 때 그의 명상주제가 퇴보하면 그는 그 것을 실천해서는 안된다. 그것을 실천하거나 실천하지 않을 때에도 향상이 있고 물러남이 없으면 그는 후대 사람들을 연민하는 마음으로 그것을 실천해야 한다. 그것을 실천하거나 실천하지 않을 때에 비록 향상이 없더라도 그는 미래의 습관을 위해 실천해야 한다.

89. 이와 같이 실천해야 할 것과 실천하지 않아야 할 것으로 두 가지이지만 모든 것은 의도(*cetanā*)로 오직 한 가지이다. 받아지니는 의도로 이 두타행은 하나이기 때문이다. 주석서151)에서도 설하셨다. "의도가 바로 두타행이라고 그들은 말한다."

90. **세부적인 것에 따라:** 비구들에게 열세 가지, 비구니들에게 여덟 가지, 사미들에게 열두 가지, 식차마나와 사미니들에게 일곱 가지, 청신사와 청신녀들에게 두 가지 — 이와 같이 마흔두 가지가 있다.

91. 만약 숲에 머무는 수행을 성취할 공동묘지가 노천에 있으면 한 비구가 동시에 모든 두타행들을 받아지닐 수 있다.

그러나 숲에 머무는 수행(8)과 나중에 얻은 밥을 먹지 않는 수행(7), 이 두 가지는 비구니들에게 학습계율에 의해 금지되었다. 노천에 머무는 수행(10)과 나무 아래 머무는 수행(9)과 공동묘지에 머무

---

151) 본문에 나타나는 모든 주석서(Aṭṭhakathā)의 언급은 현존하는 빠알리 주석서가 아니라 붓다고사 스님이 자신의 논술의 저본으로 사용하고 있는 싱할리어로 된 주석서이다. 붓다고사 스님 이후에 정착이 된 빠알리 주석서와 구분하기 위해서 이 싱할리어로 된 고대 주석서를 대주석서(Mahā-Aṭṭhakathā)라 부르기도 한다.

는 수행(11)의 이 셋은 비구니들이 행하기가 어렵다. 비구니들은 동료 없이 혼자 머무는 것은 허락되지 않기 때문이다. 그리고 이러한 곳에 같이 [머물] 의욕을 가진 동료를 만나는 것은 쉽지 않다. 설혹 만난다하더라도 동료와 함께 머무는 것을 벗어나지 못할 것이다. 이와 같으므로 두타행을 실천하는 목적을 성취하지 못할 것이다.

이와 같이 받아지니는 것이 불가능하기 때문에 이런 다섯을 제하고 비구니들에게는 여덟 가지가 있다고 알아야 한다.

92. 열세 가지 두타행 가운데 삼의만 수용하는 수행(2)을 제외하고 나머지 열두 가지는 사미들에게도 해당된다고 알아야 하고, [비구니들을 위한 여덟 종류에서 삼의만 수용하는 수행을 제외한] 일곱 가지가 식차마나와 사미니에게도 해당된다고 알아야 한다. 청신사와 청신녀들에게는 ⑤ 한 자리에서만 먹는 수행과 ⑥ 발우의 탁발음식만 먹는 수행의 이 둘이 적절하고 받아지닐 수 있기 때문에 이 두 가지를 설했다고 알아야 한다. 이와 같이 세부적으로 말하면 마흔두 가지가 있다.

이것이 총괄적이고 세부적인 것에 따른 설명이다.

93. "통찰지를 갖춘 사람은 계에 굳건히 머물러서(I. §1)"라는 이 게송으로 계·정·혜의 제목으로 설한 청정도론에서 이제 소욕과 지족 등의 덕으로 인해 앞 장에서 설명한 여러 종류의 계는 깨끗함을 구족하게 되었고, 그런 덕들을 성취하기 위하여 받아지녀야 할 두타행의 주석을 이제 마쳤다.

어진 이를 기쁘게 하기 위해 지은 청정도론에서
두타행의 해설이라 불리는
제2장이 끝났다.

제3장
kammaṭṭhānagahaṇaniddeso
명상주제의 습득

제3장 명상주제의 습득

kammaṭṭhānagahaṇaniddeso

1. 이와 같이 소욕 등과 두타행을 실천하여 완성된 덕으로 청정해진 계에 굳건히 머무는 자는 **삼매**(samādhi, 定)를 닦아야 한다.

"통찰지를 갖춘 사람은 계에 굳건히 머물러서
마음과 통찰지를 닦는다.(I. §1)"

이 구절에서 삼매는 마음(citta)이라는 제목 아래 설명되었다. 이 [삼매는 앞에서] 아주 간략하게 설명했기 때문에 그것을 이해하는(viññātuṁ) 것도 쉽지 않은데 하물며 그것을 닦음이랴. 그래서 이제 삼매의 상세한 설명과 삼매를 닦는 방법을 드러내기 위해 다음 질문을 제기한다.

Ⅰ 삼매란 무엇인가?
Ⅱ 무슨 뜻에서 삼매라 하는가?
Ⅲ 삼매의 특징, 역할, 나타남, 가까운 원인은 무엇인가?
Ⅳ 얼마나 많은 종류의 삼매가 있는가?

Ⅴ 무엇이 그것의 오염인가?
Ⅵ 무엇이 깨끗함인가?
Ⅶ 어떻게 닦아야 하는가?
Ⅷ 삼매를 닦으면 무슨 이익이 있는가?

2. 이것이 그 질문에 대한 대답이다.
Ⅰ 삼매란 무엇인가? 삼매는 여러 종류가 있으며 여러 측면이 있다. 이 모든 것을 설명하려드는 대답은 원하는 목적을 달성시키지 못할 뿐만 아니라 오히려 혼란을 초래할 것이다. 그래서 오직 여기서 필요한 것에 관해서만 말하려한다. 삼매란 '유익한 마음의 하나 됨(*kusalacitt'ekaggatā*, 善心一境性)'152)이다.

3. **Ⅱ 무슨 뜻에서 삼매라 하는가?** 삼매에 든다(*samādhāna*)는 뜻에서 삼매라 한다. 그러면 무엇을 일러 삼매에 든다고 하는가? 마음(心)과 마음부수(心所)들을 하나의 대상(*eka-ārammaṇa*)에 고르고 바르게 모으고, 둔다는 뜻이다. 그러므로 어떤 법의 힘으로 마음과 마음부수가 하나의 대상에 고르고 바르게 산란함도 없고 흩어짐도 없이 머물 때 그것을 삼매에 든다고 알아야 한다.153)

---

152) 삼매를 '유익한 마음의 하나됨'으로 정의하는 이 구절은 아주 요긴한 가르침으로 VT나 PT같은 후대의 여러 논서에서도 언급하고 있으므로 반드시 기억해야 한다.
153) "마음(心)과 마음부수(心所)를 안정되고 흩어지지 않도록 뭉치는 것처럼 두는 것이 삼매에 드는 것(*samādhāna*)이다. 삼매에 드는 것의 특징은 흩어지지 않음이고, 역할은 뭉치는 것이다. 산란하지 않도록 잘 두는 것이 삼매에 드는 것이다. 삼매의 특징은 산란하지 않음이고, 역할은 산란함을 제거한다.(Pm.38)"

4. **Ⅲ 삼매의 특징, 역할, 나타남, 가까운 원인은 무엇인가?**
삼매의 특징은 산란하지 않음이다. 역할은 산란함을 제거하는 것이다. 동요함이 없음으로 나타난다. "행복한 사람의 마음은 삼매에 든다.(D.i.73)"라는 말씀이 있기 때문에 행복(*sukha*)이 삼매의 가까운 원인이다.

5. **Ⅳ 얼마나 많은 종류의 삼매가 있는가?**
[한 가지]: ① 산란하지 않는 특징으로 한 가지이다.
[두 가지]: ② 근접[삼매]와 본[삼매]로 두 가지이다. 그와 같이 ③ 세간적인 것과 출세간적인 것으로 ④ 희열이 있는 것과 희열이 없는 것으로 ⑤ 행복이 함께한 것과 평온이 함께한 것으로 두 가지이다.
[세 가지]: ⑥ 저열한 것과 중간인 것과 수승한 것으로 세 가지이다. 그와 같이 ⑦ 일으킨 생각(*vitakka*,尋)과 지속적인 고찰(*vicāra*, 伺) 등을 가진 것으로 ⑧ 희열(*pīti*, 喜) 등이 함께한 것으로 ⑨ 제한되고 고귀하고 무량한 것으로 세 가지이다.
[네 가지]: ⑩ 도닦음이 어렵고 초월지가 더딘 것 등으로 네 가지이다. 그와 같이 ⑪ 제한되고 제한된 대상을 가진 것 등으로 ⑫ 네 가지 禪의 구성요소로 ⑬ 퇴보에 빠진 것 등으로 ⑭ 욕계의 것 등으로 ⑮ 지배하는 것으로 네 가지이다.
[다섯 가지]: ⑯ 다섯 가지 禪의 구성요소로 다섯 가지이다.

한 가지 · 두 가지의 삼매에 대한 설명
samādhiekadukavaṇṇanā

6. ① 한 가지에 대한 부분은 그 뜻이 분명해졌다.

두 가지 분류에서, ② 여섯 가지 계속해서 생각함(*anussati*, 隨念), 죽음에 대한 마음챙김(*maraṇa-ssati*, 死念), 고요함을 계속해서 생각함(*upasama-anussati*), 음식에 대한 혐오의 인식(*āhāre paṭikūlasaññā*), 사대(四大)의 구분(*catudhātu-vavatthāna*)으로 얻은 마음의 하나됨과 본삼매에 들기 이전인 [마음의] 하나됨이 **근접삼매**이다. "초선에 들기 전인 준비의 마음은 초선에게 틈 없이 뒤따르는 조건으로 조건이 된다.(Ptn1.ii.350)"라고 시작하는 말씀 때문에 준비의 마음 바로 다음의 [마음의] 하나됨이 **본삼매**이다. 이와 같이 근접삼매와 본삼매로 두 가지이다.

7. 두 가지의 두 번째에, ③ 삼계에서 유익한 마음의 하나됨은 **세간적인 삼매**이다. 성스러운 도와 함께한[마음의] 하나됨은 **출세간적인 삼매**이다. 이와 같이 세간적인 삼매와 출세간적인 삼매로 두 가지이다.

8. 두 가지의 세 번째에, ④ 넷으로 분류한 방법(四種禪)154)에서 처음 두 禪의 마음의 하나됨과 다섯으로 분류한 방법(五種禪)에서 처음 세 禪의 [마음의] 하나됨은 **희열이 있는 삼매**이고 나머지 두 禪의 [마음의] 하나됨은 **희열이 없는 삼매**이다. 근접삼매는 희열이 있기도 하고 없기도 하다. 이와 같이 희열이 있는 것과 없는

---

154) 禪은 경장에서는 초선·2선·3선·4선의 넷으로 정형화 되어 나타나는데 논장에서는 초선의 일으킨 생각(尋)과 지속적인 고찰(伺)을 둘로 나누어서 전체적으로 다섯 가지로 분류하고 있다. 이 둘의 혼동을 피하기 위해서 주석서들에서는 여기에서처럼 '넷으로 분류한 禪'과 '다섯으로 분류한 禪'이라고 구분해서 언급한다. 역자는 이후부터 각각 사종선(四種禪)과 오종선(五種禪)으로 더 많이 옮긴다.

것으로 두 가지이다.

9. 두 가지의 네 번째에, ⑤ 사종선(四種禪)에서 처음 세 禪의 마음의 하나됨과 오종선(五種禪)에서 처음 네 禪의 [마음의] 하나됨은 **행복이 함께한 삼매**이고 나머지의 [마음의] 하나됨은 **평온이 함께한 삼매**이다. 근접삼매는 행복이 함께하기도 하고 평온이 함께하기도 한다. 이와 같이 행복이 함께한 것과 평온이 함께한 것으로 두 가지이다.

세 가지 삼매에 대한 설명
samādhitikavaṇṇanā

10. 세 가지의 첫 번째에, ⑥ 방금 막 얻은 것이 **저열한 삼매**이고, 아직 깊이 닦지 않은 것이 **중간인 것**이고, 깊이 잘 닦은 것이 **수승한 삼매**이다. 이와 같이 저열한 것과 중간인 것과 수승한 것으로 세 가지이다.

11. 세 가지의 두 번째에, ⑦ 근접삼매와 함께 초선의 삼매가 **일으킨 생각(尋)과 지속적인 고찰(伺) 등을 가진 것**이다. 다섯으로 분류한 방법에서 두 번째 禪의 삼매가 **일으킨 생각은 없고 지속적인 고찰만 있는 것**이다. 일으킨 생각에 대해서는 위험을 보고 지속적인 고찰에 대해서는 보지 않고 오직 일으킨 생각을 버리기를 바라면서 초선을 뛰어넘는다. 그는 일으킨 생각은 없고 지속적인 고찰만 있는 삼매를 얻는다. 이것을 두고 이렇게 설한 것이다. 사종선(四種禪)에서 두 번째 禪 등의 [마음의] 하나됨과 오종선(五種禪)에서 세 번째 禪 등의 [마음의] 하나됨은 **일으킨 생각과 지속적인 고찰**

이 없는 삼매이다. 이와 같이 일으킨 생각과 지속적인 고찰 등을 가진 것으로 세 가지이다.

12. 세 가지의 세 번째에, ⑧ 사종선(四種禪)에서 처음 두 禪의 [마음의] 하나됨과 오종선(五種禪)에서 처음 세 가지 禪은 **희열이 함께한 삼매**이다. 이 방법에서 세 번째 禪의 [마음의] 하나됨과 네 번째 禪은 **행복이 함께한 삼매**이다. 나머지의 [마음의 하나됨은] **평온이 함께한 것**이다. 근접 삼매는 희열과 행복이 함께하기도 하고 평온이 함께하기도 하다. 이와 같이 희열 등이 함께한 것으로 세 가지이다.

13. 세 가지의 네 번째에, ⑨ 근접의 경지에 있는 [마음의] 하나됨은 **제한된 삼매**이다. 색계와 무색계의 유익한 마음의 하나됨은 **고귀한 삼매**이다. 성스러운 도와 함께한 [마음의] 하나됨은 **무량한 삼매**이다. 이와 같이 제한되고 고귀하고 무량한 것으로 세 가지이다.

네 가지 삼매에 대한 설명
samādhicatukkavaṇṇanā

14. 네 가지의 첫 번째에, ⑩ 도닦음도 어렵고 초월지도 **더딘 삼매**가 있고, 도닦음은 어려우나 초월지는 **빠른 삼매**가 있고, 도닦음은 쉬우나 초월지가 **더딘 삼매**가 있고, 도닦음도 쉽고 초월지도 **빠른 삼매**가 있다.

15. 처음 禪을 닦는 것부터 시작하여 그 禪의 근접삼매가 일어날 때까지 계속되는 삼매의 수행을 도닦음(*paṭipadā*)이라 한다. 근접

삼매부터 시작하여 본삼매까지 계속되는 통찰지를 초월지(abhiññā)라 한다. 이런 도닦음이 어떤 자에게는 어렵다. 장애(nīvaraṇa, 五蓋) 등 반대되는 법이 일어나는 것을 잡도리하는 것이 어렵기 때문이다. 반복하기 쉽지 않다는 뜻이다. 어떤 자에게는 그런 것이 없기 때문에 쉽다. 초월지도 어떤 자에게는 더디다. 느리고 신속하게 일어나지 않는다. 어떤 자에게는 빠르다. 느리지 않고 신속하게 일어난다.

16. 적당한 것과 적당하지 않은 것과 장애를 끊는 등 미리 해야 할 일과 삼매에 드는 능숙함에 대해서는 나중에 설명할 것이다. (IV. §§35-65) 이 가운데서 적당하지 않은 것을 반복하는 자가 있다. 그의 도닦음은 어렵고 초월지도 더디다. 적당한 것을 반복하는 자의 경우 그의 도닦음은 쉽고 초월지도 빠르다.

[근접삼매] 이전단계에서는 적당하지 않은 것을 반복하고 그 이후단계에서 적당한 것을 반복하는 자가 있고, 이전단계에서는 적당한 것을 반복하고 나서 그 이후단계에서 적당하지 않은 것을 반복하는 자가 있다. 그의 경우 혼합되었다고155) 알아야 한다. 장애를 끊는 등의 미리 해야 할 일을 성취하지 않고 수행을 시작한 자의 도닦음은 어렵고 그 반대의 경우는 쉽다. 삼매에 드는 능숙함을 성취하지 않은 자의 초월지는 더디고 성취한 자는 빠르다.

17. 다시 갈애와 무명으로, 그리고 사마타와 위빳사나를 경험한 것을 통해서 이들의 분류를 알아야 한다. 갈애에 압도된 자의 도닦음은 어렵고, 압도되지 않은 자의 경우는 쉽다. 무명에 압도된 자

---

155) 그의 삼매는 도닦음은 어렵고 초월지는 빠르고, 뒤의 경우에는 도닦음은 쉽고 초월지는 둔한 것이 서로 혼합되어있다는 말이다.

의 초월지는 더디고, 압도되지 않은 자의 경우는 빠르다. 이전에 사마타를 경험하지 않은 자의 도닦음은 어렵고, 이전에 경험한 자의 경우는 쉽다. 이전에 위빳사나를 경험하지 않은 자의 초월지는 더디고, 이전에 경험한 자의 경우는 빠르다.

18. 다시 오염원(*kilesa*)과 기능(*indriya*, 根)을 통해서 이들의 분류를 알아야 한다. 오염원이 두텁고 기능이 둔한 자의 경우 그의 도닦음도 어렵고 초월지도 더디다. 기능이 강한 자의 경우 그의 초월지는 빠르다. 오염원이 얕고 기능이 둔한 자의 경우 그의 도닦음은 쉽고 초월지는 더디다. 기능이 강한 자의 경우 그의 초월지는 빠르다.

19. 이와 같이 이 도닦음과 초월지에서 어떤 사람은 어려운 도닦음과 더딘 초월지로 삼매에 든다. 그의 삼매를 두고 도닦음도 어렵고 초월지도 더디다고 한다. 이 방법은 나머지 세 경우에도 적용된다. 이와 같이 도닦음도 어렵고 초월지도 더딘 것 등으로 네 가지이다.

20. 네 가지의 두 번째에, ⑪ 제한된[156] 대상을 가진 제한된 삼매가 있고, 무량한 대상을 가진 제한된 삼매가 있고, 제한된 대상을 가진 무량한 삼매가 있고, 무량한 대상을 가진 무량한 삼매가 있다.
  이 가운데서 능숙하지 못하여 위에 언급한 [사종선과 오종선의] 禪의 조건이 될 수 없는 삼매가 **제한된 것**이다. 향상이 없는 대상에 일어난 삼매가 **제한된 대상을 가진 것**이다. 능숙하고 깊이 닦아

---

156) '제한된'이나 '작은,' '좁은'으로 옮기고 있는 *paritta*에 대해서는 『길라잡이』 1장 §3의 해설을 참조할 것.

위에 언급한 禪의 조건이 될 수 있는 삼매가 **무량한 것**이다. 향상이 있는 대상에 일어난 삼매가 **무량한 대상을 가진 것**이다. 이미 설한 이런 특징을 서로 배합하여 혼합된 삼매의 방법을 알아야 한다. 이와 같이 제한된 대상을 가진 제한된 삼매 등으로 네 가지이다.

21. 네 가지의 세 번째에, ⑫ 초선은 장애를 억압한 일으킨 생각(尋), 지속적인 고찰(伺), 희열(喜), 행복(樂), 삼매(定)의 다섯 가지 구성요소(aṅga, 各支)들을 가진다. 초선 다음에 일으킨 생각과 지속적인 고찰이 가라앉기 때문에 두 번째 禪은 세 개의 구성요소를 가진다. 그 다음에 희열이 빛바래기 때문에 세 번째 禪은 두 개의 구성요소를 가진다. 그 다음에 행복을 버리기 때문에 네 번째 禪은 평온한 느낌과 함께한 삼매라는 이 두 개157)의 구성요소를 가진다. 이와 같이 네 가지 禪의 구성요소에 따라 네 가지 삼매가 있다. 이와 같이 네 가지 禪의 구성요소로 네 가지이다.

22. 네 가지의 네 번째에, ⑬ 퇴보에 빠진 삼매가 있고, 정체에 빠진 삼매가 있고, 수승함에 동참하는 삼매가 있고, 꿰뚫음에 동참하는 삼매가 있다.

이 가운데서 각각의 [禪과] 반대되는 것이 일어나서 **퇴보에 빠진 것**과, 그것에 적절한 마음챙김을 확립하여 **정체에 빠진 것**과, 위의 수승한 상태에 도달하여 **수승함에 동참하는 것**과, 역겨움이 함께한 인식과 마음에 잡도리함이 일어나서 **꿰뚫음에 동참하는 것**을 알아야 한다. 이처럼 말씀하셨다. "초선을 얻은 사람에게 감각적 욕망이 함께한 인식과 마음에 잡도리함이 일어날 때 그의 통찰지는

---

157) 즉 평온과 삼매.

퇴보에 빠진다. 그 禪에 적절한 마음챙김이 확립될 때 그의 통찰지는 정체에 빠진다. 일으킨 생각과 함께하지 않은 인식과 마음에 잡도리함이 일어날 때 그의 통찰지는 수승함에 동참한다. 역겨움이 함께하고 [열반이라 불리는] 탐욕의 빛바램으로 기우는158) 인식과 마음에 잡도리함이 일어날 때 그의 통찰지는 꿰뚫음에 동참한다.(Vbh.330)"이처럼 통찰지와 함께한 삼매는 네 가지이다. 이와 같이 퇴보에 빠진 것 등으로 네 가지이다.

23. 네 가지의 다섯 번째에, ⑭ 욕계의 삼매, 색계의 삼매, 무색계의 삼매, 포함되지 않는 삼매라는 네 가지 삼매가 있다. 이 가운데서 모든 근접단계의 하나됨은 **욕계 삼매**이고, 색계 등의 유익한 마음의 하나됨은 나머지 **색계 삼매 등 셋**이다. 이와 같이 욕계의 삼매 등으로 네 가지이다.

24. 네 가지의 여섯 번째에, ⑮ "만약 비구가 **열의**를 주된 것으로 삼아 삼매를 얻고 마음이 하나됨을 얻으면 이것은 열의로 인한 삼매라 한다. 만약 **정진**을 … **마음**을 … **검증**을 주된 것으로 삼아 삼매를 얻고 마음이 하나됨을 얻으면 이것은 검증으로 인한 삼매라 한다.(Vbh.216-19)"이와 같이 지배하는 것159)으로 네 가지이다.

---

158) 원문의 '탐욕의 빛바램으로 기우는(virāgupasaṁhitā)'을 냐나몰리 스님은 '인식과 마음에 잡도리함(saññā-manasikāra)'의 형용사로 보았고, 미얀마어 번역본에서 수웨저리 스님은 '꿰뚫음에 참여한 통찰지(nibbedhabhāginī paññā)'의 형용사로 보았다. 『위방가』의 주석서인 『삼모하위노다니』(Vbh A)에서는 이것을 '인식과 마음에 잡도리함'의 형용사로 설명하면서 동시에 '꿰뚫음에 참여한 통찰지'의 형용사도 될 수 있는 것으로 해석하고 있다.(VbhA.419)
159) 네 가지 지배(adhipati)에 대해서는 『길라잡이』 7장 §20을 참조할 것.

25. 다섯 가지에서, ⑯ 사종선(四種禪)에서 설한 두 번째 禪을 다시 둘로 나누어서 오직 일으킨 생각(尋)만을 초월한 것을 두 번째 禪으로 하고 일으킨 생각과 지속적인 고찰(伺)을 모두 초월한 것을 세 번째 禪으로 하여 오종선(五種禪)을 알아야 한다. 이들의 구성요소에 따라 다섯 가지 삼매가 있다. 이와 같이 오종선(五種禪)의 구성요소에 따라 다섯 가지를 알아야 한다.

26. **Ⅴ 무엇이 이것의 오염원인가? Ⅵ 무엇이 깨끗함인가?** 여기에 대한 대답은 『위방가』(Vibhaṅga, 分別論)에서 이미 설했다. 이와 같이 설하셨기 때문이다. "오염은 퇴보에 빠진 법이다. 깨끗함이란 수승함에 동참하는 법이다.(Vbh.343)" "초선을 얻은 뒤 감각적 욕망이 함께한 인식과 마음에 잡도리함이 일어날 때 그의 통찰지는 퇴보에 빠진다.(Vbh.330)"라는 방법으로 퇴보에 빠진 법을 알아야 한다. "일으킨 생각과 함께하지 않은 인식과 마음에 잡도리함이 일어날 때 그의 통찰지는 수승함에 동참한다.(Vbh.330)"라는 방법으로 수승함에 동참하는 법을 알아야 한다.

27. **Ⅶ 어떻게 닦아야 하는가?** '세간적인 것과 출세간적인 것으로 두 가지이다'라는 등의 구문에서 성스러운 도와 함께한 [출세간적인] 삼매를 설했다.(§7) 그것을 닦는 방법은 통찰지를 닦는 방법 속에 포함되어있다.(XXII) 통찰지를 닦을 때에 성스러운 도와 함께한 삼매도 닦기 때문이다. 그러므로 어떻게 닦아야 하는가에 대해서 이렇게 닦아야 한다는 식으로 그 어떤 것도 따로 말하지 않을 것이다.

28. 세간적인 삼매에 대해서 [설명한다]. [1장에서] 설한 방법대로 계를 깨끗이 하여 청정해진 계에 머무는 [비구는] ① 열 가지 장애(palibodha) 가운데 어떤 장애가 있으면 그것을 끊고 ② 명상주제를 주는 선우(kalyāṇa-mitta)를 친근하고 ③ 40가지 명상주제 가운데 자기의 기질(carita)에 맞는 어떤 명상주제를 들고 ④ 삼매를 닦기에 적당하지 않은 사원을 떠나 적당한 사원에 살면서 ⑤ 사소한 장애를 끊고 ⑥ 닦는 모든 절차를 놓치지 않고 삼매를 닦아야 한다. 이것이 여기서 간략하게 [설명한 것이다].

29. 이제 상세하게 설명한다.

1. 열 가지 장애의 설명
dasapalibodhavaṇṇanā

열 가지 장애 가운데 어떤 장애가 있으면 그것을 끊고라고 말했다.

거주하는 곳, 가족, 이득, 대중, 다섯 번째로 공사
여행, 친척, 질병, 서적, 신통 — 이들이 열 가지 장애다

이들을 일러 열 가지 장애라고 한다. 여기서 거주하는 곳 그 자체가 거주하는 곳으로 인한 장애다. 이 방법은 가족 등에도 적용된다.

30. 여기서 **(1) 거주하는 곳**이란 한 개의 안방, 혹은 하나의 토굴, 혹은 가람(saṅghārāma) 전체를 말한다. 이것은 모든 사람에게 장

애가 되는 것은 아니다. 진행 중인 불사 등에서 열성적이거나, 소유물을 많이 쌓았거나, 이런저런 이유로 거주하는 곳에 대한 기대 때문에 마음이 묶여있는 자에게 이 거주하는 곳은 장애가 된다. 다른 자에게는 장애가 되지 않는다.

31. 이것이 그 일화다. 훌륭한 스님160) 두 분이 아누라다뿌라(Anurādhapura)를 떠나 바야흐로 투빠아라마(Thūpārāma, 塔寺)에 이르렀다. 그 중에 한 스님은 두 가지 마띠까(mātika, 論母)161)를 능통하게 외운 다음 다섯 번의 안거를 마치고 해제를 한 뒤 빠찌나칸다라지(Pācinakhaṇḍarāji, 동부왕국)라는 곳으로 떠났다. 다른 스님은 그곳에서 살았다. 빠찌나칸다라지로 간 스님은 그곳에서 오래 살아 장로가 되어 이렇게 생각했다. '이곳은 조용히 수행하기에 적절한 곳이다. 이 사실을 내 도반에게 알려야겠다.' 그는 그곳을 떠나 적당한 때에 투빠아라마에 도착했다. 그가 도착하자 같은 승납을 가진 투빠아라마의 장로가 마중 나와 의발을 받아들고는 해야 할 의무를

---

160) 'kulaputta'의 역어이다. 'kulaputta'는 '좋은 가문의 아들'이란 뜻이고 중국에서는 善男子로 옮겼다. 남자 불자를 총칭하는 말로 쓰인다. 여기서는 문맥에 따라 훌륭한 스님으로 의역을 했다. 본서 전체에서는 역자는 주로 선남자로 옮기고 있다.

161) 두 가지 마띠까란 비구계와 비구니계인 두 계본을 뜻한다(dve mātikāti bhikkhumātikā bhikkhunimātikā ca — VnAṬ.iii.39). 냐나몰리 스님도 이렇게 영역했다. 그런데 그는 주에서 밝히기를 "*But Pm. says here*: '"*Observers of the Codes*" *are observers of the codes (summaries) of the Dhamma and Vinaya*'(Pm.117)"라고 했다. 그러나 그가 언급한 이 Pm의 설명은 IV장의 §19에서 언급되는 마띠까다라(mātikādhāra)에 대한 설명으로 여기서 언급되는 이 두 계본(dve mātikā)과는 아무 상관이 없다. 그가 언급한 '마띠까다라(*Observers of the Codes*)'는 율장과 경장의 개요(*outlines*)를 외우는 자를 뜻한다.

다 했다.

32. 객으로 온 장로는 거처로 들어가 생각했다. '이제 내 도반이 버터기름이나 당밀이나 마실 것을 보내주겠지. 그는 이 도시에서 오래 살았으니까.' 그러나 그는 밤에 아무것도 얻지 못했다. 다음날 아침에 생각했다. '이제 신도가 가져온 죽이나 씹어 먹을 수 있는 것을 보내주겠지.' 그것도 보지 못하자 '음식을 보내는 사람이 없구나. 마을에 들어가면 틀림없이 주겠지'라고 생각하면서 새벽에 그와 함께 마을에 탁발을 갔다. 그들은 어떤 골목을 지나 한 국자밖에 안되는 죽을 얻어서는 [돌아와] 식당에 앉아서 마셨다.

33. 그때 객으로 온 장로가 생각했다. '아마도 정기적으로 죽을 공양하는 자가 없는 모양이다, 이제 점심때에 사람들이 맛있는 음식을 공양하겠지.' 점심 공양 때에도 탁발을 가서 얻은 것만 먹었다. 객으로 온 장로가 말했다. '존자시여, 항상 이렇게 사십니까?' '도반이여, 그렇습니다.' '존자시여, 빠찌나칸다라지는 편안합니다. 그곳으로 갑시다.' [투빠아라마의] 장로는 동문을 통해 마을을 벗어나서 꿈바까라(Kumbhakāra, 도기공) 마을로 가는 길로 접어들었다. 다른 장로가 말했다. '존자시여, 왜 이 길로 들어가십니까?' '도반이여, 빠찌나칸다라지를 추천하지 않았습니까?'

'그런데 존자시여, 그 만큼 오랜 기간을 산 곳에서 여분의 소유물이 조금도 없단 말입니까?' '도반이여, 그렇습니다. 침대와 의자는 승가에 속한 것입니다. 그것은 잘 남겨두었습니다. 다른 것은 아무 것도 없습니다.' '존자시여, 저는 지팡이와 기름병과 신발주머니를 그곳에 두었습니다.' '도반이여, 단 하루밖에 머물지 않았는데 그만

큼이나 모아 두었습니까?' '그렇습니다, 존자시여.'

34. 그 객으로 온 장로는 마음으로 기뻐하여 장로에게 예배하고 말했다. '존자시여, 당신과 같은 분에게는 모든 곳이 숲 속 거처 아닌 곳이 없습니다. 이 투빠아라마에는 네 분 부처님의 유물이 모셔져있습니다. 동당(銅堂, Lohapāsāda)은 법을 듣기에 적당하고, 대탑(Mahācetiya)을 볼 수 있고, 많은 장로들을 친견할 수 있어서 부처님이 세상에 머무시던 때와 같습니다. 여기에 그대로 머무십시오.' 그는 다음 날 아침 의발을 갖고 스스로 돌아갔다. 이런 [투빠아라마의 장로와 같은] 분에게 거처는 장애가 되지 않는다.

35. (2) **가족**이란 친척의 가족 혹은 신도의 가족이다. 어떤 자에게는 신도의 가족도 "신도의 가족이 행복할 때 나도 행복하다.(S. iii.11)"라는 식으로 어울리며 살기 때문에 장애가 된다. 그는 가족의 일원들이 없이는 법을 듣기 위해 바로 옆 절에도 가지 않는다. 그러나 어떤 자에게는 부모도 장애가 되지 않는다.

36. 꼬란다까(Koraṇḍaka) 절에 거주하는 장로의 조카인 젊은 비구의 예를 들겠다. 그는 배우기 위해 로하나(Rohaṇa)로 떠났다고 한다. 장로의 누이인 청신녀는 항상 장로에게 자기 아들의 안부를 물었다. 어느 날 장로는 그 젊은 비구를 데려오기 위해 로하나로 향하여 출발했다.

37. 젊은 비구도, '여기서 오래 살았다. 이제 은사스님을 뵙고 어머니의 안부를 알아보고 돌아오리라'고 생각하고 로하나에서 나왔다. 그 두 사람은 강가 강(Gaṅgā)의 둑에서 마주쳤다. 그는 어떤

나무 아래로 가서 장로에게 해야 할 의무를 했다. 장로가 어디를 가느냐고 묻자 그의 목적을 말씀드렸다. 장로는, '잘 했구나, 네 어머니도 항상 네 안부를 물으신단다. 나도 그 때문에 여기 왔다. 가거라. 나는 여기서 이 안거를 지내리라.'고 말하면서 그를 혼자 떠나보내었다. 젊은 비구는 안거가 시작되던 날 그 절에 도착했다. 그에게 주어진 숙소는 그의 부친이 지은 것이었다.

38. 다음 날 그의 부친이 와서 [소임 보는 스님께], '존자시여, 우리가 지은 숙소는 누구에게 배당되었습니까?'라고 물었다. '객으로 온 젊은 비구에게 배당되었습니다.'라고 듣고 그에게 다가가 절을 올리고 말했다. '존자시여, 우리가 지은 숙소에서 안거를 지낸 자에게는 의무가 있습니다.' '거사님, 그것이 무엇입니까?' '석 달 동안 오직 우리 집에서 탁발해서 드시고, 해제를 한 뒤에는 떠날 시간을 일러주셔야 합니다.' 그는 침묵으로 동의했다. 청신사는 집에 돌아가서 [아내에게], '우리가 지은 숙소에서 안거를 지낼 어떤 객스님이 오셨소. 정성을 다해 시봉해야 하오.'라고 말했다. 청신녀는, '잘 알았습니다.'라고 대답하고 부드럽고 단단한 맛있는 음식을 준비했다. 젊은 비구도 공양 시간에 부모님 댁에 갔다. 아무도 그를 알아보지 못했다.

39. 그는 석 달 동안 그 집에서 탁발을 하면서 안거를 마친 뒤, '나는 떠납니다.'라고 알렸다. 그때 그의 부모는, '존자시여, 내일 떠나십시오.'라고 했다. 다음 날 자기 집에서 공양을 올린 뒤 기름병을 가득 채우고 당밀 한 덩어리와 아홉 완척이나 되는 길이의 천을 보시한 다음, '존자시여, 이제 가셔도 됩니다.'라고 말했다. 그는 덕담

을 하고 로하나를 향해 떠났다.

40. 그의 은사스님도 해제를 한 뒤 반대의 길로 돌아오면서 이전에 만났던 장소에서 그를 만났다. 그는 어떤 나무 아래로 가서 장로에게 해야 할 의무를 했다. 그때 장로가 그에게 물었다. '고운 얼굴을 가진 자여, 너의 어머니를 만나보았느냐?' '존자시여, 그랬습니다.'라고 [그 동안에] 있었던 일을 모두 말씀드리고 그 기름으로 장로의 발에 바르고 당밀로 마실 것을 만들어드리고 그 천도 장로에게 공양 올리고 절을 올린 다음, '존자시여, 제겐 로하나가 적합합니다.'라고 말씀드리고 떠났다. 장로도 승원으로 돌아와서 그 다음 날 꼬란다까 마을에 들어갔다.

41. 청신녀도, '우리 오라버니 [스님]께서 내 아들을 데리고 이제쯤 오실텐데.'라고 항상 길을 바라보면서 지냈다. 그녀는 장로가 혼자 오는 것을 보고 '아무래도 내 아들이 죽었나보다. 장로께서 혼자 돌아오시질 않는가.' 하면서 장로의 발아래 엎어져 통곡을 하며 울었다. 장로는 '짐작컨대 젊은 비구는 욕심이 적었으므로(小慾) 자신의 정체를 밝히지 않고 떠났음에 틀림없구나.'라고 생각하면서 그녀를 위로하고 그 동안에 있었던 일을 모두 말하면서 발우 주머니로부터 그 천을 꺼내어 보여주었다.

42. 청신녀는 신심이 나서 자기 아들이 간 방향을 향해 가슴을 땅에 대고 절하면서 말했다. "내 아들과 같은 비구를 증인으로 내세우고 세존께서는 라타위니따(Rathavinīta, 역마차 갈아타기)의 길(M24/i. 145이하)과 날라까(Nālaka)의 길(Sn. *pp.* 131이하)과 뚜왓따까(Tuvaṭṭaka)

의 길(Sn. pp. 179이하)과 네 가지 필수품에 만족하며 수행함을 즐거워하는 것을 보여주는 위대한 성자들의 혈통의 길(A.ii.27-28)을 설하셨구나. 그를 낳은 어머니의 집에서 석 달 동안 공양하면서도 '제가 당신의 아들입니다. 당신은 저의 어머님입니다.'라고 말하지 않았구나! 참으로 희유한 사람이로구나!"라고, 이와 같은 자에게 부모님도 장애가 되지 않는다. 하물며 다른 신도의 가족에 대해서야 말해 무엇 하겠는가.

43. (3) **이득**이란 네 가지 필수품이다. 어떻게 필수품이 장애가 되는가? 공덕이 있는 비구가 가는 곳에는 어디든 사람들이 많은 필수품을 보시한다. 그는 그들에게 축원을 해주고 법을 설하느라 사문의 법을 행할 기회를 얻지 못한다. 날이 새면서부터 초경에 이르기까지 사람들과의 교제를 끊지 못한다. 다시 탁발 나가는 스님들 가운데 음식에 탐을 내는 자들이 있어, 그들이 이른 새벽부터 몰려와서 '존자시여, 아무개라는 청신사와 청신녀와 친구와 친구의 딸이 존자를 친견하고자 합니다.'라고 말한다. 그는 '여보게들, 의발을 수하게나.'라고 말하면서 갈 준비가 되어있다. 이와 같이 그는 항상 만반의 채비를 하고 있다. 그에게 필수품들은 장애가 된다. 그는 대중을 버리고 그를 알지 못하는 곳에서 혼자 수행해야 한다. 이와 같이 할 때 장애는 끊어진다.

44. (4) **대중**이란 경을 배우는 대중이나 논을 배우는 대중이다. 대중을 가르치고 질문하느라 사문의 법을 행할 기회를 놓쳐버리면 그에게 대중은 장애가 된다. 그는 다음과 같이하여 장애를 끊어야 한다.

만약 비구들이 이미 많은 부분을 배웠고 조금 남았다면 그것을 완결한 다음 숲으로 들어가야 한다. 만약 조금 배웠고 아직 많이 남았다면 1유순을 벗어나지 말고 1유순의 구역 안에서 대중을 가르치는 다른 자에게 다가가서 '이 스님네들의 교육 등을 맡아주십시오.'라고 청해야 한다. 이렇게 해도 얻지 못하면 '도반들이여, 제게는 한 가지 해야 할 일이 있습니다. 이제 그대들은 각자 편안한 곳으로 떠나십시오.'라고 말하면서 대중을 버리고 자기 일을 해야 한다.

45. **(5) 공사**는 신축공사이다. 이 일을 하는 자는 목수 등이 [어떤 자재들은] 가져왔고 어떤 것은 가져오지 않았는가를 반드시 알아야 하고, 어떤 것은 했고 어떤 것은 하지 않았는가를 감독해야 하기 때문에 항상 장애가 된다. 이것도 다음과 같이 끊어야 한다.

만약에 조금 남았다면 그것을 완결해야 한다. 만약 많이 남았다면, 이것이 만약 승가의 신축공사라면 승가에게 혹은 승가의 소임을 맡은 비구에게 넘겨주어야 한다. 만약에 이것이 자기의 것이라면 자기의 일을 위임한 자들에게 넘겨주어야 한다. 이런 사람들을 구하지 못했다면 승가에게 보시하고 떠나야 한다.

46. **(6) 여행**은 길을 떠나는 것이다. 어느 곳에서 어떤 사람이 수계식을 거행해 주기를 기다리거나 어떤 필수품을 얻을 가능성이 있는데, 만약 그것을 얻지 않고서는 편하게 살 수 없고 또 숲으로 들어가서 사문의 법을 행할 때도 여행에 대한 생각을 떨쳐버릴 수가 없으면 여행하여 그 일을 끝내고 사문의 법에 열심히 매진해야 한다.

47. **(7) 친척**이란 승원에서는 전계사, 은사, 함께 거주하는 대중, 제자, 사형·사제, 동일한 전계사로부터 계를 받은 자들이고, 마을 집에서는 어머니, 아버지, 형제 등을 친척이라 한다. 그들이 아플 때 장애가 된다. 그러므로 그들을 간호하여 완쾌하게 하여 장애를 끊어야 한다.

48. 이 가운데서 우선 은사가 병이 들어 만약 빨리 회복되지 않으면 생명이 다할 때까지 간호해야 한다. 그와 같이 출가하게 해준 스승, 구족계를 받게 해준 스승, 함께 거주하는 대중, 구족계를 준 제자, 출가를 허락한 제자, 사형·사제도 그러하다. 자기를 보살펴주는 스승162), 자기를 가르쳐주는 스승, 자기가 보살펴주고 있는 제자, 가르치는 제자, 자기와 같은 스승을 둔 도반들은 보살핌과 가르침이 끝나지 않은 한 간호해야 한다. 가능하다면 그 이후에도 간호해야 한다.

49. 부모님의 경우 은사의 경우와 마찬가지로 간호해야 한다. 만약에 그들이 왕궁에 머물면서 아들이 간호해 주기를 바라면 그렇게 해야 한다. 그들에게 약이 없을 때 자기 것을 주어야 한다. 만약 자기에게 없다면 탁발을 해서라도 주어야 한다. 형제자매의 경우 그들이 소유하고 있는 것을 조제하여 주어야 한다. 만약 없다면 자

---

162) '*nissayācariya*'의 역어이다. 출가하면 본래 5년간은 은사를 모시고 중노릇의 습의를 익히고 공부를 지어야 하는데 은사가 어떤 이유로 그렇게 하지 못하면 다른 스승을 지목해서 그 문하로 보낸다. 이렇게 은사가 지목하여서 배우고 있는 스승을 '*nissayācariya*(보살펴주는 스승, 문자적으로는 의지하고 있는 스승)'라 부른다.

기 것을 잠시 주었다가 나중에 돌려받아야 한다. 돌려받지 못한다고 해서 비난해서는 안된다. 자매의 남편은 직접적인 혈통이 아니므로 그를 위해 약을 짓거나 약을 주는 것은 허락되지 않는다. '그대의 남편에게 주시오.'라고 말하면서 자매에게 주어야 한다. 형제의 아내에게도 마찬가지이다. 그러나 그들의 아들들은 그의 친척이기 때문에 그들을 위해 짓는 것은 허락된다.

50. **(8) 질병**은 그것이 어떤 종류의 질병이든 그것을 [모두 포함한다]. 병고에 시달릴 때 장애가 된다. 그러므로 약을 복용하여 그것을 끊어야 한다. 만약 며칠 동안 약을 복용해도 효험이 없다면 '나는 너의 노예도 아니고, 고용인도 아니다. 너를 부양하면서 시작이 없는 윤회에 괴로움을 받았다.'라고 자기 몸을 비난하며 사문의 법을 행해야 한다.

51. **(9) 서적**은 교학(*pariyatti*)을 외우는 것이다. 암송 등으로[163] 항상 매어있는 사람에게 장애가 된다. 다른 사람에게는 장애가 되지 않는다. 이것이 그 일화이다.

『중부』를 암송하는 레와따(Revata) 장로가 말라야(Malaya)에 머무는 레와따 장로에게 다가가서 명상주제를 청했다. 장로는 물었다. '도반이여, 어떤 교학을 외우고 있습니까?' '존자시여, 『중부』를 외우고 있습니다.' '도반이여, 『중부』는 외우기가 어렵습니다. 근본이 되는 50경을 암송하고 나면 중간 부분의 50경이 오고, 그것을 암송

---

163) "암송하고, 지니고, 정통하고, 질문하는 것 등이다. 교학을 외우는 것을 놓아버리고 머무는 자에게도 교학은 지속된다. 그에게 교학은 장애가 되지 않는다.(Pm.41)"

하고 나면 그 다음 50경을 대하는데 어떻게 명상주제를 들겠습니까?' '존자시여, 존자로부터 명상주제를 얻고 나면 다시는 그것을 보지 않겠습니다.' 이렇게 말하고 명상주제를 받아서 19년 동안 암송을 하지 않고 20년째에 아라한이 되었다. 그는 교학을 암송하기 위해 온 비구들에게 '수좌들이여, 20년 동안이나 교학을 보지 않았지만 나는 여기에 능통합니다. 시작하십시오.'라고 말한 다음 처음부터 끝까지 단 한자도 의심되는 것이 없었다.

52. 꿀리야 산(Karuliyagiri)에 머무는 나가(Nāga) 장로도 18년 동안 교학을 제쳐두었다가 [그 후에] 비구들에게 『다뚜까타』(Dhātu-kathā, 界論)를 설했다. 마을에 머무는 장로들과[164] 비교해 볼 때 단 하나의 질문도 순서에서 어긋난 것이 없었다.

53. 대사(大寺, Mahāvihāra)에 삼장법사 쭐라아바야(Cūḷa-Abhaya)라는 장로가 있었다. 그가 아직 주석서를 배우지 않았을 때에 '다섯 니까야(五部)에 능통한 자들의 회중에서 삼장을 설하리라.'면서 황금 북을 울렸다. 비구승가는 '어떤 스승의 가르침입니까? 우리 스승의 가르침이라면 설해도 좋지만 그렇지 않으면 설하는 것을 허락지 않을 것입니다'라고 했다. 그가 은사에게 시중들러 왔을 때 은사도 그에게 물었다. '수좌여, 자네가 북을 울렸는가?' '그렇습니다, 존자시여.' '무엇 때문인가?' '존자시여, 삼장을 설하려 합니다.' '아바야 수좌여, 스승들이 이 구절을 어떻게 설명하던가?' '이와 같이 설합니다, 존자시여.' 장로는 '흠'하면서 찬성하지 않았다. 다시 그는 제각기 다른 방법으로 '이와 같이 설합니다, 존자시여'라고 세 번 말씀드

---

164) "아누라다뿌라에 머무는 장로들이다.(Pm.41)"

렸다. 장로는 모두 '흠'하면서 찬성하지 않았다.

'수좌여, 그대가 첫 번째로 설한 것은 스승들이 설한 방법에165) 부합하지만 스승들의 입으로부터 직접 배우지 않았기 때문에 '이와 같이 스승들이 설합니다.'라고 주장할 수가 없다. 가서 우리의 스승들 곁에서 배워라.' '존자시여, 어디로 갈까요?' '강가(Gaṅgā)를 건너 로하나(Rohaṇa)라는 지역에 뚤라다라(Tulādhāra) 산의 사원에 마하담마락키따(Mahā-Dhammarakkhita)라는 장로가 계신다. 그는 모든 교학에 정통한 자다. 그의 곁으로 가라.' '고맙습니다, 존자시여.'라고 말씀드리면서 장로께 절을 올리고 500명의 비구들과 함께 담마락키따 장로 곁으로 가서 절을 올리고 앉았다.

장로는 '무슨 일로 왔는가?'라고 물었다. '존자시여, 법을 배우기 위해 왔습니다.' '아바야 수좌여, [대중들은] 나에게 틈나는 대로 『장부』와 『중부』를 묻는다네. 다른 것은 30년 동안 본 적이 없다네. 그렇지만 그대는 밤에 내 앞에서 암송하게. 낮에 그것에 대해 설명하겠네.' 그는 '고맙습니다, 존자시여'라고 말씀드리고 그렇게 했다.

54. 장로는 방 입구에 크게 임시 건물을 짓게 하였고 마을 주민들이 날마다 법을 듣기 위해 왔다. 장로는 밤에 암송한 것을 낮에 설명하면서 차례대로 가르침을 끝내고 아바야 장로의 앞에 땅바닥에 앉아서 '수좌여, 나에게 명상주제를 설해주게.'라고 했다. '존자시여, 무슨 말씀을 하십니까? 제가 존자의 곁에서 배우지 않았습니까? 존자께서 이미 잘 알고 계신 것166)에 대해 다시 무엇을 말씀드리겠

---

165) "원문의 'ācariya-maggo(스승의 도)'는 'ācariyānaṁ kathāmaggo(스승들이 설한 도)'라는 뜻이다.(Pm.41)"

습니까?' 장로는 그에게 말했다. '수좌여, 그것을 체험한 자의167) 도
는 다르다네.'

55. 그때 아바야 장로는 예류자였다고 한다. 그가 스승에게 명
상주제를 준 다음 돌아와서 동당(銅堂)에서 법을 설할 때에 장로가
열반하셨다는 소식을 들었다. 듣고서는 '도반들이여, 가사를 가져오
게.'라고 하여 가사를 수한 뒤 '도반들이여, 우리 스승님이 아라한도
를 증득하심은 지극히 당연한 것이라네. 도반들이여, 우리 스승은
정직하고 기품 있는 분이시라네. 자기의 법제자 앞에서 땅바닥에
앉아 "나에게 명상주제를 설해주게"라고 말씀하셨네. 그러니 장로
께서 아라한도를 증득하심은 지극히 당연한 일이라네.'라고 했다.
이런 분에게 서적은 장애가 되지 않는다.

56. **(10) 신통**이란 범부의 신통이다. 이것은 반듯하게 누워만 있
는 어린 아기처럼 그리고 어린 아이의 머리카락처럼 보호하기가 어
렵다. 아주 하찮은 것에 의해서도 파괴된다. 이것은 위빳사나에는
장애가 되고 삼매에는 장애가 되지 않는다. 삼매에 든 뒤 그것을 얻
을 수 있기 때문이다. 그러므로 위빳사나를 원하는 자는 신통의 장

---

166) 냐나몰리 스님은 이 부분을 "*What can I explain to you that you do not already know*?"라고 영역했는데 원어의 '*aññātaṁ*'을 '알지 못하는 것'으로 본 것이다. 그러나 역자는 문맥상 '*aññātaṁ*'은 부정이 아니고 '*aññātaṁ*(잘 안 것)'의 뜻으로 보았다. 장음 '*ā*' 뒤의 자음이 겹쳐지는 까닭에 단음 '*a*'로 바뀌는 경우가 경전에서도 종종 나타난다. 예를 들면 『상응부』(S.iii.35; S.iii.74) 등 많은 곳에서도 '*aññātaṁ*'은 잘 알았다는 뜻으로 사용되었다. 그리고 아래 §109에서도 '*aññātuṁ*'은 안다는 의미로 사용되었다.
167) 도닦음(*paṭipatti*)에 의해 진리를 체험한 자의 도는 이론적으로 아는 것(*pariyatti*, 교학)과 다르다는 뜻이다.

애도 끊어야 하고 사마타를 원하는 자는 나머지 장애를 끊어야 한다.
이것이 장애에 대한 상세한 설명이다.

2. 명상주제를 주는 자에 대한 설명

kammaṭṭhānadāyakavaṇṇanā

57. **명상주제를 주는 선우를 친근하고**(§28): 여기에 두 가지 명상주제가 있다. 모든 것에 유익한 명상주제와 특별한 명상주제이다. 이 가운데서 모든 것에 유익한 명상주제는 비구승가 등에 대한 자애(*mettā*, 慈)와 죽음에 대한 마음챙김(*maraṇassati*, 死念)이다. 어떤 자들은 부정에 대한 인식(*asubhasaññā*, 不淨想)도 모든 것에 유익한 명상주제라고 한다.

58. 명상주제를 가지는 비구는 우선 범위를 경내에 있는 모든 비구승가로 한정하고 그들에 대해 '[모든 비구승가가] 행복하고 괴로움이 없기를' 하면서 첫 번째로 자애를 닦아야 한다. 그 다음에는 경내에 있는 신장들에 대해서, 그 다음에는 탁발 가는 마을의 지도자들에 대해서, 그 다음에는 [그곳에 사는 사람들과] 사람을 의지하는 모든 중생들에 대해서도 그와 같이 한다.

비구승가에 대한 자애로 인해 그는 함께 사는 스님들에 대해 인자한 마음을 낸다. 그때 그들은 그와 함께 행복하게 머문다. 경내에 있는 신장들에 대한 그의 자애로 인해 인자한 마음을 가진 신장들이 법다운 보호로 그를 보호한다. 탁발 가는 마을의 지도자들에 대한 그의 자애로 인해 인자한 마음을 가진 지도자들이 법다운 보호로 그의 필수품들을 보호한다. 그곳에 있는 사람들에 대한 자애로 인해 그들은 신심을 내게 되고 그들로부터 멸시를 받지 않고 다니게 된다. 모든 중생에 대한 자애로 인해 모든 곳에 장애 없이 다닌다.

죽음에 대한 마음챙김으로 인해 '나도 필경에는 죽고 말 것이다'라고 생각하면서 삿되게 구함을 버리고168) 분발심이 점점 더 커져서 집착 없이 산다.

그의 마음이 부정에 대한 인식에 능숙해질 때 천상의 대상들조차도 그의 마음을 탐욕으로 유혹하지 못한다.

59. 이와 같이 모든 곳에169) 유익하고 필요로 하기 때문에 모든 것에 유익한 명상주제라 부른다. 왜냐하면 이것은 크게 도움이 되기 때문이다. 또한 이것은 여기서 뜻하는 수행에 전념하는 일의 조건이기170) 때문에 모든 것에 유익한 명상주제라 부른다.

60. 40가지 명상주제 가운데서 자기의 기질에 맞는 것을 특별한 명상주제라 부른다. 이것은 항상 지녀야 하고, 각각 높은 단계를 닦는 것에 대한 가까운 원인이 되기 때문이다. 이와 같이 이 두 가지 명상주제를 주는 자를 일러 **명상주제를 주는 자**라 한다.

---

168) I. §126을 참고할 것.
169) "모든 곳이란 사문이 해야 할 모든 일에, 혹은 모든 명상주제에 전념하는 일에라는 뜻이다.(Pm.42)"
170) "자애(*mettā*, 慈)와 죽음에 대한 마음챙김(*maraṇassati*, 死念)과 부정에 대한 인식의 이 모든 것에 유익한 명상주제는 수행자로 하여금 수행에 전념하고 몰두하게 하는 원인(*nipphattihetu*)이라는 뜻이다.(Pm.42)" 냐나몰리 스님은 이 문구를 '*and since they are subjects for the meditation work intended*'라고 영역했다.

61. 선우란,

"귀하고, 존귀하고, 훌륭하고
설[법]에 능통하며, [비난하는] 말을 경청하며
심오한 해설을 하고
부당한 행위를 부추기지 않는 분이다.(A.iv.32)"171)

이와 같은 덕을 갖추고 오로지 [타인의] 이로움을 구하며 향상의 편에 서있는 자가 선우이다.

62.
"아난다여, 선우인 내게 왔기 때문에 태어나기 마련인 중생들은 태어남으로부터 벗어난다.(S.i.88)"라는 말씀이 있기 때문에 참

---

171) "선우는 믿음과 계와 견문과 버림과 정진과 마음챙김(념)과 삼매(정)와 통찰지(혜)를 구족했다. 이 가운데서 믿음을 구족했기 때문에 여래의 깨달음과 업의 결과를 믿는다. 그러므로 이 정각의 원인인 중생들의 이익을 구하는 것을 버리지 않는다.
계를 구족했기 때문에 중생들이 귀히 여기고 공경하고 훌륭하고 조언하고 나쁜 비난에 분별 있게 얘기하고 인내심을 갖고 경청한다.
견문을 구족했기 때문에 4성제, 연기 등과 관련된 심오한 해설을 한다.
버림을 구족했기 때문에 욕구가 적고(소욕) 만족하고(지족) 한거하고 속인들과 교제하지 않는다.
정진을 구족했기 때문에 자기와 남에게 이로운 도닦음에 부지런히 정진한다.
마음챙김을 구족했기 때문에 마음챙김이 확립된다.
삼매를 구족했기 때문에 흩어지지 않고 마음이 삼매에 든다.
통찰지를 구족했기 때문에 전도되지 않은 것을 잘 안다.
그는 마음챙김으로 유익하고 해로운 법들의 끝점을 검증하고, 통찰지로 중생들의 이로움과 해로움을 있는 그대로 알고, 삼매로 마음이 하나 되며, 정진으로 중생들에게 해로운 것을 자제하게 하고 이로운 것을 하도록 권한다. 그러므로 **귀하고** 등의 덕을 갖추었다고 한다.(Pm.42)"

으로 정등각자가 모든 면을 구족한 선우이시다. 그러므로 그분이 계실 때는 세존으로부터 직접 받은 명상주제가 가장 잘 받은 것이다. 세존이 열반하셨을 때는 80명의 큰 제자 가운데 살아계신 분으로부터 직접 받으면 된다. 그런 분이 안 계실 때에 명상주제를 받기를 원하는 자는 그 특별한 명상주제에 따라172) 사종선(四種禪)과 오종선(五種禪)을 일으킨 다음에 禪을 가까운 원인으로 하는 위빳사나를 증장시켜서 번뇌가 멸함을 얻은 번뇌 다한 분으로부터 받아야 한다.

63. 그런데 번뇌 다한 자가 '나는 번뇌 다한 자다'라고 자기를 드러내겠는가? 왜 못하겠는가? [상대방의] 수행정도를 파악한 뒤 드러낸다. 앗사굿따(Assagutta) 장로는 '이 비구는 명상주제를 잘 행하겠구나.'라고 안 뒤 허공에 가죽으로 된 자리를 펴고 그 위에 가부좌를 하고 앉아 명상주제를 설하지 않았던가?

64. 그러므로 만약 번뇌 다한 자를 만난다면 그것은 유익하다. 만약 만나지 못하면 불환자, 일래자, 예류자, 禪에 든 범부, 3장에 통달한 자, 2장에 통달한 자, 1장에 통달한 자 가운데서 하향의 순서대로 접근해야 한다. 만약에 1장에 통달한 자도 얻지 못하면 주석서와 함께 하나의 경에 능통하고 부끄러워할 줄 아는 자로부터 받아야 한다. 이와 같이 계보를 잇고, 혈통을 보호하며 전통을 보호하는 스승은 스승들의 견해를 피력하지 자기의 견해를 피력하지 않는

---

172) 즉 들숨날숨에 대한 마음챙김(ānāpānasati)을 원하고 그것이 자기의 명상주제이면 그 들숨날숨에 대한 마음챙김을 통해서 아라한과를 증득한 사람에게 가서 받아야 한다는 뜻이다.

다. 그러므로 옛적의 장로들은 '부끄러워 할 줄 아는 자는 보호할 것이다.'라고 세 번씩이나 말씀하셨다.

65. 앞서 설한 번뇌 다한 자 등은 오직 자신이 증득한 도를 설할 것이다. 많이 배운 자들은 이런저런 스승을 친근하여 파악함과 질문함[173]이 깨끗해졌기 때문에 5부 경전의 이곳저곳으로부터 [명상주제와 관련된] 경구(sutta)와 [명상주제에 상응하는] 이치를 주시하고 나서 [그것이 명상주제를 원하는 그 사람에게] 적합한지 않은지를 고려해서 마치 밀림을 지나는 큰 코끼리처럼 큰길을 보여주면서 명상주제를 설한다. 그러므로 이렇게 명상주제를 주는 선우를 친근한 뒤 그에게 모든 의무를 다 한 다음 명상주제를 받아야 한다.

66. 만약 승원 내에서 이런 선우를 얻을 수 있다면 그것은 유익하다. 만약 얻지 못한다면 그가 사는 곳으로 가야 한다. 갈 때에도 발을 씻고 발에 기름을 바르고, 신발을 신고, 일산을 들고, 기름병과 꿀과 당밀 등을 들게 하여 제자들을 대동하고 가서는 안된다. 길 떠나는 비구의 의무를 충실히 하면서 자기의 의발을 스스로 들고 도중에 들리는 승원마다 모든 곳에서 [들어갈 때는 객의 의무를, 길 떠날 때는 떠나는 자의] 모든 의무를 다 하고 간소한 필수품으로 극도로 엄격한 생활을 하면서 가야 한다. [선우가 머무는] 승원에 들어갈 때에도 가는 도중에 치아를 닦을 나뭇가지를 적당하게 준비해

---

173) "파악함(*uggaha*)이란 명상주제를 도와주는 성전을 철저하게 맑혀서 덤불과 엉킴이 없도록 파악하는 것이고, 질문함(*paripucchā*)이란 그 뜻을 설명한 주석을 철저하게 맑혀서 덤불과 엉킴이 없도록 파악하는 것이다.(Pm.42)"

서 들고 들어가야 한다. '잠시 쉬었다가 발을 씻고 기름을 바른 다음 스승 곁에 가리라'고 생각하면서 다른 방으로 들어가서는 안된다.

67. 무슨 이유인가? 그곳에 스승에게 적개심을 품고 있는 비구들이 있을지도 모르기 때문이다. 그들은 온 이유를 묻고는 스승을 비방하고 '그의 곁에 간다면 그대는 길을 잃어버릴 것이오.'라고 말하면서 온 것에 대해 후회하는 마음을 내게 하고 결국은 돌아가게 할지도 모른다. 그러므로 스승의 숙소를 물어 곧장 그곳으로 가야 한다.

68. 만약에 스승이 더 연소자라 하더라도 그가 의발 등을 받는 것에 동의해서는 안된다. 만약 스승이 연장자라면 나아가서 절하고 서있어야 한다. '도반이여, 의발을 내려놓으시게.'라고 말하면 내려놓아야 한다. '물 한 컵 마시게.'라고 말하면 만약 원하면 마셔도 된다. '발을 씻게나.'라고 말하더라도 단박에 발을 씻어서는 안된다. 만약에 스승이 직접 가져온 물이면 적당하지 않기 때문이다. '발을 씻게나. 이 것은 내가 가져온 것이 아니고 다른 사람이 가져온 것이라네.'라고 말하면 스승의 시야에서 벗어난 곳에서 즉, 가려진 공간이나 노천이나 혹은 승원의 한 쪽에서174) 앉아서 발을 씻어야 한다.

---

174) 본 번역의 저본인 HOS본의 원문 '*evarūpe paṭicchanne vā okāse, abbhokāsavihārassāpi vā* …' 는 문장구조가 애매하다. 스승의 시야에서 벗어난 곳의 보기인데 이 문장에 '*vā*(혹은)'가 두 번 사용된 것으로 보아 '<u>가려진 공간 혹은 [스승이 노천에 계시면] 승원의 한 쪽</u>' 앉아서라는 뜻이 될 수도 있겠다. 그래서 냐나몰리 스님은 '가려진 공간이나 승원 한 쪽의 노지에서(*in a screened place out of sight of the teacher, or in the open to one side of the dwelling*)'라고 영역했다.

그러나 미얀마본에는 '*evarūpe paṭicchanne vā okāse, abbhokāse*

69. 만약 스승이 기름병을 가져오면 일어서서 두 손으로 공손하게 받아야 한다. 만약 받지 않으면 '이 비구가 어느새 함께 사용하는 것에 화가 났구나'라고 오해를 할지 모른다. 받아서는 처음부터 발에다 발라서는 안된다. 만약 그것이 스승의 사지에 바르는 기름이면 적당하지 않기 때문이다. 그러므로 먼저 머리에 바르고 어깨 등에 발라야 한다. '도반이여, 이 기름은 모든 곳에 사용되는 것이니 발에도 바르게'라고 말하면 머리에 조금 바르고 발에 바른 다음 '이 기름병을 돌려드리고자 합니다'라고 말씀드리면서 스승이 받을 때 돌려드려야 한다.

70. 도착한 날부터 바로 '존자시여, 제게 명상주제를 설해주소서'라고 말해서는 안된다. 둘째 날부터 만약 스승에게 평소의 시자가 있으면 그에게 허락을 청하여 의무를 행해야 한다. 만약 청했지만 허락되지 않으면 기회가 주어질 때 행해야 한다. 의무를 행할 땐 작은 것, 중간 것, 큰 것의 세 가지 치목175)을 가져와야 한다. 세수할 물과 목욕할 물도 차고 더운 것의 두 가지로 준비해야 한다. 이 가운데서 스승이 3일 동안 계속해서 사용하는 것이 있으면 그것을 항상 가져와야 한다. 가리지 않고 어느 것이든 사용하면 형편에 따라 있는 대로 가져와야 한다.

---

    vihārassāpi vā …' 로 나타난다. 그래서 뻬 마웅 틴(미얀마 출신임)의 P.T.S. 영역본과 수웨저리 스님의 미얀마본에서는 세 곳으로 보았고 역자도 이것에 따랐다.

175) 지금도 인도나 미얀마의 시골에서 흔히 볼 수 있듯이 남방에서는 약재로 쓰이는 가는 나뭇가지를 씹어 이빨을 문지르면서 양치를 한다.

71. 많은 말이 왜 필요하랴? "비구들이여, 제자는 스승에게 바르게 의무를 다해야 한다. 이것이 바른 의무이다. 그는 먼저 일어나서 신발을 벗고 한 쪽 어깨로 상의를 입고 치목을 드려야 하고 세수할 물을 드려야 하고 앉을 자리를 마련해야 한다. 만약 죽이 있으면 대접을 씻은 뒤 죽을 가져와야 한다.(Vin.i.61)"라고 세존께서 [율장의] 「칸다까」(Khandhaka, 犍度部)에서 바른 의무를 설하셨다. 그 모든 것을 해야 한다.

72. 이와 같이 의무를 충실히 하여 스승의 마음을 기쁘게 해드리고 저녁에 절을 올린 뒤 '이제 가보게나'라고 말하면서 물러나게 하면 물러가야 한다. '무슨 이유로 왔는가'라고 물으면 온 이유를 말씀드려야 한다. 만약 묻지 않고 의무에 대해 흡족해 하면 열흘 혹은 보름이 지난 어느 날, 물러가라고 해도 물러나지 않고 기회를 봐서 온 이유를 말씀드려야 한다. 혹은 우연히 갔는데 '무슨 이유로 왔는가'라고 물으면 말씀드려야 한다. 만약 스승이 '아침에 오게나'라고 말하면 아침에 가야 한다.

73. 만약에 [친견하기로] 정해진 시간에 자신이 담즙으로 인한 병으로 위에 열이 생겼다거나 소화기의 열이 약해 먹은 음식물이 소화가 안된다거나 다른 병으로 고통 받는다면 그것을 사실대로 말씀드리고 자기에게 적당한 시간을 알려드려 그 시간에 친견해야 한다. [병고로 인한] 적절하지 않은 시간에 명상주제를 설하는 것을 들으면 그것을 마음에 잡도리할 수 없기 때문이다. 이것이 여기서 '명상주제를 주는 선우를 친근하고'에 대한 상세한 설명이다.

3. 기질의 설명

cariyāvaṇṇanā

74. **자기의 기질에 맞는**(§28): 여기서 기질이란 여섯 가지가 있다. 즉 탐하는 기질, 성내는 기질, 어리석은 기질, 믿는 기질, 지적인 기질, 사색적인 기질이다. 어떤 자는 [이 여섯 가지에다] 탐욕 등을 혼합하여 다시 네 가지를 더 만들고, 그와 같이 믿음 등을 혼합하여 다시 네 가지를 만들어, 이 여덟 가지와 함께[176] 14가지 기질이 있다고 한다.

그러나 이와 같이 분류하여 설하면 탐욕 등을 믿음 등과 혼합하여 여러 가지 기질이 더 있게 된다. 그러므로 간략히 여섯 가지 기질을 알아야 한다. 기질(*cariyā*), 천성(*pakati*), 개성(*ussannatā*)은 뜻으로는 같다.

이것에 따라 여섯 종류의 사람이 있다. 그것은 탐하는 기질을 가진 사람, 성내는 기질을 가진 사람, 어리석은 기질을 가진 사람, 믿는 기질을 가진 사람, 지적인 기질을 가진 사람, 사색적인 기질을 가진 사람이다.

75. 탐하는 기질의 사람에게 유익한 [업]이 일어날 때에 믿음이 강해진다. 믿음은 탐욕에 가까운 특성을 가졌기 때문이다. 해로운 법(不善法) 가운데에 탐욕은 사랑스럽다. 그것은 혐오스럽지 않다.

---

176) 즉 탐하고 성내는 기질, 탐하고 어리석은 기질, 성내고 어리석은 기질, 탐하고 성내고 어리석은 기질의 네 가지와 믿는 지적인 기질, 믿는 사색적인 기질, 지적이고 사색적인 기질, 믿는 지적이고 사색적인 기질의 네 가지로 여덟 가지이다.(Pm.43)

유익한 법(善法) 가운데 믿음도 그와 같이 [사랑스럽고 혐오스럽지가 않다]. 탐욕이 그것의 대상으로 감각적 욕망을 찾듯이 믿음도 계 등의 덕을 [찾는다]. 탐욕이 이롭지 못한 것을 버리지 않듯이 믿음도 이로운 것을 버리지 않는다. 그러므로 믿는 기질을 가진 자는 탐하는 기질을 가진 자와 비슷하다.

76. 성내는 기질의 사람에게 유익한 [업]이 일어날 때에 통찰지가 강해진다. 통찰지는 성냄에 가까운 특성을 가졌기 때문이다. 해로운 법 가운데 성냄은 사랑스럽지 않은 것이고 대상을 거머쥐지 않는다. 유익한 법 가운데 통찰지도 그와 같다. 성냄이 사실이 아닌 허물만 찾듯이 통찰지는 사실인 허물만 찾는다. 성냄이 중생을 비방하는 형태로 일어나듯이 통찰지는 상카라(行)들을 비방하는 형태로 일어난다. 그러므로 지적인 기질을 가진 자는 성내는 기질을 가진 자와 비슷하다.

77. 어리석은 기질을 가진 자가 아직 일어나지 않은 유익한 법들을 일어나게 하기 위해 노력할 때 주로 장애가 되는 사색(vitakka)이 일어난다. 이 사색은 어리석음에 가까운 특성을 가졌기 때문이다. 어리석음이 혼란으로 인하여 들떠있듯이 사색도 여러 측면으로 생각함 때문에 들떠있다. 어리석음이 [대상에] 깊이 들어가지 못하기 때문에 동요하듯이 사색도 경솔하게 추측하기 때문에 그와 같다. 그러므로 사색하는 기질을 가진 자는 어리석은 기질을 가진 자와 비슷하다.

78. 어떤 자는 갈애, 자만, 사견으로 다시 세 가지 기질을 말한

다. 여기서 갈애는 탐욕일 뿐이고 자만은 그 [탐욕]과 함께한 것이다. 그러므로 이 둘은 탐하는 기질에 지나지 않는다. 어리석음을 인하여 사견이 생기기 때문에 사견의 기질은 어리석은 기질에 속한다.

79. 그러면 무엇이 이 기질들의 원인인가? 이 사람은 탐하는 기질을 가졌고 이 사람은 성냄 등에서 어떤 다른 기질을 가졌다고 어떻게 알겠으며, 어떤 기질을 가진 사람에게 어떤 것이 적합한지 어떻게 알겠는가?

80. 여기서 우선 처음 세 가지 기질은 이전에 쌓은 [업]과 요소(*dhātu*, 界)와 [병의 요소인] 체액이 그 원인이라고 어떤 자는 말한다.177)

전생에 바람직한 일을 했고 좋은 업을 많이 지었거나 혹은 천상에서 죽은 뒤 이 세상에 태어난 자는 탐하는 기질을 가진 자가 된다고 한다. 전생에 끊고, 죽이고, 묶는 잔인한 행위를 많이 한 자거나 지옥과 뱀의 세계에서 죽은 뒤 이 세상에 태어난 자는 성내는 기질을 가진 자가 된다고 한다. 전생에 술을 많이 마셨거나 배우고 질문함을 게을리 했거나 혹은 동물의 세계에서 죽은 뒤 이 세상에 태어난 자는 어리석은 기질을 가진 자가 된다고 한다. 이와 같이 전생에 쌓

---

177) "어떤 자란 우빠띳사(Upatissa) 장로를 말한다. 왜냐하면 그는 『해탈도론』(Vimuttimagga)에서도 이처럼 설명하기 때문이다.(*ekacce ti Upatissattheraṁ sandhāyāha. tena hi Vimuttimagge tathā vuttaṁ.*—Pm.44)"
Pm에서 우빠띳사 스님과 『해탈도론』을 언급하고 있는 곳은 이 한 군데뿐이다. 그리고 실제 한역 『해탈도론』에서는 기질의 차이는 쌓은 업과 요소와 체액이 다른 것이 그 원인이라고 주장하고 있다.(Soma Thera & Kheminda Thera, 57참조)

은 [습성]이 원인이라고 말한다.

81. 두 가지 요소, 즉 땅의 요소(地界)와 물의 요소(水界)의 과잉 때문에 사람은 어리석은 기질이 되고, 나머지 두 요소의 과잉 때문에 성내는 기질이 되고, 모든 것이 균등하기 때문에 탐하는 기질이 된다고 한다. 체액 가운데서 가래(점액)가 많은 사람은 탐하는 기질이 되고 바람이 많은 자는 어리석은 기질이 된다고 하며, 혹은 점액이 많은 자는 어리석은 기질이 되고 바람이 많은 자는 탐하는 기질이 된다고도 한다. 이와 같이 요소와 체액이 원인이라고 말한다.

82. 전생에 바람직한 일을 했고 좋은 일을 많이 했거나 천상에서 죽은 뒤 이 세상에 태어난 자들이라 해서 모두 탐하는 기질을 가진 자가 되는 것은 아니다. 혹은 다른 자들도 각각 성내는 기질을 가진 자나 어리석은 기질을 가진 자가 되는 것은 아니다. 마찬가지로 앞서 설한 그런 방법에 의한 [특정] 요소의 현저함에 대한 법칙도 없다. [병의 요인인] 체액의 법칙 가운데서는 탐욕과 어리석음의 둘만을 설했다. 그것도 서로 모순이 된다. 믿는 기질을 가진 사람 등에 대해서는 단 하나의 원인도 설하지 않았다. 그러므로 이 모든 것은 결정적인 말이 아니다.

83. 다음은 주석서를 [설하는] 스승들의 견해에 따른 설명이다. '현저함의 설명'[178])에서 이와 같이 설하셨기 때문이다. "이 중생들은 이전의 원인의 법칙에 따라[179]) 탐욕이 성하기도 하고 성냄이 성

---

178) 현저함의 설명으로 옮긴 '*ussadakittana*'는 『앗타살리니』(DhsA)의 과보의 장에서 설명하고 있는 부분(DhsA.267)을 통해서 그 자취를 알 수 있다.(*Expositor* 355쪽 참조)

하기도 하고 어리석음이 성하기도 하고, 탐욕 없음이 성하기도 하고 성냄 없음이 성하기도 하고 어리석음 없음이 성하기도 한다.

업을 쌓는 순간에 탐욕이 강한 반면에 탐욕 없음은 약하고, 또한 성냄 없음과 어리석음 없음은 강한 반면에 성냄과 어리석음이 약한 사람은 그의 탐욕 없음이 약하기 때문에 탐욕을 극복할 수 없다. 그러나 성냄 없음과 어리석음 없음은 강하기 때문에 성냄과 어리석음을 극복할 수 있다.

그러므로 그는 그런 업에 의해 주어진 재생연결로 다시 태어날 때 탐하고 좋은 천성을 가지고 성냄이 없고 통찰지를 가지고 금강과 같은 지혜를 가진다."

84. "그런데 업을 쌓는 순간에 탐욕과 성냄이 강한 반면에 탐욕 없음과 성냄 없음이 약하고, 어리석음 없음이 강한 반면에 어리석음이 약할 때 그는 앞서 설한 방법대로 탐욕과 성냄을 가지고 통찰지를 가지고 금강과 같은 지혜를 가진다. 마치 닷따아바야(Datta-Abhaya) 장로처럼.

업을 쌓는 순간에 탐욕과 성냄 없음과 어리석음은 강하지만 나머지가 약할 때 그는 앞서 설한 방법대로 탐하고 우둔하다. 그러나 천성이 좋고 성내지 않는다. 마치 바훌라(Bahula) 장로처럼.

업을 쌓는 순간에 탐욕과 성냄과 어리석음은 강하지만 탐욕 없음과 성냄 없음과 어리석음 없음이 약할 때 그는 앞서 설한 방법대로 탐하고 성내고 멍청하다."

---

179) "전생에 일어난 탐욕 등 원인의 법칙에 따라서라는 뜻이다.(Pm.44)"

85. "업을 쌓는 순간에 탐욕 없음과 성냄과 어리석음은 강하지만 다른 것이 약할 때 그는 앞서 설한 방법대로 오염이 적다. 천상의 대상을 보고서도 동요하지 않는다. 그러나 성내고 통찰지가 둔하다.

업을 쌓는 순간에 탐욕 없음과 성냄 없음과 어리석음이 강한 반면에 다른 것이 약할 때 그는 앞서 설한 방법대로 탐하지 않고 성내지 않고 천성이 좋지만 둔하다.

업을 쌓는 순간에 탐욕 없음과 성냄과 어리석음 없음이 강한 반면에 다른 것이 약할 때 그는 앞서 설한 방법대로 탐내지 않고 통찰지를 가진다. 그러나 성을 내어 분노한다.

업을 쌓는 순간에 탐욕 없음과 성냄 없음과 어리석음 없음이 강한 반면에 탐욕 등이 약할 때 그는 앞서 설한 방법대로 마치 마하상가락키따(Mahā-Saṅgharakkhita) 장로처럼 탐내지 않고 성내지 않고 통찰지를 가진다.(MA.ii.373-74)"

86. 여기서 탐하는 자라고 설한 것은 탐하는 기질을 가진 자다. 성내는 자와 둔한 자라고 한 것은 각각 성내는 기질과 어리석은 기질을 가진 자다. 통찰지를 가진 자는 지적인 기질을 가진 자다. 탐욕과 성냄 둘 다 없는 자는 천성적으로 믿는 성질을 가졌기 때문에 믿는 기질을 가진 자다. 어리석음 없음을 수반한 업으로 태어난 자는 지적인 기질을 가진 자다.

이와 같이 강한 믿음을 수반한 업으로 태어난 자는 믿는 기질을 가진 자다. 감각적 욕망에 대한 사색(생각)을 수반한 업으로 태어난 자는 사색하는 기질을 가진 자다. 탐욕 등이 혼합된 것을 수반한 업으로 태어난 자는 혼합된 기질을 가진 자다. 이와 같이 탐욕 등 가운데서 어떤 것을 수반하여 재생연결을 생기게 하는 업이 기질들의 원인이라고 알아야 한다.

87. 그런데 앞서 설한 **이 사람은 탐하는 기질을 가졌다고 어떻게 알겠는가**라는(§79) 등에서 이것이 [아는] 방법이다.

① 행동거지에 따라 ② 일하는 것에 따라
③ 먹는 것에 따라 ④ 보는 것 등에 따라
⑤ 법(심리현상)이 일어나는 것에 따라
기질들을 분류해야 한다.

88. **(1) 행동거지에 따라:** 탐하는 기질을 가진 자는 자연스런 걸음걸이로 갈 때 신중하게 가고 천천히 발을 내려놓고 반듯이 발을 내려놓으며 반듯이 들어올리고 그의 발자국은 만곡이 있어 중앙이 땅에 닿지 않는다.

성내는 기질을 가진 자는 발끝으로 땅을 파듯 걷는다. 급히 발을 내려놓고 급히 들어올린다. 그의 발자국은 [발을 내려놓을 때에 질질 끌듯이 내려놓아] 질질 끌어져있다.

어리석은 기질을 가진 자는 혼란스런 걸음걸이로 걷는다. 당혹한[180) 사람처럼 발을 내려놓고 당혹한 사람처럼 발을 들어올린다. 그의 발자국은 급하게 눌려져있다. 마간디야 숫따(Māgaṇḍiya Sutta)

---

180) '당혹한'으로 옮긴 'chambhito'는 'chambheti'의 과거분사로 주로 '놀라다, 공포에 질려 마비되다, 단단해지다, 굳다' 등의 뜻으로 사용되는데 이 문맥에서는 'vitthāyanto(당혹한)'의 뜻이라고 Pm에서 밝히면서 어떤 자는 'bhīto(두려워하는)'라고도 해석한다고 한다.

의 기원에서도 이와 같이 설하셨다.

> "탐하는 자의 발자국은 만곡이 생기고
> 성내는 자의 발자국은 질질 끌어져있고
> 어리석은 자의 발자국은 급하게 눌려져있다.
> 장막을 걷어버린 자의 발자국은 이와 같다.(SnA. 544)"181)

89. 탐하는 기질을 가진 자의 경우 서있는 자세도 자신 만만함을 불러오고 우아한 자태이다. 성내는 기질을 가진 자의 경우 그것은 완고한 모습이다. 어리석은 기질을 가진 자의 경우 그것은 혼란한 모습이다. 앉아있는 자세의 경우도 이 방법이 적용된다.

탐하는 기질을 가진 자의 경우 서두르지 않고 자리를 마련하여 천천히 누워서 사지를 바르게 놓고 편안한 모습으로 잔다. 일어날 때에도 급히 일어나지 않고 마치 의심을 가진 것처럼 천천히 응답한다.

성내는 기질을 가진 자는 서둘러 어떤 식으로든지 자리를 마련하여 몸을 던져 미간을 찌푸린 채 잠잔다. 일어날 때에도 급히 일어나서 성난 것처럼 응답한다.

어리석은 기질을 가진 자는 비뚤어지게 자리를 마련하여 몸을 산란하게 이리저리로 뻗고 대부분 얼굴을 아래로 두고 잠잔다. 일어날 때에도 '흥'하는 소리를 내면서 느릿하게 일어난다.

90. 믿는 기질을 가진 자 등은 탐하는 기질을 가진 자 등과 동

---

181) 이와 같다는 것은 어느 한 부분도 땅에 닿지 않은 데가 없이 반듯하게 잘 놓여져 있다는 뜻이다. 여기서는 부처님 발자국을 뜻한다.

등하기 때문에 그들의 행동거지도 이와 같다. 이와 같이 우선 행동거지에 따라 기질들을 알아야 한다.

91. **(2) 일하는 것에 따라:** 빗질하는 등의 일을 할 때 탐하는 기질을 가진 자는 비를 잘 잡은 뒤 모래를 성급히 뿌리지 않고 마치 신두와라 꽃을 뿌리듯이 뿌리면서 깨끗하고 고루 쓴다. 성내는 기질을 가진 자는 비를 꽉 잡고 서둘러 양쪽으로 모래를 뿌리고 귀에 거슬리는 소리로 깨끗하지도 않고 고르지도 않게 쓴다. 어리석은 기질을 가진 자는 느슨하게 비를 잡고 이리저리 뒤집어 [모래와 쓰레기를] 섞어서 깨끗하지도 않고 고르지도 않게 쓴다.

92. 빗질하는 것처럼 옷을 빨고 물들이는 등 모든 행위에서 탐하는 기질을 가진 자는 능숙하고 우아하고 고르고 신중하게 한다. 성내는 기질을 가진 자는 긴장되고 완고하고 고르지 않게 한다. 어리석은 기질을 가진 자는 능숙하지 않고 혼란스럽고 고르지 않고 결정적이지 않다.

옷을 입는 것도 또한 탐하는 기질을 가진 자의 경우 너무 꽉 죄이지도 너무 느슨하지도 않게 입으며 곱고 반듯하게 입는다. 성내는 기질을 가진 자의 경우 꽉 죄이고 어설프게 입는다. 어리석은 기질을 가진 자의 경우 느슨하고 혼란스럽게 입는다.

믿는 기질을 가진 자 등은 이들과 비슷하기 때문에 이들에 따라서 이해해야 한다. 이와 같이 일하는 것에 따라 기질들을 알아야 한다.

93. **(3) 먹는 것에 따라:** 탐하는 기질을 가진 자는 말랑말랑하고 달콤한 음식을 좋아한다. 먹을 때에도 너무 크지 않게 둥글게 덩

어리를 만들어서 갖가지 맛을 경험하면서 급하지 않게 먹는다. 맛있는 것을 얻으면 기뻐한다. 성내는 기질을 가진 자는 거칠고 시큼한 음식을 좋아한다. 먹을 때에도 입이 가득 차도록 덩어리를 만들어서 맛도 모른 채 급하게 먹는다. 맛이 없는 것을 얻으면 성을 낸다. 어리석은 기질을 가진 자는 특별히 좋아하는 것이 없다. 먹을 때에도 둥글지도 않게 잘게 덩어리를 만들어서 주발에 흘리고 입가를 더럽히면서 산란한 마음으로 이것저것을 생각하면서 먹는다.

믿는 기질을 가진 자 등은 이들과 비슷하기 때문에 이들에 따라서 이해해야 한다. 이와 같이 먹는 것에 따라 기질들을 알아야 한다.

94. **(4) 보는 것 등에 따라:** 탐하는 기질을 가진 자는 형상이 조금만 마음에 들어도 그것을 보고선 놀랍다는 듯이 오랫동안 쳐다본다. 사소한 덕이라도 집착하고 큰 허물이라도 헤아리지 않는다. 떠날 때에도 떠나기 싫은 듯이 아쉬워하면서 떠난다. 성내는 기질을 가진 자는 형상이 조금만 마음에 들지 않아도 그것을 보고선 지친 듯이 오래 쳐다보지 않는다. 하찮은 허물도 지적하고 큰 덕도 헤아리지 않는다. 떠날 때에도 떠나고 싶은 것처럼 하고 털끝만큼도 아쉬워함이 없이 떠난다. 어리석은 기질을 가진 자는 어떤 형상이던지 그것을 보고선 남들이 하는 대로 한다. 남들이 비난하는 것을 들으면 [자기도] 비난하고 칭찬하는 것을 들으면 칭찬한다. 그러나 그 자신은 지혜가 없기 때문에 무관심하다. 이 방법은 소리를 듣는 것 등에서도 적용된다.

믿는 기질을 가진 자 등은 이들과 동등하기 때문에 이들에 따라서 이해해야 한다. 이와 같이 보는 것 등에 따라 기질들을 알아야 한다.

95. **(5) 법(심리현상)이 일어나는 것에 따라:** 탐하는 기질을 가진 자에게는 속임수,182) 사기,183) 자만, 삿된 욕심, 크나큰 욕심, 만족하지 않음, 맵시내기, 치장하려는 욕심184) 등의 법(심리현상)들이 자주 일어난다.

성내는 기질을 가진 자에게는 노여움, 적의, 얕봄,185) 비교함,186) 질투,187) 인색188) 등의 법들이 자주 일어난다.

어리석은 기질을 가진 자에게는 해태, 혼침, 들뜸, 근심, 의심, 천박하게 거머쥠, 버리기를 싫어함 등의 법들이 자주 일어난다.

믿는 기질을 가진 자에게는 관대함, 성인을 뵙기를 원함, 정법 듣기를 원함, 아주 기뻐함, 솔직 담백함, 정직함, 신뢰할만한 것을 신뢰함 등의 법들이 일어난다.

지적인 기질을 가진 자에게는 상냥한 말씨, 선우의 성품, 음식에서 적당량을 앎, 마음챙김과 알아차림, 깨어 있으려고 노력함, 두려움을 일으키는 원인189)에 두려워함, 두려움을 가진 자의 지혜로운

---

182) "'*māyā*(속임수)'의 특징은 있는 허물을 감추려는 것이다.(Pm.45)"
183) "'*sāṭheyyaṁ*(사기)'의 특징은 있지 않은 공덕을 드러내는 것이다.(Pm.45)"
184) "[치장하려는 욕심으로 옮김] '*cāpalya*'는 자기 몸과 의복 등 필수품에 대한 장식을 통해 일어난 탐욕이다(Pm.45)."
185) "'*makkho*(얕봄)'의 특징은 다른 사람의 덕을 경시하는 것이다.(Pm.45)"
186) "다른 사람의 덕을 과소평가한 뒤 자기를 그 사람과 동등한 위치에 두는 특징을 가진다.(Pm.45)"
187) '*issā*(질투)의 특징은 다른 사람의 성공을 시기질투 하는 것이다. XIV. §172를 참고할 것.
188) '*macchariyaṁ*(인색)'의 특징은 자기의 성공을 숨기는 것이다. XIV. §173을 참고할 것.
189) 생, 노, 병, 사 등의 여덟 가지 괴로움(八苦)이 두려움을 일으키는 원인이다.(ItA.i.115 참조)

노력 등의 법들이 일어난다.

사색하는 기질을 가진 자에게는 말이 많음, 대중을 좋아함, 유익한 법을 위한 노력에 지겨워 함, 일을 끝마치지 못함, 밤에 연기 냄, 낮에 타오름,190) 이 대상 저 대상으로 마음이 달려감 등의 법들이 자주 일어난다.

이와 같이 법(심리현상)이 일어나는 것에 따라 기질들을 알아야 한다.

96. 그러나 이런 기질들을 인지하는 방법은 전적으로 성전이나 주석서에서 전해 내려온 것은 아니다.191) 단순히 스승들의 견해에 따라 설한 것이다. 그러므로 절대적으로 믿을만한 것은 아니다. 비록 성내는 기질을 가진 자일지라도 부지런히 사는 자는 탐하는 기질을 가진 자에 대해서 설한 행동거지 등을 할 수 있기 때문이다. 혼합된 기질을 가진 자에게 두드러진 특징을 가진 행동거지는 적용되지 않는다.

그러나 주석서에서 기질을 인지하는 방법을 설한 것은 전적으로 믿어야 한다. 이와 같이 설하셨기 때문이다. "[남의] 마음을 아는 지혜(他心通)를 얻은 스승은 기질을 알아 명상주제를 설할 것이다. 나머지 스승들은 제자에게 물어야 한다." 그러므로 [남의] 마음을 아는 지혜나 혹은 그 사람에게 물은 다음 '이 사람은 탐하는 기질을 가진 자로구나.'라거나 '이 자는 성내는 기질 등의 가운데서 어떤 것을 가진 자로구나.'라고 알아야 한다.

---

190) "밤에 연기 낸다는 것은 밤에 사색하는 것을 말하고, 낮에 타오른다는 것은 밤에 사색한 대로 낮에 그것을 실천에 옮긴다는 뜻이다.(Pm.45)"

191) "'법(심리현상)이 일어나는 것'과 '보는 것 등'이 성전과 주석서에서 기술되지 않았다고 말할 수는 없다. 그러므로 '전적으로(*sabbākārena*)'라는 단어를 사용했다. 가끔씩 어떤 곳에서는 설했다는 뜻이다.(Pm.45)"

97. 어떤 기질을 가진 사람에게 어떤 것이 적합한가?(§79)

탐하는 기질을 가진 자에게 숙소는 그 툇마루가 더러운 곳이나, 땅이 깎아지른 곳이나, 자연적인 산굴이나 풀로 만든 토굴이나 나뭇잎으로 만든 암자 등에서 어떤 것이나, 먼지가 깔려있고, 박쥐가 가득하며, 건물이 헐고, 너무 높거나 너무 낮고, 환경이 열악하며,192) [사자나 호랑이가 나올] 위험이 도사리고 있고, 더럽고 울퉁불퉁한 길이 나있고, 그곳에 침상과 의자도 빈대가 버글버글하고, 형태도 추하고, 빛깔도 바랬고, 그것을 보는 사람에게 혐오감이 일어나는 이런 곳이 적합하다.

상·하 의복은 가장자리가 찢어지고, 옷 전체에 너덜거리는 실오라기로 가득 차있음이 마치 그물이 덕지덕지 붙어있는 것과 같고, 대마처럼 촉감이 꺼칠꺼칠하고, 더럽고, 무겁고, 입기 힘든 옷이 적합하다.

발우는 색깔이 칙칙한 흙으로 만들었거나, 못과 땜질 자국으로 볼꼴사나운 철로 만든 것이거나, 무겁고 모양이 일그러지고 두개골처럼 혐오스런 것이 적합하다.193)

---

192) "[열악하고로 옮김] 'ujjaṅgalaṁ'은 불쾌하고 어둠침침하고 그늘과 물이 없다는 뜻이다.(Pm.46)"

193) 냐나몰리 스님은 'āniganḍikāhato(못과 땜질 자국으로 볼꼴사나운)'를 'mattikāpatto(흙으로 만든 발우)'의 형용사로 보았고, 'garuko dussanṭhāno sīsakapālaṁ iva jeguccho(무겁고 모양이 일그러지고 두개골처럼 혐오스런)'를 'ayopatto(철로 만든 발우)'의 형용사로 영역했다. 그러나 'āniganḍikāhato'를 'mattikāpatto'의 형용사로 보기엔 실질적으로 어렵다. 수웨저리 스님의 미얀마어 번역에서는 'āniganḍikāhato'와 'garuko dussanṭhāno sīsakapālaṁ iva jeguccho'를 모두 ayopatto의 형용사로 보았다고 한다. 역자는 'āniganḍikāhato'는 'ayopatto'의 형용

탁발 가는 길도 불쾌하고 근처에 마을이 없고 울퉁불퉁한 것이 적합하다.

탁발 가는 마을도 그 지역의 사람들이 그를 못 본 척 하면서 행하고, 그 지역에서 단 한 가족으로부터도 걸식을 얻지 못하고 떠나려할 때 사람들이 '스님, 이리 오십시오'라고 휴식소로 청하여 죽과 밥을 공양 올린 다음 갈 때에도 마치 소를 축사에 넣어두는 것처럼 무심코 가버리는 그런 곳이 적합하다.

음식을 시중드는 사람도 하인들이나, 안색이 어둡고 추악하고 옷이 더럽고 악취가 나고 혐오스런 고용인들이 무례하게 죽과 밥을 그에게 던지듯이 시중드는 그런 사람이 적합하다.

죽과 밥과 씹어 먹는 딱딱한 음식은 거칠고 색깔이 바래었고, 기장과 밀과 부스러기 쌀 등으로 만든 것, 상한 버터밀크, 쉰 죽, 센 채소로 만든 국, 다만 위장을 채울 수 있는 그런 것이 적합하다.

행동거지는 서있거나 걷는 것이 적합하다.

[명상의] 대상은 푸른 색깔 등 색깔의 까시나 가운데서 깨끗하지 않은 어떤 색깔이 적합하다.

이것은 탐하는 기질을 가진 자에게 적합한 것이다.

98. 성내는 기질을 가진 자에게 숙소는 너무 높지도 너무 낮지도 않고, 그늘과 물이 공급되고, 담벼락과 기둥과 계단이 고르게 균형 잡혀있고, 띠 모양의 장식과 격자 모양의 무늬로 준비되어있고, 갖가지 그림으로 빛나고, 고르고 평탄하고 부드러운 지면에 세워져 있고, 브라흐마의 궁전처럼 꽃줄과 갖가지 색깔의 천으로 만든 천개

사로, '*garuko dussanṭhāno sīsakapālam iva jeguccho*'는 흙으로 만든 것이든 철로 만든 발우든 그 둘 모두의 형용사로 옮긴다.

로 장식되고, 잘 정리되고 깨끗하고 마음에 드는 덮개에 덮인 침상과 의자가 있고, 향기롭게 만들기 위해 꽂아 둔 꽃의 향기가 스며들어 향기로우며, 사람들이 보기만 해도 희열과 기쁨을 자아내게 하는 그런 곳이 적합하다.

99. 그의 숙소로 가는 길은 모든 위험에서 벗어나고, 깨끗하고, 바닥이 고르고, 잘 정리되어있는 것이 적합하다.

숙소의 필수품은 곤충과 빈대와 뱀과 쥐들이 숨어사는 것을 막기 위해 너무 많지 않은 단 하나의 침상과 의자가 적합하다. 그의 상·하 의복은 중국 천, 소마라 천, 비단, 순면, 순 리넨 등에서 고급스런 것으로 만든 홑옷이나 겹옷이 좋고, 가볍고 사문(수행자)에 걸맞게 물을 잘 들이고 색깔이 고운 것이 적합하다.

발우는 물거품모양처럼 잘 만들어졌고, 보석처럼 잘 문질러졌으며, 얼룩이 없고, 사문에 걸맞게 깨끗한 색깔을 가진 철로 만든 것이 적합하다.

탁발 가는 길은 위험에서 벗어나고, 고르고, 마음에 들고, 마을과 너무 멀지도 가깝지도 않은 곳이 적합하다.

탁발 가는 마을은 그곳의 사람들이 '이제 스님이 오시겠지'라고 물을 뿌리고 깨끗하게 청소를 한 곳에 자리를 마련한 뒤 마중 나와 발우를 받아들고 집안으로 모셔서 마련된 자리에 앉도록 청하고 나서 공손하게 직접 자기 손으로 시중을 드는 그런 곳이 적합하다.

100. 음식을 시중드는 자도 잘 생기고, 화사하고, 목욕을 깨끗이 하고, 기름을 바르고, 훈향과 꽃의 향기로 향내를 풍기며, 갖가지 색깔로 물들인 깨끗하고 예쁜 천으로 만든 옷으로 장엄하고, 신중하게

일을 하는 그런 사람들이 적합하다.

죽과 밥과 씹어 먹는 딱딱한 음식은 색깔과 향과 맛이 있고, 영양분이 있고, 마음을 끌고, 모든 면에서 가장 멋지고, 원하는 만큼 충분한 것이 적합하다.

행동거지는 누워있거나 혹은 앉아있는 것이 그에게 적합하다.

[명상의] 대상은 푸른 색깔 등 색깔의 까시나 가운데서 아주 깨끗한 어떤 색깔이 적합하다.

이것은 성내는 기질을 가진 자에게 적합한 것이다.

101. 어리석은 기질을 가진 자에게 숙소는 사방으로 향해 있고, 막히지 않고 그곳에 앉아서 확 트인 사방을 볼 수 있는 것이 적합하다.

행동거지 가운데서는 경행이 적합하다.

[명상의] 대상은 체의 크기만 하고 찻잔크기 만한 작은 것은 적합하지 않다. 협소한 공간에서 그의 마음은 더욱 혼란스러워지기 때문이다. 그러므로 넓고 큰 까시나가 적합하다.

나머지는 성내는 기질을 가진 자에게 설한 것과 같다.

이것이 어리석은 기질을 가진 자에게 적합한 것이다.

102. 믿는 기질을 가진 자에게는 성내는 기질을 가진 자를 위해서 설한 모든 방법이 적합하다. [명상의] 대상들에 대해서는 여섯 가지 계속해서 생각함(隨念)의 주제194) 가운데 하나가 적합하다.

지적인 기질을 가진 자에게 숙소 등에 관한한 적합하지 않은 것이 없다.

---

194) Ⅶ에서 설명되고 있다.

사색하는 기질을 가진 자에게 숙소는 확 트여 사방으로 향해 있고, 그곳에 앉아서 정원과 숲과 연못과 아름다운 전망과 마을과 도시와 시골의 파노라마와 청산이 보이는 그런 곳은 적합하지 않다. 그런 것이 사색으로 달리는 조건이 되기 때문이다.

그러므로 핫티꿋치빱바라(Hatthikucchipabbhāra)의 마힌다(Mahinda) 동굴처럼 숲으로 가려진 깊은 동굴에 살아야 한다. 명상의 대상도 넓은 것은 적당치 않다. 그런 것은 사색으로 달릴 조건이 되기 때문이다. [체와 찻잔만한 크기의] 작은 것이 적당하다.

나머지는 탐하는 기질을 가진 자에게 설한 것과 같다.

이것이 사색하는 기질을 가진 자에게 적합하다.

이것이 '자기의 기질에 맞는'이라고 전해 내려온 기질의 종류, 원인, 인지하는 방법, 적합함과 적합하지 않음을 판별하여 상세하게 설한 것이다.

40가지 명상주제의 설명

cattālīsakammaṭṭhānavaṇṇanā

103. 아직 자기의 기질에 맞는 명상주제를 모든 면에서 밝힌 것은 아니다. 그것은 다음 마띠까(mātikā, 마띠까, 論母, 개요)의 구절을 상세하게 설할 때 자동적으로 밝혀질 것이다. 40가지 **명상주제 가운데 자기의 기질에 맞는 어떤 명상주제를 들고라고**(§28) 앞서 설했다.

여기서는 이제 ① 숫자의 설명에 따라 ② 근접삼매와 본삼매를 가져오는 것에 따라 ③ 禪의 종류에 따라 ④ 극복함에 따라 ⑤ 확장함과 확장하지 않음에 따라 ⑥ 대상에 따라 ⑦ 장소[地]에 따라

⑧ 취하는 것에 따라 ⑨ 조건에 따라 ⑩ 기질에 맞는 것에 따라 —
이 열 가지 측면에 따라 명상주제의 판별을 알아야 한다.

104. **(1) 숫자의 설명에 따라:** '40가지 명상주제 가운데'라고 앞
서 설했다. 40가지 명상주제는 다음과 같다.

① 열 가지 까시나(*kasiṇa*)
② 열 가지 부정(不淨, *asubha*)
③ 열 가지 계속해서 생각함(*anussati*, 隨念)
④ 네 가지 거룩한 마음가짐(*brahmavihāra*, 梵住)
⑤ 네 가지 무색(無色)의 경지(*āruppa*)
⑥ 한 가지 인식(*saññā*)
⑦ 한 가지 분석(*vavatthāna*)

105. ① 여기서 땅의 까시나, 물의 까시나, 불의 까시나, 바람의
까시나, 푸른색의 까시나, 노란색의 까시나, 빨간색의 까시나, 흰색
의 까시나, 광명의 까시나, 한정된 허공의 까시나 — 이것이 열 가
지 까시나(*kasiṇa*)이다.

② 부었고, 검푸르고, 문드러지고, 끊어지고, 뜯어 먹히고, 흩어
지고, 난도질당하여 뿔뿔이 흩어지고, 피가 흐르고, 벌레가 버글거
리고, 해골이 됨 — 이것이 열 가지 더러움(不淨, *asubha*)이다.

③ 부처님을 계속해서 생각함(*anussati*), 법을 계속해서 생각함, 승
가를 계속해서 생각함, 계를 계속해서 생각함, 관대함을 계속해서
생각함, 천신을 계속해서 생각함, 죽음을 계속해서 생각함, 몸에 대
한 마음챙김, 들숨날숨에 대한 마음챙김, 고요함(*upasama*)을 계속해

서 생각함 — 이것이 열 가지 계속해서 생각함(隨念, anussati)이다.

④ 자애, 연민, 더불어 기뻐함, 평온이 네 가지 거룩한 마음가짐(梵住, brahma-vihāra)이다.

⑤ 공무변처, 식무변처, 무소유처, 비상비비상처가 네 가지 무색(無色)의 경지(āruppa)이다.

⑥ 음식에 대해 혐오하는 인식(paṭikūla-saññā)이 한 가지 인식이다.

⑦ 사대(四大)를 분석(vavatthāna)하는 것이 한 가지 분석(vavatthāna)이다.

이와 같이 숫자의 설명에 따라 판별을 알아야 한다.

106. **(2) 근접삼매와 본삼매를 가져오는 것에 따라:** 몸에 대한 마음챙김과 들숨날숨에 대한 마음챙김을 제외한 여덟 가지 계속해서 생각함(隨念)과 음식에 대해 혐오하는 인식과 사대에 대한 분석의 이 열 가지 명상주제는 근접삼매를 가져오고, 나머지는 본삼매를 가져온다. 이와 같이 근접삼매와 본삼매를 가져오는 것에 따라 판별을 알아야 한다.

107. **(3) 禪의 종류에 따라:** 본삼매를 가져오는 [30가지 명상주제] 가운데서 들숨날숨에 대한 마음챙김과 함께 열 가지 까시나는 네 가지 禪을 모두 가져온다. 몸에 대한 마음챙김과 함께 열 가지 부정은 초선만을 가져온다. 처음 세 가지 거룩한 마음가짐(梵住)은 세 가지 禪을 가져온다. 네 번째 거룩한 마음가짐과 네 가지 무색의 경지는 네 번째 禪을 가져온다.195)

---

195) 사종선(四種禪)으로만 분류할 때 공무변처, 식무변처, 무소유처, 비상비비상처의 무색계 四禪은 모두 네 번째 禪(제4선)에 포함시킨다.

108. **(4) 극복함에 따라:** 두 가지 극복함이 있는데 구성요소(各支)를 극복함과 대상을 극복함이다. 세 가지와 네 가지 禪196)을 가져오는 모든 명상주제의 경우 구성요소를 극복함이 있다. 일으킨 생각(尋)과 지속적인 고찰(伺) 등의 禪의 구성요소를 극복한 뒤 동일한 대상에 대해서 두 번째 禪 등에 도달하기 때문이다. 네 번째 거룩한 마음가짐(梵住)의 경우에도 이와 마찬가지다. 왜냐하면 그것도 자애 등이 가졌던 바로 그 대상에 대해서 기쁨을 극복한 다음 도달하기 때문이다. 그러나 네 가지 무색의 경지의 경우 극복해야 할 것은 바로 대상이다. 처음 9가지 까시나 가운데서 어떤 하나를 극복한 다음 공무변처에 도달해야 하기 때문이다. 그리고 허공 등을 극복한 다음 식무변처 등에 도달해야 한다. 나머지 경우에는 극복함이 없다. 이와 같이 극복함에 따라서 판별을 알아야 한다.

109. **(5) 확장함과 확장하지 않음에 따라:** 이 40가지 명상주제 가운데서 열 가지 까시나만 확장해야 한다. 까시나를 통해 공간을 확장한 만큼, 그 범위 내에서 천상의 귀의 요소(dhātu, 界)로 소리를 들을 수 있고(天耳通) 천상의 눈의 [요소]로 형상을 볼 수 있고(天眼通) 마음으로 [다른 중생들의] 마음을 알 수 있기 때문이다(他心通).

110. 몸에 대한 마음챙김과 [열 가지] 부정은 확장해서는 안된다. 무슨 이유인가? 범위가 한정되어있고 또한 이익이 없기 때문이다. 이들의 범위를 한정하는 것은 닦는 방법을 설명하는 곳에서 밝

---

196) 여기서 세 가지와 네 가지 禪이란 사종선(四種禪)과 오종선(五種禪)에서 각각 앞의 세 가지 禪과 네 가지 禪을 말한다.

혀질 것이다. 만약 이들이 확장된다면 시체더미만 확장된다. 그러므로 아무런 이익이 없다. 소빠까(Sopāka)의 질문에 대한 대답에서 이와 같이 설하셨다. "세존이시여, 형상에 대한 인식은 명료합니다. 그러나 해골에 대한 인식은 명료하지 않습니다." 여기서 표상을 확장했다는 뜻에서 형상에 대한 인식은 명료하다고 설했고, 확장하지 않았다는 뜻에서 해골에 대한 인식은 명료하지 않다고 설했다.

111. 그러나 "오직 해골에 대한 인식으로 대지를 뒤덮었다.(Th1. 18)"라고 설한 것은 해골에 대한 인식을 얻은 자에게 그것이 나타난 모양대로 설한 것이다. 마치 법의 왕 아소까(Dhammāsoka)의 시대에 가릉빈가(karavika) 새가 사방이 거울로 된 벽 속에서 자신의 영상을 보고는 전 방향에 가릉빈가 새들이 있음을 인식하고 감미로운 노래를 불렀던 것처럼 장로도 해골에 대한 인식을 얻었기 때문에 사방에서 표상이 나타나는 것을 보면서 '전 대지가 해골로 가득 찼다'고 생각했다.

112. 만약 그렇다면 '부정상을 통해서 생긴 禪들은 무량한 대상을 가진다'라고 설한 것은 모순되는가? 그것은 모순되지 않는다. 어떤 자는 통째로 부은 시체 혹은 큰 해골에서 표상을 취하고 어떤 자는 작은 것에서 표상을 취한다. 이런 방법으로 어떤 자에게는 작은 대상을 가진 禪이 있고, 어떤 자에게는 큰 대상을 가진 禪이 있다. [부정상을] 확장함에 위험을 보지 않으면서 확장하는 자에 관해서 "무량한 대상을 가진 자(Dhs.55)"라고 설했다. 그러나 이익이 없기 때문에 확장해서는 안된다고 한 것이다.

113. 이와 같이 나머지도 확장해서는 안된다. 왜 그런가? 이 가운데서 들숨날숨의 표상을 확장할 때 바람의 더미만 확장될 따름이기 때문이다. 이것의 범위는 정해져있다.197) 이와 같이 위험이 있고 또한 범위가 정해져있기 때문에 확장해서는 안된다. 거룩한 마음가짐(梵住)은 중생을 대상으로 가진다. 그들의 표상을 확장하면 중생의 무리만 커질 뿐 아무런 이익이 없다. 그러므로 이것도 확장해서는 안된다.

114. "자애와 함께한 마음으로 한 방향을 가득 채우고(D.i.250)" 등으로 설한 것은 취하는 것에 따라 설한 것이다.198) 한 집, 두 집 등을 통해 점점 한 방향의 중생을 취하여 닦으면서 '한 방향을 가득 채우고'라고 설한 것이다. 표상을 확장하면서 설한 것이 아니다. [이 거룩한 마음가짐에는] 확장해야 할 닮은 표상이 없다. 작은 대상과 무량한 대상의 상태도 [대상인 중생을] 취하는 것에 따라 설한 것이라고 알아야 한다.

115. 무색의 경지의 대상 가운데서 [공무변처의 대상인] 허공도 역시 [확장해서는 안된다]. 이것은 까시나를 제거한 것일 뿐이기 때문이다. 그것은 오직 까시나가 사라진 것으로 마음에 잡도리해야

---

197) "들숨날숨의 범위는 코끝(*nāsikagga*)과 입의 표상(*mukha-nimitta*) 등으로 정해져있다.(Pm.47)"
198) "즉 아직 취하지 않은 수행의 대상을 취하는 것에 따라 그렇게 설한 것이지, 표상을 확장하는 것에 따라 그렇게 설한 것은 아니라는 뜻이다.(Pm.47)"
냐나몰리 스님은 '*for the sake of comprehensive inclusion*'이라고 옮겼는데 뜻이 불분명하다.

한다. 그 이외에 확장할 것이 없다. [식무변처의 대상인 공무변처의] 알음알이(識)는 고유성질(sabhāva, 自性)을 가진 법이기 때문에 [확장해서는 안된다]. 고유성질을 가진 법은 확장할 수 없기 때문이다. [무소유처의 대상인] 알음알이의 사라짐은 알음알이가 존재하지 않는 것일 뿐이기 때문에 [확장해서는 안된다]. 비상비비상처의 대상인 [무소유처의 알음알이]는 고유성질을 가진 법이기 때문에 확장해서는 안된다.

116. 나머지 [부처님을 계속해서 생각함 등 열 가지]는 표상이 없기 때문에 [확장해서는 안된다]. 닮은 표상은 확장할 수 있을 것이다. 그러나 부처님을 계속해서 생각함(佛隨念) 등의 대상은 닮은 표상이 아니다. 그러므로 그것을 확장해서는 안된다.

이와 같이 확장함과 확장하지 않음에 따라서 [판별을 알아야 한다].

117. **(6) 대상에 따라:** 이 40가지 명상주제 가운데 열 가지 까시나, 열 가지 부정, 들숨날숨에 대한 마음챙김, 몸에 대한 마음챙김 — 이 22가지는 닮은 표상을 대상으로 가진다. 나머지 [18가지]는 닮은 표상을 대상으로 갖지 않는다.

열 가지 계속해서 생각함(隨念) 가운데 들숨날숨에 대한 마음챙김과 몸에 대한 마음챙김을 제외한 여덟 가지 계속해서 생각함, 음식에 대해 혐오하는 인식, 사대의 분석, 식무변처, 비상비비상처 — 이 12가지는 고유성질을 가진 법을 대상으로 가진다.

열 가지 까시나, 열 가지 부정, 들숨날숨에 대한 마음챙김, 몸에 대한 마음챙김 — 이 22 가지는 표상을 대상으로 가진다.

나머지 여섯은199) 설할 수 없는 대상을 가진다.

곪은 것, 피가 흐르는 것, 벌레가 버글거리는 것, 들숨날숨에 대한 마음챙김, 물의 까시나, 불의 까시나, 바람의 까시나, 광명의 까시나의 경우 태양 등의 둥근 광명 — 이 여덟 가지는 움직이는 대상을 가진다. 그러나 이 대상들은 [닮은 표상이 일어나기] 이전에는 움직이지만 닮은 표상은 움직이지 않는다. 나머지는 움직이지 않는 대상을 가진다.

이와 같이 대상에 따라서 판별을 알아야 한다.

118. **(7) 장소에 따라:** 열 가지 부정, 몸에 대한 마음챙김, 음식에 대해 혐오하는 인식 — 이 12가지는 신들[200] 가운데서는 일어나지 않는다. 이 12가지와 들숨날숨에 대한 마음챙김[201] — 이 13가지는 범천의 세계에서는 일어나지 않는다. 무색계 존재에서는 네 가지 무색의 경지를 제외한 나머지는 일어나지 않는다. 인간들에는 모든 것이 일어난다.

이와 같이 장소에 따라서 판별을 알아야 한다.

119. **(8) 취하는 것에 따라:** 보고 닿고 듣는 것에 따라 판별을 알아야 한다. 바람의 까시나를 제외한 나머지 아홉 가지 까시나와 열 가지 부정 — 이 19가지는 보아서 취해야 한다. 즉 초기 단계에서 눈으로 계속해서 쳐다보아서 이들의 표상을 취해야 한다는 뜻이다. 몸에 대한 마음챙김에서 피부의 오개조(五個組)[202]는 보아서 취

---

199) 네 가지 거룩한 마음가짐(梵住)과 공무변처와 무소유처가 그 여섯이다.
200) "여기서 신들이란 욕계 신들을 뜻한다. 그곳에는 부정(不淨)과 음식에 대한 혐오가 없기 때문이다.(Pm.47)"
201) 범천에서는 들숨날숨이 없다. 따라서 들숨날숨에 대한 마음챙김이 있을 수 없다.

해야 하고 나머지는 들어서 취해야 한다. 이와 같이 이 [몸에 대한 마음챙김]의 대상은 보고 들어서 취해야 한다. 들숨날숨에 대한 마음챙김은 닿음으로, 바람의 까시나는 보고 닿음으로,203) 나머지 18가지는 듣고서 취해야 한다.

여기서 평온(捨)의 거룩한 마음가짐과 네 가지 무색의 경지는 초보자가 취해서는 안된다.204) 나머지 35가지를 취해야 한다. 이와 같이 취하는 것에 따라서 판별을 알아야 한다.

120. **(9) 조건에 따라:** 이 명상주제 가운데서 허공의 까시나를 제외한 나머지 아홉 가지 까시나는 무색의 경지들에게 조건이 된다. 열 가지 까시나는 초월지에게, 세 가지 거룩한 마음가짐은 네 번째 거룩한 마음가짐에게, 하위의 무색의 경지는 각각 그 상위의 무색의 경지에게, 비상비비상처는 멸진정에게 조건이 된다. 이 모든 것은 [금생에서] 행복하게 머묾과 위빳사나와 [고귀한] 존재를 성취하는 조건이 된다. 이와 같이 조건에 따라 판별을 알아야 한다.

121. **(10) 기질에 맞는 것에 따라:** 기질에 맞는 것에 따라 판별을 알아야 한다. 즉 탐하는 기질을 가진 자에게 열 가지 부정과 몸에 대한 마음챙김 — 이 11가지 명상주제가 적합하다. 성내는 기질을 가진 자에게 네 가지 거룩한 마음가짐과 네 가지 색깔의 까시나

---

202) 머리카락, 몸 털, 손톱, 치아, 피부가 그 다섯이다.
203) "사탕수수와 곡식 등의 이파리들이 일렁이는 모습을 파악함으로도 그 표상을 취하기 때문에 바람의 까시나는 보고 닿는 것으로 표상을 취한다고 했다.(Pm.47)"
204) "수행을 막 시작한 것으로는 얻을 수 없다. 왜냐하면 자애의 거룩한 마음가짐 등, 이 보다 낮은 세 가지의 거룩한 마음가짐과 까시나를 대상으로 한 색계의 제4선을 얻지 않고서는 얻을 수 없기 때문이다.(Pm.47)"

— 이 여덟 가지가 적합하다. 어리석은 기질을 가진 자와 사색하는 기질을 가진 자에게 한 가지 명상주제인 들숨날숨에 대한 마음챙김이 적합하다.

믿는 기질을 가진 자에게 처음 여섯 가지 계속해서 생각함(隨念)이 적합하다. 지적인 기질을 가진 자에게 죽음에 대한 마음챙김, 고요함을 계속해서 생각함, 사대의 분석, 음식에 대해 혐오하는 인식 — 이 네 가지가 적합하다.

나머지의 까시나와 네 가지 무색의 경지는 모든 종류의 기질에 적합하다. 까시나 가운데서 작은 것은205) 사색하는 기질을 가진 자에게, 큰 것은 어리석은 기질을 가진 자에게 적합하다.

이와 같이 기질에 맞는 것에 따라 판별을 알아야 한다.

122. 이 모든 것은 [기질과] 정반대되는 것과 완벽하게 부합하는 것에 따라 설했다. 그러나 참으로 유익한 법(善法)을 닦음은 탐욕 등을 억압하지 않음이 없고, 믿음 등을 돕지 않음이 없다. 「메기야경」(Meghiya Sutta)에서도 이와 같이 설하셨다. "네 가지 법을 더 닦아야 한다. 탐욕을 버리기 위하여 부정을 닦아야 한다. 악의를 버리기 위하여 자애를 닦아야 한다. 일으킨 생각을 끊어버리기 위하여 들숨날숨에 대한 마음챙김을 닦아야 한다. '나다'라는 자만을 통째 뿌리 뽑기 위하여 무상의 인식을 닦아야 한다.(A.iv.358)" 「라훌라경」(Mahārāhulovāda Sutta, M62)에서도 "라훌라여, 자애의 수행을 닦아야 한다.(M.i.424)"라고 시작하는 방법으로 [라훌라] 한 분에게 일

---

205) "작은 까시나란 쟁반 접시만한 것이고 큰 것이란 그 보다 큰 것, 혹은 작은 것은 찻잔이나 쟁반 접시만한 것이고 큰 것이란 탈곡하는 마당만한 것 등이라고 알아야 한다.(Pm.47)"

곱 가지 명상주제를 설하셨다. 그러므로 단지 말에 떨어져 고집(abhinivesa)하지 말고 모든 곳에서 참된 뜻을 찾아야 한다. 이것이 '명상주제를 들고'라고 [앞서 언급한] 명상주제에 대한 판별이다.

123. **[명상주제를] 들고**(§28): 이제 이 단어의 뜻을 밝힌다. '그 수행자는 명상주제를 주는 선우를 친근하고'라고(§§57-73) 이미 설한 방법대로 그러한 선우를 친근한 뒤 부처님 세존께 혹은 스승께 헌신하고 의향(ajjhāsaya)을 구족하고 확신을 구족하여 명상주제를 청해야 한다.

124. 여기서 '세존이시여, 제 자신을 당신께 바칩니다'라고 이와 같이 부처님 세존께 자기를 헌신해야 한다. 이와 같이 헌신하지 않고 외딴 거처에 지낼 때 무서운 대상이 나타나면 확고부동할 수 없어 마을의 숙소로 내려가 신도들과 어울리게 되고 추구하지 않아야 할 것을 구하다가 파멸에 이르고 말 것이다. 그러나 자기를 헌신하면 비록 무서운 대상이 나타나더라도 두려움이 일지 않는다. 오히려 '현자여, 그대는 일찍이 부처님께 그대 자신을 바치지 않았느냐'라고 반조할 때 그에게 기쁨이 일어난다.

125. 예를 들면 어떤 사람에게 최상품 까시(바라나시)의 천이 있다고 치자. 쥐나 좀이 그것을 갉아먹으면 싫어하는 마음이 일어날 것이다. 그러나 만약 옷이 없는 비구에게 준다면 그 비구가 [누더기를 만들기 위해] 찢는 것을 보고서도 즐거워할 것이다. 이런 [비유의] 적용으로 그 [뜻을] 알아야 한다.

126. 스승께 헌신할 때도 '스승님이시여, 제 자신을 당신께 바칩니다'라고 말해야 한다. 이와 같이 헌신하지 않으면 경책을 받아들이지 않거나 완고하거나 훈계대로 행하지 않거나 허락 없이 가고 싶은 곳으로 돌아다니는 자가 될 것이다. 스승은 그런 자를 물질적으로도 법으로도 돕지 않을 것이다. 그는 심오한 서적206)을 배울 수 없다. 이 두 가지 도움을 얻지 못할 때 그는 교단에서 발판을 얻지 못한다. 머지않아 그는 계를 파하거나 환속을 할 것이다. 자기를 헌신한 자는 경책을 받아들이지 않음이 없고, 가고 싶은 곳으로 돌아다니지도 않고, 유순하고, 스승에 의지해서 산다. 그는 스승으로부터 두 가지 도움을 얻으면서 교단에서 향상과 증장과 번영을 얻는다.

127. 마치 쭐라삔다빠띠까(Cūla-Piṇḍapātika, 작은 탁발 수행승) 띳사(Tissa) 장로의 제자들처럼. 장로 곁에 세 명의 비구가 왔다. 그 가운데 한 비구는 "스승님이시여, 저는 스승님을 위해서라면 백 길의 높이가 되는 낭떠러지에서 떨어질 준비가 되어있습니다"라고 말했다. 두 번째 비구는 "스승님이시여, 저는 스승님을 위해서라면 제 자신을 발굽부터 시작하여 남김없이 돌에 갈아서 던질 준비가 되어있습니다"라고 말했다. 세 번째 비구는 "스승님이시여, 저는 스승님을 위해서 들숨과 날숨을 멈추고 죽을 준비가 되어있습니다"라고 말했다. 장로는 '이 비구들은 참으로 가능성이 있는 자들이로구나'라고 여기고 명상주제를 설했다. 그의 훈도에 따라 세 비구 모두 아라한이 되었다고 한다. 이것이 [헌신의] 이익이다. 그래서 **부처님 세존**

---

206) "심오한 서적(*gūḷha gantha*)이란 명상주제에 관한 책으로, 4성제와 12연기 등을 담고 있고, 심오하고, 공함과 연관되어있다.(Pm.48)"

께 혹은 스승께 헌신하고라고 설했다.

128. **의향을 구족하고 확신을 구족하여**(§123): 수행자는 탐욕 없음 등 여섯 가지 굳은 의향을 가져야 한다. 이런 굳은 의향을 가진 자는 세 가지 깨달음 가운데 하나를 얻기 때문이다. 이와 같이 말씀하셨다. "여섯 가지 의향이 보살들의 깨달음을 성숙하게 한다. 탐욕 없음의 의향으로 보살들은 탐욕에 허물을 본다. 성냄 없음의 의향으로 보살들은 성냄에 허물을 본다. 어리석음 없음의 의향으로 보살들은 어리석음에 허물을 본다. 출가(nekkhamma, 出離)의 의향으로 보살들은 재가의 삶에 허물을 본다. 한거의 의향으로 보살들은 대중생활의 허물을 본다. 벗어남의 의향으로 보살들은 모든 존재와 태어날 곳에서 허물을 본다." 과거와 미래와 현재의 예류자, 일래자, 불환자, 번뇌 다한 자, 벽지불, 정등각자, 이 모든 분들은 이 여섯 가지를 통해 각자 이르러야 할 수승함에 이르렀기 때문이다. 그러므로 이 여섯 가지를 통해서 의향을 구족해야 한다.

129. 그런 확신으로 그는 확신을 구족해야 한다. 삼매를 확신해야 하고, 삼매를 존중해야 하고, 삼매로 향해야 하고, 열반을 확신해야 하고, 열반을 존중해야 하고, 열반으로 향해야 한다는 뜻이다.

130. 이와 같이 의향을 구족하고 확신을 구족한 자가 명상주제를 청할 때 [남의] 마음을 아는 지혜(他心通)[207]를 얻은 스승은 제자의 마음의 움직임을 보고 그 기질을 알 수 있다. [타심통을 얻지 못한] 나머지 스승은 '자네는 어떤 기질을 가진 자인가? 자네에게 어

---

207) '남의 마음을 아는 지혜'는 XIII. §8이하를 참조할 것.

떤 법들이 자주 일어나는가? 어떤 것을 마음에 잡도리할 때 편안한가? 어떤 명상주제로 마음이 기우는가?'라는 등으로 물어보고 알수 있다. 이와 같이 알고서 기질에 맞는 명상주제를 설해야 한다.

설할 때에도 다음과 같이 세 가지로 설해야 한다. 선천적으로 명상주제를 습득한 자에게 한 번 혹은 두 번 [자기 앞에 앉아서] 외우게 한 뒤 주어야 한다. 가까이 사는 자에게는 올 때마다 설해야 한다. 습득한 뒤 다른 곳으로 가고자하는 자에게는 너무 간략하지도 너무 상세하지도 않게 설해야 한다.

131. 우선 땅의 까시나를 설명할 때 아홉 가지 측면을 설해야 한다. 그것은 ① 네 가지 까시나의 허물 ② 까시나를 만드는 것 ③ 만든 까시나를 수행하는 방법 ④ 두 가지 표상 ⑤ 두 가지 삼매 ⑥ 일곱 가지 적합함과 부적합함 ⑦ 열 가지 본삼매에 능숙함 ⑧ 정진의 평등함 ⑨ 본삼매의 과정이다.208) 나머지의 명상주제에 대해서는 각각 그것에 맞게 설명해주어야 한다.209) 이 모든 것은 이 각각을 수행하는 규정에서 드러낼 것이다. 이와 같이 명상주제를 설명해주면 그 수행자는 표상을 가지고 들어야 한다.

132. **표상을 가지고:** '이것은 앞의 구절이고, 이것은 뒤의 구절이고, 이것은 그 뜻이고, 이것이 여기서 요구하는 것이고, 이것은 비유이다.'라고 이와 같이 각각의 측면을 [마음에] 잘 묶어 둔다는 뜻이다. 이와 같이 표상을 가지고 공손하게 경청할 때 그는 명상주제를 잘 얻게 된다. 그러면 그것을 의지하여 수승한 증득을 성취하게

---

208) 여기서 언급한 모든 사항은 다음 IV장에서 상세하게 설명한다.
209) 이것은 V-X장에 걸쳐서 상세하게 설명되고 있다.

된다. 그렇지 않으면 불가능하다.

이것이 '가지고'(§131)라는 단어의 뜻을 밝힌 것이다.

133. 이제 '명상주제를 주는 선우를 친근하고, 40가지 명상주제 가운데 자기의 기질에 맞는 어떤 명상주제를 들고(§28)'라는 이 구절을 모든 측면에서 상세하게 설했다.

어진 이를 기쁘게 하기 위해 지은 청정도론의
삼매수행의 표제에서
명상주제의 습득에 관한 해설이라 불리는
제3장이 끝났다.

제4장

pathavīkasiṇaniddeso
땅의 까시나

제4장 땅의 까시나

pathavīkasiṇaniddeso

4. 적당하지 않은 사원과 적당한 사원의 설명

1. **(4) 삼매를 닦는데 적당하지 않은 사원을 떠나 적당한 사원에 살면서**라고(III. §28) 앞서 말했다. 이제 여기서 스승과 같은 사원에서 사는 것이 편하면 그곳에서 명상주제를 분명하게 하면서 살아야 한다. 만약 편하지 않으면 4분의 1유순이나 아니면 반 유순이나 1유순 정도 내에 적당한 곳이 있으면 그곳에서 살아야 한다.

이렇게 하면 명상주제의 어떤 부분에 의심이 생기거나 잊어버리더라도 알맞은 시간에 사원의 의무를 행한 뒤 가는 도중에 탁발을 하여 공양을 마치고 스승의 숙소로 가서 그 날 스승의 곁에서 명상주제를 분명하게 할 수 있기 때문이다. 그리고 다음날 스승께 절을 올린 뒤 출발하여 돌아오는 도중에 탁발하여 지치지 않고 자신의 숙소로 돌아올 수 있다.

그러나 1유순 내에서도 편히 살 곳을 얻지 못한 자는 명상주제에 대해서 어려운 점을 모두 해결하여 명상주제를 아주 분명하게 하고 명상주제로 확고하게 전향(轉向)하고는 더 먼 곳으로 가도 된다. 거기서도 삼매를 닦기에 적당하지 않은 사원을 피하고 적당한 사원에서 살아야 한다.

적당하지 않은 사원
ananurūpavihāro

2. 적당하지 않은 것은 18가지 허물 중의 하나를 가진다. 이것이 18가지 허물이다. 큰 것, 새 것, 낡은 것, 길가에 있는 것 약수터가 있는 곳, 야채가 있는 곳, 꽃이 있는 곳, 과일이 있는 곳, 유명한 곳, 도시부근에 있는 곳, 삼림부근에 있는 곳, 경작지부근에 있는 곳, 화합할 수 없는 사람들이 살고 있는 곳, 항구부근에 있는 곳, 변방에 있는 곳, 국경부근에 있는 곳, 적합하지 않은 곳, 선우들을 얻지 못하는 곳이다. 이 18가지 허물 중의 하나를 가진 것을 적당하지 않은 곳이라 한다. 이런 곳에 살아서는 안된다.

3. 왜 그런가? ① **큰 사원**에는 갖가지 목적을 가진 여러 사람들이 모인다. 그들은 서로 대립하여 의무를 충실히 하지 않는다. 보리수 아래의 단 등이 청소되지 않은 채로 있고, 마실 물과 허드렛물이 준비되어있지 않다. '탁발 가는 마을로 탁발을 가야지'라고 의발을 수하고 나가다가 아직 의무를 다하지 않은 것을 보거나 물 항아리가 비어있음을 보면 그가 그 의무를 행해야 하고 물을 준비해야 한다.

그가 하지 않으면 의무를 게을리 한 잘못을 범하게 된다. 의무를 행하면 시간을 놓쳐버린다. 너무 늦게 마을에 도착하면 걸식이 끝나버려 아무것도 얻지 못한다. 한거에 들었는데도 사미와 젊은 비구들의 시끄러운 목소리와 대중공사로 인해 산만해진다. 그러나 모든 의무가 충실하게 실행되고 다른 방해가 없는 그런 곳이라면 큰 사원에도 살 수 있다.

4. ② **새로 지은 사원**에는 새 일거리가 많다. 거들지 않으면 사람들이 비난한다. 그러나 '스님은 편안하게 공부하십시오. 불사는 우리가 하겠습니다.'라고 비구들이 말하는 그런 곳에서는 살아도 된다.

5. ③ **낡은 사원**에는 수리해야 할 일이 많다. 최소한 자기의 숙소라도 수리하지 않으면 그 사람을 비난한다. 수리하다보면 명상주제를 놓치고 만다.

6. ④ **길가에 있는 사원**: 대로변에 있는 사원에는 밤낮으로 객들이 붐빈다. 시도 때도 없이 온 객들에게 자기의 숙소를 내어주고 나무 아래나 돌 위에서 지내야 한다. 다음 날도 역시 그와 같다. 명상주제를 들 기회가 없다. 그러나 이와 같은 객들로 인한 방해가 없는 곳이면 살아도 된다.

7. ⑤ **약수터**란 바위의 샘물을 말한다. 물을 마시기 위해 많은 사람들이 그곳에 모여든다. 왕실로부터 후원을 받는 도시에 사는 장로들의 제자들이 옷감을 물들이기 위하여 온다. 그들이 용기와 목판과 함지 등을 찾을 때 어느 곳에 있다고 보여줘야 한다. 이와 같이 항상 대기해 있어야 한다.

8. 갖가지 ⑥ **야채가 있는 곳**에서 낮 동안에 명상주제를 들고 앉아있을 때 그의 곁에서 노래를 부르면서 나물을 캐는 여자들

이 이성의 소리로 침해하여 명상주제를 방해한다.

갖가지 ⑦ **꽃의 덤불**이 만발한 곳에도 역시 그와 같은 위험이 있다.

9. 갖가지 망고, 잠부, 잭 과일 등 ⑧ **과일이 있는 곳**에는 과일을 원하는 사람들이 와서 달라고 한다. 주지 않으면 화를 내거나 우격다짐으로 가져간다. 저녁 무렵에 경내를 경행하면서 그들을 보고 '청신사들이여, 왜들 이러시오?'라고 하면 그들은 화를 내고 싶은 만큼 맘껏 화를 내고 그를 쫓아내려고 할 것이다.

10. ⑨ **유명하고** 세상에 잘 알려진 닥키나기리, 핫티꿋치, 쩨띠야기리, 찟딸라빱바따 같은 사원에 머물면 '이분은 아라한이시다'라고 존경하면서 참배하기를 원하는 사람들이 사방에서 몰려든다. 그러므로 편하지 않다. 그러나 그곳이 적당하면 낮에는 다른 곳에 갔다가 밤에는 살아도 된다.

11. ⑩ **도시부근에 있는 곳**에는 이성(異性)이라는 대상이 나타난다. 물 긷는 하녀들이 항아리로 부딪히면서 지나가고, 그가 지나가도록 길을 비켜주지 않는다. 저명인사들이 경내에 돗자리를 펴고 앉는다.

12. 판재와 목재로 사용될 나무가 있는 ⑪ **삼림부근에 있는 곳**에는 나무를 구하는 사람들이 앞서 설한 야채와 꽃을 따는 사람들처럼 편하지 않게 한다. 사원에 나무가 있으면 '이들을 베 가지고 가서 집을 지어야지'라고 사람들이 와서 벤다. 만약 저녁 무렵에 선실에서 나와 경내를 경행하면서 그들을 보고 '청신사들이여, 왜들

이러시오?'라고 하면 그들은 화를 내고 싶은 만큼 맘껏 화를 내고 그를 쫓아내려 할 것이다.

13. 사방이 경작지로 둘러싸인 ⑫ **경작지부근에 있는 사원**에서는 사람들이 경내에 탈곡장을 만들어 놓고 타작을 하고 그것을 앞마당에다 말리며 남을 매우 불편하게 만든다. 절에 딸린 재산이 많은 곳에서는 절의 머슴들이 농가의 소를 쫓아버리기도 하고 [경작지에 물을 사용하지 못하도록] 수문을 막아버리기도 한다. 사람들은 벼이삭을 가져와 '절의 머슴들이 한 짓을 보시오'라고 대중에게 보여준다. 이런저런 이유로 왕이나 왕의 대신의 대문을 들락거려야 한다. 이런 것도 경작지부근에 있는 사원에 포함된다.

14. ⑬ **화합할 수 없는 사람들이 살고 있는 곳**: 서로서로 화합할 수 없고 적개심을 품은 비구들이 사는 곳에서 서로 말다툼을 하다가 '스님, 이러지 마십시오'라고 제지를 받으면 '이 누더기를 입은 자가 온 이후로 우리는 망했어'라고 말하는 자들이 사는 곳이다.

15. ⑭ **항구부근**이거나 육지로 통하는 입구에 있는 곳에는 계속해서 배와 마차를 타고 사람들이 몰려와서 장소를 좀 달라, 물을 달라, 소금을 달라고 밀치면서 불편하게 만든다.

16. ⑮ **변방**에는 사람들이 삼보에 신심이 없다.
⑯ **국경부근**에는 왕에 대한 두려움이 있다. 그 지역을 이쪽에 있는 왕이 '나의 명령에 따르지 않는다'고 생각하면서 공격한다. 저쪽에 있는 왕도 역시 '나의 명령에 따르지 않는다'고 생각하면서 공격한다. 이 비구는 어떤 때는 이쪽 왕이 정복한 땅에서 살고 어떤 때

는 저쪽 왕이 정복한 땅에서 산다. 그러면 그 비구를 두고 '이 사람은 첩자다'라고 생각하면서 재앙에 빠뜨린다.

17. ⑰ **적합하지 않은 곳**이란 이성의 모습 등의 대상을 만나거나 도깨비가 나타나는 위험 때문에 적합하지 않은 것이다. 이것이 그 일화다.

한 때 어떤 장로가 숲에서 살고 있었다. 그때 한 처녀 도깨비가 풀로 만든 그의 토굴 문 앞에 서서 노래를 불렀다. 장로는 밖으로 나와 문 앞에 섰다. 그녀는 경행처의 끝으로 가서 노래를 불렀다. 장로는 경행처의 끝으로 갔다. 그녀는 백 길이나 되는 낭떠러지에 가서 노래를 불렀다. 장로는 돌아왔다. 그러자 그녀는 급히 그를 낚아챈 뒤 '스님, 나는 당신 같은 사람을 한 두 사람 먹어치운 것이 아니오'라고 말했다.

18. ⑱ **선우들을 얻지 못하는 곳**은 스승이나 스승과 동등한 자나 법사나 법사와 동등한 자나 선우를 얻지 못하는 곳이다. 선우들을 얻지 못함은 큰 손실이다. 이 열 여덟 가지 허물 가운데 한 가지를 가진 것을 적당하지 않은 것이라 한다고 알아야 한다. 주석서들에도 이와 같이 설했다.

> "큰 절, 새 절, 고찰, 길가의 절
> 약수터, 야채, 꽃, 열매가 있는 절, 유명한 절
> 도시부근, 삼림, 경작지, 화합할 수 없는 곳, 항구
> 변방, 국경, 부적합한 곳, 선우를 얻지 못하는 곳
> 이것이 열여덟 가지 경우라고 현자는 알고서
> 위험한 길을 멀리 피해야 한다.(KpA.39)"

적당한 사원
anurūpavihāro

19. 걸식하는 마을로부터 너무 멀지도 가깝지도 않은 곳 등 다섯 가지 조건을 갖춘 것이 적당한 곳이다. 세존께서 이와 같이 설하셨기 때문이다.

"비구들이여, 어떻게 숙소가 다섯 가지 조건을 갖추는가? 비구들이여 여기 숙소가 ① 너무 멀지도 가깝지도 않고 오고 가는 길이 있으며 ② 낮에 거의 붐비지 않고 밤에 소리나 음성이 거의 없고 ③ 파리, 모기, 바람, 햇빛, 뱀과 접촉이 거의 없으며 ④ 그 절에 살 때 의복, 음식, 침상과 의자, 환자를 치료하는 약품을 쉽게 얻고 ⑤ 그 절에 많이 배우고, 전승된 가르침에 능통하고, 법을 호지하고, 율을 호지하고, 마띠까(論母)를 호지하는 장로 비구들이 있어 그들을 자주 찾아뵙고 '존자시여, 이것은 어떻게 됩니까? 이것의 뜻은 무엇입니까?'라고 여쭈어보고 질문하면 그 존자들은 그에게 드러나지 않은 것을 드러내어 주고 명백하지 않은 것을 명백하게 해주어서 여러 가지 의문스러운 법들에 대해서 의문을 풀어준다. 비구들이여, 이와 같이 숙소는 다섯 가지 조건을 갖춘다.(A.v.15-16)"

이것이 '삼매를 닦는데 적당하지 않은 사원을 떠나 적당한 사원에 살면서'라는(III. §28) 구절에 대한 상세한 설명이다.

5. 사소한 장애를 끊음

khuddakapalibodhā

20. (5) **사소한 장애를 끊고**(III. §28): 이와 같이 적당한 사원에서 살 때 사소한 장애라도 있으면 그것을 끊어야 한다. 즉, 긴 머리카락과 손·발톱과 몸의 털을 깎아야 한다. 헤진 옷들을 수선하고 꿰매야 한다. 더러워진 옷은 빨아 물들여야 한다. 만약 발우에 녹이 났으면 다시 구워야 한다. 침상과 의자 등을 소제해야 한다. 이것이 '사소한 장애를 끊고'에 대한 상세한 설명이다.

6. 닦는 절차

bhāvanāvidha

21. (6) **닦는 모든 절차를 놓치지 않고 삼매를 닦아야 한다**(III. §28)라는 구절에 대해 이제 땅의 까시나를 시작으로 모든 명상주제를 통해 [그 닦는 절차를] 상세하게 설명한다.

(1) 땅의 까시나

pathavī-kasiṇa

이와 같이 사소한 장애를 끊은 비구는 공양을 마친 후 걸식으로부터 돌아와서 식곤증을 떨쳐버리고 한적한 곳에 편안히 앉아서 만들었거나 자연적인 땅의 표상을 취해야 한다.

22. 이와 같이 설하셨기 때문이다. "땅의 까시나를 배울 때 땅에서 표상을 취한다. 그것은 만든 것이거나 자연적인 것이다. 한계를 가진 것이다. 한계를 갖지 않은 것이 아니다. 가장자리를 가진 것이다. 가장자리를 갖지 않은 것이 아니다. 주위를 가진 것이다. 주위를 갖지 않은 것이 아니다. 제한된 것이다. 제한되지 않은 것이 아니다. 체만하거나 찻잔만하다. 그는 그 표상을 잘 들고, 잘 호지하고, 잘 구분한다. 그는 그 표상을 잘 들고, 잘 호지하고, 잘 구분한 뒤 그 표상의 이익을 보고 보배라고 인식하고 존경심을 내고 사랑스러워하면서 '틀림없이 이 도닦음으로 늙음과 죽음으로부터 벗어날 것이다'라고 그 대상에 마음을 묶는다. 그는 감각적 욕망을 완전히 떨쳐버리고 … 초선에 들어 머문다."

23. 전생에 부처님 교단이나 출가한 선인들의 무리에 출가하여 땅의 까시나에서 사종선(四種禪)과 오종선(五種禪)을 이미 일으킨 적이 있거나 그러한 공덕을 갖추었고 그런 것을 강한 의지처로 가진 자는 경작된 땅이나 탈곡장과 같은 자연적인 땅에서 표상이 일어난다. 말라까(Mallaka) 장로의 경우처럼. 장로가 경작된 땅을 쳐다봤을 때 그곳만 한 크기의 표상이 일어났다. 장로는 그것을 확장하여 오종선을 일으킨 뒤 禪을 가까운 원인으로 하는 위빳사나를 확립하여 아라한이 되었다고 한다.

까시나 만들기

24. 그러나 [전생에] 닦지 않았다면 그는 스승 곁에서 파악한 명상주제의 절차를 놓치지 않고 네 가지 까시나의 결점(*kasiṇa-dosa*)

을 경계하면서 까시나를 만들어야 한다. 푸르고 노랗고 붉고 흰 색깔의 혼합으로 인해 땅은 네 가지 결점을 가진다. 그러므로 푸른색 등의 흙으로 만들지 말고 강가 강의 흐름에 있는 흙과 같은 새벽 색깔을 가진 흙으로 까시나를 만들어야 한다. 사미 등이 다니는 사원의 중앙에서 그것을 만들어서는 안된다. 사원 모서리의 가려진 곳이나 산 속 굴이나 풀로 만든 토굴에서 만들어야 한다. 들고 다닐 수 있는 [휴대용]으로 만들거나 고정되게 만든다.

25. 이 가운데서 휴대용 까시나는 네 개의 막대기 위에다 누더기나 가죽이나 가는 거적을 묶어서 그곳에 풀과 뿌리와 자갈과 모래가 제거된 반죽이 잘 된 흙으로 이미 설한 크기의 원반을 발라서 만들어야 한다. 그것을 준비할 때는 땅에다 펴놓고 보아야 한다.

고정된 까시나는 연꽃받침 모양으로 땅속에 막대기를 박고 덩굴로 묶어 만들어야 한다. 만약 좋은 흙이 부족하면 안에 다른 흙을 넣고 그 위부분에 깨끗이 걸러진 새벽 색깔의 흙으로 한 뼘과 손가락 네 마디의 직경을(약 30cm 정도) 가진 원반을 만들어야 한다. 이 크기에 관하여 [앞서] **체만하거나 찻잔만하다**(§22)라고 설했다. **한계를 가진 것이다. 한계를 갖지 않은 것이 아니다** 등으로 설한 것은 한정된 상태를 보여주기 위한 것이다.

26. 그러므로 이와 같이 앞서 설한 크기대로 한정하여 나무로 만든 흙손을 사용하면 [흙의] 색깔이 변하기 때문에 돌로 만든 흙손으로 문질러 북의 표면처럼 평평하게 만든다. 만든 곳을 청소하고 목욕하고 돌아와서 까시나의 원반으로부터 2.5완척 떨어진 곳에 마련된 좌대에 앉아야 한다. 좌대는 한 뼘과 손가락 네 마디의 높이이

고 잘 펴진 것이어야 한다. 왜냐하면 그보다 더 먼 곳에 앉으면 까시나가 드러나지 않고 그보다 더 가까운 곳에 앉으면 까시나의 결점들이 보이기 때문이다. 그보다 더 높은 곳에 앉으면 목을 숙여서 보아야 하고 그 보다 더 낮은 곳에 앉으면 무릎에 통증이 온다.

27. 그러므로 앞서 설한 방법대로 앉은 뒤 "감각적 욕망은 달콤함이 적고(M.i.130)"라는 방법으로 감각적 욕망에서 위험을 반조하여 감각적 욕망으로부터의 출구와 모든 괴로움을 극복하는 수단인 출리에 대한 열망을 갖고 불·법·승의 덕을 계속해서 생각하면서 희열과 기쁨을 일으킨다. '이제 이것이야말로 모든 부처님과 벽지불과 성스러운 제자들이 실천 수행한 출리의 도닦음이다'라고 이 도닦음에 대해 존중심을 내면서 '틀림없이 이 도닦음으로 한적함에서 생긴 행복의 맛을 경험하리라'고 분발심을 낸다. 적당하게 두 눈을 뜨고 표상을 취하여 닦아야 한다.210)

28. 만약 눈을 너무 크게 뜨면 눈이 피로해지고 원반이 지나치게 분명해진다. 그래서 표상이 일어나지 않게 된다. 눈을 너무 작게 뜨면 원반이 분명해지지 않고, 따라서 마음이 졸리게 된다. 이런 경우에도 표상은 일어나지 않는다. 그러므로 거울의 표면에서 자기 얼굴의 영상을 보는 것처럼 적당한 형태로 두 눈을 뜨고 표상을 취하여 닦아야 한다.211)

---

210) "땅의 까시나에서 눈으로 취한 표상을 마음으로 취하여 증장시키고, 반복하고, 계속해서 공부 지어야 한다.(Pm.56)"
211) "거울의 표면에서 자기 얼굴의 영상을 보는 것처럼: 거울의 표면에서 자기 얼굴의 영상을 보는 사람은 눈을 너무 크게 뜨지도 않고 너무 작게 뜨지도 않는다. 거울 표면의 색깔을 반조하지도 않고 특징을 마음에 잡도리

29. 색깔을 반조해서도 안되고 특징을 마음에 잡도리해서도 안된다.212) 색깔을 무시하지는 않고 그 색깔의 의지처인 [땅]에 색깔을 포함시켜213) [땅이] 가장 현저하기 때문에 [땅이라는] 개념(paññatti)에 마음을 두고 마음에 잡도리해야 한다. 빠타위, 마히, 메디니, 부미, 와수다, 와순다라 등 땅의 이름 가운데서 그가 좋아하고 인식하기에 좋은 것을 불러도 된다. 그래도 빠타위라는 이름이 분명하다. 그러므로 분명한 [이름으로] '빠타위, 빠타위' 하면서 닦아야 한다. 때로는 눈을 뜨고 [쳐다보고는] 때로는 눈을 감고 [마음에] 전향해야 한다. 익힌 표상(uggaha-nimitta)214)이 일어날 때까지 백 번이고 천 번이고, 그 보다도 더 많이 이러한 방법으로 닦아야 한다.

30. 이렇게 수행하면서 눈을 감고 마음으로 전향할 때도 눈을 뜨고 쳐다볼 때처럼 영역에 나타나면 그때서야 비로소 익힌 표상이 일어났다고 한다. 그것이 일어난 후로는 그곳에 더 이상 앉으면 안

하지도 않는다. 적당한 형태로 눈을 뜨고 쳐다보면서 자신의 영상만 본다. 이와 같이 수행자도 땅의 까시나를 적당한 형태로 쳐다보면서 표상을 취하는데 열중한다.(Pm.56)"
212) "색깔을 반조해서는 안된다는 것은 땅의 까시나에 있는 색깔을 생각해서는 안된다는 것이다. 그러나 눈의 알음알이가 그것을 아는 것은 피할 수가 없기 때문에 '쳐다보아서는 안된다'라고 말하지 않고 '반조한다(pacca-vekkhati)'는 단어를 사용했다. 특징을 마음에 잡도리해서는 안된다는 것은 땅의 단단한 특징을 마음에 두어서는 안된다는 뜻이다.(Pm.56)"
213) "'색깔을 무시하지 않고'라고 이미 말한 뒤 다시 '의지처인 땅에 색깔을 포함시켜'라고 말한 것은 여기서 색깔을 생각해서는 안되지만 그 색깔은 그것의 의지처인 땅에 속한 것이라는 것을 보여주기 위함이다. 이 뜻은 다음과 같다. 색깔은 의지처와 함께 연결되어있다. 그 색깔을 땅에 포함시켜 그 색깔과 함께 '빠타위'라고 마음에 잡도리해야 한다.(Pm.56)"
214) 익힌 표상에 대해서는 『길라잡이』 9장 §5를 참조할 것.

된다. 자기의 거처로 들어가서 그곳에서 앉아 닦아야 한다. 발 씻는 것 때문에 [수행이] 산만하게 됨을 피하기 위해 한 개의 밑창을 가진 신발과 걸을 때 갖고 다니는 지팡이를 미리 준비해야 한다. 만약 얕은 삼매가 어떤 부적합함 때문에 흩어져버리면 신발을 신고 지팡이를 들고 그곳으로 가서 표상을 취한 뒤 돌아와 편안하게 앉아서 닦아야 한다. 지속적으로 반복해야 하고 사유(takka)와 일으킨 생각(尋, vitakka)으로 자극을 주어야 한다.

31. 이렇게 닦을 때 서서히 장애(nīvaraṇa)들이 억압되고 오염원들이 가라앉는다. 근접삼매를 통해 마음은 삼매에 든다. 닮은 표상이 일어난다. 앞의 익힌 표상과 닮은 표상의 차이점은 이와 같다.

익힌 표상에는 까시나의 결점이 나타난다. 닮은 표상은 마치 익힌 표상을 부수고 나오는 것처럼 그보다 백 배, 천 배 더 청정하게 나타난다. 마치 상자로부터 꺼낸 맑은 거울처럼, 잘 닦은 조가비의 접시처럼, 구름으로부터 나온 밝은 달처럼, 먹구름을 배경으로 한 학처럼. 그러나 그것은 색깔도 형태도 없다. 만약 그것이 색깔과 형태를 가지면 그것은 눈으로 볼 수 있게 되고, 거친 것이고, [위빳사나를 통해] 명상할 수 있고, [무상·고·무아의] 세 가지 특상에 제압된다.

그러나 이것은 그렇지 않다. 다만 이것은 삼매를 얻은 자의 인식(saññā, 산냐, 想)에서 생긴 것이고 나타남(upaṭṭhāna)의 한 형태일 뿐이다. 그러나 이것이 일어난 후부터 반드시 장애(nīvaraṇa)들은 억압되고 오염원(kilesa)들은 가라앉으며 근접삼매를 통해 마음이 삼매에 든다.

두 가지 삼매

32. 삼매는 두 종류인데 근접삼매와 본삼매이다. 이 두 가지로 마음이 삼매에 든다. 근접(*upacāra*)의 경지(*bhūmi*)와 획득(*paṭilābha*)의 경지에서 든다. [다섯 가지] 장애들을 버리므로 마음은 근접의 경지에서 삼매에 들고, 禪의 구성요소들이 나타나므로 획득의 경지에서 삼매에 든다.

33. 두 종류의 삼매의 차이점은 이와 같다. 근접삼매에서 [禪의] 구성요소들은 견고하지 않다. 구성요소들이 견고하지 않기 때문에 근접이 일어날 때 마음은 때로는 표상을 대상으로 삼았다가 때로는 잠재의식으로 들어갔다 한다. 마치 어린아이를 일으켜 세워놓으면 계속해서 땅바닥에 넘어지는 것과 같다. 그러나 본삼매의 구성요소들은 견고하다. 그들이 견고하기 때문에 본삼매가 일어나면 마음은 한 번 잠재의식의 흐름을 끊고는 밤과 낮이 다하도록 계속되고 유익한 속행의 흐름으로 일어난다. 마치 건강한 사람이 자리에서 일어나 하루 종일 서있을 수 있는 것과 같다.

표상을 보호함

34. 근접삼매와 함께하는 닮은 표상을 일으키기란 아주 어렵다. 그러므로 가부좌한 그 자리에서 그 표상을 확대시켜 본삼매에 이를 수 있다면 그것은 좋다. 만약 이를 수 없다면 부지런히 그 표상 보호하기를 마치 전륜성왕이 될 태아를 보호하듯 해야 한다. 이와 같이,

표상을 보호하는 자는 이미 얻은 근접삼매를 잃지 않는다.
보호하지 않는 자의 경우 이미 얻은 것도 잃어버린다.

35. 이제 이것이 보호하는 방법이다.

① 숙소 ② 탁발 가는 마을 ③ 담론 ④ 사람
⑤ 음식 ⑥ 기후 ⑦ 자세
이 일곱 가지가 부적당하면 피해야 하고
일곱 가지가 적당하면 그것을 의지해야 한다.
이와 같이 도닦을 때 머지않아 본삼매를 얻는다.

36. [(1) 숙소]: 어떤 숙소에 머물 때 아직 일어나지 않은 표상이 일어나지 않거나 일어난 것마저도 사라지거나, 아직 확립되지 않은 마음챙김이 확립되지 않거나, 아직 삼매에 들지 않은 마음이 삼매에 들지 않는 그런 숙소는 적당하지 않은 곳이다. 그러나 그곳에서 표상이 일어날 뿐만 아니라 더욱더 견고해지고, 마음챙김이 확립되고, 마음이 삼매에 드는 그런 곳은 적당한 곳이다. 나가(Nāga, 용)산에 머물던 빠다니야 띳사(Padhāniya Tissa) 장로처럼.

그러므로 만약 사원에 숙소가 많이 있으면 각각의 숙소에 3일 동안 머문 뒤 어떤 곳에서 그의 마음이 하나됨을 얻으면 그곳에서 살아야 한다. 탐바빤니(Tambapaṇṇi) 섬의 쭐라나가레나(Cūla-Nāgaleṇa)에 머물던 500명의 비구가 그곳에서 명상주제를 받은 뒤 아라한이 된 것은 숙소가 적합했기 때문이었다. 그런데 다른 곳에서 예류자 등의 성자의 경지를 얻은 다음 이곳에 와서 아라한이 된 자들은 헤아릴 수 없이 많다. 이런 것은 쩻딸라 산의 사원 등 다른 곳에서도 마찬가지다.

37. **(2) 탁발가는 마을**은 거주처로부터 북쪽이나 남쪽에 있고,215) 너무 멀지 않으며, 1.5꼬사216) 정도 떨어져있고, 탁발을 수월하게 할 수 있는 곳이 적당하다. 그 반대되는 곳은 부적당하다.

38. **(3) 담론:** 32가지 쓸데없는 담론217)에 속하는 것은 부적당하다. 왜냐하면 그것은 표상을 사라지게 하기 때문이다. 10가지 논의의 주제218)를 의지한 담론은 적당하지만 정도에 맞게 해야 한다.

39. **(4) 사람:** 쓸데없는 담론을 않고, 계행 등의 덕을 가지며, 그 사람과 사귀어서 삼매에 들지 않았던 마음이 삼매에 들거나 혹은 삼매에 든 마음이 더욱 견고해지는 이런 사람은 적당하다. 몸에

---

215) "가고 올 때 햇빛과 마주치는 것을 피하기 위해서다.(Pm.59)"
216) 1꼬사(*kosa*)는 약 1마일정도의 거리이다.
217) "32가지 쓸데없는 담론은 왕에 대한 담론, 도적에 대한 담론, 대신에 대한 담론 등인데 성전에서는(M.ii,1; iii.113) 본래 32가지 형태가 아니었지만 '등'이라는 단어로 인해 숲, 산, 강, 섬에 대한 담론을 포함시켰고 천상과 해탈에 대한 것도 쓸데없는 담론이기 때문에 32가지 쓸데없는 담론이라 했다.(Pm.59)"
한편 경에 나타나는 쓸데없는 담론은 다음과 같다.
"왕의 이야기, 도둑 이야기, 대신들 이야기, 군대 이야기, 겁나는 이야기, 전쟁 이야기, 음식 이야기, 음료수 이야기, 옷 이야기, 침대 이야기, 화환 이야기, 향 이야기, 친척 이야기, 탈 것에 대한 이야기, 마을에 대한 이야기, 읍에 대한 이야기, 도시에 대한 이야기, 나라에 대한 이야기, 여자 이야기, 영웅 이야기, 거리 이야기, 우물 이야기, 전에 죽은 자에 관한 이야기, 하찮은 이야기, 세상의 [기원]에 대한 이야기, 바다에 관련된 이야기, 이렇다거나 이렇지 않다는 이야기.(M74/ii.1, 등)"
218) "소욕, 지족, 멀리 한거, 집착 않음, 정근, 계, 정, 혜, 해탈, 해탈지견이 열 가지이다.(Pm.59)"

대해 지나치게 관심을 가지고 쓸데없는 담론을 하는 자는 부적당하다. 왜냐하면 진흙이 맑은 물을 흐리게 하듯 그런 사람은 교란을 일으키기 때문이다. 이런 종류의 사람을 만나 꼬따(Koṭa) 산에 머물던 젊은 비구는 증득한 것도 잃어버렸는데 하물며 표상이야 말해서 뭣 하겠는가.

40. **(5) 음식:** 어떤 사람에게는 단 것이, 어떤 사람에게는 신 것이 적당하다.

(6) 기후: 어떤 사람에게는 차가운 것이, 어떤 사람에게는 따뜻한 것이 적당하다. 그러므로 어떤 음식을 먹고 어떤 기후에 살아서 편안하게 되고 삼매에 들지 않았던 마음이 삼매에 들고 삼매에 든 마음이 견고해지면 그 음식과 그 기후는 적당하다. 그렇지 않은 음식과 기후는 부적당하다.

41. **(7) 자세(威儀):** 어떤 사람에게는 경행이 적당하고 어떤 사람에게는 눕거나, 서거나, 앉아있는 것 중 그 어떤 것이 적당하다. 그러므로 숙소의 경우처럼 3일 동안 면밀히 조사해본 뒤 그 자세에서 삼매에 들지 않은 마음이 삼매에 들거나 삼매에 든 마음이 견고해지면 그것은 적당하다. 다른 것은 부적당하다고 알아야 한다.

이와 같이 일곱 가지 부적당한 것은 피하고 적당한 것을 의지해야 한다. 이와 같이 수행하고 표상을 반복하기를 거듭하면 머지않아 본삼매를 얻을 것이다.

열 가지 본삼매에 드는 능숙함
dasavidha-appanā-kosalla

42. 만약 이와 같이 수행하여도 본삼매를 얻지 못하면 열 가지 본삼매에 드는 능숙함을 성취해야 한다. 이것이 그 방법이다. 본삼매에 드는 능숙함은 다음의 열 가지 측면에서 요구된다. ① 토대를 깨끗이 함 ② 기능(根)을 조화롭게 유지함 ③ 표상에 능숙함 ④ 마음을 분발해야 할 때 마음을 분발함 ⑤ 마음을 절제해야 할 때 마음을 절제함 ⑥ 마음을 격려해야 할 때 마음을 격려함 ⑦ 마음을 평온하게 해야 할 때 마음을 평온하게 함 ⑧ 삼매에 들지 않은 사람을 피함 ⑨ 삼매에 든 사람을 섬김 ⑩ 삼매에 마음을 둠.

43. **(1) 토대를 깨끗이 함:** 안팎의 토대들을 깨끗이 함이다. 만약 그의 머리카락과 손·발톱과 몸의 털이 길거나 몸이 땀에 젖어 있으면 안의 토대가 깨끗하지 않고 청정하지 않은 것이다. 만약 의복이 낡고 더럽고 악취가 나거나 머무는 장소가 더러우면 밖의 토대가 깨끗하지 않고 청정하지 않은 것이다. 안팎의 토대가 깨끗하지 않으면 마음과 마음부수들이 일어날 때 지혜도 청정하지 않다. 이것은 불결한 등잔과 심지와 기름을 의지하여 생긴 등불의 빛과도 같다. 청정하지 않은 지혜로 상카라(行)들을 명상할 때 상카라들도 분명하게 드러나지 않는다. 명상주제에 몰입할 때 그의 명상주제도 향상과 증장과 번영을 얻지 못한다.

44. 그러나 안팎의 토대가 깨끗하면 마음과 마음부수들이 일어날 때 지혜도 청정하다. 이것은 청결한 등잔과 심지와 기름을 의지하여 생긴 등불의 빛과도 같다. 청정한 지혜로 상카라들을 명상할

때 상카라들도 분명하게 드러난다. 명상주제에 몰입할 때 그의 명상주제는 향상과 증장과 번영을 얻는다.

45. **(2) 기능(根)을 조화롭게 유지함:** 믿음 등의 기능(五根)들을 조화롭게 만드는 것이다. 만약 그에게 믿음의 기능(信根)이 강하고 나머지 기능들이 약하면 정진의 기능(精進根)이 노력하는 역할을 할 수 없고, 마음챙김의 기능(念根)이 확립하는 역할을 할 수 없고 삼매의 기능(定根)이 산만하지 않는 역할을 할 수 없고 통찰지의 기능(慧根)이 [있는 그대로] 보는 역할을 할 수 없다. 그러므로 그 믿음의 기능은 법의 고유성질(sabhāva, 自性)을 반조함에 의해서 조절해야 한다. 만약 마음에 잡도리할 때 그것이 강해진다면 마음에 잡도리하지 않음에 의해서 조절해야 한다. 왁깔리(Vakkali) 장로의 일화(S.iii.119)가 그 보기이다.

46. 만약 정진의 기능이 강하면 믿음의 기능이 확신하는 역할을 실행할 수 없고 나머지 기능들도 각자의 기능을 실행할 수 없다. 그러므로 편안함(輕安) 등을 수행하여 그 정진의 기능을 조절해야 한다. 여기서도 소나(Soṇa) 장로의 일화(Vin.i.179-85; A.iii.374 -76)를 들어야 한다. 나머지도 이와 같다. 하나가 강하면 나머지는 자기의 역할을 할 수 없다고 알아야 한다.

47. 여기서 특별히 믿음과 통찰지의 균등함(samatā), 삼매와 정진의 균등함을 권한다. 믿음이 강하고 통찰지가 약한 자는 미신이 되고, 근거 없이 믿는다. 통찰지가 강하고 믿음이 약한 자는 교활한 쪽으로 치우친다. 약으로 인해 생긴 병처럼 치료하기가 어렵다. 두

가지 모두 균등함을 통해서 믿을 만한 것을 믿는다. 삼매는 게으름(kosajja)으로 치우치기 때문에 삼매가 강하고 정진이 약한 자는 게으름에 의해 압도된다. 정진은 들뜸(uddhacā)으로 치우치기 때문에 정진이 강하고 삼매가 약한 자는 들뜸에 의해 압도된다. 삼매가 정진과 함께 짝이 될 때 게으름에 빠지지 않는다. 정진이 삼매와 함께 짝이 될 때 들뜸에 빠지지 않는다. 그러므로 그 둘 모두 균등해야 한다. 이 둘이 모두 균등하여 본삼매를 얻는다.

48. 다시 삼매를 공부하는 자에게 강한 믿음이 적당하다. 이와 같이 믿고 확신하면서 본삼매를 얻는다. 삼매(定)와 통찰지(慧) 가운데서 삼매를 공부하는 사람에게 [마음의] 하나됨(ekaggatā)이 강한 것이 적당하다. 이와 같이하여 그는 본삼매를 얻는다. 위빳사나를 공부하는 자에게 통찰지가 강한 것이 적당하다. 이와 같이 그는 [무상·고·무아의 세 가지] 특상에 대한 통찰(paṭivedha)을 얻는다. 그러나 둘이 모두 균등하여 본삼매를 얻는다.

49. 마음챙김은 모든 곳에서 강하게 요구된다. 마음챙김은 마음이 들뜸으로 치우치는 믿음과 정진과 통찰지로 인해 들뜸에 빠지는 것을 보호하고, 게으름으로 치우치는 삼매로 인해 게으름에 빠지는 것을 보호한다. 그러므로 이 마음챙김은 모든 요리에 맛을 내는 소금과 향료처럼, 모든 정치적인 업무에서 일을 처리하는 대신처럼 모든 곳에서 필요하다. 그래서 말씀하였다. "마음챙김은 모든 곳에서 유익하다고 세존께서는 말씀하셨다. 무슨 이유인가? 마음은 마음챙김에 의지하고, 마음챙김은 보호로 나타난다. 마음챙김이 없이는 마음의 분발(paggaha)과 절제(niggaha)란 없다"라고.

50. **(3) 표상에 능숙함:** 땅의 까시나 등을 가진 삼매의 표상이 아직 만들어지지 않았지만 만드는데 능숙함이 있고, 이미 만든 표상을 닦음에 능숙함이 있으며, 닦아서 얻은 표상을 보호하는데 능숙함이 있다. 보호하는데 능숙함이 여기서 뜻하는 것이다.

51. 어떻게 **(4) 마음을 분발해야 할 때 마음을 분발**하는가? 정진 등이 너무 느슨하여 마음이 해이하면 편안함의 깨달음의 구성요소(輕安覺支) 등 세 가지 구성요소를 닦지 않고 법을 간택하는 깨달음의 구성요소(擇法覺支) 등을 닦는다. 세존께서 이와 같이 설하셨기 때문이다. "비구들이여, 예를 들면 작은 불을 지피기를 원하는 사람이 있다 치자. 그가 그곳에 젖은 풀을 놓고, 젖은 소똥을 놓고, 젖은 막대기를 놓고, 물을 뿌리고, 흙먼지를 뿌린다면 그 사람이 작은 불을 지필 수 있겠는가? '그렇지 않습니다, 세존이시여.' 비구들이여, 그와 같이 마음이 해이할 때 편안함의 깨달음의 구성요소(輕安覺支)를 닦는 것은 적절하지 않다. 삼매의 깨달음의 구성요소(定覺支)를 … 평온의 깨달음의 구성요소(捨覺支)를 닦는 것은 적절하지 않다. 그것은 무슨 이유인가? 비구들이여, 해이한 마음은 이 법들로는 분발시킬 수가 없기 때문이다.

비구들이여, 마음이 해이할 때 법을 간택하는 깨달음의 구성요소(擇法覺支)를 닦는 것이 적절하다. 정진의 깨달음의 구성요소(精進覺支)를 닦는 것이 적절하다. 희열의 깨달음의 구성요소(喜覺支)를 닦는 것이 적절하다. 그것은 무슨 이유인가? 비구들이여, 해이한 마음은 이런 법들로 쉽게 분발시킬 수 있기 때문이다. 비구들이여, 예를 들면 작은 불을 지피기를 원하는 사람이 있다 치자. 그가 그곳에 마른 풀을 놓고, 마른 소똥을 놓고, 마른 장작을 놓고, 입으로 불고, 흙 먼지를 뿌리지 않는다면 그 사람이 작은 불을 지필 수 있겠는가? '그렇습니다. 세존이시여.'(S.v.112-13)"

52. 여기서 각각의 자양분으로 법을 간택하는 깨달음의 구성요소(擇法覺支) 등을 닦는 것을 알아야 한다. 이와 같이 설하셨기 때문이다. "비구들이여, 유익하거나 해로운 법, 나무라야 마땅하거나 나무랄 데 없는 법, 고상하거나 천박한 법, 흑백으로 상반되는 갖가지 법들이 있어 거기에 근원적으로 마음에 잡도리하기를 많이 [공부] 지으면 이것이 아직 일어나지 않은 법을 간택하는 깨달음의 구성요소를 일어나도록 하고 이미 일어난 법을 간택하는 깨달음의 구성요소를 늘리고 드세게 만들고 닦고 성취하는 자양분이다."

그와 같이 "비구들이여, [정진을] 시작하는 요소와 벗어나는 요소와 분발하는 요소가 있어219) 거기에 근원적으로 마음에 잡도리하기를 많이 [공부]지으면 이것이 아직 일어나지 않은 정진의 깨달음의 구성요소를 일어나도록 하고 이미 일어난 정진의 깨달음의 구성요소를 늘리고 드세게 만들고 닦고 성취하는 자양분이다."

그와 같이 "비구들이여, 희열의 깨달음의 구성요소를 확립시키는 법들이 있어 거기에 근원적으로 마음에 잡도리하기를 많이 [공부] 지으면 이것이 아직 일어나지 않은 희열의 깨달음의 구성요소를 일어나도록 하고 이미 일어난 희열의 깨달음의 구성요소를 늘리고 드세게 만들고 닦고 성취하는 자양분이다.(S46:2/v.104)"

---

219) 정진의 세 요소는 『네 가지 마음챙기는 공부』 205를 참조할 것.

53. 여기서 개별적 특징(*sabhāva-lakkhaṇa*, 自相)과 보편적 특징(*sāmañña-lakkhaṇa*, 共相)220)을 통찰하여 생긴 마음에 잡도리함을 유익한 법 등에 대한 **근원적으로 마음에 잡도리함**(*yoniso manasikāra*, 如理作意)이라 한다. 시작하는 요소 등을 일으켜서 일어난 마음에 잡도리함이 시작하는 요소 등에 대한 근원적으로 마음에 잡도리함이다.

여기서 **시작하는 요소**(*ārambhadhātu*, 發勤界)라는 것은 처음 시작한 정진이다. **벗어나는 요소**(*nikkamadhātu*, 出離界)라는 것은 게으름에서 빠져나오는 것이기 때문에 그보다 더 강하다. **분발하는 요소**(*parakkamadhātu*, 勇猛界)라는 것은 더욱더 높은 경지로 나아가기 때문에 그보다 더 강하다. **희열의 깨달음의 구성요소를 일으키는 법**이란 바로 희열이다. 그것을 일으키는 마음에 잡도리함을 일러 근원적으로 마음에 잡도리함이라 한다.

54. 일곱 가지 법들이 있어 법을 간택하는 깨달음의 구성요소를 일어나게 한다. 그것은 ① 탐구함 ② 토대를 깨끗하게 함 ③ 기능(五根)을 조화롭게 닦음 ④ 지혜 없는 사람을 피함 ⑤ 지혜로운 사람을 친근함 ⑥ 심오한 지혜로 행해야 할 것에 대해 반조함221)

---

220) 예를 들면 아비담마에서 분류하고 있는 법들은 각각 다른 저마다의 고유한 성질이 있는데 이것을 개별적 특징이라 한다. 그러나 이런 법들은 모두 무상·고·무아라는 특징을 공통적으로 가진다. 이것을 보편적 특징이라 한다. 중국의 화엄의 대가들도 別相과 摠相으로 법을 파악했듯이 법을 통찰하는 중요한 측면이다.
그리고 여리작의란 제법의 자상과 공상을 통찰하는 것이라는 본서의 정의도 반드시 새겨두어야 한다.
221) "심오한 지혜로 무더기(*khandha*, 蘊), 장소(*āyatana*, 處), 요소(*dhātu*, 界) 등이나 4성제와 12연기를 설명하는 공과 연결된 경전을 반조하는 것이다.(Pm.64)"

⑦ 이것을 확신함이다.

55. 열한 가지 법이 있으니 그들은 정진의 깨달음의 구성요소를 일어나게 한다. ① 악처 등의 두려움을 반조함 ② 정진에 의지한 세간적인 수승함과 출세간적인 수승함을 증득한 이익을 봄 ③ '부처님과 벽지불과 큰 제자들이 가신 길을 나도 가야 한다. 게으른 자는 그 길을 갈 수가 없다.'라고 이와 같이 가야 할 길의 과정을 반조함 ④ 보시한 사람을 위해 큰 결실을 가져오게 하여 탁발한 음식을 공경함 ⑤ '우리의 스승님은 부지런히 정진하는 것을 찬탄하셨다. 그분께서는 능가할 수 없는 교단을 세우셨고, 우리들에게 큰 도움을 주셨다. 그분은 [내가] 도닦음으로 공경할 때에 공경되는 분이시다. 다른 방법이란 없다.'라고 이와 같이 스승의 위대함을 반조함 ⑥ '나는 정법인 큰 유산을 받아야 한다. 그것은 게으른 자는 받을 수가 없다.'라고 이와 같이 유산의 위대함을 반조함 ⑦ 광명상(光明想, āloka-saññā)을 마음에 잡도리함과 자세를 바꿈과 옥외에 머묾 등으로 해태와 혼침을 없앰 ⑧ 게으른 사람을 멀리함 ⑨ 부지런히 정진하는 자를 친근함 ⑩ 바른 노력을 반조함 ⑪ 이것을 확신함이다.

56. 열한 가지 법이 희열의 깨달음의 구성요소를 일어나게 한다. ① 부처님을 계속해서 생각함(隨念) ② 법을 계속해서 생각함 ③ 승가를 계속해서 생각함 ④ 계를 계속해서 생각함 ⑤ 관대함을 계속해서 생각함 ⑥ 천신을 계속해서 생각함 ⑦ 고요함을 계속해서 생각함 ⑧ 거친 자를 멀리 함 ⑨ 인자한 자를 섬김 ⑩ 신심을 일으키는 경전들을 반조함 ⑪ 이것을 확신함이다.

이러한 방법으로 이런 법들을 일으키면서 법을 간택하는 깨달음의 구성요소 등을 닦는다. 이와 같이 그는 마음을 분발해야 할 때 마음을 분발한다.

57. 어떻게 (5) 마음을 절제해야 할 때 마음을 절제하는가?

지나친 정진 등으로 마음이 들떠 있을 때 법을 간택하는 깨달음의 구성요소(擇法覺支) 등 세 가지 깨달음의 구성요소를 닦지 않고 편안함의 깨달음의 구성요소(輕安覺支) 등을 닦는다. 세존께서 이와 같이 설하셨기 때문이다.

"비구들이여, 예를 들면 큰 불더미를 끄기를 원하는 사람이 있다 치자. 그는 그곳에 마른 풀을 놓고 … 흙먼지를 뿌리지 않는다면 그 사람이 큰 불더미를 끌 수 있겠는가? '그렇지 않습니다. 세존이시여.' 비구들이여, 그와 같이 마음이 들떠 있을 때 법을 간택하는 깨달음의 구성요소를 닦는 것은 적절하지 않다. 정진의 깨달음의 구성요소를 … 희열의 깨달음의 구성요소를 닦는 것은 적절하지 않다. 그것은 무슨 이유인가? 비구들이여, 들뜬 마음은 이들 법으로 마음을 가라앉힐 수가 어렵기 때문이다.

비구들이여, 마음이 들떠 있을 때 편안함의 깨달음의 구성요소를 닦는 것이 적절하다. 삼매의 깨달음의 구성요소를 닦는 것이 적절하다. 평온의 깨달음의 구성요소를 닦는 것이 적절하다. 그것은 무슨 이유인가? 비구들이여, 들뜬 마음은 이런 법들로 쉽게 가라앉힐 수 있기 때문이다. 비구들이여, 예를 들면 큰 불더미를 끄기를 원하는 사람이 있다 치자. 그는 그곳에 젖은 풀을 놓고 … 흙먼지를 뿌린다면 그 사람이 큰 불더미를 끌 수 있겠는가? '그렇습니다. 세존이시여.'(S.v.114)"

58. 여기서 각각의 자양분으로 편안함의 깨달음의 구성요소 등을 닦는 것을 알아야 한다. 세존께서는 이와 같이 설하셨기 때문이다.

"비구들이여, 몸의 편안함과 마음의 편안함이 있어 거기에 근원적으로 마음에 잡도리하기를 많이 [공부]지으면 이것이 아직 일어나지 않은 편안함의 깨달음의 구성요소를 일어나도록 하고 이미 일어난 편안함의 깨달음의 구성요소를 늘리고 드세게 만들고 닦고 성취하는 자양분이다."

그와 같이 "비구들이여, 사마타의 표상과 산란함이 없는 표상(abyagga-nimitta)이 있어 거기에 근원적으로 마음에 잡도리하기를 많이 [공부]지으면 이것이 아직 일어나지 않은 삼매의 깨달음의 구성요소를 일어나도록 하고 이미 일어난 삼매의 깨달음의 구성요소를 늘리고 드세게 만들고 닦고 성취하는 자양분이다."

그와 같이 "비구들이여, 평온의 깨달음의 구성요소를 확립시키는 법들이 있어 거기에 근원적으로 마음에 잡도리하기를 많이 [공부]지으면 이것이 아직 일어나지 않은 평온의 깨달음의 구성요소를 일어나도록 하고 이미 일어난 평온의 깨달음의 구성요소를 늘리고 드세게 만들고 닦고 성취하는 자양분이다.(S46:2/v.104-5)"

59. 이전에 그에게 편안함 등이 일어났던 대로 그 방법을 주시한 뒤 그들을 일으킴을 통해서 일어난 마음에 잡도리함이 이 세 가지에 대한 **근원적으로 마음에 잡도리함**이다. **사마타의 표상**이란 바로 사마타와 동의어이다. **산란함이 없는 표상**222)도 흩어짐이 없

---

222) "가지가지 대상으로 배회하기 때문에 여러 가지(vividhaṁ) 끝(aggaṁ)을 가진 것이 산란함(byagga)이다. 흩어짐(vikkhepa)이라는 뜻이다. 하

다는 뜻에서 이것의 동의어이다.

60. 일곱 가지 법이 있어 편안함의 깨달음의 구성요소를 일어나게 한다. 그것은 ① 좋은 음식을 수용함 ② 안락한 기후에 삶 ③ 편안한 자세를 취함 ④ 적절한 노력 ⑤ 포악한 사람을 멀리함 ⑥ 몸이 편안한 사람을 친근함 ⑦ 이것을 확신함이다.

61. 열한 가지 법이 있어 삼매의 깨달음의 구성요소를 일어나게 한다. 그것은 ① 토대들을 깨끗하게 함 ② 표상에 대한 능숙함 ③ 기능들을 고르게 조절함 ④ 적당한 때에 마음을 절제함 ⑤ 적당한 때에 마음을 분발함 ⑥ [수행에] 활기 없는 자의 마음을 신심과 두려움으로 격려함 ⑦ 바르게 일어난 [수행하려는 마음에 대해] 평온하게 지켜봄223) ⑧ 삼매에 들지 않은 사람을 멀리함 ⑨ 삼매에 든 사람을 섬김 ⑩ 禪과 해탈을 반조함 ⑪ 이것을 확신함이다.

62. 다섯 가지 법이 있어 평온의 깨달음의 구성요소를 일어나게 한다. 그것은 ① 중생에 대해 중립적인 태도224) ② 상카라(行)들에 대해 중립적인 태도225) ③ 중생과 상카라들을 애지중지하는 (*kelāyana*) 사람을 멀리함 ④ 중생과 상카라들에 대해 중립을 지키는

나뉨(*ekaggatā*, 一境性)의 상태와 반대되지 않기 때문에 산란함이 없음(*abyagga*)이다.(Pm.65)"
223) "평온하게 지켜봄이란 절제하고 분발하고 격려하지 않는다는 뜻이다.(Pm.65)"
224) "마음에 드는 장자와 출가 수행자에 대해서도 중립적인 태도를 유지한다.(Pm.65)"
225) "안으로는 눈 등에 대해서 밖으로는 의발 등에 대해서 중립적인 태도를 유지한다.(Pm.65)"

사람을 친근함 ⑤ 이것을 확신함이다.

　이러한 방법으로 이런 법들을 일으키면서 편안함의 깨달음의 구성요소 등을 닦는다. 이와 같이 마음을 절제해야 할 때 마음을 절제한다.

63. 　어떻게 (6) **마음을 격려해야 할 때 마음을 격려**하는가? 통찰지의 활동이 둔하거나 고요함의 행복을 얻지 못하여 마음이 맥이 풀려 있으면 여덟 가지 두려움을 가져올 원인을 반조하여 자극을 주어야 한다. 이것이 여덟 가지 두려움을 가져올 원인이다. 태어남, 늙음, 병듦, 죽음의 네 가지와 악처의 괴로움이 다섯 번째요, 과거의 윤회에 뿌리박은 괴로움, 미래의 윤회에 뿌리박은 괴로움, 현재의 음식을 구함에 뿌리박은 괴로움이다. 그리고 불·법·승의 덕을 계속해서 생각하여 깨끗한 믿음을 일으킨다. 이와 같이 마음을 격려해야 할 때 마음을 격려한다.

64. 　어떻게 (7) **마음을 평온하게 해야 할 때 마음을 평온하게** 하는가? 이와 같이 수행할 때 마음이 게으르지도 않고, 들뜨지도 않고, 맥이 풀리지도 않고, 대상에 고르게 일어나며, 사마타의 과정에 들어있으면 그는 분발하거나 절제하거나 격려하는데 관심을 갖지 않는다. 이것은 말들이 고르게 나아갈 때의 마부와 같다. 이와 같이 마음을 평온하게 해야 할 때 마음을 평온하게 한다.

65. 　(8) **삼매에 들지 않은 사람을 멀리함**: 일찍이 출리의 도닦음에 나아가지 않았고, 여러 가지 일에 구속되어있고, 흐트러진 마음을 가진 사람들을 멀리 여읨이다.

(9) 삼매에 든 사람을 섬김: 이미 출리의 도닦음에 나아갔고 삼매를 얻은 사람들을 수시로 친근함이다.

(10) 이것을 확신함: 삼매를 확신함이다. 삼매를 존중하고 삼매를 향하고, 삼매로 기울고, 삼매에 기댄다는 뜻이다. 이와 같이 열 가지 본삼매에 드는 능숙함을 성취해야 한다.

66. 이와 같이 본삼매에 드는 능숙함을 성취한 자가
표상을 얻으면 본삼매가 일어난다.

만약 이와 같이 닦아서 일어나지 않더라도
현자는 오직 노력해야 하고 수행을 포기해서는 안된다.

바른 정진을 버리고도 사람이 조금이라도
수승함을 얻는다 함은 아무런 근거가 없다.

그러므로 지자는 마음의 일어나는 형태를 주시하면서
계속해서 정진을 고르게 유지해야 한다.226)

조금이라도 마음이 위축되어있으면 분발해야 하고
지나친 노력은 절제해서 조화롭게 일어나게 해야 한다.

마치 꽃가루와 연잎과 거미줄과 배와 기름병에 대해
벌 등의 행동을 찬탄하듯이.

느슨하거나 들뜬 상태로부터 완전히 벗어나서
이와 같이 마음이 표상을 향하도록 닦아야 한다.

---

226) "삼매와 더불어 정진의 동일한 역할을 적용시켜야 한다.(Pm.67)"

다섯 가지 비유
nimittābhimukhapaṭipāda

67. 다음은 이 뜻에 대한 보기이다. 예를 들면 지나치게 영리한[227] 벌이 어떤 나무에 꽃이 만발해있음을 알고 전속력으로 날아가서는 그것을 지나쳐버려 다시 돌아와서 꽃가루가 끝난 뒤 도착한다. 다른 영리하지 않은 벌은 천천히 날아가다가 꽃가루가 끝난 뒤 도착한다. 그러나 영리한 벌은 적당한 속도로 날아가서 쉽게 꽃송이에 도착하여 원하는 만큼 꽃가루를 가져와서 꿀을 만들어 꿀맛을 즐긴다.

68. 외과 의사의 제자들이 물 쟁반 속에 담겨있는 연잎을 놓고 칼을 사용하는 실습을 할 때 어떤 영리하지 못한 사람은 급히 칼을 넣어 연잎을 두 쪽으로 자르거나 물 속으로 가라앉게 한다. 다른 영리하지 못한 사람은 자르거나 혹은 물속에 가라앉을지도 모르는 두려움 때문에 칼로 그것에 닿는 것조차 할 수 없다. 그러나 영리한 자는 적당한 노력으로 칼로 자르는 것을 보인 뒤 배움을 완성하고 그런 업무에 종사하여 이익을 얻는다.

69. '네 길의 길이가 되는 거미줄을 가져오는 사람은 4천 냥을 얻을 것이다'라고 왕이 말했을 때 어떤 영리하지 못한 사람은 급히 거미줄을 가져오다가 여기저기가 끊어진다. 다른 영리하지 못한 사람은 끊어질지도 모른다는 두려움 때문에 손도 대지 못한다. 그러

---

227) HOS본의 '*accheko*(영리하지 않은)'보다 Ceylon본의 '*aticcheko*(지나치게 영리한)'가 문맥상 더 어울리는 뜻이라서 이에 준해서 옮겼다.

나 영리한 사람은 적당한 노력으로 끝부터 막대기에 말아서 가져와 상을 탄다.

70. 어떤 영리하지 못한 선장은 바람이 강하게 불 때 돛을 활짝 펴서 배를 표류하게 만든다. 다른 영리하지 못한 사람은 약한 바람에 돛을 내려 배를 그곳에 머물게 만든다. 그러나 영리한 사람은 바람이 약할 때 활짝 펴고 바람이 강할 때 반쯤 펴서 안전하게 목적지에 도착한다.

71. '기름을 쏟지 않고 기름병을 채우는 자는 상을 타리라'고 스승이 제자들에게 말했을 때 어떤 영리하지 못한 사람은 상을 탐내어 급히 채우다가 기름을 쏟는다. 다른 영리하지 못한 사람은 기름을 쏟을지도 모른다는 두려움 때문에 기름을 부을 엄두도 못낸다. 그러나 영리한 사람은 적당한 노력으로 기름병을 채운 뒤 상을 탄다.

72. 이와 같이 어떤 비구는 표상이 일어나면 '급히 본삼매를 얻으리라'고 용맹정진을 한다. 그의 마음은 지나친 정진으로 들떠버린다. 그는 본삼매를 얻을 수 없다. 어떤 자는 지나친 정진에 허물을 보고 '지금 나에게 본삼매가 왜 필요한가?'라고 정진을 놓아버린다. 너무 느슨한 정진으로 그의 마음은 게으름에 빠진다. 그도 본삼매를 얻을 수 없다. 그러나 마음이 약간이라도 느슨하면 그 느슨한 상태로부터 벗어나고 약간이라도 들떠있으면 그 들뜬 상태로부터 벗어나서 적당한 노력으로 표상을 향하는 자는 본삼매를 얻는다. 이러한 자가 되어야 한다.

73. 이 뜻에 관해서 이와 같이 설했다.

마치 꽃가루와 연잎과 거미줄과 배와 기름병에 대해
벌 등의 행동을 찬탄하듯이
느슨하거나 들뜬 상태로부터 완전히 벗어나서
이와 같이 마음이 표상을 향하도록 닦아야 한다.(§66)

초선의 주석

paṭhamajjhānakathā

74. 이와 같이 표상을 향해 마음을 기울여서 막 본삼매가 성취될 그 순간에228) 잠재의식을 끊고서 '빠타위(땅), 빠타위'라고 수행하여 일어난 그 땅의 까시나를 대상으로 의문전향229)이 일어난다.

---

228) 원문 'idāni appanā ijjhissatī ti'에서 마지막의 'ti(~라는)'는 '이제 본삼매가 성취될 <u>그 순간에</u>'라는 뜻이다. 본삼매가 일어날 그 순간에 잠재의식을 끊고서 지금까지 계속해서 대상으로 삼아왔던 그 땅의 까시나를 대상으로 의문전향이 일어난다는 뜻이 되겠다. '본삼매가 성취될 것이다.'라고 <u>알면서</u> 혹은 <u>생각하면서</u>라는 뜻이 아니다. 그렇게 되면 대상이 바뀌게 되어 이 삼매로부터 멀어져버리고 만다.
그러나 냐나몰리 스님은 '[then knowing] now absorption will succeed'라고 영역했고, 빼 마웅 띤도 'at the very time when one should think "Now ecstasy will be realized!"'라고 영역했고, 한문 번역도 '他想 我今將成安止定了'라고 옮겨 모두 '알면서' 내지 '생각하면서'라고 보았는데 신중하지 못했던 것 같다.
이것은 사소한 번역상의 문제인 것 같지만 결코 그렇지 않다. 본삼매에 드는 하나의 심찰나를 다투는 아비담마의 입장에서 보면 용인할 수 없는 태도라 하겠다. 독자들의 바른 판단을 기대한다.
229) 의문전향은 『길라잡이』 1장 §10의 3번 해설을 참조할 것. 이하 아비담

그 다음에 그 동일한 대상에 네 번 혹은 다섯 번의 속행(javana)이 일어난다. 이들 중 마지막 하나가 색계의 것이다. 나머지는 욕계의 것인데 이들은 평소의 [욕계의] 마음보다 강한 일으킨 생각(尋), 지속적인 고찰(伺), 희열, 행복, 마음의 하나됨(心一境性)을 가진다.

이들은 본삼매를 위한 예비적인 것이기 때문에 준비의 마음이라 한다. 마치 마을 등의 가까운 지역을 마을근처, 도시근처라고 부르듯이 본삼매에 가깝기 때문에 혹은 근처에서 일어나기 때문에 근접삼매라 한다. [근접의 마음보다] 이전인 준비의 마음들을 수순하고 또 이 다음의 본삼매를 수순하기 때문에 그들을 수순의 마음이라 한다. 여기서 가장 마지막의 속행은[230] 제한된 [욕계의] 종성(gotta, gotra, 고뜨라)을 초월하고 위대한 [색계의] 종성을 일으키게 하므로 고뜨라부(gotrabhu, 種性)라 한다.

75. 얻은 것을 다시 얻는 [반복을] 피하면 첫 번째가 준비이고, 두 번째가 근접이고, 세 번째가 수순이고, 네 번째가 고뜨라부이다. 혹은 첫 번째가 근접이고, 두 번째가 수순이고, 세 번째가 고뜨라부이다. [후자의 경우] 네 번째, [전자의 경우] 다섯 번째는 본삼매의 마음이다. 왜냐하면 오직 네 번째 혹은 다섯 번째의 속행이 본삼매에 들기 때문이다. 이것은 초월지가 빠른 것과 초월지가 둔한 것에 따른 것이다.[231] 그 후에 속행은 사라지고 잠재의식이 일어난다.

마의 전문술어들과 본삼매 속행은 『길라잡이』 3장과 4장을 참조할 것.

230) 준비, 근접, 수순이라 불리는 가운데서 세 번째 혹은 네 번째의 속행이 욕계의 속행 가운데 가장 마지막의 것이다. 그것을 고뜨라부(種性)라고 하며 그 다음 것은 색계에 속한다. 자세한 것은 『길라잡이』 4장 §§14-16의 본삼매 속행과정을 참조할 것.

231) "초월지가 빠른 자의 경우 네 번째 속행이 본삼매에 들고, 둔한 자의 경

76. 아비담마의 대가인 고닷따(Godatta) 장로는 "각각의 앞의 유익한 법들은 각각의 뒤의 유익한 법들에게 반복하는 조건(āsevana-paccaya)232)으로 조건이 된다.(Ptn.5)"라는 성전을 인용하여 '반복하는 조건 때문에 각각의 뒤의 법은 강해진다. 그러므로 여섯 번째와 일곱 번째에도 역시 본삼매가 있다'라고 말했다. 주석서에서는 '이것은 단지 장로 자신의 견해일 뿐이다'라고 말하면서 논파했다.

77. 오직 네 번째 혹은 다섯 번째에서 본삼매가 있을 뿐이다. 그 후에 속행은 사라진다. '이것은 잠재의식(bhavaṅga)에 가깝기 때문이다'라고 설했다. 이것은 이와 같이 고찰한 뒤 설했기 때문에 논파할 수 없다. 마치 사람이 깎아지른 낭떠러지를 향해 달리다가 멈추기를 원하지만 낭떠러지 끝에서 발을 딛고 멈출 수가 없다. 떨어지고 만다. 그와 같이 여섯 번째 혹은 일곱 번째에서 삼매에 들 수 없다. 잠재의식에 가깝기 때문이다. 그러므로 네 번째 혹은 다섯 번째에서 본삼매에 든다고 알아야 한다.

78. 그러나 이 본삼매는 하나의 마음순간에만 존재하는 것(eka-cittakkhaṇikā)233)이다. 왜냐하면 다음의 일곱 가지 경우에는 기간의 제한이 적용되지 않기 때문이다.234) 그것은 첫 번째의 본삼매, 세간

우 다섯 번째의 속행이 본삼매에 든다.(Pm.69)"
232) XVII. §87을 참조할 것.
233) 마음순간(心刹那)에 대해서는『길라잡이』 4장 §6의 1번 해설을 참조할 것.
234) 일반적인 오문인식과정이나 의문인식과정에서 일어나는 속행은 반드시 일곱 번 같이 일어난다. 그러나 지금 언급하는 경우는 본삼매 속행과정이

적인 초월지, 네 가지 도, 도 다음의 과, 색계와 무색계 존재에 있는 잠재의식의 禪235), 멸진정의 조건인 비상비비상처, 멸진정으로부터 출정한 뒤의 과의 증득이다.

여기서 도 다음의 과는 세 마음순간을 넘지 않는다.236) 멸진정의 조건인 비상비비상처는 두 마음순간을 넘지 않는다.237) 색계와 무색계 존재의 잠재의식은 헤아릴 수 없다. 나머지 경우에는 오직 하나의 마음이다. 이와 같이 본삼매는 오직 하나의 마음순간의 것이다. 그 이후에 잠재의식으로 들어간다. 그 다음에 전향이 잠재의식을 끊고 禪을 반조하기 위해서 일어나고 그 다음에 禪을 반조한다.

초선의 정형구

79. 이때에(본삼매에 들었을 때) "감각적 욕망들을 완전히 떨쳐버리고 해로운 법(不善法)들을 떨쳐버린 뒤, 일으킨 생각(尋)과 지속적인 고찰(伺)이 있고, 떨쳐버렸음에서 생긴 희열(喜, *pīti*)과 행복(樂, *sukha*)238)이 있는 초선(初禪)에 들어 머문다.(Vbh.245)" 이와 같이 그

다. 인식과정과 속행을 이해하는 중요한 사항이므로 잘 음미해야 한다. 여러 가지 인식과정(*vīthi-citta*)은 『길라잡이』 4장에서 자세하게 설명되어있으니 참조할 것.
235) 잠재의식의 禪(*bhavaṅga-jjhāna*)은 색계와 무색계에만 해당되는 개념이다. 왜냐하면 색계와 무색계는 모두 禪의 상태로 존재하는 세계이므로 이곳에서 일어나는 잠재의식은 모두 과보로 나타난 禪의 마음이기 때문이다.
236) 본서 XXII. §§15-17과 『길라잡이』 4장 §22의 해설을 참조할 것.
237) 본서 XXIII. §43과 『길라잡이』 4장 §22의 해설을 참조할 것.
238) 본서에서 행복으로 옮긴 원어는 아주 드문 경우를 제외하고 모두 '*sukha*'이다. 이 단어는 일반적으로 '즐거움'으로도 옮겨지고 있다. 특히 '*sukha-vedanā*'로 나타날 때는 거의 예외 없이 '즐거운 느낌'으로 옮기고 있다. 그러나 禪의 구성요소로 나타나는 *sukha*는 모두 행복으로 옮기고 있다.

는 다섯 가지 구성요소(五支)들을 버렸고, 다섯 가지 구성요소들을 가지며, 세 가지로 좋고, 열 가지 특징을 가지고, 땅의 까시나를 가진 초선을 얻는다.

80. 여기서 **감각적 욕망들을 완전히 떨쳐버리고**란 감각적 욕망들을 떨쳐버린 뒤, 감각적 욕망들을 없애버리고, 감각적 욕망들로부터 벗어나서라는 뜻이다. 여기서 **완전히**(eva)라는 단어는 확정하는 뜻이라고 알아야 한다. 확정하는 뜻을 가졌기 때문에 초선에 들어 머물 때에는 비록 감각적 욕망들이 존재하지는 않지만 이 [감각적 욕망]들은 초선과는 정반대되는 상태라는 것을 보여주고, 아울러 감각적 욕망들을 완전히 버림을 통해서만 초선을 얻는다는 것을 보여준다.

81. 어떻게? '감각적 욕망들을 완전히 떨쳐버리고'라고 결정적인 뜻이 전해질 때 이 뜻이 설명된다. 확실히 감각적 욕망들은 禪과 반대된다. 그들이 있을 때 이 禪은 일어나지 않는다. 마치 어둠이 있을 때는 등불이 없는 것처럼. 그들을 버릴 때만 이 禪을 얻는다. 이쪽 기슭을 버림으로 저쪽 기슭에 도달하는 것처럼. 그러므로 확정하는 뜻이 된다.

82. 이렇게 질문할지도 모른다. '왜 완전히(eva)라는 단어가 앞의 구절에만 사용되었고 두 번째 구절에는 사용되지 않았나? 해로운 법들을 떨쳐버리지 않고서도 禪에 들어 머물 수 있다는 말인가?'

일반적인 즐거움과 구분하기 위해서다. 그러나 'adukkhamasukha(不苦不樂)'으로 나타날 때는 선의 구성요소라 하더라도 '괴롭지도 즐겁지도 않음'으로 옮긴다.

라고, 그렇게 보아서는 안된다. 이것은 그것들로부터 벗어나는 것으로 첫 번째 구절에 사용되었다. 왜냐하면 감각적 욕망의 요소(界)를 초월하고 감각적 욕망에 대한 탐욕과 반대되므로 이 禪은 감각적 욕망들로부터 완전히 벗어난 것이기 때문이다. 이와 같이 말씀하셨다. "출리란 곧 감각적 욕망들로부터 벗어남이다.(D.iii.275)"

그리고 두 번째 구절에 [*eva*가 없는] 것도 "비구들이여, 여기에만 오직(*eva*) 사문이 있고 여기에 두 번째 사문도 있다.(M.i.63)"라는 구절에서도 '*eva*(오직)'라는 단어는 [앞 구절에만 나타나고 두 번째 구절에는 나타나지 않는 것을] 인용하여 설명해야 한다. 감각적 욕망이 아닌 다른 장애들이라 불리는 해로운 법들을 떨쳐버리지 않고 禪에 들어 머물 수는 없다. 그러므로 '감각적 욕망들을 완전히 떨쳐버리고 해로운 법들을 완전히 떨쳐버린 뒤'라는 두 구절 모두에 이 [완전히(*eva*)라는 단어는] 적용되어야 한다.

비록 두 구절에서 모두 사용된 '떨쳐버리고(*vivicca*)'라는 단어는 공통적인 단어로 반대되는 것으로 대체하여 떨쳐버림 등239)과 몸으로 떨쳐버림 등240) 모든 떨쳐버림을 포함하지만 그렇다 하더라도

---

239) "다섯 가지 떨쳐버림(*viveka*)을 뜻한다. 즉 ① 반대되는 것으로 대체하여 떨쳐버림(*tadaṅga-viveka*) ② 억압으로 떨쳐버림(*vikkhambhana-viveka*) ③ 근절로 떨쳐버림(*samuccheda-viveka*) ④ 경안으로 떨쳐버림(*paṭipassaddhiviveka*) ⑤ 벗어남으로 떨쳐버림(*nissaraṇavivekā*)이다.(Pm.70)"
240) "세 가지 떨쳐버림을 뜻한다. 즉 마음으로 떨쳐버림(*cittaviveka*), 몸으로 떨쳐버림(*kāyaviveka*), 다섯 무더기(五蘊)의 떨쳐버림(*upadhiviveka*)이다.(Pm.70)"
여기서 마음으로 떨쳐버림은 마음이 불선법과 함께하지 않음이고, 몸으로 떨쳐버림이란 감각적 욕망을 충족시킬 대상과 함께하지 않음이고 오온의 떨쳐버림은 열반을 뜻한다.

몸으로 떨쳐버림, 마음으로 떨쳐버림, 억압으로 떨쳐버림의 세 가지라고 보아야 한다.

83. **감각적 욕망들**이라는 이 단어는 『닛데사』(義釋)에 "무엇이 [충족시킬] 대상으로서의 감각적 욕망들인가? 그것은 마음에 드는 형상(色)들이다.(Nd1.1)"라는 방법으로 대상으로서의 감각적 욕망을 설했다. 그곳과 『위방가』(분별론)에서 "열의인 감각적 욕망, 탐욕인 감각적 욕망, 열의와 탐욕인 감각적 욕망, 생각(saṅkappa)인 감각적 욕망, 탐욕인 감각적 욕망, 생각과 탐욕인 감각적 욕망, 이들을 일러 감각적 욕망이라 한다.(Nd1.2; Vbh.256)"라고 오염원인 감각적 욕망을 설했다. 그러므로 모든 종류의 감각적 욕망이 여기에 포함된다고 알아야 한다. 이럴 경우 '감각적 욕망들을 완전히 떨쳐버리고'라는 구절은 '대상으로서의 감각적 욕망들을 완전히 떨쳐버리고'라는 뜻을 나타낸다. 이렇게 하여 **몸으로 떨쳐버림**을 설했다.

해로운 법들을 떨쳐버리고라는 구절은 오염원인 감각적 욕망들과 모든 해로운 법을 떨쳐버리고 라는 뜻을 나타낸다. 이렇게 하여 **마음으로 떨쳐버림**을 설했다. 그리고 전자를 통해서 대상으로서의 감각적 욕망을 떨쳐버림을 나타내기 때문에 감각적 욕망에 대한 행복을 버림과, 후자를 통해서 오염원인 감각적 욕망의 떨쳐버림을 나타내기 때문에 출리에 대한 행복마저도 버림이 설명되었다.

84. 이와 같이 대상으로서의 감각적 욕망과 오염원인 감각적 욕망이라는 뜻으로부터 첫 번째 단어에 의해 [갈애 등] 오염의 대상을 버림이, 두 번째에 의해 오염 자체를 버림이 설해졌다고 알아야 한다. 첫 번째에 의해 [형상 등에서] 갈애가 일어날 원인을 버림이,

두 번째에 의해서 원인인 무명을 버림이 설해졌다고 알아야 한다. 첫 번째에 의해 노력의 청정이, 두 번째에 의해서 성향의 청정이 설해졌다고 알아야 한다. '감각적 욕망들'이라고 설해진 감각적 욕망들 가운데서 이것은 '대상으로서의 감각적 욕망'의 측면을 설한 방법이다.

85. 오염원인 감각적 욕망의 측면에 관해서는 열의, 탐욕 등 여러 분류를 가진 욕탐(kāmacchanda)이 바로 감각적 욕망(kāma)을 뜻한다. 물론 이것은 해로운 법에 포함되지만『위방가』에서는 "무엇이 감각적 욕망인가? 열의(chanda)가 감각적 욕망이다.(Vbh.256)"라는 등의 방법으로 禪과 양립하지 못하기 때문에 따로 언급했다. 혹은 오염원인 감각적 욕망이기 때문에 [욕탐이 감각적 욕망이라는] 첫 번째 문장에서 설했고, 해로운 법에 포함되었기 때문에 두 번째 문장에서 언급되었다. 이것은 여러 가지 형태를 가졌기 때문에 감각적 욕망[이라는 단수] 대신에 감각적 욕망들[이라는 복수를] 사용했다.

86. 물론 다른 법들에도 해로운 상태가 존재하지만 "무엇이 해로운 법들인가? 욕탐이 …(Vbh.256)"라는 방법으로『위방가』에서 높은 禪의 구성요소들과 반대되고 양립하지 못하는 상태를 보여주기 위해 장애들(五蓋)을 설했다. 왜냐하면 장애들은 禪의 구성요소들과 반대되기 때문이다. 禪의 구성요소들은 그들과 양립하지 못하고, 그들을 제거하고, 그들을 부순다고 설했다. 그래서 "삼매는 욕탐(감각적 욕망)과 양립하지 못하고, 희열은 악의와, 일으킨 생각은 해태·혼침과, 행복은 들뜸·후회와, 지속적인 고찰은 의심과 양립할 수 없다"고 『뻬따까』(Peṭakopadesa, 藏釋論, Pe)에서 설했다.

87. 이와 같이 여기서 '감각적 욕망들을 완전히 떨쳐버리고'라는 구절은 욕탐을 억압함에 의한 떨쳐버림을 나타냈다. '해로운 법들을 떨쳐버리고'라는 구절은 다섯 가지 장애들(五蓋)을 억압하여 떨쳐버림을 나타냈다. 그러나 반복을 피하면 첫 번째 구절은 욕탐(감각적 욕망)을, 두 번째 구절은 나머지 장애들을 억압하여 떨쳐버림을 나타낸다.

마찬가지로 첫 번째 구절은 세 가지 해로운 뿌리 가운데서 다섯 가닥의 감각적 욕망을 대상으로 가진 탐욕을, 두 번째 구절은 [아홉 가지] 원한의 원인241)을 가진 성냄과 어리석음을 억압하여 떨쳐버림을 나타낸다.

폭류의 법 등242)에서 첫 번째의 구절은 감각적 욕망의 폭류, 감각적 욕망의 속박, 감각적 욕망의 번뇌, 감각적 욕망에 대한 취착, 간탐의 몸의 매듭, 감각적 욕망의 족쇄를, 두 번째 구절은 나머지 폭류, 속박, 번뇌, 취착, 매듭, 족쇄를 억압하여 떨쳐버림을 나타낸다.

첫 번째 구절은 갈애와 또 갈애와 함께한 법들을, 두 번째 구절은 무명과 또 무명과 함께한 법들을 억압하여 떨쳐버림을 나타낸다. 첫 번째 구절은 탐욕과 함께한 여덟 가지 마음(心)과 마음부수(心所)들이 일어남을, 두 번째 구절은 나머지 네 가지 해로운 마음과 마음부수들이 일어남을 억압하여 떨쳐버림을 나타낸다고 알아야 한다.

이것이 '감각적 욕망들을 완전히 떨쳐버리고, 해로운 법들을 떨쳐버린 뒤'에 대한 뜻을 설명한 것이다.

---

241) D.iii.264 참조할 것.
242) 본문에 나타나는 폭류, 속박 등에 대해서는 『길라잡이』 7장의 해로운 범주의 『길라잡이』에서 상세하게 설명되어있으니 참조할 것.

88. 이제까지는 초선에서 버려진 구성요소들을 보였고 이제부터는 함께하는 구성요소들을 보이기 위하여 **일으킨 생각(尋)과 지속적인 고찰(伺)이 있고**라는 등을 설하셨다.

여기서 생각함(*vitakkana*)이 **일으킨 생각**이다. 친다는(*ūhana*) 뜻이라고 설했다. 이것은 마음을 대상을 향하여 기울이는 특징을 가진다. 앞으로 향하여 치고, 뒤로 뒤집어서 치는 역할을 한다. 그러므로 '수행자가 일으킨 생각으로 대상을 앞으로 향하여 치고, 일으킨 생각으로 뒤로 뒤집어 친다.'라고 설했다. 마음을 대상으로 인도함으로 나타난다.

지속함(*vicaraṇa*)이 **지속적인 고찰**이다. 계속 따라 움직인다는 (*anusañcaraṇa*) 뜻이라고 설했다. 이것은 대상을 계속해서 문지르는 특징을 가진다. 함께 생긴 법들을 대상에 묶는 역할을 한다. 마음이 [대상에] 계속해서 일어남으로 나타난다.

89. 비록 어떤 마음에는[243] 이 둘은 분리되지 않지만 [지속적인 고찰보다] 거칠다는 뜻에서 또 [지속적인 고찰에] 앞선다는 뜻에서 마치 종을 치는 것처럼 처음으로 마음이 [대상을 향하여] 돌진함이 **일으킨 생각**이다. 미세하다는 뜻에서 또 고찰하는 고유성질로 마치 종의 울림처럼 계속해서 일어남이 **지속적인 고찰**이다.

여기서 일으킨 생각은 움직임을 가진다. [특정 대상을 향해서] 처음 마음이 일어날 때에 마음이 진동하는 상태이다. 이것은 마치 허공에 날기를 원하는 새가 날개를 치는 것과 같고, 마음으로 향기를

---

243) "초선의 경우와 욕계의 마음과 마음부수가 일어나는 경우에 이 둘은 분리되지 않는다.(Pm.71)"

따라간 벌이 연꽃을 향하여 내려오는 것과 같다. 지속적인 고찰은 고요한 상태이다. 마음의 심한 움직임은 갖지 않는다. 이것은 마치 허공에 나는 새가 날개를 펴는 것과 같고, 연꽃을 향하여 내려 온 벌이 연꽃 위에 윙윙거리며 나는 것과 같다.

90. 『둘의 모음』(dukanipāta)의 주석서244)에서 "허공을 날 때 [바람이 강하면] 큰 새가 두 날개로 바람을 받으면서 날개를 [펴서] 고정시키고 움직이는 것처럼 일으킨 생각은 대상에 마음을 얹어두는 상태로 일어난다. [그러나 바람이 약할 때는] 바람을 받기 위해 날개를 흔들면서 날아가는 것처럼 지속적인 고찰은 [대상을] 문지르는 성질로 일어난다."라고 설했다. 이것은 계속해서 일어남이 있을 때 해당된다. 그러나 이 둘의 차이는 [다섯으로 분류한 禪의] 초선과 제2선에서 분명하다.

91. 녹이 난 청동 그릇을 한 손으로 꽉 잡고 다른 한 손으로 가루와 기름과 양털로 만든 솔로 문지를 때 그 사람의 꽉 잡은 손은 일으킨 생각과 같고, 문지르는 손은 지속적인 고찰과 같다. 같이하여 도공이 막대기를 저어서 바퀴를 돌려 도자기를 만들 때 흙덩어리를 누르는 손은 일으킨 생각과 같고, 그것을 이리저리 돌리는 손은 지속적인 고찰과 같다. 같이하여 원을 그릴 때 중앙에 고정시켜 박혀 있는 못은 [대상으로] 기우는 일으킨 생각과 같고, 바깥 둘레를 도는 못은 계속해서 문지르는 지속적인 고찰과 같다.

---

244) 『증지부』의 『둘의 모음』(dukanipāta)을 뜻하는 듯하다. 물론 여기서 말하는 주석서는 『증지부』(Aṅguttara Nikāya)에 대한 붓다고사의 주석서인 『마노라타뿌라니』(Manorathapūraṇī, AA) 이전에 있었던 싱할리 주석서를 말한다.

92. 이와 같이 이 [초선]은 일으킨 생각과 지속적인 고찰과 함께 일어난다. 마치 나무가 꽃과 열매와 함께하듯이 이 초선도 '일으킨 생각과 지속적인 고찰이 있다'라고 한다. 그러나 『위방가』에서는 "그는 일으킨 생각과 지속적인 고찰을 가졌고, 구족했다.(Vbh. 257)"라는 방법으로 사람을 지칭하면서 가르침을 설했다. 그러나 거기서도 뜻은 이와 같다고 보아야 한다.

93. 떨쳐버렸음에서 생긴: 떨침(*vivitti*)이 떨쳐버렸음(*viveka*)이다. '장애가 없어졌다'는 뜻이다. 혹은 떨쳐졌음(*vivitta*)이 떨쳐버렸음이다. '장애가 떨쳐진 禪과 함께한 법의 더미'라는 뜻이다. '떨쳐버렸음에서 생긴'은 '그런 떨쳐버렸음으로부터 생긴', 혹은 '그런 떨쳐버렸음에서 생긴'이라는 뜻이다.

94. 희열과 행복이 있고: 유쾌하게 하는 것(*pīnayati*)이 희열이다. 충분히 유쾌함이 그 특징이다. 몸과 마음을 유쾌하게 하는 역할을 한다. 혹은 [수승한 형상 등으로 몸을] 충만하게 하는 역할을 한다. 의기양양함으로 나타난다. 희열은 다섯 가지이다. 즉, 작은 희열, 순간적인 희열, 되풀이해서 일어나는 희열, 용약하는 희열, 충만한 희열이다. 여기서 ① 작은 희열은 몸의 털을 곤두서게 할 수 있다. ② 순간적인 희열은 순간순간 번개 불처럼 일어나는 것이다. ③ 되풀이해서 일어나는 희열은 해안의 물결처럼 자주 자주 몸에 나타났다가 부서진다. ④ 용약하는 희열은 강하다. 몸을 들어 올려서 공중에 뛰어 오르도록 한다.

95. 이것은 뿐나왈리까(Puṇṇavallika)에 머물던 마하띳사(Mahā-Tissa) 장로에게 일어났다. 그는 보름날 저녁에 탑전으로 갔다. 달빛을 본 뒤 [아누라다뿌라에 있는] 대탑(Mahācetiya)을 향하여 '지금 이 시간에 사부대중은 대탑에 예배를 드리겠구나'라고 전에 [대탑에서] 본 대상을 통해서 부처님을 대상으로 하여 **용약하는 희열**을 일으키고 회로 만든 바닥에서 색칠한 공이 튀어 오르는 것처럼 허공에 뛰어올라서 대탑 앞에 섰다.

96. 그와 같이 기리깐다까(Girikaṇḍaka, 가시나무 산) 사원 근처에 있는 왓따깔라까(Vattakālaka) 마을의 한 선여인(kula-dhītā)245)에게도 일어났다. 그녀는 부처님을 대상으로 한 강력한 **용약하는 희열**을 통해 공중에 뛰어올랐다.

어느 날 저녁에 그녀의 부모는 법을 듣기 위해 사원으로 가면서 '사랑스런 딸아, 너는 임신 중이니 부적당한 시간에 나다니는 것은 옳지 않구나. 우리가 너를 위해 법문을 듣고 오겠다.'라고 하면서 나갔다고 한다. 그녀는 비록 가고 싶었지만 부모의 말씀을 거절할 수 없었다. 그녀는 집에 남아 정원으로 가서 달빛으로 기리깐다까에 있는 아까사(Ākāsa, 허공) 탑을 보았다. 탑에 등불을 공양하는 것을 보았고, 사부대중이 꽃과 향으로 탑에 헌공한 뒤 오른쪽으로 탑

---

245) '선여인(善女人)'으로 중국에서 번역한 'kula-dhītā(Sk. kula-dhuhitā, 좋은 가문의 여인)'는 선남자(善男子)로 옮기는 'kula-putta(좋은 가문의 남자)'의 대가 되는 단어이다. 초기경에서 선남자라는 표현은 자주 나타나지만 선여인이라는 단어는 나타나지 않는다. 『닛데사』(Niddesa, 義釋)에서부터 나타나며 여기처럼 주석서에서도 자주 나타나고 있다. 이 두 단어는 불자들을 지칭하는 술어로 정착이 되었다.

돌이 하는 것을 보았다. 비구승가가 함께 염송하는 소리를 들었다.

그때 그녀가 '사원에 가서 이러한 탑전에서 거닐고, 이렇게 감미로운 법문을 들을 수 있는 이들은 얼마나 행복한 자들인가!'라고 생각하면서 진주 덩어리와 같은 탑을 볼 때 용약하는 희열이 생겼다. 그녀는 공중에 뛰어올라 그녀의 부모보다 먼저 공중에서 탑전에 내려 탑에 예배한 뒤 법을 들으면서 서있었다.

97. 그때 그녀의 부모가 도착하여 '사랑스런 딸아, 어느 길로 왔느냐?'라고 물었다. 그녀는 '길이 아니라 공중으로 왔습니다.'라고 대답했다. '번뇌 다한 자들이나 공중으로 다닌단다. 어떻게 네가 공중으로 왔니?'라고 묻자 그녀는 대답했다. '제가 달빛으로 탑을 바라보면서 서있을 때 부처님을 대상으로 크나큰 희열이 생겼습니다. 그때 저는 제 자신이 서있는지 앉아있는지 몰랐습니다. 제가 얻은 표상으로 공중에 올라 탑전에 서게 되었습니다.' 이와 같이 용약하는 희열은 공중에 뛰어오를 수 있다.

98. ⑤ **충만한 희열**이 일어날 때 온 몸을 두루 적신다. 마치 가득 찬 물집처럼, 극심한 홍수가 침입한 산의 동굴처럼.

99. 이 다섯 가지 희열을 잉태하여 성숙하면 두 가지 편안함, 즉 몸의 편안함과 마음의 편안함을 성취한다. 편안함을 잉태하여 성숙하면 두 가지 행복, 즉 육체적인 행복과 정신적인 행복을 성취한다. 행복을 잉태하여 성숙하면 세 가지 삼매, 즉 찰나삼매[246]와

---

246) 찰나삼매에 대해서는 VIII. §232에 대한 주해와 『길라잡이』 9장 §29의 해설을 참조할 것.

근접삼매와 본삼매를 성취한다. 이 가운데서 본삼매의 뿌리가 되고 증장하면서 삼매와 함께하는247) 충만한 희열이 이 뜻에 부합하는 희열이다.

100. 나머지 [술어인] 행복이란 행복해 함(sukhana)이다. 육체적이고 정신적인 괴로움을 몽땅(suṭṭhu) 먹어버리고(khādati) 뿌리째 뽑아버리기(khanati) 때문에 행복(sukha)이라 한다. 이것은 기쁘게 함(sāta)이 특징이다. 함께한 법들을 증장시키는 역할을 한다. 도움으로 나타난다. 비록 어떤 [마음]에는248) 이 둘이 분리되지 않지만 원하는 대상을 얻음에 대한 만족이 희열이고, 얻어서 맛을 즐기는 것이 행복이다. 희열이 있는 곳에는 행복이 있다. 그러나 행복이 있는 곳에 희열이 반드시 있는 것은 아니다.

희열은 상카라들의 무더기(行蘊)에 포함되고, 행복은 느낌의 무더기(受蘊)에 포함된다. 희열은 사막에서 목말라 기진맥진한 사람이 숲 속의 물을 보거나 혹은 들을 때와 같고, 행복은 숲 속의 그늘에 들어가 물을 마실 때와 같다. 이런 각각의 경우에 [이 둘의 차이가] 분명하기 때문에249) 이 [비유를] 언급했다고 알아야 한다.

101. 이와 같이 '이런 희열과 이런 행복은 이 禪의 것이거나(assa jhānassa) 혹은 이 禪에 있다(asmiṁ vā jhāne atthi)'라고 해서 이 禪은

---

247) "먼저 근접삼매와 함께하고 서서히 증장하여 본삼매와 함께한다는 뜻이다.(Pm.72)"
248) "초선에서 이 둘은 분리되지 않는다.(Pm.73)"
249) "**각각의 경우에:** 원하는 대상을 얻을 때와 얻은 것의 맛을 즐기는 때에, 또 숲 속의 그늘 등을 듣고 볼 때와 그곳에 들어가서 쉴 때에. **분명하기 때문에:** 적절하게 희열과 행복을 설했기 때문에.(Pm.73)"

'희열과 행복이 있고'라는 용어로 한정하여 설하였다. 혹은 '희열과 행복'이란 합성어는 '희열(pīti ca)'과 '행복(sukhañ ca)'으로 따로따로 풀이해서 사용할 수 있다. 마치 '법과 율(dhammavinaya)'이란 합성어 등을 ['법(dhammo ca)'과 '율(vinayo ca)'로 따로따로 풀이해서 사용할 수 있듯이.]

떨쳐버렸음에서 생긴 희열과 행복은 이 禪에 속한 것이거나 이 禪에 있기 때문에 '떨쳐버렸음에서 생긴 희열과 행복'이다. 마치 '떨쳐버렸음에서 생긴(vivekajaṁ)'이란 [술어가] 禪을 [한정하듯이] 그것은 희열과 행복을 한정할 수도 있다. 그 [떨쳐버렸음에서 생긴 희열과 행복은] 이 [禪에] 속한다. 그러므로 단 한 구절인 '떨쳐버렸음에서 생긴 희열과 행복'이라 하는 것도 타당하다. 그러나 『위방가』에서는 "이 희열과 함께한 이 행복(Vbh.257)"이라는 방법으로 설했다. 그곳에서도 뜻은 이와 같이 알아야 한다.

102. **초선:** 이것은 뒤에서 설명할 것이다.(§119) **구족하여:** 도착하여, 증득하여라는 뜻이다. 혹은 성취하여, 생기게 하여라는 뜻이다. 『위방가』에서 "'구족하여'란 초선을 얻음, 획득함, 도달함, 다다름, 닿음, 깨달음, 성취함이다(Vbh.257)"라고 설했다. 그곳에서도 뜻은 이와 같이 알아야 한다.

103. **머문다:** 그 禪에 어울리는 자세로 머물면서 앞서 설한 것과 같은 禪을 갖추어 그는 자신의 자세, 행실, 보호, 부양, 유지, 행위, 머묾을 생기게 한다. 『위방가』에서 이와 같이 설했기 때문이다. "'머문다'는 것은 자세를 취한다, 나아간다, 보호한다, 부양한다, 유지한다, 움직인다. 머문다라는 것이다. 그러므로 '머문다'라고 설했

다.(Vbh.252)"

다섯 가지 구성요소들을 버렸음 등의 설명
pañcaṅgavippahīnādi

104. **다섯 가지 구성요소들을 버렸고, 다섯 가지 구성요소들을 가지며**(§79)라고 앞서 설했다. 여기서 감각적 욕망, 악의, 해태·혼침, 들뜸·후회, 의심이라는 이 다섯 가지 장애들(五蓋)을 버림이 다섯 가지 구성요소들을 버림이라고 알아야 한다. 이들을 버리지 않으면 禪은 일어나지 않기 때문이다. 그러므로 이들을 버리는 구성요소라 부른다. 물론 禪의 순간에 다른 해로운 법들도 모두 다 버려지지만 무엇보다도 특히 이들이 禪에 방해가 되기 때문이다.

105. 애욕으로 인해 여러 대상을 탐하는 마음은 하나의 대상에 모이지 않는다. 혹은 애욕에 사로잡힌 마음은 감각적 욕망의 요소(欲界)를 버리기 위해 도를 닦지 않는다. 악의로 인해 대상에 분개하는 마음은 장애 없이 일어나지 않는다. 해태와 혼침에 빠진 마음은 [수행에] 적합하지 않다. 들뜸과 후회에 붙들린 마음은 침착하지 못하여 방황한다. 의심에 부딪친250) 마음은 禪의 증득을 성취하는 도닦음에 올라서지 않는다. 이와 같이 특히 禪에 방해가 되기 때문에 오직 이들을 두고 버리는 구성요소라고 했다.

---

250) "강한 지속적인 고찰이 없기 때문에 마음이 의심으로 인해 부서진다. (Pm.74)"
지속적인 고찰이 없으면 대상에 대해 의심이 일어난다. 지속적인 고찰은 의심을 일시적으로 억제하는 역할을 한다.(『길라잡이』 2장 §3의 2번 해설 참조)

106. 그러나 일으킨 생각은 마음이 대상을 향하여 기울게 하고, 지속적인 고찰은 지속하게 한다. [이렇게 하여] 이 마음은 이들 [일으킨 생각과 지속적인 고찰] 때문에 [다른 대상으로] 흩어지지 않기 위한 노력을 성취한다.251) 마음이 이런 노력을 성취하여 생긴 희열은 그 마음을 만족하게 하고 행복은 그 마음을 증장하게 한다. 대상을 향하여 기울임과 지속함과 만족과 증장의 도움을 받은 [마음의] 하나됨이 마음과 함께한 다른 법들을 하나의 대상으로 고르고 바르게 모이도록 한다. 그러므로 일으킨 생각(尋), 지속적인 고찰(伺), 희열(喜), 행복(樂), 마음의 하나됨(心一境性)이라는 이 다섯 가지가 일어나는 것이 다섯 가지 구성요소들을 가짐이라고 알아야 한다.

107. 이들이 일어날 때 비로소 禪이 일어났다고 한다. 그러므로 이 다섯 가지 구성요소들을 가졌다고 한다. 그러므로 이들을 가진 다른 어떤 것이 禪이라고 생각해서는 안된다. 단지 구성요소에 따라 네 가지 구성요소252)를 가진 군대, 다섯 가지의 구성요소를 가진 음악, 여덟 가지 구성요소를 가진 도(八支聖道=팔정도)라 부르듯이 이

---

251) 원문의 '*tehi*(그들에 의해서) *avikkhepāya*(흩어지지 않기 위해서) *sampādita-payogassa*(노력을 성취한) *cetaso*(마음의)'를 냐나몰리 스님은 'the mind whose effort has succeeded through not being distracted by those hindrances'라고 영역했는데 문맥상 적당하지 않다. 이 문단은 禪이 가지는 다섯 가지 구성요소들을 설명하기 때문이다. 바로 앞 문장에서 일으킨 생각과 지속적인 고찰의 기능에 대해서 설명하고 있다. 따라서 여기서 '*tehi*(그들)'는 일으킨 생각과 지속적인 고찰을 뜻한다. 이 둘의 도움으로 마음이 흩어지지 않기 위해서 노력을 성취했다는 뜻이 되겠다. Pm에서도 이와 같이 밝히고 있다.
252) 상병(*hatthi*), 마병(*assa*), 전차병(*ratha*), 보병(*patti*)의 넷이다.(DAṬ.i. 286)

와 같이 이 禪도 단지 구성요소에 따라 '다섯 가지 구성요소들이 있는' 혹은 '다섯 가지 구성요소들을 가진' 禪이라 한다고 알아야 한다.

108. 물론 이 다섯 가지 구성요소들이 근접의 순간에도 있고, 또한 근접의 순간에는 평소의 [욕계] 마음보다는 더 강하다. 그러나 여기서는 근접의 순간보다 더 강하고 색계의 특징을 얻는다. 왜냐하면 일으킨 생각은 지극히 청정한 형태로 마음이 대상을 향하여 기울이면서 일어나고, 지속적인 고찰은 대상을 더욱 문지르면서, 희열과 행복은 온 몸에 스며들면서 일어나기 때문이다. 그래서 말씀하셨다. "온 몸에 떨쳐버렸음에서 생긴 희열과 행복이 스며들지 않은 곳이 없다.(D.i.73)" 마음의 하나됨도 마치 상자 윗부분의 뚜껑이 상자 아랫부분의 표면에 닿는 것처럼 대상에 완전히 닿으면서 일어난다. 이것이 이 [다섯 가지 구성요소들의] 서로 다른 점이다.

109. 마음의 하나됨(心一境性)이란 [구성요소가] '일으킨 생각이 있고 지속적인 고찰이 있는'의 구절에 나타나지 않았지만 『위방가』에 "禪이란 일으킨 생각과 지속적인 고찰과 희열과 행복과 마음의 하나됨이다.(Vbh.257)"라고 설했기 때문에 이것도 당연히 구성요소이다. 세존께서 개요(*uddesa*)253)를 설하실 때 가지셨던 바로 그 [의도가]『위방가』에서 드러난 것이다.

---

253) 주석서에는 '*uddesa*'와 '*niddesa*'라는 술어가 자주 등장한다. '*uddesa*'는 요점이나 개요를 나타내고 '*niddesa*'는 세부적인 설명이나 해설을 뜻한다. 예를 들면 경이나 주석서에서 먼저 그 경의 요점을 간략하게 정리한 것은 '웃데사'이고 그 후 하나하나 상세하게 설명하여 나가는 것은 '닛데사'이다. 역자는 전자를 '개요'로 후자를 '해설'로 옮기고 있다.

세 가지로 좋음
tividhakalyāṇa

110. **세 가지로 좋고, 열 가지 특징을 가지고:** 여기서 세 가지로 좋음은 처음과 중간과 끝이 좋음이고, 그 처음과 중간과 끝의 특징에 따라 열 가지 특징을 가졌다고 알아야 한다.

111. 이것이 성전의 [말씀이다]. "초선에서 도닦음의 청정이 처음이고, 평온의 증장이 중간이며, 만족이 끝이다. 초선에서 도닦음의 청정이 처음이다. 처음은 얼마나 많은 특징을 가지는가? 처음은 세 가지 특징을 가진다. 그 [禪의] 장애로부터 마음이 청정해진다. 청정해지기 때문에 마음은 중간인 사마타의 표상을 닦는다. 닦기 때문에 마음은 그곳으로 들어간다. 禪의 장애로부터 마음이 청정해지고, 청정해지기 때문에 마음이 중간인 사마타의 표상을 닦고, 닦기 때문에 마음이 그곳으로 들어가는 것 — 이것이 초선에서 도닦음의 청정이 처음이라는 것이다. 처음은 세 가지 특징을 가진다. 그러므로 '초선은 처음이 좋고 세 가지 특징을 가진다.'라고 설했다."

112. "초선에서 평온의 증장이 중간이다. 중간은 얼마나 많은 특징을 가지는가? 중간은 세 가지 특징을 가진다. 청정한 마음을 침착하게 본다. 사마타에 든 마음을 침착하게 본다. 하나로 나타남을 침착하게 본다. 청정한 마음을 침착하게 보고, 사마타에 든 마음을 침착하게 보고, 하나로 나타남을 침착하게 보는 것 — 이것이 초선에서 평온의 증장이 중간이라는 것이다. 중간은 세 가지 특징을 가진다. 그러므로 '초선은 중간이 좋고 세 가지 특징을 가진다.'라고 설

했다."

113. "초선에서 만족이 끝이다. 끝은 얼마나 많은 특징을 가지는가? 끝은 네 가지 특징을 가진다. 초선에서 생긴 법들을 서로서로 능가하지 않는다는 뜻에서 만족하고, 기능(根)들이 동일한 역할을 가졌다는 뜻에서 만족하고, 그것에 적절한 정진을 쏟았다는 뜻에서 만족하고, 반복한다는 뜻에서 만족하는 것 — 이것이 초선에서 만족이 끝이라는 것이다. 끝은 네 가지 특징을 가진다. 그러므로 '초선은 끝이 좋고 네 가지 특징을 가진다.'라고 설했다.(Ps.i.167-68)"

114. 어떤 자들254)은 설명하기를 '여기서 **도닦음의 청정**이란 부속된 것들(즉, 준비단계의 수행)을 포함한 근접삼매. **평온의 증장**이란 본삼매. **만족**이란 반조다.'라고 한다. 그러나 "하나가 된 마음은 도닦음의 청정에 들어가고, 평온에 의해 증장하며 지혜에 의해 만족한다.(Ps.i.167)"라고 성전에서 설했기 때문에 본삼매 내에서 [준비의 마음의] 접근으로 **도닦음의 청정**을 알아야 하고, 중립적인 평온의 역할로 **평온의 증장**을 알아야 하고, 법들을 서로서로 능가하지 않는 상태 등을 성취하여 깨끗해진 지혜의 역할을 성취함으로 **만족**을 알아야 한다.

115. 어떻게?
[**도닦음의 청정**]: 장애라 불리는 오염원의 더미가 있어 禪을 방해한다. 본삼매가 일어날 때 그 방해로부터 마음이 청정해진다. 청정

---

254) "아누라다뿌라에 있는 아바야기리(Abhayagiri, 無畏山) 사원에 사는 자들이다.(Pm.75)"

해졌기 때문에 장애가 없어져 중간인 사마타의 표상을 닦는다. 고르게 일어나는 본삼매 그 자체가 **중간인 사마타의 표상**이다. 그러나 바로 이전의 마음255)이 하나의 상속을 통해 발전하여 그 본삼매의 상태에 다가간다. 이것이 **중간인 사마타의 표상을 닦는다**라고 하는 것이다. 이와 같이 닦기 때문에 그 상태에 다가가므로 **그곳에 들어간다**고 하는 것이다. 이와 같이 실제로 초선이 일어나는 순간에 접근을 통해서 이전의 [고뜨라부] 마음에 있던 형태를 성취함이 도닦음의 청정이라고 알아야 한다.

116. **[평온의 증장]**: 이와 같이 그가 청정해진 禪의 마음을 다시 청정하게 할 필요가 없으므로 청정하게 하려는 관심을 기울이지 않을 때 **청정해진 마음을 침착하게 본다**라고 한다. 사마타의 상태에 도달하여 사마타에 든 마음을 다시 집중하게 하려는 관심을 기울이지 않을 때 **사마타에 든 마음을 침착하게 본다**라고 한다. 사마타를 닦은 상태로부터 그것이 오염원과 결합함을 버린 뒤 하나로 나타난 것을 다시 하나로 나타나게 하려는 관심을 기울이지 않을 때 **하나로 나타남을 침착하게 본다**라고 한다. 그러므로 중립적인 평온의 역할을 통해서 평온의 증장을 알아야 한다.

117. **[만족]**: 이와 같이 평온이 증장하면 그 禪에서 생긴 삼매(定)와 통찰지(慧)라 불리는 쌍의 법들이 서로서로 능가하지 않으면서 일어난다. 믿음 등의 기능(五根)들이 여러 가지 오염원들로부터 벗어났기 때문에 벗어나는 동일한 역할을 하면서 일어난다. 그 [수

---

255) "그 본삼매에게 틈 없이 뒤따르는 조건이 되는 이전의 마음 즉 고뜨라부(종성)의 마음이다.(Pm.75)"

행자는] 그것에 적절하고 그들이 서로서로 능가하지 않는 상태와 동일한 역할을 하는 상태에 알맞은 정진을 쏟는다. 그 순간에256) [禪의 마음의] 반복(āsevanā)257)이 일어난다.

이 모든 특성은 오직 지혜를 통해서 오염에서 위험을, 깨끗함에서 공덕을 본 뒤 만족하고, 청정해지고, 깨끗해졌기 때문에 완성되었다. 그러므로 법들을 서로서로 능가하지 않는 상태 등을 성취함에 의해서 깨끗해진 지혜의 기능을 완성함을 통해서 **만족**을 알아야 한다고 설했다.

118. 평온으로 인해 지혜는 분명해진다. 그래서 이와 같이 말씀하셨다. "그렇게 노력한 마음을 완전히 침착하게 본다. 평온과 통찰지로 인하여258) 통찰지의 기능(慧根)이 현저하게 드러난다. 평온으로 인하여 여러 오염원들로부터 마음이 벗어난다. 벗어남과 통찰지로 인하여 통찰지의 기능이 현저하게 드러난다. 해탈했기 때문에 이 법들은259) 동일한 역할을 갖게 된다. 동일한 역할을 가진다는 뜻에서 수행과 통찰지로 인하여 통찰지의 기능이 현저하게 드러난다.(Ps.ii.25)"260) 그러므로 지혜의 기능을 하는 **만족**을 **끝**이라고 설

---

256) 그 순간이란 禪의 마음이 무너지는 순간이다. 일어난 순간이 지난 뒤 머무는 순간부터 시작하여 반복이 일어난다(Pm.75).
257) 이런 조건을 반복하는 조건(āsevanā-paccaya)이라 한다. XVII. §87을 참조할 것.
258) "여기서 통찰지란 이전에 일어난 특별한 통찰지인데 이것으로 인해 본삼매의 통찰지의 역할이 더욱 강해진다는 뜻이다.(Pm.75)"
그러나 냐냐몰리 스님은 'the understanding faculty it outstanding as understanding due to equanimity'라고 영역했는데 중간의 *it*는 *is*의 미스프린트 같고, 그렇다 해도 뜻이 드러나지 않는다.
259) "믿음, 통찰지, 정진, 삼매를 뜻한다.(*saddhā-paññā-vīriya-samādhayo ca* ─Pm.75)"

한 것이다.

119. **땅의 까시나를 가진 초선을 얻는다:** 숫자의 순서에 따라서 **처음**(初)이라 했고, 첫 번째로 일어나기 때문에 **처음**이라 했다. 대상을 정려(靜慮, *upanijjhāna*)하기 때문에, 반대되는 것을 태우기(*jhāpana*) 때문에 **禪**(*jhāna*)이라 한다.

흙의 원반을 '전체(*sakala*)'라는 뜻에서261) 땅의 까시나라 부른다. 흙의 원반을 의지하여 얻은 표상을 땅의 까시나라 부르고 또 땅의 까시나의 표상에서 얻은 禪도 땅의 까시나라 부른다. 이러한 뜻에서 禪이 땅의 까시나를 가진 것이라고 알아야 한다. 이것을 두고 설하기를 '땅의 까시나를 가진 초선을 얻는다'라고 한 것이다.

오래 머묾을 성취함
ciraṭṭhitisampādana

120. 이와 같이 이 [초선을] 얻을 때 수행자는 이것을 얻는 상태들을 파악해야 한다. 머리카락을 명중하는 궁수나 요리사처럼.

---

260) 이 인용은 '*ekarasaṭṭhena bhāvanāvasena paññāvasena paññindriyaṁ adhimattaṁ hoti*(동일한 역할을 가진다는 뜻에서 수행과 통찰지로 인하여 통찰지의 기능이 현저하게 드러난다)'로 끝맺음을 해야 한다. 그러나 HOS본에는 '*ekarasaṭṭhena bhāvanā*(동일한 역할을 가진다는 뜻에서 수행)'까지만 인용했다. 미얀마 본에서는 '*ekarasaṭṭhena*'라는 단어가 생략되었고 수웨저리 사야도의 번역본에도 언급이 없다. 그러나 Pm의 설명에는 들어있다. 역자는 모두 다 살려서 옮겼다.

261) "전체라는 뜻이란 앞서 설한 방법대로 인위적으로 만들었거나 혹은 자연적인 흙의 원반에 대해 그것의 전체를 대상으로 삼는다(*sakala-ārammaṇa-karaṇa*)는 뜻이다. 그 원반의 어느 한 일부분만을 대상으로 삼지 않는다는 뜻이다.(Pm.75)"

능숙한 궁수가 머리카락을 명중시키는 연습을 하다가 어떤 경우에 머리카락을 쏘아 맞추었다면 그는 발을 둔 위치와 활과 활시위와 화살을 잡은 상태들을 파악해야 한다. '이와 같이 내가 섰고, 이와 같이 활을 잡고, 이와 같이 활시위를 잡고, 이와 같이 화살을 잡은 뒤 머리카락을 쏘아 맞혔다.'라고 그 다음부턴 그런 상태들을 성취하면서 실패하지 않고 머리카락을 맞힐 수 있을 것이다.

그와 같이 수행자도 '이러한 음식을 먹고 이런 분을 섬기면서 이러한 거처에서 이러한 자세로 이런 시간에 이것을 얻었다.'라고 이 음식의 적당함 등의 상태들을 파악해야 한다. 이렇게 하면 그가 [禪을] 잃어버렸을 때에도 그 상태들을 성취하면서 일으킬 수 있고, 익숙하지 않은 [禪에] 익숙해지면서 계속해서 얻을 수 있을 것이다.

121. 솜씨 있는 요리사가 주인에게 음식을 해 올릴 때 주인이 선택하여 먹는 것을 주시한 뒤 그 후로는 그런 종류의 음식을 올리면서 상을 받게 된다. 이와 같이 수행자도 [禪을] 얻는 순간에 음식 등의 상태처럼 그 상태들을 파악한 뒤 그들을 성취하면서 [禪을] 잃어버렸을 때 계속해서 얻을 수 있다. 그러므로 머리카락을 명중하는 궁수나 요리사처럼 상태들을 파악해야 한다.

122. 세존께서 이와 같이 설하셨다. "비구들이여, 마치 현명하고 슬기롭고 능숙한 요리사가 왕이나 대신에게 갖가지 맛있는 국을 받들어 올렸다고 치자. 즉, 신 것, 쓴 것, 자극이 있는 것, 단 것, 얼얼하게 매운 것, 맵지 않은 것, 짠 것, 싱거운 것을. 비구들이여, 이 현명하고 슬기롭고 능숙한 요리사는 자기 주인의 모습을 살필 것이다. '오늘은 이 국이 내 주인의 구미에 맞았다. 이것을 집으려고 손을

내밀었다. 이것을 많이 집었다. 이것을 격찬했다. 오늘은 신 것이 내 주인의 구미에 맞았다. 신 것을 집으려고 손을 내밀었다. 신 것을 많이 집었다. 신 것을 격찬했다. … 싱거운 것을 격찬했다.'라고. 비구들이여, 그래서 그 현명하고 슬기롭고 능숙한 요리사는 옷가지를 타고, 급료를 받고, 선물을 얻는다. 무슨 이유인가? 비구들이여, 그 현명하고 슬기롭고 능숙한 요리사는 이와 같이 자기 주인의 표상을 보기 때문이다.

비구들이여, 이와 같이 여기 현명하고 슬기롭고 능숙한 비구는 몸에서 몸을 관찰하면서 머문다 … 느낌에서 느낌을 … 마음에서 마음을 … 법에서 법을 관찰하면서 머문다, 세상에 대한 욕심과 싫어하는 마음을 버리면서 근면하게 분명히 알아차리고 마음챙기는 자 되어 머문다.

그가 법에서 법을 관찰하면서 머무를 때 마음은 삼매에 들고 오염원들은 사라진다. 그는 그 표상을 배운다. 비구들이여, 그 현명하고 슬기롭고 능숙한 비구는 현생에서 행복하게 머묾을 얻고 마음챙김과 알아차림을 얻는다. 무슨 이유인가? 비구들이여, 그 현명하고 슬기롭고 능숙한 비구는 이와 같이 자기 마음의 표상을 파악하기 때문이다.(S.v.151-52)"

123. 그가 표상을 파악하여 그런 상태들을 성취할 때 본삼매에 드는 것을 성취하게 된다. 그러나 오래 머묾을 성취하지는 못한다. 삼매를 가로막는 [다섯 가지 장애가 되는] 법들로부터 지극히 청정해질 때 오래 머물게 된다.

124. 비구가 감각적 욕망의 위험을 반조함 등262)에 의해 감각적

욕망을 미리 완전히 억압하지 않고, 몸의 편안함으로 몸의 흥분을 미리 완전히 가라앉히지 않고, [정진을] 시작하는 요소(發勤界)를 마음에 잡도리함 등263)으로 해태와 혼침을 미리 완전히 제거하지 않고, 사마타의 표상을 마음에 잡도리함 등으로 들뜸과 후회를 미리 완전히 뿌리 뽑지 않고, 삼매를 방해하는 다른 법들을 미리 정화하지 않고 禪을 증득하면 그는 곧바로 나오게 된다. 이것은 불결한 벌통에 들어간 벌과 청결하지 않은 정원에 들어간 왕이 곧바로 나오는 것과 같다.

125. 삼매를 방해하는 법들을 미리 완전히 청정케 한 뒤 禪에 드는 자는 깨끗한 벌통에 들어간 벌처럼, 매우 청결한 정원에 들어간 왕처럼, 온 종일 증득(等至)안에 있게 된다. 그래서 옛 스승들은 말씀하셨다.

"감각적 욕망과 분노와 들뜸과 혼침
다섯 번째인 의심을 버리고
한거를 기뻐하는 마음으로 그 [禪을] 즐거워하라.
마치 깨끗한 정원에 들어간 왕처럼."

126. 그러므로 [禪에] 오래 머물기를 원하는 자는 방해가 되는 법들을 미리 깨끗이 한 뒤 禪을 증득해야 한다.
　마음을 닦는 수행을 완전하게 하기 위해서는 이미 얻은 닮은 표

---

262) "'등'이란 부정상을 마음에 잡도리함과 출리의 공덕을 반조함 등이 포함된다.(Pm.76)"
263) "'등'이란 정진의 깨달음의 구성요소(精進覺支)의 표상과 광명상 등이 포함된다.(Pm.76)"

상을 확장해야 한다. 그것을 확장하는 두 가지 토대가 있다. 근접[삼매] 혹은 본[삼매]이다. 근접[삼매]에 이른 뒤 그것을 확장할 수 있고, 본삼매에 이르고 나서도 확장할 수 있다. 그러나 반드시 동일한 장소에서 확장해야 한다. 그러므로 '이미 얻은 닮은 표상을 확장해야 한다'라고 설했다.

표상을 확장하는 방법
nimittavaḍḍhananayo

127. 이것이 확장하는 방법이다. 옹기와 떡과 밥과 덩굴과 천 조각을 확장하듯이 그 표상을 확장해서는 안된다. 농부가 갈아야 할 땅을 쟁기로 한정한 뒤 그 한정한 범위 내에서 갈고, 비구들이 경계선을 그을 때 먼저 표식을 주시한 뒤 긋는 것처럼 이미 얻은 표상을 차례대로 손가락 한 마디, 두 마디, 세 마디, 네 마디 정도를 마음으로 한정한 뒤 한정한 만큼 확장해야 한다. 한정하지 않은 채 확장해서는 안된다. 그 다음 한 뼘, 두 뼘, 툇마루, 주변의 공간, 절의 한계, 마을, 읍, 지방, 왕국, 바다의 한계를 차례대로 한정하여 확장하면서, 혹은 전 우주를 한정하면서, 혹은 그보다 더 한정한 뒤 확장할 수 있다.

128. 마치 어린 백조들이 날개가 자라기 시작하면 그때부터 차츰 짧은 거리를 날면서 연습하여 드디어 달과 해의 곁에까지 가는 것과 같다. 이와 같이 비구는 앞서 설한 방법대로 표상을 한정한 뒤 확장하면서 전 우주까지 확장하거나 혹은 그 보다 더 확장할 수 있다.

129. 이처럼 계속해서 확장할 때 땅의 우뚝 솟은 곳과 움푹 팬 곳과 협곡과 울퉁불퉁한 산의 고르지 않은 곳에서 마치 백 개의 나무못으로 팽팽하게 편 소가죽과 같은 그런 표상이 그에게 나타난다. 이런 표상에서 초선을 얻은 초심자는 거듭거듭 [禪에] 들어가야 한다. 반조를 많이 해서는 안된다. 반조를 많이 하는 자에게 禪의 구성요소들은 거칠고 힘없이 나타나기 때문이다. 그처럼 나타나기 때문에 더 높은 것을 얻기 위한 노력의 조건이 되지 못한다. 익숙하지 않은 [다음 단계의] 禪을 얻으려 노력하지만 그는 초선을 잃게 되고 또 제2선도 얻을 수도 없다.

130. 그래서 세존께서는 말씀하셨다. "비구들이여, 예를 들면 어리석고, 우둔하고, 들판을 모르고, 바위가 울퉁불퉁 돌출한 산을 걷는데 서투른 산악의 소가 있다 하자. 그 소에게 이런 생각이 들었다. '전에 가 본적이 없는 방향으로 가 보리라. 전에 먹어보지 못한 풀을 뜯어먹으리라. 전에 마셔보지 못한 물을 마셔보리라'고. 그는 앞발을 잘 들어놓지도 않은 채 뒷발을 들어올릴지도 모른다.

그러면 그는 전에 가 본적이 없는 방향으로 가지 못할 것이고, 전에 먹어보지 못한 풀을 뜯어먹지 못할 것이고, 전에 마셔보지 못한 물을 마셔보지 못할 것이다. 또 '전에 가 본적이 없는 방향으로 가 보리라. 전에 먹어보지 못한 풀을 뜯어먹으리라. 전에 마셔보지 못한 물을 마셔보리라'고 생각했던 그 장소로 안전하게 돌아오지도 못할 것이다.

그것은 무슨 이유인가? 비구들이여, 그 산악의 소는 어리석고, 우둔하고, 들판을 모르고, 바위가 울퉁불퉁 돌출한 산을 걷는데 서투르기 때문이다.

비구들이여, 그와 같이 여기 어떤 비구가 있어 어리석고, 우둔하고, 들판을 모르고, 감각적 욕망들을 완전히 떨쳐버리고 해로운 법(不善法)들을 떨쳐버린 뒤 … 초선에 들어 머무는데 서투르다. 그는 그 표상을 반복하지 않고, 닦지 않고, 많이 [공부]짓지 않고, 바르게 확립하지 않는다. 그에게 이런 생각이 들었다. '일으킨 생각과 지속적인 고찰을 가라앉히고 … 제2선에 들어 머물리라'고.

그러나 그는 일으킨 생각과 지속적인 고찰을 가라앉히고 … 제2선에 들어 머물 수가 없다. 그에게 이런 생각이 들었다. '감각적 욕망들을 완전히 떨쳐버리고 해로운 법들을 떨쳐버린 뒤 … 초선에 들어 머물리라'고. 그는 감각적 욕망들을 완전히 떨쳐버리고 해로운 법들을 떨쳐버린 뒤 … 초선에 들어 머물 수가 없다.

비구들이여, 이를 일러 비구는 두 가지 모두를 잃었고 두 가지 모두로부터 떨어졌다고 한다. 마치 어리석고, 우둔하고, 들판을 모르고, 바위가 울퉁불퉁 돌출한 산을 걷는데 서투른 산악의 소처럼.(A.iv.418-19)"

다섯 가지 자유자재
pañcavasīkathā

131. 그러므로 이제 이 초선에서 다섯 가지 형태의 자유자재(vasī)264)를 얻어야 한다. 이것이 다섯 가지 자유자재다. ① 전향의 자유자재(āvajjana-vasī) ② 입정의 자유자재(samāpajjana-vasī) ③ 머묾의 자유자재(adhiṭṭhāna-vasī) ④ 출정의 자유자재(vuṭṭhāna-vasī) ⑤

---

264) 다섯 가지 자유자재는 XXIII. §27과 '다섯 가지 자유자재함(vasitā)'으로 『길라잡이』 9장 §18에 정리되어있으니 참조할 것.

반조의 자유자재(paccavekkhaṇa-vasī)이다. "원하는 곳에서, 원하는 시간에, 원하는 기간만큼 초선으로 전향한다. 전향에 어려움이 없다. 그러므로 이것이 전향의 자유자재이다. 원하는 곳에서 … 입정한다. 입정에 어려움이 없다. 그러므로 이것이 입정의 자유자재이다.(Ps. i.100)" 이와 같이 나머지도 상세하게 인용된다.(XXIII. §27)

132. 여기서 이것이 그 뜻에 대한 설명이다.
① 초선으로부터 출정하여 먼저 일으킨 생각으로 전향할 때 잠재의식을 끊고 전향이 일어난다. 그 다음에 그 일으킨 생각을 대상으로 네 번 혹은 다섯 번의 속행이 일어난다. 그 다음에 두 번의 잠재의식이 일어난다. 그 다음에 다시 지속적인 고찰을 대상으로 전향이 일어나고, 앞서 설한 방법대로 속행이 일어난다.

이와 같이 다섯 가지 禪의 구성요소들에 대해서 연속적으로 마음을 연장시킬 수 있을 때 그의 전향의 자유자재는 성취된다. 그런데 정점에 이른 [전향의] 자유자재는 세존의 쌍신변(Ps.i.100)[265]에서 발견된다. 혹은 다른 분들에게도 그와 같은 시간에 발견된다. 이 보다 더 빠른 전향의 자유자재란 없다.[266]

---

265) 쌍신변에 대해서는 『길라잡이』 4장 §21의 2번 해설을 참조할 것.
266) "즉 오직 두 번의 잠재의식과 네 번의 속행의 마음을 가진 것이다. 禪에서 나와 일으킨 생각으로 전향할 때 잠재의식을 끊고서 전향이 일어난다. 그 다음에 그 일으킨 생각을 대상으로 하여 믿음의 기능(信根) 등이 강하면 네 번, 믿음의 기능 등이 둔하면 다섯 번의 속행이 일어난다. 그 다음에 두 번의 잠재의식이 일어난다. 바로 그 다음에 다시 지속적인 고찰을 대상으로 전향이 일어난다. 이처럼 오직 두 번의 잠재의식과 오직 네 번의 속행을 가진 자유자재를 뜻한다. 전향에 대한 자유자재가 이 보다 더 빠른 것은 없다. 이것은 세존의 쌍신변에서 발견되고, 사리뿟따 존자의 경우에도 이와 같은 시간에 발견된다.(Pm.78)"

133. ② 마하목갈라나 장로가 난다와 우빠난다 용왕을 항복시킬 때처럼(cf. XII. §106이하) 빨리 입정하는 능력을 입정에 자유자재라 한다.

134. ③ 손가락을 한 번 튕기거나 열 번 튕기는 순간 동안 [禪에] 머물 수 있는 능력을 머묾의 자유자재라 한다.

④ 그와 같이 빨리 출정할 수 있는 능력을 출정의 자유자재라 한다.

135. 이 두 경우를 보여주기 위해 붓다락키따(Buddharakkhita) 장로의 일화를 이야기하는 것이 적당하다. 그 스님이 구족계를 받은 지 8년이 되었을 때 테람밧탈라(Therambatthala)에 있는 마하로하나굿따(Mahā-Rohaṇagutta) 장로를 간병하기 위해 3만 명의 신통을 가진 자들이 왔다. 장로는 그 속에 앉았다. 금시조 왕이 '장로께 죽을 공양올리는 시자인 용왕을 낚아채리라'는 의도로 하늘로부터 덮쳐왔다. 장로는 그 금시조 왕을 보자마자 곧바로 산을 만든 뒤 용왕의 팔을 끌어 그 속으로 밀어 넣었다. 금시조 왕은 산을 들이박고 가버렸다. 대장로께서 말씀하셨다. '도반들이여, 만약 락키따가 없었더라면 모두 비난을 면치 못했을 걸세'267)라고.

136. ⑤ 반조의 자유자재는 전향의 자유자재와 같은 방법으로

---

267) "비록 하나의 초월지가 산을 만들어낼 수 있지만 초월지의 기초가 되는 禪(제4선)에 빨리 머물고 빨리 출정함을 여기서 보여준다고 알아야 한다. [붓다락키따 장로가 없었다면] '신통을 가진 사람들이 그렇게 많았는데 그 한 시자를 금시조로부터 보호할 수 없었다'고 비난을 받았을 것이다(Pm.78)." 즉 신통을 가진 3만 명의 사람들은 삼매에 머묾과 출정이 느려서 신통력으로 금시조의 전광석화와 같은 공격을 막을 수가 없었음을 뜻한다.

설했다. 반조하는 속행은 여기서 설한 전향의 바로 다음이기 때문이다.268)

제2선의 주석

dutiyajjhānakathā

137. 이 다섯 가지의 자유자재를 얻은 자는 익숙한 초선으로부터 출정하여 '이 증득은 다섯 가지의 장애(五蓋)라는 적과 가깝고 또 일으킨 생각과 지속적인 고찰이 거칠기 때문에 구성요소가 약하다'고 거기서 결점을 본다. 그는 제2선을 고요하다고 마음에 잡도리하고 초선에 대한 집착을 종식시킨 뒤 제2선을 얻기 위해 수행을 해야 한다.

138. 그가 초선으로부터 출정하여 마음챙기고 알아차리면서 禪의 구성요소들을 반조할 때 일으킨 생각과 지속적인 고찰이 거칠게 나타나고 희열과 행복과 마음의 하나됨이 고요하게 나타나면 그 거친 구성요소를 버리고 고요한 구성요소를 얻기 위하여 바로 그 표상에 대해 '빠타위(땅), 빠타위'하면서 계속해서 마음에 잡도리한다. 그러면 '막 제2선이 일어나려는' [그 순간에] 잠재의식을 끊고 그 땅의 까시나를 대상으로 의문전향(意門轉向, 마노의 문을 통한 전향)269)이

---

268) "일으킨 생각 등 禪의 구성요소로 순서대로 전향한 다음 속행들이 일어나는데, 이때 그 속행들은 반조들이다. 그러므로 전향의 자유자재를 성취하기만 하면 반조의 자유자재도 따라서 성취된다고 알아야 한다.(Pm. 78)"
269) 의문전향은 『길라잡이』 1장 §10의 3번 해설과 4장 §12이하를 참조할 것.

일어난다. 그 다음에 그 대상에 네 번 혹은 다섯 번 속행이 일어난다. 그들 가운데 마지막 하나가 색계의 속행이고 제2선에 속한다. 나머지는 이미 그 종류를 설했고 욕계의 것이다.(§74)

제2선의 정형구

139. 이때에 "일으킨 생각(尋)과 지속적인 고찰(伺)을 가라앉혔기 때문에 자기 내면의 것이고, 확신이 있으며, 마음의 단일한 상태이고, 일으킨 생각과 지속적인 고찰은 없고, 삼매에서 생긴 희열과 행복이 있는 제2선(二禪)에 들어 머문다.(Vbh.245)" 이와 같이 그는 두 가지 구성요소들을 버렸고, 세 가지 구성요소들을 가지며, 세 가지로 좋고, 열 가지 특징을 가지고, 땅의 까시나를 가진 제2선을 얻는다.

140. **일으킨 생각(尋)과 지속적인 고찰(伺)을 가라앉혔기 때문에**: 일으킨 생각과 지속적인 고찰이라는 이 둘을 가라앉혔기 때문에, 극복했기 때문에, 제2선의 순간에 그들은 나타나지 않는다는 뜻이다. 초선에 있는 감각접촉(觸) 등은 제2선의 감각접촉 등과 서로 다르기 때문에 초선에 속하는 법들은 아무것도 제2선에 존재하지 않지만 각각 거친 구성요소를 극복한 뒤 초선으로부터 제2선 등 다른 禪을 얻는다는 것을 보여주기 위해 '일으킨 생각과 지속적인 고찰을 가라앉혔기 때문에'라고 설했다고 알아야 한다.

141. **자기 내면의 것이고**: 여기서 자신의 내면에 속한다는 뜻이다. 그러나 『위방가』에서 "내면적이고 개인적인(Vbh.258)"이라고 이만큼만 설했다. 자신의 내면을 뜻하기 때문에 '자기한테서 생긴', '자기의 상속(相續, 흐름)에서 생긴'이라는 것이 여기서의 뜻이다.

142. **확신이 있으며:** 믿음(saddhā)을 확신(sampasādana)이라 한다. 확신과 결합되어있기 때문에 禪이 '확신을 가졌다'고 한다. 이는 푸른색과 결합되어있기 때문에 옷이 '푸른색을 가졌다'고 하는 것과 같다. 이 禪이 확신을 가졌기 때문에 일으킨 생각과 지속적인 고찰의 방해를 가라앉혀서 마음으로 하여금 확신을 갖게 만든다. 그러므로 이 禪을 '확신을 가졌다'고 한다. 이렇게 뜻을 분별해 보면 [마음이라는 단어가 확신이라는 단어와 연결되는 것으로 봐서] '마음이 확신이 있으며'270)라고 단어의 결합을 알아야 한다. 물론 일차적으로 그 뜻을 분별하면 '마음의'라는 단어는 '단일한 상태'와 함께 결합해야 한다.

143. **[마음의 단일한 상태이고]:** 하나로 일어나기 때문에 하나이다. 일으킨 생각과 지속적인 고찰이 이것을 능가하지 못하기 때문에 최상이요 최고가 되어 일어난다는 뜻이다. 최고인 것을 세간에서는 '하나'라고 부르기 때문이다. 혹은 일으킨 생각과 지속적인 고찰이 없기 때문에 하나이다. 동료가 없다고 말할 수 있다. 혹은 함께한 법들을 일어나게 하기 때문에 '일어나게 하는(udi)'인데 생기게 한다는 뜻이다. 최고라는 뜻에서 하나(eka)이고 그것은 일어나게 하기(udi) 때문에 단일한 상태(ekodi)라 한다. 삼매와 동의어이다. 이와 같이 이 단일함을 닦고 증장시키기 때문에 이 제2선을 단일한 상태라 한다. 이 단일함은 마음에 속한 것이지 중생과 영혼에 속한 것이 아니다. 그러므로 이것을 **마음의 단일한 상태**라 말한다.

---

270) "이 때 마음(cetaso)은 목적격의 뜻으로 사용된 소유격이다.(Pm.80)"

144. [이와 같이 물을지도 모른다.] '초선에도 믿음이 있고, 이 단일한 상태라 불리는 삼매에도 있다. 그런데 무슨 이유로 오직 이 제2선을 '확신이 있고, 마음의 단일한 상태'라 하는가?'라고. 대답한다. 초선은 마치 잔물결로 인해 일렁이는 물처럼 일으킨 생각과 지속적인 고찰의 방해로 확신에 차있지 않다. 그러므로 비록 믿음은 있지만 확신이 있다고는 하지 않았다. 확신에 차있지 않기 때문에 삼매도 아주 분명한 것은 아니다. 그러므로 단일한 상태라고 하지 않았다. 그러나 이 禪에는 일으킨 생각과 지속적인 고찰의 방해가 없기 때문에 믿음은 기회를 얻어서 강해진다. 강한 믿음의 동료를 얻어 삼매도 분명하게 된다. 그러므로 이와 같이 설했다고 알아야 한다.

145. 물론 『위방가』에서 "확신은 믿음이고, 믿는 것이고, 신뢰하는 것이고, 깨끗한 믿음이다. 마음의 단일한 상태는 마음의 확고함 … 바른 삼매다.(Vbh.258)"라고 이렇게 설했다. 이와 같이 설한 『위방가』와 [본서의] 이러한 주석은 모순되지 않고 서로 부합하고 일치한다고 알아야 한다.

146. **일으킨 생각과 지속적인 고찰은 없고:** 수행에 의해서 버렸기 때문에 이 [禪]에는(*etasmiṁ*) 일으킨 생각이, 혹은 이 [禪]의 (*etassa*) 일으킨 생각이 없다. 그러므로 '일으킨 생각이 없다(*avitakka*)'고 한다. 같은 방법으로 '지속적인 고찰도 없음'을 알아야 한다. 이것은 『위방가』에서도 설했다. "이와 같이 이 일으킨 생각과 지속적인 고찰이 고요해지고, 적정해지고, 가라앉고, 없어지고, 완전히

없어지고, 소멸해버리고, 완전히 소멸해버리고, 말라버리고, 완전히 말라버리고, 완전히 끝나버렸다. 그러므로 '일으킨 생각과 지속적인 고찰은 없다'고 한다.(Vbh.258)"

이와 같이 물을지도 모른다. '일으킨 생각과 지속적인 고찰을 가라앉혔기 때문에'라는 구절이 이미 이 뜻을 확립했다. 그런데 무슨 이유로 다시 '일으킨 생각과 지속적인 고찰은 없다'라고 설했는가?'라고, 대답한다. 그렇다. 이미 이 뜻이 확립되었다. 그러나 이것은 그 뜻을 밝히려는 것이 아니다. 앞에서 이미 이렇게 말하지 않았는가. '각각 거친 구성요소를 극복한 뒤 초선으로부터 제2선 등 다른 禪을 얻는다는 것을 보여주기 위해 '일으킨 생각과 지속적인 고찰을 가라앉혔기 때문에'라고 설했다'라고.(§140)

147. 더욱이 일으킨 생각과 지속적인 고찰이 가라앉았기 때문에 이 확신이 있을 따름이지 오염원의 때가 가라앉았기 때문에 있는 것은 아니다. 일으킨 생각과 지속적인 고찰이 가라앉았기 때문에 이 마음의 단일한 상태가 있을 따름이지 근접삼매에서처럼 장애를 버렸기 때문에 있는 것이 아니고 초선에서처럼 구성요소가 나타남으로 인해 있는 것도 아니다. 이와 같이 확신과 단일한 상태의 원인을 보여주기 위해 이 ['일으킨 생각과 지속적인 고찰을 가라앉혔기 때문에'라는 첫 번째] 구절이 있는 것이다.

마찬가지로 일으킨 생각과 지속적인 고찰이 가라앉았기 때문에 이 禪에 일으킨 생각과 지속적인 고찰이 없다. 제3선과 제4선의 경우처럼 또 눈의 알음알이 등의 경우처럼 단지 그들이 존재하지 않기 때문에 일으킨 생각과 지속적인 고찰이 없는 것이 아니다.

그러므로 [첫 번째 구절은] 일으킨 생각과 지속적인 고찰이 없는 상태의 원인을 보여주는 것이지 단순히 일으킨 생각과 지속적인 고찰이 존재하지 않음을 보여주는 것이 아니다. 그러나 '일으킨 생각과 지속적인 고찰은 없고'라는 [두 번째] 구절은 단순히 일으킨 생각과 지속적인 고찰이 존재하지 않음을 보여준다. 그러므로 첫 번째 구절을 언급했지만 여기서도 언급해야 할 필요가 있다.

148. **삼매에서 생긴:** 초선의 삼매로부터 혹은 함께한 삼매로부터 생겼다는 뜻이다. 물론 초선도 함께한 삼매로부터 생겼지만 참으로 이 삼매야말로 삼매라고 부를만한 가치가 있다. 일으킨 생각과 지속적인 고찰의 방해가 없기 때문에 조금도 흔들림이 없고 절대적인 확신이 있기 때문이다. 그러므로 이것을 찬탄하기 위하여 오직 이 [禪]을 삼매에서 생겼다고 설했다. 희열과 행복은 앞서 설한 방법과 같다. **제2:** 숫자의 순서에 따라서 제2(두 번째)라 했고, 이것은 '두 번째에 증득한다'라고 해서 제2라 했다.

149. **두 가지 구성요소들을 버렸고, 세 가지 구성요소들을 가지며:** 일으킨 생각과 지속적인 고찰을 버림에 의해서 '두 가지 구성요소들을 버림'을 알아야 한다. 초선에 접근하는 순간에 장애들이 버려지듯이 제2선에 접근하는 순간에 일으킨 생각과 지속적인 고찰이 버려지는 것은 아니다. 오직 본삼매의 순간에 제2선은 이들 없이 일어난다. 그러므로 이들을 제2선의 버리는 구성요소라고 부른다.

150. 희열과 행복과 마음의 하나됨이라는 이들 셋이 일어남이 '세 가지 구성요소들을 가짐'이라고 알아야 한다. 『위방가』에서 "[제2]禪이란 확신, 희열, 행복, 마음의 하나됨이다.(Vbh.258)"라고

한 것은 그것의 부수적인 구성요소와 함께 禪을 보여주기 위해서 방편으로 설한 것이다. 그러나 확신을 제외하고 직접적으로 설하면 정려(靜慮)하는 특징을 얻은 구성요소들에 따라 이 禪은 오직 세 가지 구성요소들을 가진다. 그래서 말씀하셨다. "그때 무엇이 세 가지 구성요소들을 가진 禪인가? 그것은 희열과 행복과 마음의 하나됨이다.(Vbh.263)" 나머지는 초선에서 설한 방법과 같다.

제3선의 주석

tatiyajjhānakathā

151. 이와 같이 [제2선을] 얻었을 때에도 앞서 설한 방법대로 다섯 가지 자유자재를 얻은 뒤 익숙한 제2선으로부터 출정한다. 이 증득(等至)은 일으킨 생각과 지속적인 고찰이라는 적과 가깝기 때문에 또 희열이 거칠기 때문에 구성요소가 힘이 없다고 거기서 결점을 본다. "희열이든 마음의 기쁨이든 그곳에 있는 것은 거칠게 나타난다.(D.i.37)"라는 말씀이 있기 때문이다. 그는 제3선을 고요하다고 마음에 잡도리하여 제2선에 대한 집착을 종식시킨 뒤 제3선을 얻기 위해 수행을 해야 한다.

152. 그가 제2선으로부터 출정하여 마음챙기고 알아차리면서 禪의 구성요소들을 반조할 때 희열이 거칠게 나타나고 행복과 마음의 하나됨이 고요하게 나타나면 그 거친 구성요소를 버리고 고요한 구성요소를 얻기 위하여 바로 그 표상에 대해 '빠타위(땅), 빠타위'하면서 계속해서 마음에 잡도리한다.

그러면 '막 제3선이 일어나려는' [그 순간에] 잠재의식을 끊고 그 땅의 까시나를 대상으로 의문전향(意門轉向)이 일어난다. 그 다음에 그 대상에 네 번 혹은 다섯 번 속행이 일어난다. 그들 가운데 마지막 하나가 색계의 속행이고 제3선에 속한다. 나머지는 이미 그 종류를 설했고 욕계의 것이다.(§74)

제3선의 정형구

153. 이때에 "희열이 빛바랬기 때문에 평온하게 머문다. 마음챙기고 알아차리며 몸으로 행복을 경험한다. 이 [禪 때문에] '평온하고 마음챙기며 행복하게 머문다'고 성자들이 묘사하는 제3선에 들어 머문다.(Vbh.245)" 이와 같이 그는 하나의 구성요소를 버렸고, 두 가지 구성요소들을 가지며, 세 가지로 좋고, 열 가지 특징을 가지고, 땅의 까시나를 가진 제3선을 얻는다.

154. **희열이 빛바랬기 때문에:** 빛바램(virāga)은 앞서 설한 방법대로 희열에 대해 염오하거나 그것을 극복함이다. [희열(pīti)과 빛바램(virāga)의] 둘 사이에 있는 '그리고(ca)'라는 단어는 접속의 뜻을 나타낸다. 이것은 [제2선의 정형구에 나타나는] '가라앉음(vūpasama)'과 연결하거나 '일으킨 생각과 지속적인 고찰이 가라앉음'과 연결한다. 이 가운데서 '가라앉음'과 연결할 때 '희열이 빛바랬기 때문에, 더욱이 가라앉았기 때문에'라고 문장구조를 알아야 한다. 이 문장구조에서 빛바램은 염오를 뜻한다. 그러므로 '희열에 대해 염오하기 때문에, 더욱이 가라앉았기 때문에'라고 이 뜻을 알아야 한다.

그러나 '일으킨 생각과 지속적인 고찰이 가라앉음'과 연결할 때 '희열이 빛바랬기 때문에, 더욱이 일으킨 생각과 지속적인 고찰이 가라앉았기 때문에'라고 문장구조를 알아야 한다. 이 문장구조에서 빛바램은 극복한다는 뜻이다. 그러므로 '희열을 극복하고 일으킨 생각과 지속적인 고찰이 가라앉았기 때문에'라고 이 뜻을 알아야 한다.

155. 물론 이 일으킨 생각과 지속적인 고찰은 제2선에서 이미 가라앉았다. 그러나 이 禪의 도를 철저히 밝히고 또 그것을 찬탄하기 위해서 [여기서도] 이것을 설했다. '일으킨 생각과 지속적인 고찰이 가라앉았기 때문에'라고 설할 때 '실로 일으킨 생각과 지속적인 고찰이 가라앉음이야말로 이 禪의 도다'라고 천명하기 때문이다. 마치 세 번째 성스러운 도(즉, 불환도)를 얻을 때에 비로소 유신견 등을 버리는 것은 아니지만271) "다섯 가지의 낮은 단계(下分)의 족쇄를 버렸다(A.i.232)"라고 설하여 그 버림을 찬탄하는 말씀을 하시고, 그 [불환도]를 얻기 위하여 노력하는 자들에게 격려를 주시는 것과 같다.

이와 같이 비록 여기서 일으킨 생각과 지속적인 고찰이 가라앉는 것은 아니지만 그들의 가라앉음을 언급할 때 그것을 찬탄하는 것이 된다. 그러므로 '희열을 극복하고 일으킨 생각과 지속적인 고찰이 가라앉았기 때문에'라고 설했다.

156. **평온하게 머문다:** 일어나는(*upapatti*) 대로 보기(*ikkhati*) 때문에 평온(*upekkhā*)이라 한다. 공평하게 본다. 편견을 가지지 않고 본다는 뜻이다. 맑고 넉넉하고 굳건한 평온을 갖추었기 때문에 제3선에 있는 자를 평온하다고 한다. 평온은 열 가지가 있다. ① 여섯

---

271) 왜냐하면 5가지 낮은 단계의 족쇄에 속하는 유신견(*sakkāya-diṭṭhi*), 의심(*vicikicchā*), 계율과 의식에 대한 집착(*sīlabbata-parāmāsa*)은 이미 예류도의 순간에 버려지기 때문이다.

가지 구성요소를 가진 평온 ② 거룩한 마음가짐(梵住)의 평온 ③ 깨달음의 구성요소의 평온 ④ 정진의 평온 ⑤ 상카라(行)들에 대한 평온 ⑥ 느낌의 평온 ⑦ 위빳사나에 대한 평온 ⑧ 중립의 평온 ⑨ 禪의 평온 ⑩ 청정함의 평온이다.

157. 여기서 (1) "여기 번뇌 다한 비구가 있어 마음챙기고 알아차리면서 눈으로 형상을 보고 기뻐하지도 슬퍼하지도 않고 평온하게 머문다.(A.iii.279)"라고 전승되어오는 번뇌 다한 자에게 여섯 가지 문으로 원하고 싫어하는 여섯 가지 대상이 나타날 때 청정한 본래의 성품을 버리지 않는 형태의 평온을 **여섯 구성요소를 가진 평온**이라 한다.

158. (2) "평온과 함께한 마음으로 한 방향을 가득 채우고 머문다.(D.i.257)"라고 전승되어오는 중생들에 대해 중립적인 형태의 평온을 **거룩한 마음가짐(梵住)의 평온**이라 한다.

159. (3) "떨쳐버림에 의지하여 평온의 깨달음의 구성요소를 닦는다.(M.i.11)"라고 전승되어오는 함께 생긴 법들에 대해 중립적인 형태의 평온을 **깨달음의 구성요소의 평온**이라 한다.

160. (4) "때때로 평온의 표상을 마음에 잡도리한다.(A.i.257)"라고 전승되어오는 과도하지도 않고 너무 느슨하지 않은 정진이라 불리는 평온을 **정진의 평온**이라 한다.

161. (5) "얼마나 많은 상카라(行)들에 대한 평온이 삼매를 통해 일어나는가? 얼마나 많은 상카라들에 대한 평온이 위빳사나를 통해

일어나는가? 여덟 가지 상카라들에 대한 평온이 삼매를 통해 일어난다. 열 가지 상카라들에 대한 평온이 위빳사나를 통해 일어난다.(Ps.i.64)"라고 전승되어오는 장애 등에 대해 숙고함과 고요함을 취함에 중립적인 상태의 평온을 **상카라(行)들에 대한 평온**이라 한다.

162. (6) "평온이 함께한 욕계의 유익한 마음(善心)이 일어날 때(Dhs.29)"라고 전승되어오는 괴롭지도 즐겁지도 않음이라 인식되는 평온을 **느낌의 평온**이라 한다.

163. (7) "있는 것과 존재하는 것을 버리고 평온을 얻는다.(cf. M. ii.264)"라고 전승되어오는 식별함에 중립적인 상태의 평온을 **위빳사나에 대한 평온**이라 한다.

164. (8) 함께 생긴 [법들을] 공평하게 나르는(sama-vāhita) 상태의 평온을 **중립의 평온**272)이라 한다. 이것은 열의 등의 예와빠나까273)에(cf. XIV. §133) 언급되었다.

165. (9) "평온하게 머문다.(Vbh.245)"라고 설한 최상의 행복에 대해서도 편견을 내지 않는 평온을 **禪의 평온**이라 한다.

166. (10) "평온으로 말미암아 마음챙김이 청정한 제4선(Vbh.245)"이라고 전승되어오는 모든 반대되는 것으로부터 청정하고 반대를 가라앉힘에 대해서도 무관심한 평온을 **청정함의 평온**이라 한다.

---

272) 이 중립(*tatramajjhatta*)은 아비담마에서 유익한 마음부수에 포함되는 것이다. 중립은 『길라잡이』 2장 §7의 7번 해설을 참조할 것.
273) 예와빠나까(*yevāpanaka*)라는 재미있는 표현에 대해서는 XIV. §133의 주를 참조할 것.

167. 여기서 여섯 가지 구성요소를 가진 평온과 거룩한 마음가짐(梵住)의 평온과 깨달음의 구성요소의 평온과 중립의 평온과 禪의 평온과 청정함의 평온은 뜻으로는 동일하다. 바로 **중립의 평온**이다. 문맥의 차이에 따라 이 [중립의 평온의] 차이가 있을 뿐이다. 마치 동일한 중생에게 어린이, 젊은이, 어른, 사령관, 국왕 등의 차이가 있듯이. 그러므로 이들 가운데서 여섯 가지 구성요소를 가진 평온이 있는 곳에는 깨달음의 구성요소의 평온이 발견되지 않고, 깨달음의 구성요소의 평온이 있는 곳에는 여섯 가지 구성요소를 가진 평온이 발견되지 않는다고 알아야 한다.

이들이 뜻으로 동일한 것처럼 상카라(行)들에 대한 평온과 위빳사나에 대한 평온도 [같은 뜻을 가진다]. 왜냐하면 이들은 통찰지이며 기능에 따라서 두 가지로 분류되었기 때문이다.

168. 예를 들면 어떤 사람이 쇠스랑을 쥐고 저녁에 집으로 들어온 뱀을 찾다가 헛간에 엎어져있는 것을 보고는 실제로 뱀인지 아닌지 살펴보다가 세 가지 특징을 본 뒤에는 의심이 사라져서 뱀인지 아닌지 조사하는 것에 대해 중립적이 된다. 그와 같이 위빳사나를 시작한 자가 위빳사나의 지혜로 [무상·고·무아의] 세 가지 특상(三特相, 三法印)을 볼 때에 상카라들을 무상 등으로 조사하는 것에 중립적이 된다. 이것이 위빳사나에 대한 평온이다.

169. 예를 들면 그 사람이 쇠스랑으로 단단히 뱀을 잡고서는 '어떻게 이 뱀을 다치게 하지도 않고 내가 이 뱀에게 물리지도 않게 버릴 수 있을까'라고 버리는 방법을 찾을 때 그 뱀을 잡는 것에 대해

중립적이 된다. 그와 같이 그가 세 가지 특상을 보았기 때문에 세 가지 존재(有)가 마치 불타는 것과 같음을 볼 때 상카라들을 잡음에 중립적이 된다. 이것이 상카라(行)들에 대한 평온이다.

170. 이와 같이 위빳사나에 대한 평온이 확립될 때 상카라들에 대한 평온도 확립된다. 이것은 조사함과 잡음에 중립적이라 불리는 기능에 따라서 두 가지로 분류되었다.

정진의 평온과 느낌의 평온은 뜻이 서로 다르고 또 나머지와도 다르다.

171. 이런 평온들 가운데에서 禪의 평온이 여기서 요구하는 것이다. 이것의 특징은 중립이다. 관여하지 않는 역할을 한다. 무관심으로 나타난다. 희열이 사라짐이 가까운 원인이다.

여기서 이와 같이 물을지도 모른다. '이것은 뜻으로 볼 때 중립의 평온이 아닌가? 그것은 초선과 제2선에도 있다. 그러므로 그곳에서도 평온하게 머문다고 말해야 마땅할 것인데 무슨 이유로 말하지 않았는가?'라고. [대답한다.] 그곳에서는 역할(kicca)이 분명하지 않기 때문이다. 그곳에서는 일으킨 생각 등에 의해 가려져있기 때문에 그것의 역할이 분명하지 않다. 그러나 여기서는 일으킨 생각과 지속적인 고찰과 희열에 의해 가려져있지 않기 때문에 마치 머리를 치켜든 것처럼 분명한 역할을 가지고 생겼다. 그러므로 언급하고 있다.

'평온하게 머문다'라는 구절의 뜻을 모든 면에서 설명하여 마쳤다.

172. **마음챙기고 알아차리며:** 기억하기 때문에 마음챙기는 자

고, 알아차리기 때문에 알아차리는 자다. 여기서는 마음챙김과 알아차림이 사람에 속하는 것으로 설해졌다. 마음챙김은 기억하는 특징을 가진다. 잊어버리지 않는 역할을 한다. 보호함으로 나타난다. 알아차림은 미혹하지 않는 특징을 가진다. 조사하는 역할을 한다. 탐구함으로 나타난다.

173. 비록 이 마음챙김과 알아차림이 앞의 禪들에도 있지만 — 잊어버리고 알아차리지 못하는 사람은 근접삼매에도 들지 못하거늘 하물며 본삼매에 듦이랴! — 그 禪들은 비교적 거칠기 때문에 마음의 움직임이 쉽다. 마치 땅에 서있는 자의 행보가 쉽듯이. 그곳에서는 마음챙김과 알아차림의 역할(kicca)이 분명하지 않다. 그러나 이 禪은 거친 구성요소를 버려서 아주 미세하기 때문에 마치 위기일발에 처한 사람처럼 반드시 마음챙김과 알아차림이 유지된 채 마음을 움직이는 것이 요구되기 때문에 오직 여기서만 설했다.

174. 더군다나 어미 소를 따라가는 송아지를 어미 소로부터 떼낸 뒤 만약 지키지 않으면 다시 어미 소에게 다가가듯이, 이 제3선의 행복도 희열로부터 분리되었을 때 그것을 마음챙김과 알아차림으로 수호하지 않으면 다시 희열에 다가가서 희열과 함께 할지도 모른다. 혹은 중생은 행복을 동경한다. 이 [제3선의] 행복은 지극히 달콤하기 때문에 이 이상의 행복이 없다. 그러나 마음챙김과 알아차림의 영향으로 이 행복을 동경하지 않게 된다. 달리 방법이 없다. 그러므로 이 뜻을 설하기 위해서도 이 [마음챙김과 알아차림]을 오직 여기서 설했다고 알아야 한다.

175. **몸으로 행복을 경험한다:** 제3선에 든 자는 행복을 경험하는 것에 마음을 두지 않는다. 그렇지만 정신적인 몸과 연결된 행복을 느낀다. 혹은 정신적인 몸과 연결된 행복에서 최상의 물질이 생긴다. 그것에 의해 그의 육체적인 몸이 영향을 받기 때문에 禪에서 출정했을 때에도 행복을 느낀다. 그러므로 이 뜻을 보이면서 '몸으로 행복을 경험한다'라고 말씀하셨다.274)

176. **이 [禪 때문에] '평온하고 마음챙기며 행복하게 머문다'라고 성자들이 묘사하는:** 여기서 이 禪 때문에, 이 禪을 이유로 그 제3선을 가진 사람을 부처님 등 성자들이 "묘사하고, 가르치고, 공고하고, 확립하고, 드러내고, 설하고, 설명하고, 밝힌다.(Vbh.259)" 그를 찬탄한다는 뜻이다. 어떻게? **평온하고 마음챙기며 행복하게 머문다**라고. 그런 **제3선에 들어 머문다**와 연결하여 문장구성을 알아야 한다.

177. 그러면 왜 그들은 그를 이처럼 찬탄하는가? 찬탄 받을만하기 때문이다. 그는 지극히 달콤한 행복과 행복의 절정에 이른 제3선에 대해 평온하다. 그래서 행복을 좋아하여 거기에 끌리지 않는다. 그는 희열이 일어나지 못하도록 그렇게 확립된 마음챙김으로 마음챙김을 갖춘 자다. 성자들이 좋아하고 성자들이 받들어 행하는 티 없는 행복을 정신적인 몸으로 경험한다. 그러므로 그는 찬탄 받을만하다. 이와 같이 찬탄 받을만하기 때문에 성자들이 찬탄 받을만한 덕을 드러내면서 '평온하고 마음챙기며 행복하게 머문다'고 그를

---

274) 첫 번째 설명에서는 몸을 정신적인 몸으로 설명하였고, 두 번째 옵션에서는 육체적인 몸으로 해석하고 있다.

찬탄했다고 알아야 한다. **제3:** 숫자의 순서에 따라서 제3(세 번째)이라 했고, 이것은 '세 번째에 증득한다'라고 해서 제3이라 했다.

178. **하나의 구성요소를 버렸고, 두 가지 구성요소들을 가지며:** 여기서 희열을 버림이 하나의 구성요소를 버림이라고 알아야 한다. 제2선의 [본삼매의 순간에] 일으킨 생각과 지속적인 고찰이 버려지듯이 희열도 [제3선의] 본삼매의 순간에 버려진다. 그러므로 이것을 제3선의 버리는 구성요소라 한다.

179. 행복과 마음의 하나됨이라는 이 둘이 일어남이 두 가지 구성요소를 가짐이라고 알아야 한다. 그러므로 『위방가』에서 "[제3]禪이란 평온과 마음챙김과 알아차림과 행복과 마음의 하나됨이다(Vbh.260)"라고 설하신 것은 그것의 부수적인 것들과 함께 禪을 보여주기 위해서 방편으로 설한 것이다. 그러나 평온과 마음챙김과 알아차림을 제외하고 직접적으로 설하면 정려하는 특징을 얻은 구성요소들에 의해서 이 禪은 오직 두 가지 구성요소들을 가진다. 그래서 말씀하셨다. "그때 무엇이 두 가지 구성요소들을 가진 禪인가? 그것은 행복과 마음의 하나됨이다.(Vbh.263)"

나머지는 초선에서 설한 방법과 같다.

제4선의 주석

catutthajjhānakathā

180. 이와 같이 이것을 얻었을 때에도 앞서 설한 방법대로 다섯 가지 자유자재를 얻은 뒤 익숙한 제3선으로부터 출정한다. 이 증득

(等至)은 희열이라는 적과 가깝기 때문에 또 행복이 거칠기 때문에 구성요소가 힘이 없다고 거기서 결점을 본다. "행복이라는 그곳에 있는 마음의 현상은 거칠게 나타난다.(D.i.37)"라는 말씀이 있기 때문이다. 그는 제4선을 고요하다고 마음에 잡도리하여 제3선에 대한 집착을 종식시킨 뒤 제4선을 얻기 위해 수행을 해야 한다.

181. 그가 제3선으로부터 출정하여 마음챙기고 알아차리면서 禪의 구성요소들을 반조할 때 행복이 거칠게 나타나고 평온한 느낌과 마음의 하나됨이 고요하게 나타나면 그 거친 구성요소를 버리고 고요한 구성요소를 얻기 위하여 바로 그 표상에 대해 '빠타위(땅), 빠타위'하면서 계속해서 마음에 잡도리한다.

그러면 '막 제4선이 일어나려는' [그 순간에] 잠재의식을 끊고 그 땅의 까시나를 대상으로 의문전향이 일어난다. 그 다음에 그 대상에 네 번 혹은 다섯 번 속행이 일어난다. 그들 가운데 마지막 하나가 색계의 속행이고 제4선에 속한다. 나머지는 이미 그 종류를 설했고 욕계의 것이다.(§74)

182. 그러나 이것이 차이점이다. 행복한 느낌은 괴롭지도 즐겁지도 않은 느낌에게 반복하는 조건으로 조건이 되지 않는다. 제4선에서는 괴롭지도 즐겁지도 않은 느낌이 반드시 일어난다. 그러므로 그 [속행의 마음]들이 평온한 느낌과 결합한다. 오직 평온과 결합하기 때문에 여기서 희열이 사라진다.

제4선의 정형구

183. 이때에 "행복도 버리고 괴로움도 버리고, 아울러 그 이전에

이미 기쁨과 슬픔을 소멸하였으므로 괴롭지도 즐겁지도 않으며, 평온으로 인해 마음챙김이 청정한 제4선에 들어 머문다.(Vbh.245)" 이와 같이 그는 하나의 구성요소를 버렸고, 두 가지 구성요소들을 가지며, 세 가지로 좋고, 열 가지 특징을 가지고, 땅의 까시나를 가진 제4선을 얻는다.

184. **행복도 버리고 괴로움도 버리고:** 육체적인 행복과 육체적인 괴로움을 버리고. **그 이전에 이미:** 제4선의 순간이 아닌, 그 이전에 반드시. **기쁨과 슬픔을 소멸하였으므로:** 정신적인 행복과 정신적인 괴로움이라는 이 둘을 그 이전에 이미 소멸하였으므로, 버렸으므로.

185. 언제 그들을 버리는가? 네 가지 禪들에 근접하는 순간에 버린다. 기쁨은 제4선의 근접순간에 버려진다. 괴로움과 슬픔과 행복은 각각 초선과 제2선과 제3선의 근접순간에 버려진다. 이와 같이 이들을 버리는 순서대로 설하지는 않았지만 「인드리야 위방가(根分別)」(Vbh.122)에서 기능(根)들의 개요를 설한 순서에 따라 여기서 설한 행복과 괴로움과 기쁨과 슬픔의 버림을 알아야 한다.

186. [이와 같이 물을지도 모른다.] '만약 이들이 오직 각각의 禪의 근접순간에 버려진다면 왜 [아래의 인용문에서 말하기를] 오직 그 禪에서 소멸한다고 했는가? 즉, "일어난 괴로움의 기능은 어디서 남김없이 소멸하는가? 비구들이여, 여기 비구가 감각적 욕망들을 완전히 떨쳐버리고 해로운 법(不善法)들을 떨쳐버린 뒤 일으킨 생각과 지속적인 고찰이 있고 … 초선(初禪)에 들어 머문다. 일어난 괴로움

의 기능은 여기서 남김없이 소멸한다. 일어난 정신적 고통의 기능은 어디서 [남김없이 소멸하는가? … 제2선에서] … 일어난 즐거움의 기능은 어디서 [남김없이 소멸하는가? … 제3선에서] … 일어난 기쁨의 기능은 어디서 남김없이 소멸하는가? 비구들이여, 여기 비구가 행복도 버리고 괴로움도 버리고, 아울러 그 이전에 이미 기쁨과 슬픔을 소멸하였으므로 … 제4선에 들어 머문다. 일어난 기쁨의 기능은 여기서 남김없이 소멸한다.(S.v.213-15)"라고.'

[대답한다.] 완전한(atisaya) 소멸이기 때문이다. 그들은 초선 등에서 완전히 소멸하기 때문이다. 근접의 순간에도 소멸하지만 완전히 소멸하는 것은 아니다.

187. 여러 가지 전향을 가진 초선의 근접에서 비록 괴로움의 기능이 소멸했다하더라도 파리와 모기 등에게 물리거나 혹은 불편한 자리로 인한 피로로 다시 일어날 가능성이 있다. 그러나 본삼매에서는 그렇지 않다. 혹은 근접삼매에서 그들이 소멸했다하더라도 완전히 소멸한 것은 아니다. 반대의 [기능인 행복에] 의해 파괴되지 않았기 때문이다. 그러나 본삼매에서는 희열의 충만으로 온 몸이 행복에 흠뻑 젖어있다. 온 몸이 행복에 흠뻑 젖어있는 사람에게 괴로움의 기능은 완전히 소멸한다. 반대의 [기능에 의해] 파괴되었기 때문이다.

188. 여러 가지 전향을 가진 제2선의 근접에서 정신적 고통의 기능을 버렸다하더라도 일으킨 생각과 지속적인 고찰을 조건으로275) 몸이 피로하거나 마음이 상할 때 정신적 고통의 기능이 일어

---

275) 일으킨 생각과 지속적인 고찰은 제2선의 본삼매에서 버려지기 때문에 근

난다. 일으킨 생각과 지속적인 고찰이 없을 때 그것은 일어나지 않는다. 그러나 일으킨 생각과 지속적인 고찰이 있는 곳에서는 그것은 일어난다. 제2선의 근접에서 일으킨 생각과 지속적인 고찰은 가시지 않았다. 그러므로 그곳에서는 다시 일어날지도 모른다. 그러나 제2선에서는 그렇지 않다. 조건이 버려졌기 때문이다.

189. 마찬가지로 제3선의 근접에서 즐거움의 기능을 버렸더라도 희열과 [함께한 마음에서] 생긴 수승한 물질로 충만한 몸을 가진 사람에게 즐거움의 기능은 다시 일어날지도 모른다. 그러나 제3선에서는 그렇지 않다. 제3선에서는 행복의 조건인 희열이 완전히 소멸했기 때문이다.

마찬가지로 제4선의 근접에서 기쁨의 기능을 버렸더라도 가깝기 때문에, 또 본삼매를 얻은 평온이 없어 완전하게 극복하지 못했기 때문에 그 [기쁨의 기능은] 다시 일어날지도 모른다. 그러나 제4선에서는 그렇지 않다. 그러므로 일어난 괴로움의 기능이 여기서 남김없이 소멸한다고 각각의 경우에 '남김없이(aparisesaṁ)'라는 단어를 사용했다.

190. 이와 같이 물을지도 모른다. '만약 각 禪의 근접에서 이 느낌들이 버려진다면 무슨 이유로 여기 [제4선에] 모아놓았는가?'라고. [대답한다.] 알기 쉽게 하기 위해서다. '괴롭지도 즐겁지도 않으며'라는 것은 괴롭지도 즐겁지도 않은 느낌을 말한다. 그것은 미세하여 알기 어렵고, 쉽게 이해할 수 없다. 예를 들면, 사나운 황소를

접에서는 아직 남아있다. 그 때문에 몸이 피로하고 속이 상할 때 정신적 고통의 기능이 일어난다.

바로 잡을 수 없을 때 그 소를 쉽게 잡기 위해 목동은 모든 소를 우리 속에 몰아넣은 뒤 한 마리씩 내 보내면서 그 황소의 차례가 되면 '이놈이다. 이놈을 잡아라.'고 소리치면서 그것을 잡는 것과 같다. 그와 같이 세존께서도 알기 쉽게 하기 위해 [다섯 가지] 느낌들을 모두 [여기에] 모아놓으셨다. 이와 같이 모아놓은 느낌들을 보이신 뒤, '행복도 아니고, 괴로움도 아니고, 기쁨도 아니고, 슬픔도 아닌, 이것이 바로 괴롭지도 즐겁지도 않은 느낌이다'고 파악할 수 있게 하셨다.

191. 그리고 괴롭지도 즐겁지도 않은 마음의 해탈(心解脫)의 조건을 보이시기 위해서 이 느낌들을 설하셨다고 알아야 한다. 괴로움을 버림 등이 이것의 조건이 되기 때문이다. 이와 같이 말씀하셨다. "괴롭지도 즐겁지도 않은 마음의 해탈을 얻기 위한 네 가지 조건이 있습니다. 도반이여, 여기 비구가 행복도 버리고 괴로움도 버리고, 아울러 그 이전에 이미 기쁨과 슬픔을 소멸하였으므로 … 제4선에 들어 머뭅니다. 도반이여, 이들이 괴롭지도 즐겁지도 않은 마음의 해탈을 얻기 위한 네 가지 조건입니다.(M.i.296)"

192. 혹은 유신견 등은 그 이전의 도에서 이미 버렸지만 세 번째 도(불환도)를 찬탄하기 위해 그곳에서 버렸다고 언급했다.(§155) 이와 같이 이 제4선을 찬탄하기 위해 그들을 여기서 언급했다고 알아야 한다. 혹은 조건을 없애버렸기 때문에 여기 [제4선에서] 탐욕과 성냄을 아주 멀리 여의었음을 보이기 위해 이들을 설했다고 알아야 한다. 이 가운데서 행복은 기쁨에게 조건이 되고, 기쁨은 탐욕에게, 괴로움은 슬픔에게, 슬픔은 성냄에게 조건이 된다. 행복 등을 없애

버려서 제4선에서 탐욕과 성냄이 그 조건과 함께 멸했기 때문에 멀리 여의었다고 한 것이다.

193. **괴롭지도 즐겁지도 않으며:** 괴로움이 없기 때문에 괴롭지 않음(adukkha)이고, 즐거움이 없기 때문에 즐겁지 않음(asukha)이다. 이 단어로 괴로움과 즐거움(행복)의 반대인 세 번째 느낌을 나타낸다. [이 술어는] 단지 괴로움과 즐거움(행복)이 없는 것만을 나타내는 것은 아니다. 세 번째 느낌인 괴롭지도 즐겁지도 않음은 평온이라고도 한다. 이것은 원하거나 원하지 않음의 반대인 [중립인데, 대상을] 경험하는 특징을 가진다. 중립적인 역할을 한다. 분명하지 않음으로 나타난다. 즐거움(행복)의 소멸이 가까운 원인이라고 알아야 한다.

194. **평온으로 인해 마음챙김이 청정한:** 평온에서 생긴 마음챙김의 청정함. 이 禪에서 마음챙김은 지극히 청정하다. 이 마음챙김의 청정함은 평온 때문에 이루어진 것이고 다른 이유 때문이 아니다. 그러므로 '평온으로 인해 마음챙김이 청정한'이라고 했다. 『위방가』에서도 설하셨다. "이 마음챙김은 평온 때문에 맑고 청정하고 깨끗해졌기 때문에 '평온으로 인해 마음챙김이 청정하다'고 한다. (Vbh.261)" 여기서 마음챙김을 청정하게 하는 그 평온은 뜻으로는 중립(tatra-majjhattatā)의 [마음부수]라고 알아야 한다. 그것은 오직 마음챙김만 청정하게 하는 것이 아니라 함께하는 모든 법들을 청정하게 한다. 그러나 마음챙김을 상수(上首)로 하여 가르침을 설했다.

195. 물론 평온은 낮은 세 가지 禪 가운데에도 있다. 그러나 마

치 낮에도 초승달은 있지만 태양의 빛으로 가려져있고, 부드러운 것으로도 자신과 동류이고 자기에게 도움이 되는 것으로도 자신과 동류인 밤을 얻지 못했기 때문에 청정하지 않고 깨끗하지 않는 것처럼, 중립인 평온의 초승달도 일으킨 생각 등의 자신과 반대가 되는 법들의 빛에 가려져있고, 자신과 동류인 평온한 느낌이라는 밤을 얻지 못했기 때문에 초선 등의 분류에서도 있지만 청정하지 않다. 그것이 청정하지 않기 때문에 낮에 청정하지 않은 초승달의 빛처럼 함께 생긴 마음챙김 등도 청정하지 않다. 그러므로 그 [처음의 세禪] 가운데 어느 하나도 '평온으로 인해 마음챙김이 청정하다'고 하지 않았다.

그러나 여기서는 일으킨 생각 등의 자신과 반대되는 법들의 빛에 가리지 않고, 자신과 동류인 평온한 느낌이라는 밤을 얻었기 때문에 이 중립인 평온의 초승달은 지극히 청정하다. 이것이 청정하기 때문에 청정한 달빛처럼 함께 생긴 마음챙김 등도 청정하고 깨끗하다. 그러므로 오직 이 [제4선을] '평온으로 인해 마음챙김이 청청하다'고 설했다고 알아야 한다.

196. **제4:** 숫자의 순서에 따라서 제4(네 번째)라 했고, 이것은 '네 번째에 증득한다'고 해서 제4라 했다.

197. **하나의 구성요소를 버렸고, 두 가지 구성요소들을 가지며:** 여기서 기쁨을 버림이 하나의 구성요소를 버림이라고 알아야 한다. 이 기쁨은 한 인식과정 이전의 속행인 근접에서 버려진다. 그러므로 이것은 '버려진 구성요소'라고 한다. 평온한 느낌과 마음의 하나됨이라는 이 두 가지가 일어남이 두 가지 구성요소를 가짐이라

고 알아야 한다.

나머지는 초선에서 설한 것과 같다.

이것이 넷으로 분류한 禪(사종선)에 대한 설명이다.

다섯으로 분류한 禪(五種禪)

198. 다섯으로 분류한 禪을 일으킨 자는 익숙한 초선으로부터 출정하여 이 증득(等至)은 장애(五蓋)라는 적과 가깝고 일으킨 생각이 거칠기 때문에 구성요소가 힘이 없다고 거기서 결점을 본다. 그는 제2선을 고요하다고 마음에 잡도리하여 초선에 대한 집착을 종식시킨 뒤 제2선을 얻기 위해 수행을 해야 한다.

199. 그가 초선으로부터 출정하여 마음챙기고 알아차리면서 禪의 구성요소들을 반조할 때 일으킨 생각만 거칠게 나타나고 지속적인 고찰 등이 고요하게 나타나면 그 거친 구성요소를 버리고 고요한 구성요소를 얻기 위하여 바로 그 표상에 대해 '빠타위(땅), 빠타위'하면서 계속해서 마음에 잡도리한다. 그러면 앞서 설한 방법대로 그에게 제2선이 일어난다. 오직 일으킨 생각만이 이 禪에서 버려진 구성요소이고 지속적인 고찰 등 네 가지는 가지고 있는 구성요소이다. 나머지는 이미 설했다.

200. 이와 같이 이것을 얻었을 때에도 앞서 설한 방법대로 다섯 가지 자유자재를 얻어 익숙한 제2선으로부터 출정한다. 이 증득(等至)은 일으킨 생각이라는 적과 가깝기 때문에 또 지속적인 고찰이

거칠기 때문에 구성요소가 힘이 없다고 거기서 결점을 본다. 그는 제3선을 고요하다고 마음에 잡도리하여 제2선에 대한 집착을 종식시킨 뒤 제3선을 얻기 위해 수행을 해야 한다.

201. 그가 제2선으로부터 출정하여 마음챙기고 알아차리면서 禪의 구성요소들을 반조할 때 지속적인 고찰이 거칠게 나타나고 희열 등이 고요하게 나타나면 그 거친 구성요소를 버리고 고요한 구성요소를 얻기 위하여 바로 그 표상에 대해 '빠타위(땅), 빠타위'하면서 계속해서 마음에 잡도리한다. 그러면 앞서 설한 방법대로 그에게 제3선이 일어난다. 오직 지속적인 고찰만이 이 禪에서 버려진 구성요소이고 넷으로 분류한 禪의 제2선에서처럼 희열 등 세 가지는 가지고 있는 구성요소이다. 나머지는 이미 설했다.

202. 이와 같이 사종선의 두 번째를 둘로 나누어 오종선의 두 번째와 세 번째가 된다. [사종선의] 세 번째와 네 번째는 [오종선의] 네 번째와 다섯 번째가 된다. 첫 번째는 각각의 경우에 첫 번째가 된다.

어진 이를 기쁘게 하기 위해 지은 청정도론의
삼매수행의 표제에서
땅의 까시나에 관한 해설이라 불리는
제4장이 끝났다.

제5장

sesakasiṇaniddeso
나머지 까시나

제5장 나머지 까시나

sesakasiṇaniddeso

(2) 물의 까시나

āpokasiṇakathā

1. 땅의 까시나 다음에 물의 까시나에 대해 이제 상세하게 설명한다. 땅의 까시나와 마찬가지로 물의 까시나를 수행하고자하는 자는 편안하게 앉아서 인위적이거나 자연적인 물에서 표상을 취해야 한다. 이와 같이 모든 것을 상세하게 반복해야 한다. 여기 [물의 까시나의] 경우처럼 나머지 모든 곳에서도 그와 같이 해야 한다. 이 다음부터는 이 만큼도 말하지 않고 오직 차이점만 말할 것이다.

2. 여기서도 전생에 수행하여 덕을 쌓은 자에게는 웅덩이, 호수, 못, 바다와 같은 자연적인 물에서 표상이 일어난다. 마치 쭐라시와(Cūla-Siva) 장로의 경우처럼. 그 존자는 '명예와 이득을 버리고 한적한 곳에서 살리라'고 생각하면서 마하띳타(Mahātittha, 큰 여울)에서 배에 올라 잠부디빠(Jambudīpa, 인도)로 가는 도중에 망망대해를

쳐다보다가 대해를 닮은 까시나의 표상이 일어났다.

3. 그러나 전생에 닦지 않았다면 [다음과 같이 해야 한다]. 네 가지 까시나의 결점을 경계하면서 푸르고, 노랗고, 붉고, 흰색 가운데 어느 한 색깔을 가진 것을 물이라고 취해서는 안된다. 물은 땅에 떨어지기 전에 허공으로부터 깨끗한 천으로 걸러 받은 것이거나 그와 같이 깨끗하고 흐리지 않은 것이어야 한다. 사발이나 항아리에 물을 가득 채우고 앞서 설한 사원 모서리의 가려진 곳에 그것을 내려놓고 편안하게 앉아서, 색깔을 반조해서도 안되고, 특징을 마음에 잡도리해서도 안된다.

색깔은 그것의 토대인 [물]과 동일한 색깔을 가진 것으로 이해하고 [물의 요소가] 가장 현저하기 때문에 [물이라는] 개념(paññatti)에 마음을 두면서 암부, 우다까, 와리, 살리라 등 물(apo, 아뽀)의 이름 중 분명한 것으로 '아뽀(apo), 아뽀' 하면서 [물의 까시나를] 닦아야 한다.

4. 그가 이와 같이 닦을 때 앞서 설한 방법대로 서서히 두 가지 표상이 일어난다. 그러나 여기서 익힌 표상은 움직이는 것처럼 나타난다. 만약 물에 거품과 포말이 섞여있으면 익힌 표상도 그와 같은 모습으로 나타난다. 까시나에 결점이 나타난다.

그러나 닮은 표상은 마치 허공에 달려있는 보석으로 만든 부채와 보석으로 만든 거울의 원반처럼 움직임이 없이 나타난다. 이것이 나타나므로 근접삼매에 들고, 앞서 설한 방법대로 사종선과 오종선에 든다. **물의 까시나였다.**

(3) 불의 까시나

tejokasiṇakathā

5. 불의 까시나를 수행하고자하는 자는 불에서 표상을 취해야 한다. 전생에 수행하여 덕을 쌓은 자가 자연적인 불에 표상을 취할 때, 그에게 등불, 화덕, 도자기 굽는 곳, 숲 속의 큰 화재와 같은 그 어떤 곳의 불빛을 볼 때 표상이 일어난다. 마치 찟따굿따(Cittagutta) 장로의 경우처럼. 존자는 법을 듣는 날에 포살당으로 들어가다가 등불을 쳐다볼 때 표상이 일어났다고 한다.

6. 그러나 나머지 [전생에 닦지 않은 자는] 까시나를 만들어야 한다. 이것이 만드는 방법이다. 축축한 심재를 쪼개어 말린 뒤 여러 조각으로 자른다. 적당한 나무 아래나 천막으로 가서 그릇을 굽기 위해 만든 모양으로 무더기를 만들고 불을 지핀다. 골풀로 만든 돗자리나 가죽 혹은 천 조각에 한 뼘과 손가락 네 마디의 크기만한 구멍을 낸 뒤 그것을 앞에다 걸어놓고 앞서 설한 방법대로 앉는다. 아래의 풀과 막대나 위의 연기에 마음을 두지 말고 중간의 시뻘건 불꽃에서 표상을 취해야 한다.

7. 푸르다거나 노랗다는 식으로 색깔을 반조해서는 안된다. 열의 특징을 마음에 잡도리해서도 안된다. 색깔은 그것의 토대인 [불]과 동일한 색깔을 가진 것으로 이해하고 [불의 요소가] 가장 현저하기 때문에 [불이라는] 개념(*paññatti*)에 마음을 두면서 빠와까, 깐하와따니, 자따웨다, 후따사나 등 불(*aggi*, 악기, 아그니)의 이름 중 분명한 것으로 '떼조(*tejo*), 떼조' 하면서 [불의 까시나를] 닦아야 한다.

8. 이와 같이 닦을 때 서서히 앞서 설한 방법대로 두 가지 표상이 일어난다. 익힌 표상은 불꽃이 파열하면서 약해지는 것처럼 나타난다. 자연적인 불에서 표상을 취하는 자에게는 까시나의 결점이 나타난다. 불타는 나무 조각이나 숯 덩어리나 재나 연기가 나타난다. 닮은 표상은 마치 공중에 있는 붉은 천 조각처럼, 황금부채처럼, 황금기둥처럼 움직임이 없이 나타난다. 이것이 나타나므로 근접삼매에 들고, 앞서 설한 방법대로 사종선과 오종선에 든다. **불의 까시나였다.**

(4) 바람의 까시나
vāyokasiṇakathā

9. 바람의 까시나를 수행하고자하는 자는 바람에서 표상을 취해야 한다. 이것은 보거나 닿음을 통해서 해야 한다. 주석서에서 이와 같이 설하셨기 때문이다. "바람의 까시나를 배우는 자는 바람에서 표상을 취한다. 사탕수수의 끝이 이리 움직이고 저리 움직이는 것을 주시한다. 대나무 끝이나, 나무 끝이나, 머리카락 끝이 이리 움직이고 저리 움직이는 것을 주시한다. 혹은 바람이 몸에 닿는 것을 주시한다."

10. 그러므로 사람의 머리 부분까지 자란 짙은 잎사귀를 가진 사탕수수나, 대나무나, 나무나, 손가락 네 마디 길이의 숱 많은 머리털을 가진 사람의 머리가 바람에 스치는 것을 보고 '바람이 이 부분에 닿았다'라고 마음챙김을 확립한다. 혹은 창문의 틈이나 벽의 구

멍으로 들어와서 몸의 한 부분에 닿을 때 그곳에 마음챙김을 확립하여 와따, 마루따, 아닐라 등 바람(vata, 와따)의 이름 중 분명한 것으로 '와따(vata), 와따' 하면서 [바람의 까시나를] 닦아야 한다.

11. 여기서 익힌 표상은 솥에서 갓 퍼낸 죽에 김이 모락모락 솟아오르는 것처럼 움직이면서 나타난다. 닮은 표상은 고요하고 움직임이 없다. 나머지는 앞서 설한 방법대로 알아야 한다. **바람의 까시나였다.**

(5) 푸른색의 까시나
nīlakasiṇakathā

12. 그 다음에 "푸른색의 까시나를 배우는 자는 [푸른] 꽃이나 천이나 [푸른]색의 광물에서 표상을 취한다."라는 말씀 때문에 전생에 수행하여 덕을 쌓은 자는 푸른색의 꽃을 가진 덤불이나 예배하는 곳에 깔아놓은 꽃이나 푸른색의 천이나 보석 가운데 어떤 것을 볼 때 표상이 일어난다.

13. 그러나 나머지 [전생에 닦지 않은 자는] 청련이나 기리깐니까 등의 꽃을 가져와서 수술이나 줄기가 보이지 않는 오직 그 꽃들만으로 광주리나 바구니에 가득 채워서 펴야 한다. 혹은 푸른 천으로 꾸러미를 만들어 [광주리나 혹은 바구니에] 채워야 한다. 혹은 북의 표면처럼 푸른 천으로 그 언저리를 덮어 씌워야 한다. 혹은 청동의 푸른색이나 잎의 푸른색이나 염료의 푸른색 가운데 어떤 재료로 땅의 까시나에서 설한 방법대로 휴대용을 만들거나 벽에 까시나

의 원반을 만들어 다른 색깔과 구분해야 한다. 그 다음에 땅의 까시나에서 설한 방법대로 '닐라(nīla, 푸른색), 닐라'하면서 마음에 잡도리해야 한다.

14. 여기서도 익힌 표상에는 까시나의 결점이 나타난다. 수술과 줄기와 잎사귀들의 틈새 등이 나타난다. 닮은 표상은 까시나의 원반에서 벗어나 허공에 보석으로 만든 부채처럼 나타난다. 나머지는 앞서 설한 방법대로 알아야 한다. **푸른색의 까시나였다.**

(6) 노란색의 까시나
pītakasiṇakathā

15. 노란색의 까시나에 대해서도 이 방법이 적용된다. 이와 같이 설하였기 때문이다. "노란색의 까시나를 배우는 자는 [노란] 꽃이나 천이나 [노란]색 광물의 노란 것에서 표상을 취한다." 그러므로 여기서도 전생에 수행하여 덕을 쌓은 자는 노란색의 꽃을 가진 덤불이나 예배하는 곳에 깔아놓은 꽃이나 노란 천이나 보석이나 광물 가운데 어떤 것을 볼 때 표상이 일어난다.

16. 그러나 나머지 [전생에 닦지 않은 자는] 까니까라 꽃 등이나 노란 천이나 광물로 푸른색의 까시나에서 설한 방법대로 까시나를 만들어야 한다. '삐따까(pītaka, 노란색), 삐따까'하면서 마음에 잡도리해야 한다. 나머지는 [땅의 까시나와] 같다. **노란색의 까시나였다.**

(7) 붉은색의 까시나

lohitakasiṇakathā

17. 붉은색의 까시나에 대해서도 이 방법이 적용된다. 이와 같이 설하였기 때문이다. "붉은색의 까시나를 배우는 자는 [붉은] 꽃이나 천이나 [붉은]색 광물의 붉은 것에서 표상을 취한다." 그러므로 여기서도 전생에 수행하여 덕을 쌓은 자는 붉은색의 반두지와까 등의 꽃을 가진 덤불이나 예배하는 곳에 깔아놓은 꽃이나 붉은 천이나 보석이나 광물 가운데 어떤 것을 볼 때 표상이 일어난다.

18. 그러나 나머지 [전생에 닦지 않은 자는] 자야수마나, 반두지와까, 붉은 꼬란다까 등의 꽃이나 붉은 천이나 광물로 푸른색의 까시나에서 설한 방법대로 까시나를 만들어야 한다. '로히따까 (*lohitaka*, 붉은색), 로히따까'하면서 마음에 잡도리해야 한다. 나머지는 [땅의 까시나와] 같다. **붉은색의 까시나**였다.

(8) 흰색의 까시나

odātakasiṇakathā

19. 흰색의 까시나에서도 다음과 같이 설하셨다. "흰색의 까시나를 배우는 자는 [흰] 꽃이나 천이나 [흰]색 광물의 흰 것에서 표상을 취한다." 그러므로 여기서도 전생에 수행하여 덕을 쌓은 자는 흰색의 꽃을 가진 덤불이나 자스민 꽃을 깔아놓은 것이나 백련의 무더기나 흰 천이나 광물 가운데 어떤 것을 볼 때 표상이 일어난다. 주석의 원반과 은의 원반과 달의 원반에서도 일어난다.

20. 그러나 나머지 [전생에 닦지 않은 자는] 위에서 설한 흰 꽃이나 흰 천이나 광물로 푸른색의 까시나에서 설한 방법대로 까시나를 만들어야 한다. '오다따(odāta, 흰색), 오다따'하면서 마음에 잡도리 해야 한다. 나머지는 [땅의 까시나와] 같다. **흰색의 까시나였다.**

(9) 광명의 까시나
ālokakasiṇakathā

21. 광명의 까시나에서는 "광명의 까시나를 배우는 자는 벽의 틈새나 열쇠 구멍이나 열려있는 창문을 통해 들어오는 광명에서 표상을 취한다."라는 말씀 때문에 전생에 수행하여 덕을 쌓은 자는 벽의 틈새 등을 통해 햇빛이나 달빛이 들어와 벽이나 마루에 드리워진 원반을 보거나, 잎이 무성한 나무 가지 사이나 나무 가지를 빽빽하게 꽂아서 만든 막사 사이로 들어와서 땅에 드리워진 원반을 볼 때 표상이 일어난다.

22. 나머지 [전생에 닦지 않은 자도] 위에서 설한 빛의 원반을 '오바사(obhāsa, 빛), 오바사'라고 하거나 '알로까(āloka, 광명), 알로까'하면서 닦아야 한다. 이렇게 할 수 없을 때는 항아리 속에 등불을 켠 뒤 항아리 입구를 막는다. 그다음 항아리에 구멍을 내고 구멍이 벽을 향하도록 놓는다. 그러면 그 구멍으로 등불의 빛이 나와서 벽에 원반을 만든다. 그것을 '알로까, 알로까'하면서 닦아야 한다. 이것은 다른 것보다 오래 지속된다.

23. 여기 익힌 표상은 벽이나 땅에 드리워진 원반과 같다. 닮은 표상은 짙고 맑은 광명의 더미와 같다. 나머지는 [땅의 까시나와] 같다. **광명의 까시나**였다.

(10) 한정된 허공의 까시나
paricchinnākāsakasiṇakathā

24. 한정된 허공의 까시나에서도 "허공의 까시나를 배우는 자는 벽의 틈새나 열쇠 구멍이나 열려있는 창문과 같은 허공에서 표상을 취한다."라는 말씀 때문에 전생에 수행하여 덕을 쌓은 자는 벽의 틈새 등의 가운데서 어떤 것을 볼 때 표상이 일어난다.

25. 나머지 [전생에 닦지 않은 자는] 이엉을 잘 인 초막이나 한 조각의 가죽이나 돗자리 등의 어떤 곳에 한 뼘과 손가락 네 마디 넓이의 구멍을 만들고 [위에서 말한] 벽의 틈새 등의 구멍에서 '아까사(ākāsa, 허공), 아까사'하면서 닦아야 한다.

26. 여기서 익힌 표상은 구멍을 에워싸고 있는 벽 등과 함께 나타나는 구멍과 비슷하다. 확장하려해도 확장할 수 없다. 닮은 표상은 허공의 원이 되어 나타난다. 확장하면 확장할 수 있다. 나머지는 땅의 까시나에서 설할 방법대로 알아야 한다. **한정된 허공의 까시나**였다.

27. 십력(十力)을 가지셨고 일체 법을 보시는 분께서는
색계의 사종선과 오종선의 원인인 까시나들을 설하셨다.

이와 같이 이 [까시나]들과 그것을 닦는 방법을 알고
다시 일반적인 항목을 더 알아야 한다.

일반적인 항목의 주석

pakiṇṇakakathā

28. 이 가운데서 땅의 까시나를 통해서는 "하나가 되었다가 여럿이 된다.(D.i.78)"라는 등의 상태가 되기도 하고,276) 허공이나 물에서 땅을 창조하여 발로 걷거나 서있거나 앉아있는 등의 상태를 만들기도 하고, 제한되거나 무량한 방법으로 지배하는 경지(abhibhū-āyatana, 八勝處)277)를 얻는 것 등을 성취한다.(M.ii.13)

---

276) 이런 신통변화에 대해서는 XII에서 상세히 설명하고 있다.
277) 『중부』「긴 사꿀루다이 경」(Mahāsakuludāyi Sutta, M77)에는 다음의 여덟 가지가 지배의 경지(八勝處)가 나타난다.
(1) 어떤 자는 안으로 물질(色)을 인식하면서 밖으로 제한된 좋은 색깔이나 나쁜 색깔을 가진 물질들을 본다. 이것들을 지배하면서 '나는 알고 본다'라고 이렇게 인식한다.
(2) 어떤 자는 안으로 물질(色)을 인식하면서 밖으로 무량한 좋은 색깔이나 나쁜 색깔을 가진 물질들을 본다. …
(3) 어떤 자는 안으로 물질(色)을 인식하지 않으면서 밖으로 제한된 좋은 색깔이나 나쁜 색깔을 가진 물질들을 본다. …
(4) 어떤 자는 안으로 물질(色)을 인식하지 않으면서 밖으로 무량한 좋은 색깔이나 나쁜 색깔을 가진 물질들을 본다. …
(5) 어떤 자는 안으로 물질(色)을 인식하지 않으면서 밖으로 푸르고 푸른 색깔을 가졌고 푸른 외양을 가졌고 푸른 광명을 가진 물질들을 본다. …
(6) … 노랗고 노란 색깔을 가졌고 …
(7) … 빨갛고 빨간 색깔을 가졌고 …
(8) … 희고 흰 색깔을 가졌고 … 이것들을 지배하면서 '나는 알고 본다'라고 이렇게 인식한다.

29. 물의 까시나를 통해서 땅속으로 숨거나 나오고(D.i.78), 폭풍우를 일으키고, 강과 바다를 창조하고, 땅과 산과 궁전 등을 진동시키는 것(M.i.253) 등을 성취한다.

30. 불의 까시나를 통해서는 연기를 내고, 불꽃을 일으키며, 숯불의 비를 쏟아지도록 하고, 불로 불을 끄고, 그가 태우기를 원하는 것만 태우는 능력(S.iv.290)[278]을 가지고, 천안으로 형상을 볼 수 있도록 빛을 만들고, 반열반에 들 때 불의 요소로 몸을 태우는 것 등을 성취한다.(MA.iv.196)

31. 바람의 까시나를 통해서는 바람의 속력처럼 [빨리] 가고, 폭풍우를 일으키는 것 등을 성취한다.

32. 푸른색의 까시나를 통해서는 푸른 형상을 창조하고, 어두움을 만들며, 아름답거나 추한 방법으로 지배하는 경지를 얻고, 깨끗함을 통한 해탈(*subha-vimokkha*)[279]을 얻는 것 등을 성취한다.(M.ii.12)

그래서 많은 나의 제자들은 초월지로 귀결되고 완성(바라밀)을 성취하여 머문다.

278) "여러 가지 목화와 딱딱한 나무 등을 한 무더기로 만들었을 때 그 중에서 그가 원하는 것만 태우는 능력이다.(Pm.100)"

279) 여덟 가지 해탈(八解脫) 가운데 세 번째이다. 『무애해도』(Ps.ii.39)에서는 네 가지 거룩한 마음가짐(梵住)을 닦아서 이것을 얻을 수 있다고 언급하고 있으며, 『중부 주석서』(MA.iii.256)에서는 색깔의 까시나들을 닦아서 이것을 얻을 수 있다고 설명한다. 『중부』의 「긴 사꿀루다이 경」(M77/ii.12-13)에 나타나는 팔해탈의 전문을 인용한다.
"다시 우다이여, 나는 제자들에게 도닦음을 널리 설했나니 그것을 따라서 나의 제자들은 여덟 가지 해탈(八解脫)을 닦는다.
① 우다이여, 여기 비구는 물질(色)을 가져 물질들을 본다.

33. 노란색의 까시나를 통해서는 노란 형상을 창조하는 것, 금이 되라고 결심하는 것(S.i.116), 앞서 설한 방법으로 지배하는 경지를 얻는 것, 깨끗함을 통한 해탈을 얻는 것 등을 성취한다.

34. 붉은색의 까시나를 통해서는 붉은 형상을 창조하는 것, 앞서 설한 방법으로 지배하는 경지를 얻는 것, 깨끗함을 통한 해탈을 얻는 것 등을 성취한다.

35. 흰색의 까시나를 통해서는 흰 형상을 창조하고, 해태와 혼침을 내쫓고, 어두움을 물리치고, 천안으로 형상을 볼 수 있도록 빛을 만드는 것 등을 성취한다.

36. 광명의 까시나를 통해서는 광채를 발하는 형상을 창조하고, 해태와 혼침을 내쫓고, 어두움을 물리치고, 천안으로 형상을 볼 수 있도록 빛을 만드는 것 등을 성취한다.

---

② 안으로 물질이 없다고 인식하면서 밖으로 물질들을 본다.
③ 청정하다라고 확신한다.
④ 물질(色)에 대한 인식(산냐)을 완전히 초월하고 부딪힘(paṭigha)의 인식을 소멸하고 갖가지 인식을 마음에 잡도리하지 않기 때문에 '무한한 허공'이라고 하면서 공무변처를 구족하여 머문다.
⑤ 공무변처를 완전히 초월하여 '무한한 알음알이(識)'라고 하면서 식무변처를 구족하여 머문다.
⑥ 식무변처를 완전히 초월하여 '아무것도 없다'라고 하면서 무소유처를 구족하여 머문다.
⑦ 무소유처를 완전히 초월하여 비상비비상처를 구족하여 머문다.
⑧ 일체 비상비비상처를 완전히 초월하여 상수멸(想受滅, 인식과 느낌의 그침)을 구족하여 머문다.
그래서 많은 나의 제자들은 초범지로 귀결되고 완성(바라밀)을 성취하여 머문다."

37. 허공의 까시나를 통해서는 가려진 곳을 드러내고, 땅속이나 산속 굴 등에서도 허공을 창조하여 [행·주·좌·와의] 자세를 취하고, 벽 등을 걸림 없이 통과하는 것 등을 성취한다.

38. "위로, 아래로, 옆으로, 둘이 아니며, 무량하게"라는 이 분류는 모든 까시나에 적용된다. 이와 같이 설하셨기 때문이다. "그는 땅의 까시나를 위로, 아래로, 옆으로, 둘이 아니고, 무량하게 인식한다.(M.ii.14)"

39. 이 가운데서 **위로**란 위로 허공을 향함이다. **아래로**란 아래로 땅의 표면을 향함이다. **옆으로**란 토지의 구획처럼 주위를 한정함이다. 어떤 자는 까시나를 오직 위로만 확장한다. 어떤 자는 아래로만, 어떤 자는 주위를 향하여 확장한다. 각각의 이유로 이와 같이 확장한다. 마치 천안으로 형상을 보기를 원하는 자가 광명을 투영하듯이. 그러므로 위로, 아래로, 옆으로라고 설했다. **둘이 아니고**란 하나의 까시나는 다른 까시나와 상관이 없음을 보이기 위해 설했다. 마치 물속에 들어간 자에게 사방에 물뿐이고 다른 것이 없듯이 땅의 까시나는 오직 땅의 까시나일 뿐 다른 까시나와 뒤섞임이 없다.

이 방법은 모든 까시나에 적용된다. **무량하게**란 이것을 확장함이 한정이 없는 것으로 설한 것이다. 마음으로 까시나를 확장할 때 전체에 확장한다. '이것이 [까시나의] 시작이고, 이것이 중간이다'라고 양을 재지 않는다.

40. "업의 장애를 가졌거나 오염원의 장애를 가졌거나 과보의 장애를 가졌거나 믿음이 없고 열의가 없고 통찰지가 없는 중생들은

확실함에 들 수 없고 유익한 법들에 대한 올바름을 가질 수 없다.(Vbh.341)"라고 설하셨기 때문에 이런 자들 가운데서 어느 누구도 어떤 까시나의 수행이든 성취할 수 없다.

41. 이 가운데서 **업의 장애를 가진 자들**이란 무간업280)을 가진 자들이다. **오염원의 장애를 가진 자들**이란 고착된 삿된 견해를 가진 자와 양성자와 고자를 뜻한다. **과보의 장애를 가진 자들**이란 원인이 없는 재생연결281)과 두 가지의 원인을 가진 재생연결을 가진 자들이다. **믿음이 없는 자들**이란 부처님 등에 믿음이 없는 자들이다. **열의가 없는 자들**이란 대적할 것이 없는 도닦음에 대해 열의가 없는 자들이다.282) **통찰지가 없는 자들**이란 세간적이거나 출세간적인 바른 견해가 없는 자들이다. **확실함에 들 수 없고 유익한 법들에 대한 올바름을 가질 수없다**는 것은 유익한 법들에 대해 확실함이라 불리고 또한 올바름이라 불리는 성스러운 도에 들어갈 수 없다는 뜻이다.

42. 이것은 비단 까시나에만 적용되는 것이 아니다. 이런 [중생들 가운데] 그 어느 누구도 다른 명상주제들에 대한 수행을 성취하지 못한다. 그러므로 과보의 장애가 없는 선남자는 업의 장애와 오

---

280) 무간업(ānantariya-kamma)은 ① 아버지를 살해하는 것 ② 어머니를 살해하는 것 ③ 아라한을 살해하는 것 ④ 부처님 몸에 피를 내는 것 ⑤ 승가를 분열하게 하는 것이다. 자세한 것은 『길라잡이』 5장 §19의 1번 해설을 참조할 것.
281) 원인이 없는 재생연결과 두 가지 원인을 가진 재생연결 등에 대해서는 『길라잡이』 4장 §§24-25를 참조할 것.
282) "사성제에 수순하고 도를 따르는 수행인 위빳사나에 대한 열의가 없는 것이다.(Pm.101)"

염원의 장애를 멀리 피하고 정법을 배움과 참된 사람을 섬김 등으로 믿음과 열의와 통찰지를 증장시키고 명상주제에 몰두하여 수행을 해야 한다.

어진 이를 기쁘게 하기 위해 지은 청정도론의
삼매수행의 표제에서
나머지 까시나에 관한 해설이라 불리는
제5장이 끝났다.

제6장
asubhakammaṭṭhānaniddeso
부정[不淨]의 명상주제

제6장 부정(不淨)의 명상주제

asubhakammaṭṭhānaniddeso

부푼 것 등의 용어 설명
uddhumātakādipadatthavaṇṇanā

1. 까시나 다음에 ① 부푼 것 ② 검푸른 것 ③ 문드러진 것 ④ 끊어진 것 ⑤ 뜯어 먹힌 것 ⑥ 흩어져있는 것 ⑦ 난도질당하여 뿔뿔이 흩어진 것 ⑧ 피가 흐르는 것 ⑨ 벌레가 버글거리는 것 ⑩ 해골이 된 것이라는 이 열 가지 죽은 자의 부정(不淨)을 설했다.(III. §105)

이 가운데서 ① **부푼 것**: 마치 바람에 의해 풀무가 팽창하듯이 생명이 끝난 후부터 서서히 팽창하고 부어서 부풀었기 때문에 부풀음(*uddhumāta*)이다. 부풀음이 바로 부푼 것(*uddhumātaka*)이다. 혹은 부풀음(*uddhumāta*)은 혐오스러워서 넌더리난다(*kucchita*). 그러므로 부푼 것(*uddhumātaka*)이다.283) 이것은 이와 같은 상태에 놓여있는

---

283) 첫 번째 해석에서는 '*uddhumāta*(웃두마따, 부푼 것)'라는 단어와 '*uddhu-mātaka*(웃두마따까)'라는 단어의 뜻에는 차이가 없다고 말한다. 즉 '*uddhu-mātaka*(웃두마따까)'의 '*ka*(까)'가 별다른 뜻이 없다는 것이

시체의 동의어이다.

2. ② 검푸른 것: 퇴색되어 가는 것이다. 검푸름(vinīla)이 바로 검푸른 것(vinīlaka)이다. 혹은 검푸름은 혐오스러워서 넌더리난다. 그러므로 검푸른 것이다. 이것은 살점이 많은 곳에서는 붉은 색이고 고름이 모여있는 곳에서는 흰색이다. 그러나 대부분 검푸른 곳에 검푸른 천으로 싸놓은 것과 같은 검푸른 시체의 동의어이다.

3. ③ 문드러진 것: 끊어져 나간 곳에 고름과 함께 흘러내리는 것이다. 문드러짐(vipubba)이 바로 문드러진 것(vipubbaka)이다. 혹은 문드러짐은 혐오스러워서 넌더리난다. 그러므로 문드러진 것이다. 이것은 이러한 상태에 놓여있는 시체의 동의어이다.

4. ④ 끊어진 것: 두 동강으로 끊어지면서 벌어져있는 것이다. 끊어짐(vicchidda)이 바로 끊어진 것(vicchiddaka)이다. 혹은 끊어짐은 혐오스러워서 넌더리난다. 그러므로 끊어진 것이다. 이것은 중간이 끊어진 시체의 동의어이다.

5. ⑤ 뜯어 먹힌 것: 개와 재칼 등에 의해 여기저기 여러 가지로 뜯어 먹힌 것이다. 뜯어 먹힘(vikkhāyita)이 바로 뜯어 먹힌 것(vikkhāyitaka)이다. 혹은 뜯어 먹힘은 혐오스러워서 넌더리난다. 그러므로 뜯어 먹힌 것이다. 이것은 이러한 상태에 놓여있는 시체의 동의어이다.

다. 그러나 두 번째 해석에서는 'ka(까)'가 'kucchita(꿋치따, 넌더리나는, 혐오스러운)'의 뜻을 가져 그 부푼 것이 넌더리나도록 혐오스럽다는 뜻이라고 말한다. 이하 이 방법은 다른 것에도 다 적용되고 있다.

6. ⑥ **흩어져있는 것**: 여러 군데 흩어져있는 것이다. 흩어짐 (*vikkhitta*)이 바로 흩어져있는 것(*vikkhittaka*)이다. 혹은 흩어짐은 혐오스러워서 넌더리난다. 그러므로 흩어져있는 것이다. 이것은 '여기에는 손이 있고, 저기에는 발이 있고, 저 너머에는 머리가 있다'라고 여기저기 흩어져있는 시체의 동의어이다.

7. ⑦ **난도질당하여 뿔뿔이 흩어진 것**(*hata-vikkhittaka*): 끊어지고 앞서 설한 방법대로 흩어져있는 것이다. 이것은 마치 까마귀의 발자취의 형태처럼 사지가 칼로 난도질되어 앞서 설한 방법대로 흩어져있는 시체의 동의어이다.

8. ⑧ **피가 흐르는 것**: 피가 묻어있고, 피를 뿌리고, 여기저기서 흘러내리는 것이 피가 흐르는 것(*lohitaka*)이다. 이것은 흘러내리는 피가 묻어있는 시체의 동의어이다.

9. ⑨ **벌레가 버글거리는 것**: 벌레라고 하는 것은 구더기다. 구더기들을 뿌리기 때문에 벌레가 버글거리는 것(*puḷavaka*)이다. 이것은 구더기가 가득 찬 시체의 동의어다.

10. ⑩ **해골이 된 것**: 뼈다귀(*aṭṭhi*)가 바로 해골(*aṭṭhika*)이다. 혹은 뼈다귀는 혐오스러워서 넌더리나기 때문에 해골이다. 이것은 뼈다귀가 연이어진 것과 하나의 뼈다귀의 동의어이다.

11. 이 [용어들은] 부푼 것 등을 의지해서 일어난 표상들과 이 표상들을 통해서 얻은 禪들에 대해서도 사용된다.

1. 부푼 것의 명상주제

uddhumātakakammaṭṭhāna

12. 이 가운데서 부푼 몸에서 부푼 것의 표상을 일으켜 '부푼 것'이라 불리는 禪을 닦기를 원하는 수행자는 땅의 까시나에서 설한 방법대로 그런 형태의 스승을 친근하여 명상주제를 배워야 한다. 그에게 명상주제를 설할 때 스승은 부정(不淨)한 표상을 얻기 위해서 ① 가는 것에 대한 지침 ② 주위의 표상을 주시함 ③ 11가지 방법으로 표상을 취함 ④ 오고 가는 길을 반조함 ─ 이런 본삼매를 얻는 지침으로 완결되는 모든 것을 설해야 한다. 그 [제자] 역시 이 모든 것을 잘 파악하여 앞서 설한 형태의 장소로 가서 부푼 것의 표상을 참구하면서 머물러야 한다.

13. **[(1) 가는 것에 대한 지침]:** 그가 이와 같이 머물 때 사람들이 아무개 마을의 입구나 숲의 어귀나 길이나 산의 언저리나 나무 아래나 공동묘지에 부푼 시체가 놓여있다고 이야기하는 것을 듣게 되더라도 마치 여울이 없는 강으로 뛰어드는 사람처럼 듣자마자 단박에 그곳으로 가서는 안된다.

14. 왜 그런가? 이 부정한 시체는 야수들뿐만 아니라 귀신들이 포위하고 있기 때문이다. 그러면 그의 생명에 위험이 있을지도 모른다. 혹은 가는 길이 마을 입구나 목욕하는 장소나 밭의 경계선을 지나 있어서 그곳에서 이성의 모습이 시야에 들어올지도 모른다. 혹은 그 시체가 이성의 것일 수도 있다. 남자에게는 여자의 시체가, 여자에게는 남자의 시체가 이성이다. 그것이 최근에 죽은 것이어서

아름답게 나타날지도 모른다. 그러므로 청정범행에 위험을 초래할지도 모른다. 그러나 그가 만약 자신을 검사하여 '이런 것은 나 같은 사람에게는 크게 어려운 것이 아니다'라고 판단되면 가도 된다.

15. 갈 때는 승가의 장로나 다른 명망이 높은 비구에게 알리고 가야 한다.

16. 왜 그런가? 만약 공동묘지에서 귀신이나 사자나 호랑이 등의 모습이나 소리 등 원하지 않는 대상으로부터 위협을 받아 그의 사지가 전율에 휩싸이거나 구역질이 나거나 다른 병이 생길 때, 그런 분은 그의 의발을 사원에 잘 간수하고 있다가 젊은 [스님]이나 사미들을 보내어 그 비구를 돌보아 줄 것이기 때문이다.

17. 더욱이 공동묘지에는 '공동묘지야말로 안전한 곳이다'라고 생각하고 나쁜 짓을 했거나 나쁜 짓을 하려는 도둑들이 모여든다. 그들이 사람들에게 쫓길 때 비구의 옆에 장물을 두고 도망가기도 한다. 사람들은 도둑맞은 재산과 함께 도둑을 찾았다하면서 비구를 잡아서 해코지 할 것이다. 그때 그런 분은 '이 사람을 괴롭히지 마시오. 이 자는 나에게 알린 뒤 이런 일로 그곳에 갔소.'라고 사람들에게 해명하여 그를 구해낼 것이다. 이것이 알리고 가는 것에 대한 이익이다.

18. 그러므로 앞서 설한 분들과 같은 비구에게 알린 뒤 부정한 표상(不淨相, asubha-nimitta)[284]을 보기를 원하는 자는 마치 왕이 대

---

284) 不淨相으로 한역되는 '부정한 표상(asubha-nimitta)'과 不淨想으로 한역되는 '부정한 인식(asubha-saññā)'은 다른 개념이다. 不淨相(부정한

관식의 장소로 향하는 것처럼, 제관이 제단으로 향하는 것처럼, 극빈자가 숨겨진 보물 창고로 향하는 것처럼 희열과 기쁨이 생겨서 간다. 이와 같이 희열과 기쁨을 일으킨 뒤 주석서에서 설한 지침에 따라서 가야 한다.

19. 이와 같이 설하셨기 때문이다. "부푼 것의 부정한 표상(不淨相)을 배우는 자는 마음챙김을 확립하여 잊어버리지 않고, 감각기능(根)들을 안으로 거두어들이고, 마음은 밖으로 달려가지 않고, 오고 가는 길을 반조하면서 혼자서 동행인 없이 간다. 부푼 것의 부정한 표상이 놓여있는 곳에 돌이나 개미굴이나 나무나 덤불이나 덩굴이 있으면 그것의 표상도 함께 만들어야 하고 그것을 대상에 연관지어야 한다. 그렇게 한 다음 그 부푼 것의 부정한 표상을 본성의 상태에 따라 주시한다(§84 참조할 것). 그리고 색깔에 따라, 특징에 따라, 모양에 따라, 방위에 따라, 위치에 따라, 한계에 따라 주시하고, 관절에 따라, 트인 구멍에 따라, 오목한 부위에 따라, 볼록한 부위에 따라, 주위에 따라 주시한다. 그는 그 표상을 잘 취하고, 잘 지니고, 아주 자세하게 구분한다."

20. "그는 그 표상을 잘 취하고, 잘 지니고, 아주 자세하게 구

표상)은 부정한 모습이나 그런 영상을 통해서 생긴 영상이나 잔상을 말하며 이것이 익힌 표상이나 닮은 표상으로 승화된 것을 뜻하기도 한다. 이처럼 이것은 주로 부정의 관찰에서 쓰인다.
그러나 不淨想은 말 그대로 대상을 부정하다고 인식하는 것이다. 그리고 이 술어는 오온이 부정하다고 인식하는 문맥에서도 나타난다. 즉 오온을 常・樂・我・淨으로 인식하지 않고 無常・苦・無我・不淨으로 인식하는 문맥에서도 나타난다. 여기서 淨과 不淨은 각각 subha와 asubha의 역어이다.

분한 뒤 마음챙김을 확립하여 잊어버리지 않고, 감각기능들을 안으로 거두어들이고, 마음은 밖으로 달려가지 않고, 오고가는 길을 반조하면서 혼자 동행인 없이 간다. 그는 경행할 때에도 그쪽으로 경행할 결심을 하고 앉을 때에도 그쪽으로 자리를 마련한다.285)"

21. "[부정한 표상] 주위에 있는 [돌 등의] 표상을 주시하는 것은 무슨 목적이 있고 무슨 이익이 있는가? 주위의 표상을 주시하는 것은 미혹하지 않음에 그 목적이 있고 미혹하지 않음이 그 이익이다. 열한 가지 방법으로 표상을 취하는 것은 무슨 목적이 있고 무슨 이익이 있는가? 열한 가지 방법으로 표상을 취하는 것은 [마음을 부정한 표상으로] 가져가서 묶는 것에 그 목적이 있고 [마음을 부정한 표상으로] 가져가서 묶는 것이 그 이익이다. 오고가는 길을 반조하는 것은 무슨 목적이 있고 무슨 이익이 있는가? 오고 가는 길을 반조하는 것은 이 명상주제의 과정을 성취함에 그 목적이 있고 명상주제의 과정을 성취함이 그 이익이다."

22. "그는 이익을 보고 그것을 보배라고 인식하면서 [부정한 표상에] 존경심을 일으키고 사랑하면서 그 대상에 마음을 가져가 묶는다. '기필코 이 도닦음으로 늙음과 죽음에서 벗어나리라'고 그는 감각적 욕망들을 완전히 떨쳐버리고 해로운 법(不善法)들을 떨쳐버린 뒤 … 초선(初禪)에 들어 머문다. 그는 색계의 초선과 신성한 머묾과 수행으로 인한 덕행의 토대를 얻는다."

---

285) "부정한 표상을 마음에 잡도리하고 경행하고, 앉을 때에도 그 부정한 표상을 마음에 잡도리한 채 자리를 마련한다는 뜻이다.(Pm.105)"

23. 그러므로 [오염원 때문에 조복되지 않은] 마음을 조복하기 위해서 묘지의 시체를 보러갈 때에는 종을 울려 대중을 운집시켜 [알리고 나서] 가는 것이 좋다. 명상주제를 닦는 것을 가장 큰 이유로 가기 때문에 혼자 동료 없이 가야 한다. 기본적인 명상주제를[286] 놓지 않고 마음에 잡도리하면서, 묘지에 있는 개 등의 위험을 피하기 위해 지팡이나 막대기를 들고, [기본적인 명상주제에] 잘 확립된 상태로 마음챙김을 잊어버리지 않고, 마노(mano, 意)를 여섯 번째로 하는 감각기능(根)들을 안으로 지켜 마노가 밖을 향해 달리지 않게 하면서 가야 한다.

24. 사원을 나갈 때에는 반드시 '아무개 방향의 아무개 문으로 나왔다'고 그 문을 주시해야 한다. 그 다음에 가는 길도 구분해야 한다. '이 길은 동쪽을 향해 간다. 서, 북, 남쪽이나, [동북, 서남 등의] 간방위를 향해 간다. 이 지점에서 길은 왼쪽으로 가고, 이 지점에서는 오른 쪽으로 간다. 그 길의 이 지점에 돌이 있고, 이 지점에 개미굴이 있고, 이곳에 나무가 있고, 이곳에 덤불이 있고, 이곳에 덩굴이 있다.'라고 이와 같이 가는 길을 구분하면서 표상이 있는 장소로 가야 한다. 바람을 안고 가서는 안된다.

25. 바람을 안고 갈 때 시체의 악취가 코에 불어와 머리가 어지럽거나 구역질이 나거나 혹은 후회를 할지도 모른다. '이런 시체가 있는 곳에 내가 왔다니!'라고. 그러므로 역풍을 피하고 순풍에

---

286) 평소에 자기가 때때로 들던 부처님을 계속해서 생각함(佛隨念) 등 모든 것에 유익한 명상주제이다(Pm.106).

가야 한다. 만약 중간에 산이 있거나 낭떠러지가 있거나 바위가 있 거나 울타리가 있거나 가시가 있거나 물이 있거나 늪지대가 있어 순풍이 부는 방향의 길로 갈 수 없을 때는 가사 자락으로 코를 막고 가야 한다. 이것이 가는 것에 대한 지침이다.

26. **[(2) 주위의 표상을 주시함]**: 이와 같이 가서 곧장 부정한 표상을 찾아서는 안된다. 방향을 구분해야 한다. 어떤 방향에 서있을 때는 대상이 선명하게 나타나지 않고 마음이 [수행에] 적합하지 않기 때문이다. 그러므로 그런 방향을 피하여 대상이 선명하게 나타나고 마음이 [수행에] 적합한 곳에 서있어야 한다. 역풍과 순풍의 지점에 서있는 것을 피해야 한다. 바람을 안고 서있으면 시체의 악취에 시달려서 마음은 [다른 대상으로] 치달리게 되고, 바람을 피하여 서있을 때 만약 그곳에 살던 인간 아닌 존재(*amanussa*, 非人)들이 있으면 그들이 화를 내어 해코지를 하기 때문이다. 그러므로 약간 옆으로 비켜서서 지나치게 순풍이 아닌 곳에 서있어야 한다.

27. 이와 같이 서있을 때 시체와 너무 멀리, 너무 가까이, 발에 너무 가까이, 머리에 너무 가까이 서서는 안된다. 너무 멀리 서있으면 대상이 선명하지 않고, 너무 가까이 서있으면 두려움이 일어난다. 발 옆이나 머리 옆에 서있으면 부정함을 모두 고르게 인지하지 못한다. 그러므로 너무 멀지도 않고 너무 가깝지도 않으며 그가 쳐다보기에 편리한 곳에서 몸의 중간 부분에 서있어야 한다.

28. 이와 같이 서있을 때 '부푼 것의 부정한 표상이 놓여있는 곳에 돌이나 개미굴이나 나무나 덤불이나 덩굴이 있으면 그것의 표

상도 함께 만들어야 한다.'(§19)라고 설한 주위의 표상들을 주시해야 한다.

29. 다음이 주시하는 지침이다. 만약 그 표상의 주위에 돌이 눈의 영역으로 들어오면 '이 돌은 높다, 낮다, 작다, 크다, 갈색이다, 검다, 희다, 길다, 둥글다'고 구분해야 한다. 그 다음에 '이 구역에서 이것은 돌이고 이것은 부정한 표상이다. 이것은 부정한 표상이고 이것은 돌이다'라고 주시해야 한다.

30. 만약 개미굴이 있으면 '이 개미굴은 높다, 낮다, 작다, 크다, 갈색이다, 검다, 희다, 길다, 둥글다'고 구분해야 한다. 그 다음에 '이 구역에서 이것은 개미굴이고 이것은 부정한 표상이다'라고 주시해야 한다.

31. 만약 나무가 있으면 '이 나무는 아슈와타 나무다, 반얀 나무다, 깟차까 나무다, 까삣타나 나무다' 혹은 '높다, 낮다, 작다, 크다, 검다, 희다'고 구분해야 한다. 그 다음에 '이 구역에서 이것은 나무이고 이것은 부정한 표상이다'라고 주시해야 한다.

32. 만약 덤불이 있으면 '이것은 시니 덤불이다, 까라만다 덤불이다, 까나위라 덤불이다, 꾸란다까 덤불이다' 혹은 '높다, 낮다, 작다, 크다, 검다, 희다'고 구분해야 한다. 그 다음에 '이 구역에서 이것은 덤불이고 이것은 부정한 표상이다'라고 주시해야 한다.

33. 만약 덩굴이 있으면 '이것은 호박 덩굴이다, 박 덩굴이다, 사마 덩굴이다, 검은 덩굴이다, 뿌띠 덩굴이다'고 구분해야 한다. 그

다음에 '이 구역에서 이것은 덩굴이고 이것은 부정한 표상이다'라고 주시해야 한다.

34. 앞서 설한 **그것의 표상도 함께 만들어야 하고 그것을 대상에 연관지어야 한다**(§19)라는 것은 바로 다음의 문장에서 포함되었다. 계속해서 구분할 때 그것의 표상도 함께 주시한다고 한다. '이것은 돌이고 이것은 부정한 표상이다. 이것은 부정한 표상이고 이것은 돌이다'라고 계속해서 쌍으로 연결해서 구분하는 것을 대상에 연관지어 주시한다고 한다.

35. [(3) **열한 가지 방법으로 표상을 취함**]: 이와 같이 그것의 표상도 함께 만들고 대상에 연관지은 다음 본성의 **상태에 따라 주시한다**라고 설했기 때문에 이 본성의 상태는 이 자체가 다른 것과는 공통되지 않는 부푼 상태라는 사실을 마음에 잡도리해야 한다. '이것은 부푼 것이다', '이것은 검푸른 것이다'라고 본성에 따라 그 역할에 따라 구분해야 한다는 뜻이다. 이와 같이 구분한 뒤 ① 색깔에 따라 ② 특징에 따라 ③ 모양에 따라 ④ 방위에 따라 ⑤ 위치에 따라 ⑥ 한계에 따라, 이와 같이 여섯 가지로 표상을 취해야 한다.

36. 어떻게? 그 수행자는 '이 몸은 검은색의 피부를 가진 사람의 것이거나, 흰색의 피부를 가진 사람의 것이거나, 황금색 피부를 가진 사람의 것이다'라고 ① **색깔에 따라** 구분해야 한다.

37. ② **특징에 따라**: 남성, 여성이라고 구분하는 대신에 '초년이나 중년이나 노년에 있었던 [중생의] 몸이다'라고 구분해야 한다.

38. ③ **모양에 따라:** 부푼 것의 모양에 따라서 '이것은 이 [중생]의 머리의 모양이고, 이것은 목의 모양이고, 이것은 손의 모양이고, 이것은 가슴의 모양이고, 이것은 복부의 모양이고, 이것은 그 배꼽의 모양이고, 이것은 엉덩이의 모양이고, 이것은 넓적다리의 모양이고, 이것은 종아리의 모양이고, 이것은 발의 모양이다'라고 구분해야 한다.

39. ④ **방위에 따라:** 이 몸에 두 가지 방위가 있다. '배꼽으로부터 아래쪽이 아랫방위이고, 그 위가 윗방위이다'라고 구분해야 한다. 혹은 '나는 이 방위에 서있고 부정한 표상은 이 방위에 있다'고 구분해야 한다.

40. ⑤ **위치에 따라:** '이 구역에 손이 있고, 이곳에 발이, 이곳에 머리가, 이곳에 몸의 중간 부분이 있다'라고 구분해야 한다. 혹은 '나는 이 장소에 서있고 부정한 표상은 이곳에 있다'라고 구분한다.

41. ⑥ **한계에 따라:** '이 몸은 아래로는 발바닥으로, 위로는 머리카락의 끝으로, 주위는 피부로 한정되어있다. 이와 같이 한정된 곳에 서른두 가지 더러움으로 가득 차있다'라고 구분해야 한다. 혹은 '이것은 그 손의 한계고, 이것은 발의 한계고, 이것은 머리의 한계고, 이것은 몸의 중간 부분의 한계다'라고 구분해야 한다. [몸 전체를 한정하여 취할 수 없을 때는 그 부푼 것의 일부분을 취하여] 그 취한 만큼 '이것은 이렇게 부풀었다'라고 구분해야 한다.

42. 그러나 남자에게 여자의 몸과 여자에게 남자의 몸은 적당

하지 않다. 이성의 시체에서 [명상주제의] 대상은 확립되지 않는다. 이것은 [감각적 욕망 등의 오염원에 의해] 동요의 조건이 된다. "문드러졌더라도 여자는 남자의 마음을 침범하여 머문다(cf. MA.v.105)"라고 『중부 주석서』에서 설했다. 그러므로 동성의 몸에서만 이와 같이 여섯 가지로 표상을 취해야 한다.

43. 그러나 과거 부처님들 곁에서 명상주제를 닦았고, 두타행을 지녔고, 사대(四大)를 고찰했고, 상카라(行)들을 파악했고, 정신과 물질을 구분했고, 중생이라는 인식을 뽑아버렸고, 사문이 해야 할 일을 했고, 선행을 가득 채웠고, 수행을 닦았고, 씨앗287)을 가졌고, 최상의 지혜를 가졌고, 오염원이 적은 선남자에게는 [부푼 것 등의 부정한 표상을] 쳐다보는 바로 그 자리에서 닮은 표상이 일어난다. 만약 이와 같이 일어나지 않으면 이처럼 여섯 가지 방법으로 표상을 취할 때 일어난다.

44. 이와 같이 하여도 나타나지 않으면 그는 다시 ⑦ 관절에 따라 ⑧ 트인 구멍에 따라 ⑨ 오목한 부위에 따라 ⑩ 볼록한 부위에 따라 ⑪ 주위에 따라 다시 다섯 가지로 표상을 취해야 한다.

45. 이 가운데서 ⑦ **관절에 따라**란 180개의 관절에 따라 [표상을 취하는 것이다]. 부푼 것에서 어떻게 180개의 관절을 구분할 수 있는가? 그러므로 그는 오른 손에 세 개의 관절, 왼 손에 세 개의 관절, 오른 발에 세 개의 관절, 왼 발에 세 개의 관절, 목에 한 개

---

287) "윤회로부터 벗어나는 것에게 강하게 의지하는 조건이 되는 선업의 씨앗을 뜻한다(Pm.111)."

의 관절, 허리에 한 개의 관절, 이렇게 14개의 주요한 관절로 구분해야 한다.

46. ⑧ **트인 구멍에 따라:** 트인 구멍이란 손의 안288), 두 발 사이, 배의 중간, 귓구멍이다. 이와 같이 트인 구멍에 따라 구분해야 한다. 혹은 눈이 감겨있거나 떠있는 상태, 입이 벌어져있거나 다물어져있는 상태를 구분해야 한다.

47. ⑨ **오목한 부위에 따라:** 눈구멍, 입안, 목 아래와 같이 몸의 오목한 부분을 구분해야 한다. 혹은 나는 낮은 곳에 있고 시체는 높은 곳에 있다고 구분해야 한다.

48. ⑩ **볼록한 부위에 따라:** 무릎과 가슴과 이마와 같이 몸의 볼록한 부분을 구분해야 한다. 혹은 나는 높은 곳에 있고 시체는 낮은 곳에 있다고 구분해야 한다.

49. ⑪ **주위에 따라:** 온 몸의 주위를 전부 구분해야 한다. 온 몸에 샅샅이 지혜를 움직여 선명하게 나타나는 부분에 '부푼 것, 부푼 것'이라고 마음을 확립시켜야 한다. 만약 이렇게 해도 [표상이] 나타나지 않으면 가슴까지의 [상반]신이 특히 부풀어있을 때 그곳에다 '부푼 것, 부푼 것'이라고 마음을 확립시켜야 한다.

50. 이제 **그는 그 표상을 잘 취하고**라는 등의 구절(§20)에 대해서 판별하여 설명한다. 그 수행자는 그 시체에서 앞서 설한 표상

---

288) "왼 손과 왼 쪽 옆구리와 오른 손과 오른 쪽 옆구리의 사이의 트인 곳이다.(Pm.112)"

을 취하는 방법에 따라 표상을 잘 취해야 한다. 마음챙김을 잘 확립한 뒤 전향해야 한다. 이와 같이 거듭하면서 잘 간직하고 구분해야 한다. 몸으로부터 너무 멀지도 너무 가깝지도 않은 곳에 서거나 앉아서 눈을 뜨고 쳐다보면서 표상을 취해야 한다. '부푼 것의 혐오스러움, 부푼 것의 혐오스러움'하면서 백 번 천 번 눈을 뜨고 쳐다봐야 하고 눈을 감고 전향해야 한다.

51. 이와 같이 반복해서 행할 때 그는 익힌 표상을 잘 취하게 된다. 언제 잘 취한 것이라 하는가? 눈을 떴다가 감을 때 혹은 감고 나서 전향할 때 같은 형태로 나타나면 잘 취한 것이라 한다.

52. 그가 그 표상을 잘 취하고 잘 간직하고 잘 호지하고 잘 구분하여도 만약 그 장소에서 수행의 정점에 이를 수 없으면 올 때 설한 방법대로 혼자 동행인 없이 그 명상주제를 마음에 잡도리하고 마음챙김을 굳게 확립하고 감각기능들을 안으로 거두어들이고, 마음이 밖으로 달려가지 않고, 자기의 숙소로 곧장 가야 한다.

53. 공동묘지에서 나올 때도 돌아오는 길을 구분해야 한다. '내가 나온 이 길은 동쪽을 향해 간다. 서, 북, 남쪽이나, [동북, 서남 등의] 간방위를 향해 간다. 이 지점에서 길은 왼쪽으로 가고, 이 지점에서 오른 쪽으로 간다. 그 길의 이 지점에 돌이 있고, 이 지점에 개미굴이 있고, 이곳에 나무가 있고, 이곳에 덤불이 있고, 이곳에 덩굴이 있다.'라고

54. 이와 같이 돌아오는 길을 구분한 뒤 돌아와서는 경행할 때에도 그쪽으로 경행하도록 해야 한다. 부정한 표상을 마주보고 있

는 자리에서 경행해야 한다는 뜻이다. 앉을 때에도 그쪽으로 자리를 마련해야 한다.

55. 만약 그 방향으로 습지가 있거나 낭떠러지가 있거나 나무나 울타리나 늪이 있어 그 방향을 마주보고 있는 자리에서 경행할 수 없고 공간이 부족해서 자리도 마련할 수 없으면 그 방향으로 향해 있지 않더라도 공간이 허락하는 곳에서 경행하고 앉아야 한다. 그러나 마음은 오직 그 방향을 향해 있어야 한다.

56. **[부정한 표상] 주위에 있는 [돌 등의] 표상을 주시하는 것은 무슨 목적이 있는가**라고 시작한 질문에 대해 **미혹하지 않음에 그 목적이 있다**라고 대답했다.(§21) 그 뜻은 다음과 같다. 만약 때 아닌 때에 부푼 것의 표상이 있는 곳에 가서 주위의 표상을 주시한 뒤 표상을 취하기 위해 눈을 뜨고 쳐다보는 순간 시체가 벌떡 일어나있거나 덮치거나 쫓아오는 것처럼 나타나면 그는 무시무시하고 소름끼치는 대상을 보고 마음이 산만하여 미친 사람처럼 될 것이다. 무서움과 공포에 붙잡혀 모골이 송연하게 된다. 성전에서 설한 서른여덟 가지 명상주제 가운데서 어떤 것도 이처럼 무서운 주제는 없다. 이 명상주제에서 禪을 잃는 사람도 있다. 왜 그런가? 명상주제가 지나치게 무섭기 때문이다.

57. 그러므로 그 수행자는 확고부동한 자세로 마음챙김을 확립하고 '시체가 벌떡 일어나 쫓아오는 법이란 없다. 만약 그것의 옆에 있는 돌이나 덩굴이 온다면 시체가 올지도 모른다. 그러나 돌이나 덩굴이 오지 않기 때문에 시체도 오지 않는다. 그대에게 나타난 이

런 현상은 인식에서 생긴 것이고 인식에서 일어난 것일 뿐이다. 오늘 그대에게 명상주제가 생겼다. 비구여, 두려워 말라.'라고 두려움을 떨쳐버리고 웃어넘기면서 그 표상에 대해 마음을 일으켜야 한다. 이와 같이 그는 특별함에 이르게 된다. **주위에 있는 [돌 등의] 표상을 주시하는 것은 미혹하지 않음에 그 목적이 있다**라는 것은 이것과 관련하여 설한 것이다.

58. 열한 가지로 표상을 취하는 것을 성취하면서 [마음을] 명상주제에 묶는다. 그가 눈을 뜨고 쳐다보는 것을 조건으로 익힌 표상이 일어난다. 그 익힌 표상에 마음을 둠을 통해서 닮은 표상이 일어난다. 그곳에 마음을 둠을 통해서 본삼매를 얻는다. 본삼매에 머물러서 위빳사나를 증장하면서 아라한이 된다. 그러므로 **열한 가지 방법으로 표상을 취하는 것은 [마음을 부정한 표상으로] 가져가서 묶는 것이 그 목적이다**(§21)라고 설했다.

59. **[(4) 오고 가는 길을 반조함]: 오고 가는 길을 반조하는 것은 이 명상주제의 과정을 성취함이 그 목적이다.**(§21) 오는 길과 가는 길을 반조함은 이미 설했다. 그것은 이 명상주제의 바른 과정을 성취함이 목적이라는 뜻이다.

60. 만약 이 비구가 이 명상주제를 들고 오는 도중에 어떤 자들이 '스님, 오늘이 며칠입니까?'라고 날짜를 묻거나 질문을 하거나 인사를 하면 '나는 명상주제를 든 사람이다'라고 생각하여 묵묵히 지나는 것은 적절치 않다. 날짜를 말해주어야 하고 질문에 답해야 한다. 만약 모르면 모른다고 해야 한다. 여법하게 인사에 답례를 해

야 한다.

그가 이와 같이 할 때 미숙한 그 익힌 표상을 잃어버릴 것이다. 그것을 잃어버리더라도 날짜를 물어오면 말해주어야 하고 질문한 것을 알지 못하면 모른다고 말해야 한다. 알면 확실하게 답하는 것이 적절하다. 인사에 답례를 해야 한다. 객으로 온 비구를 보면 기꺼이 맞아야 한다. 나머지 탑전을 돌보는 소임과 보리수 뜰의 소임과 포살당의 소임과 식당과 욕실의 소임과 스승과 은사와 객승과 길 떠나는 자에 대한 소임 등 율장의 「칸다까」(Khandhaka, 犍度部)에 있는 모든 소임을 충실히 해야 한다.

61. 그가 이런 소임들을 충실히 할 때 그 미숙한 표상이 사라져버리면 '다시 가서 표상을 취하리라'고 가기를 원하지만 귀신이나 야수들이 점령하고 있기 때문에 묘지에 갈 수 없거나 [시체의 부푼] 표상이 사라져버린다. 왜냐하면 부푼 것은 하루나 이틀 정도 지속되고는 곧바로 검푸른 상태 등으로 되어버리기 때문이다. 그러므로 모든 명상주제 가운데서 이같이 얻기 어려운 명상주제는 없다.

62. 그러므로 이와 같이 [부푼 것의] 표상을 잃어버릴 때 비구는 밤에 머무는 곳이나 낮에 머무는 곳에 앉아서 '나는 이 문으로 사원을 나가서 아무개 방향을 향해 있는 길에 들어섰고 아무개 지점에서 왼쪽으로 향했고 아무개 지점에서 오른쪽으로 향했다. 그것의 아무개 지점에 돌이 있었고 아무개 지점에 개미굴과 나무와 덤불과 덩굴이 있었다. 나는 그 길로 가서 아무개 장소에서 부정한 것을 보았다. 그곳에서 아무개 방향을 향해 서서 이렇게 각각 주위의 표상을 주시했다. 이와 같이 부정한 표상을 취하고 나서 아무개 방

향으로 묘지에서 나와서 이런 형태의 길로 이런저런 것을 하면서 돌아와서 여기 앉아있다.'라고 이와 같이 가부좌를 틀고 앉아있는 장소에 이르기까지 가고 온 길을 반조해야 한다.

63. 그가 이와 같이 반조할 때 그 표상이 분명해진다. 면전에 놓여있는 것처럼 나타난다. [잃어버렸던] 명상주제는 다시 이전의 과정을 되찾게 된다. 그러므로 **오고 가는 길을 반조하는 것은 이 명상주제의 과정을 바르게 성취함이 그 목적이다**라고 설했다.

64. **그는 이익을 보고 그것을 보배라고 인식하면서 [부정한 표상에] 존경심을 일으키고 사랑하면서 그 대상에 마음을 가져가 묶는다**(§22): 여기서 부풀어 오른 혐오스런 것에 마음을 두어 禪을 일으킨 뒤 禪을 가까운 원인으로 하는 위빳사나를 증장시켜 '기필코 이 도로써 늙음과 죽음에서 벗어나리라'고 이와 같이 이익을 보는 자가 되어야 한다.

65. 예를 들면 가난한 사람이 귀중한 보석을 얻고 나서 '참으로 얻을 수 없는 것을 얻었구나'라면서 보배라고 인식하여 존경심을 일으키고 지극한 정성으로 사랑하면서 그것을 보호하는 것과 같다.

그와 같이 '참으로 얻기 어려운 명상주제를 내가 얻었다. 이것은 참으로 가난한 사람에게 귀중한 보석과도 같다. 왜냐하면 네 가지 요소를 명상주제로 가진 자는 자기의 네 가지 근본물질(四大)을 파악하고, 들숨날숨을 명상주제로 가진 자는 자기의 코 안의 바람을 파악하고, 까시나를 명상주제로 가진 자는 까시나를 만들어 편하게 닦는다. 마찬가지로 나머지 명상주제도 쉽게 얻는다. 그러나 이것은 오직 하루 내지 이틀밖에 지속되지 않고, 그 후엔 검푸른 상태가 되고 만다. 그러므로 이보다 더 얻기 어려운 것은 없다.'라고 이것을 보배라고 인식하면서 존경심을 일으키고 사랑하면서 그 표상을 보호해야 한다.

밤에 머무는 곳과 낮에 머무는 곳에서 '부푼 것의 혐오스러움, 부푼 것의 혐오스러움'하면서 그곳에 반복해서 마음을 묶어야 하고 반복해서 그 표상으로 전향해야 하고 마음에 잡도리해야 한다. 논리로 쳐야 하고 일으킨 생각으로 쳐야 한다.

66. 그가 이와 같이 할 때 닮은 표상이 일어난다. 두 가지 표상의 차이점은 이러하다. 익힌 표상은 어그러지고 두렵고 섬뜩한 형상으로 나타난다. 그러나 닮은 표상은 건장한 사지를 가진 사람이 배불리 먹고 누워있는 것처럼 나타난다.

67. 그가 닮은 표상을 얻음과 동시에 밖으로 애욕들을 마음에 잡도리하지 않기 때문에 억압으로 감각적 욕망을 버린다. 찬사(*anunaya*)를 버림으로 적의(*byāpāda*)도 버린다. 마치 피를 짜냄으로 고름도 짜내듯이. [명상주제를 마음에 잡도리하느라] 쏟은 정진으로 해태와 혼침을, 후회를 만들지 않는 고요한 법에 전념함으로 들뜸과 후회를, 특별함을 얻는 것을 경험함으로 도를 가르치는 스승과 도와 도의 결실에 대한 의심을 버린다. 이와 같이 다섯 가지 장애(五蓋)들을 버린다.

표상으로 마음을 향하게 하는 특징을 가진 일으킨 생각(尋)과, 그 표상을 문지르는 역할을 가진 지속적인 고찰(伺), 특별함을 얻음으로 생긴 희열(喜), 마음이 희열로 가득한 자에게 편안함이 생기기 때문에 편안함(輕安)과, 경안을 표상으로 한 행복(樂)과, 행복한 자의 마음에 삼매가 생기기 때문에 행복을 표상으로 한 [마음의] 하나됨(一境性) — 이런 禪의 구성요소들이 나타난다.

68. [닮은 표상이 생기는] 그 순간에 초선의 상대(paṭibimba)가 되는 근접삼매도 생기게 된다. 이 다음부터 초선의 본삼매와 자유자재를 얻는 것까지에 관계된 모든 것은 땅의 까시나에서 설한 방법대로 알아야 한다.

검푸른 것 등 나머지 명상주제
vinīlakādikammaṭṭhāna

69. '부푼 것의 부정한 표상을 배우는 자는 마음챙김을 확립하여 혼자 동행인 없이 가야 한다(§19)'라는 등의 방법으로 가는 것부터 시작하여 특징을 설한 것은 이제 이 다음의 검푸른 것 등에서도 적용된다. 그 모든 것을 '검푸른 것의 부정한 표상을 배우는 자는', '문드러진 것의 부정한 표상을 배우는 자는'이라는 식으로 각각의 경우에서 '부푼 것'이라는 단어만을 [해당되는 단어로] 대체시킨 뒤 앞서 설한 방법대로 설명과 뜻하는 것을 알아야 한다.

2. 검푸른 것

70. 그러나 이것이 차이점이다. 검푸른 것에 '검푸른 것의 혐오스러움, 검푸른 것의 혐오스러움'하면서 마음에 잡도리해야 한다. 익힌 표상은 얼룩얼룩한 반점의 색깔로 나타난다. 그러나 닮은 표

상은 많은 부분을 차지하는289) [검푸른] 색깔로 나타난다.

3. 문드러진 것

71. 문드러진 것에 '문드러진 것의 혐오스러움, 문드러진 것의 혐오스러움'하면서 마음에 잡도리해야 한다. 익힌 표상은 줄줄 흘러내리는 것처럼 나타난다. 그러나 닮은 표상은 움직임 없이 고정되어 나타난다.

4. 끊어진 것

72. 끊어진 것은 전쟁터나 도적들이 들끓는 숲이나 국왕에게 [목이] 잘린 도적이 있는 공동묘지나 혹은 사자나 호랑이에게 물어뜯긴 사람이 있는 숲에서 발견된다. 그러므로 그런 곳에 가서 만약 여러 방향으로 흩어져있더라도 한 번의 전향으로 시야에 들어오면 그것은 다행한 일이다. 만약 그렇지 않더라도 자기 손으로 만져서는 안된다. 손으로 만지다보면 친숙해져버릴지도 모른다.290) 그러므로 절에 시중드는 사람이나 출가하려는 사람이나 다른 사람으로 하여금 한 곳으로 모으도록 해야 한다. 만약 이런 사람을 구하지 못하면 지팡이나 막대기로 손가락 한 마디의 간격을 두고291) 함께 모

---

289) "피가 있는 부분은 붉게 나타날 것이고 고름 등이 있는 부분은 희게 나타날 것이지만 이 표상이 검푸른 것이므로 이 색깔이 많은 부분에 나타날 것이다. 이 색깔들 가운데서 닮은 표상은 그 검푸른 색깔로 나타난다.(Pm.118)"
290) "마치 시체를 태우는 사람처럼 혐오감 없이 시체에 다가갈지도 모른다.(Pm.118)"

아야 한다. 이와 같이 모은 뒤 '끊어진 것의 혐오스러움, 끊어진 것의 혐오스러움'하면서 마음에 잡도리해야 한다. 익힌 표상은 중간이 끊어진 것처럼 나타난다. 그러나 닮은 표상은 전체로 나타난다.

5. 뜯어 먹힌 것

73. 뜯어 먹힌 것에 '뜯어 먹힌 것의 혐오스러움, 뜯어 먹힌 것의 혐오스러움'하면서 마음에 잡도리해야 한다. 익힌 표상은 여기저기 뜯어 먹힌 것처럼 나타난다. 그러나 닮은 표상은 전체로 나타난다.

6. 흩어진 것

74. 흩어진 것은 끊어진 것에서 설한 방법대로 손가락 한 마디씩의 간격을 두게 하거나 두고서 '흩어진 것의 혐오스러움, 흩어진 것의 혐오스러움'하면서 마음에 잡도리해야 한다. 익힌 표상은 선명한 구멍과 함께 나타난다. 그러나 닮은 표상은 전체로 나타난다.

7. 난도질당하여 뿔뿔이 흩어진 것

75. 난도질당하여 뿔뿔이 흩어진 것도 끊어진 것에서 설한 것과 같은 장소에서 발견된다. 그러므로 그곳에 가서 앞서 설한 방법대로 손가락 한 마디씩의 간격을 두게 하거나 두고서 '난도질당하여

---

291) "이 표상이 끊어진 것이기 때문에 끊어진 상태를 알기 위해 손가락 한 마디의 간격을 둔다. 그렇지 않으면 하나의 덩어리로 나타나버릴지도 모르기 때문이다.(Pm.118)"

뿔뿔이 흩어진 것의 혐오스러움, 난도질당하여 뿔뿔이 흩어진 것의 혐오스러움'하면서 마음에 잡도리해야 한다. 익힌 표상이 나타날 때에는 상처의 찢어진 구멍과 같다. 그러나 닮은 표상은 전체로 나타난다.

8. 피가 흐르는 것

76. 피가 흐르는 것은 전쟁터 등에서 얻은 상처의 찢어진 구멍에서, 혹은 손과 발 등이 잘렸을 때 파열된 종기와 종양 등의 구멍에서 피가 흐를 때 발견된다. 그러므로 그것을 보고 '피가 흐르는 것의 혐오스러움, 피가 흐르는 것의 혐오스러움'하면서 마음에 잡도리해야 한다. 익힌 표상은 바람에 부딪힌 붉은 깃발처럼 움직이는 형태로 나타난다. 그러나 닮은 표상은 고정되어 나타난다.

9. 벌레가 버글거리는 것

77. 벌레가 버글거리는 것은 이틀이나 사흘이 지난 뒤 사체의 아홉 가지 구멍으로부터 구더기의 무더기가 쏟아져 나올 때이다. 그 사체가 개, 재칼, 사람,292) 황소, 물소, 코끼리, 말, 비단뱀 등의 것이라면 그 몸과 같은 크기가 되어 쌀과 밥의 무더기처럼 나타난다. 이 가운데서 어떤 것에든 '벌레가 버글거리는 것의 혐오스러움, 벌레가 버글거리는 것의 혐오스러움'하면서 마음에 잡도리해야 한

---

292) 원문의 '*amanussa*(비인간)'는 '*manussa*(인간)'의 오식이다. 미얀마본과 싱할리본에는 '*manussa*'로 나타난다.

다. 쭐라삔다빠띠까(Cūla-Piṇḍapātika, 작은 탁발 수행승) 띳사(Tissa) 장로는 깔라디가와삐(Kāladīghavāpi, 검고 긴 저수지)의 코끼리 사체에서 표상이 일어났다. 익힌 표상은 움직이는 것처럼 나타난다. 그러나 닮은 표상은 밥의 덩어리처럼 고정되게 나타난다.

10. 해골이 된 것

78. 해골이 된 것은 "그는 묘지에 버려진 시체가 해골이 되어 살과 피가 묻은 채 힘줄로 얽히어 서로 이어져있는 것을 보게 될 것이다.(D22/ii.296)"라는 방법으로 여러 형태로 설하셨다. 그러므로 앞서 설한 방법대로 그것이 버려진 곳에 가서 주위의 돌 등에 대해 그것의 표상도 함께 만들고 대상과 연관지어 '이것은 해골이다'라고 본성의 상태에 따라 주시하고 색깔 등을 통해 열한 가지 방법으로 표상을 파악해야 한다. 그러나 ① **색깔에 따라** 희다고 볼 때 그 표상은 [본성의 상태에 따라] 나타나지 않는다. 이것은 흰 까시나와 혼합되어버린다. 그러므로 '해골'이라고 혐오스런 것으로 쳐다보아야 한다.

79. 특징이란 여기서 손 등을 말한다. 그러므로 손, 발, 머리, 가슴, 팔, 허리, 넓적다리, 무릎 등의 ② **특징에 따라** 구분해야 한다. 혹은 길고 짧고 둥글고 정사각형이고 작고 큰 ③ **모양에 따라** 구분해야 한다. ④ **방위와** ⑤ **위치에 따라**는 이미 설한 것과 같다. 각각 뼈의 끝으로 ⑥ **한계에 따라** 구분하여 분명하게 나타난 것을 취하여 본삼매에 이르러야 한다.

각 뼈의 움푹 들어간 곳과 볼록 솟아오른 곳으로 ⑦ **오목한 부**

위와 ⑧ **볼록한 부위에 따라** 구분해야 한다. ⑨ **위치에 따라** '나는 낮은 곳에 서있고 뼈는 높은 곳에 있다. 나는 높은 곳에 서있고 뼈는 낮은 곳에 있다'라고 구분해야 한다. 두 개의 뼈가 연결되어있는 곳으로 ⑩ **관절에 따라** 구분해야 한다. 뼈들 간의 틈새로 ⑪ **트인 구멍에 따라** 구분해야 한다. 그러나 전체의 해골에 샅샅이 지혜를 움직여 '이곳에 이것이 있다'고 **주위에 따라** 구분해야 한다. 이렇게 해도 표상이 나타나지 않을 때 전두골에 마음을 두어야 한다.

여기서처럼 이전의 벌레가 버글거리는 것 등에서도 이 열한 가지를 적용시켜 표상을 취하는 것을 적용시켜야 한다.

80. 이 명상주제는 전체의 해골로도 성취되고 또 한 개의 뼈로도 성취된다. 그러므로 이중 어떤 것에 열한 가지 방법으로 표상을 파악하여 '해골의 혐오스러움, 해골의 혐오스러움'하면서 마음에 잡도리해야 한다.

여기서는 익힌 표상과 닮은 표상이 동일하다고 [주석서에서] 설했다. 표상이 동일하다는 이 말은 뼈가 하나일 때 적절한 것이다. 그러나 연이은 해골의 경우 익힌 표상이 나타날 때 구멍이 있고, 닮은 표상은 전체로 나타난다고 설해야 적절하다. 뼈가 하나라도 그것의 익힌 표상은 두렵고 무섭다. 닮은 표상은 희열과 기쁨을 일으킨다. 근접삼매를 가져오기 때문이다.

81. 이 [익힌 표상과 닮은 표상]에 대한 주석서의 설명은 탈출구가 있다.293) 거기서 이렇게 설하기 때문이다. "네 가지 거룩한 마

---

293) 원어는 'dvāraṁ datvā va vuttaṁ'인데 '문을 주고서 설했다'로 직역할 수 있다. 익힌 표상과 닮은 표상이 동일하다고 설했지만 바로 아래서 표

음가짐(四梵住)과 열 가지의 부정한 표상에는 닮은 표상이 없다. 혹은 거룩한 마음가짐에서는 경계선을 부수는 것이 표상이다. 열 가지 부정한 표상에서는 [아름답다 혹은 아름답지 않다]라는 어떤 생각도 하지 않고 오직 혐오스런 것으로 나타날 때 표상이 있다." 다시 그 다음에 "두 종류의 표상이 있다. 익힌 표상과 닮은 표상이다. 익힌 표상은 어그러지고 두렵고 섬뜩한 것으로 나타난다."라고 설했다. 그러므로 이렇게 고찰해보면 우리의 이런 설명은 여기서 적절하다. 이빨만을 쳐다봤는데도 마하띳사(Mahā-Tissa) 장로에게 여인의 온 몸이 뼈 무더기로 나타난 것 등을 여기서 예문으로 들 수 있다.(I. §55참조)

82. 깨끗한 덕을 갖추셨고
천개의 눈을 가진 제석이 칭송한 명성을 지니셨고
십력을 갖추신 분께서
각각의 禪의 원인이 되는
열 가지 부정한 것들을 설하셨나니
이와 같이 이들과 그것을 닦는 방법을 알고
이제 다시 일반적인 항목을 알아야 한다.

일반적인 항목의 주석

pakiṇṇakakathā

83. 이 [열 가지 부정한 것들] 가운데 어떤 하나에서 禪을 얻은 자는 탐욕을 완전히 억압했기 때문에 마치 탐욕을 여읜 [아라한]처

상에는 두 가지가 있다고 빠져나갈 여지를 두고 있기 때문이다.

럼 탐욕이 없는 자가 된다. 그렇다 하더라도 이 부정한 것들의 분류는 시체가 특정한 상태에 이른 것에 따라, 그리고 탐하는 기질을 가진 자의 차이에 따라서 설했다고 알아야 한다.

84. 시체가 혐오스러운 상태에 이를 때 부푼 것의 특정한 상태에 이를 수도 있고 검푸른 것 등 다른 것의 특정한 상태에 이를 수도 있다. 이와 같이 얻을 수 있는 것에 따라서 '부푼 것의 혐오스러움'이라든지 '검푸른 것의 혐오스러움'이라 하면서 표상을 취해야 한다. 그러므로 시체가 특정한 상태에 이른 것에 따라 열 가지의 부정한 것의 분류를 설했다고 알아야 한다.

85. 개별적으로 [설명하면],
① 부푼 것은 몸의 형상이 무너지는 것을 보여주기 때문에 형상을 탐하는 자에게 적절하다.
② 검푸른 것은 피부의 색깔이 무너지는 것을 보여주기 때문에 피부의 색깔을 탐하는 자에게 적절하다.
③ 문드러지는 것은 몸의 상처와 연결된 악취 나는 상태를 알려주기 때문에 화환이나 향 등을 치장하여 베어 나오는 몸의 향기를 탐하는 사람에게 적절하다.
④ 끊어진 것은 몸 안에 구멍 뚫린 상태를 보여주기 때문에 몸의 단단함을 탐하는 자에게 적절하다.
⑤ 뜯어 먹힌 것은 풍만하고 멋진 살집이 파괴되는 것을 보여주기 때문에 가슴 등 몸의 부분에서 풍만한 살집을 탐하는 자에게 적절하다.
⑥ 흩어진 것은 사지가 흩어짐을 보여주기 때문에 사지의 우아함

을 탐하는 자에게 적절하다.

⑦ 난도질당하여 뿔뿔이 흩어진 것은 잘 연결된 몸이 분해되고 변하는 것을 보여주기 때문에 몸이 멋지게 연결되어있는 것을 탐하는 자에게 적절하다.

⑧ 피가 흐르는 것은 피가 묻은 채 혐오스러운 상태를 보여주기 때문에 장식으로 인한 고상함을 탐하는 자에게 적절하다.

⑨ 벌레가 버글거리는 것은 이 몸이 수많은 벌레와 함께하는 상태를 보여주기 때문에 이 몸에 대해 '내 것'이라고 탐하는 자에게 적절하다.

⑩ 해골이 된 것은 몸의 뼈들이 가진 혐오스러운 상태를 보여주기 때문에 고른 치아를 탐하는 자에게 적절하다.

이와 같이 탐하는 기질을 가진 자의 차이에 따라서도 열 가지로 부정한 것의 분류를 설했다고 알아야 한다.

86. 마치 강이 급류와 함께 물결이 휘몰아칠 때 오직 키의 힘으로 배가 머물 수 있고 키 없이는 머물 수 없듯이, 이 열 가지 부정한 것에서는 대상의 힘이 약하기 때문에 오직 일으킨 생각(尋)의 힘을 통해서만 마음이 하나가 되어 머물 수 있으며 일으킨 생각 없이는 머물 수 없다. 그러므로 여기서는 오직 초선만이 있고 제2선 등은 존재하지 않는다.

87. 비록 이 대상이 혐오스럽지만 그 대상에서 '기필코 이 도로써 늙음과 죽음에서 벗어나리라'고 이익을 보고, 또 장애의 열기를 버림을 통해서 그에게 희열과 기쁨이 일어난다. 마치 '이제 급료를 많이 받을 것이다'라고 이익을 보기 때문에 [시든] 꽃을 치우는 청

소부에게 그 쓰레기 더미를 대상으로 희열과 기쁨이 일어나고, 생긴 병으로 고통 받는 환자에게 토해내게 하고 설사하게 하는 치료에 대한 희열과 기쁨이 일어나듯이.

88. 이 부정한 것이 비록 열 가지이지만 특징은 하나이다. 이것은 열 가지이지만 더럽고 악취가 나고 넌더리나고 혐오스러운 상태가 그 특징이다. 이 특징과 함께 이 부정한 것은 시체에만 나타나는 것이 아니라 마치 쩨띠야(Cetiya) 산에 머물던 마하띳사(Mahā-Tissa) 장로가 여인의 이빨을 볼 때처럼(I. §55), 상가락키따(Saṅgharakkhita) 장로의 시자인 사미가 코끼리 등에 앉아있던 왕을 볼 때처럼 살아있는 몸에서도 나타난다. 시체와 마찬가지로 이 살아있는 몸도 부정하다. 단지 부정의 특징이 외부의 장식으로 가려졌기 때문에 나타나지 않을 뿐이다.

89. 본래 이 몸은 300개가 넘는 뼈의 무더기인데 180개의 관절로 연결되어있고, 900개의 힘줄로 묶여있고, 900개의 살집이 붙어있고, 축축한 살갗으로 싸여있고, 표피로 덮여있고, 여러 가지 크고 작은 구멍이 있고, 마치 기름단지처럼 아래위에서 불순물이 배출되고, 벌레의 무더기가 거주하는 곳이고, 모든 병의 고향이고, 고통스런 현상(法)들의 토대이고, 아물지 않은 고질적인 종기처럼 아홉 개의 구멍으로부터 끊임없이 [부정한 것들이] 흘러내린다. 두 눈으로부터는 눈곱이 흘러내리고, 두 귀로부터는 귀지가, 두 콧구멍으로부터는 콧물이, 입으로부터는 음식물과 담즙과 침과 피가, 아래의 두 문으로부터는 대변과 소변이, 9만 9천 모공으로부터는 더러운 땀과 분비물이 흘러나온다. 청파리 등이 주위에 들끓는다.

양치하고 세수하고 머리에 기름 바르고 목욕하고 옷과 의복으로 그것을 돌보지 않고, 생긴 대로 부수수하게 늘어뜨린 머리카락으로 이 마을과 저 마을로 돌아다닌다면 그가 국왕이라 할지라도 몸은 공히 혐오스럽기 때문에 청소부와 천민 등의 어떤 사람과도 다를 바가 없다. 이처럼 이 몸이 더럽고 악취가 나고 넌더리나고 혐오스러운 것에 관한한 국왕과 천민사이에 아무런 차이가 없다.

90. 치목을 사용하고 입을 헹굼 등으로 이빨의 더러운 것을 깨끗이 문지르고 여러 가지 [색깔의] 천으로 비밀스런 부위를 가리고 갖가지 색깔의 향기로운 연고를 바르고 꽃 등의 장식품으로 단장한 뒤라야 '나'니 '내 것'이니 하고 취할만한 상태에 이른다. 이런 외부의 장식으로 가려졌기 때문에 그것의 특징인 부정함을 있는 그대로 인식하지 않고 남자들은 여자들을 좋아하고 여자들은 남자들을 좋아한다. 그러나 궁극적인 뜻에서 참으로 좋아할만한 곳이라곤 티끌만큼도 없다.

91. 마찬가지로 머리털, 몸털, 손톱, 이빨, 침, 콧물, 대변, 소변 등에서 일부분이 몸으로부터 밖으로 떨어져 나오면 중생들은 손에 닿는 것조차 원하지 않는다. 그들은 부끄러워하고 창피하게 여기고 혐오스러워한다. 그러나 이것들이 각자의 자리에 남아있을 때 비록 혐오스런 것이지만 무지의 어두움에 가려졌기 때문에 자신을 아끼고 사랑하는 탐욕 때문에 그것을 원하고, 사랑스럽고, 영원하고, 행복하고, 자아라고 여긴다. 그들이 이와 같이 여기는 한, 숲 속에서 낑수까 나무에서 떨어지지 않은 꽃을 하염없이 쳐다보며 '저것이 고깃덩이로구나, 저것이 고깃덩이로구나'라고 열망하는 늙은 재칼과

같은 꼴이 된다.

92. 그러므로 마치 재칼이 숲 속에서 낑수까 꽃을 보고
고기를 가진 나무를 발견했다고 황급히 달려가서
극심한 탐욕으로 떨어지는 꽃마다 씹어본 뒤
이것은 고기가 아니고
나무에 달린 저것이 고기라고 여기듯이
지자는 떨어진 일부분만을 부정하다고 취하지 않고
몸에 붙어있는 그 [머리털 등]도 그와 같이 여긴다.
우치한 어리석은 자들은 이 몸을 아름답다고 여기고는
악을 행하여 고통으로부터 해탈하지 못한다.
그러므로 현명한 자는 더러운 몸이 살아있든 죽었든
아름다움이라고는 없는 그 본성을 보아야 한다.

93. 이와 같이 설하셨기 때문이다.

"시체처럼 똥구덩이처럼
더러운 이 몸은 악취를 풍긴다.
안목을 갖춘 자는 이 몸을 비난하나
어리석은 자는 기뻐한다.
젖은 피부로 싸여있고
아홉 개의 구멍이 있는 큰 상처요
사방에서 더러운 오물이 흘러내린다.
만약에 이 몸의 안이 밖이 된다면
막대기를 잡고 까마귀나 개를 쫓아야만 하리라."

94. 그러므로 역량 있는 비구는 살아있는 몸이든 시체든 부정의 형태가 나타나면 그곳에서 표상을 취하여 그런 명상주제를 가진 본삼매를 얻어야 한다.

어진 이를 기쁘게 하기 위해 지은 청정도론의
삼매수행의 표제에서
부정한 것의 명상주제에 관한 해설이라 불리는
제6장이 끝났다.

제7장

cha-anussatiniddeso

여섯 가지 계속해서 생각함
〔隨念〕

제7장 여섯 가지 계속해서 생각함(隨念)

cha-anussatiniddeso

1. 부정한 것 다음에 열 가지 계속해서 생각함을 설했다. 거듭거듭(*punappunaṁ*) 일어나기 때문에 마음챙김(*sati*)이 바로 '계속해서 생각함(*anussati*, 隨念)'이다. 혹은 일어나야 할 곳에서만 일어나기 때문에 바른 믿음으로 출가한 선남자에게 어울리는(*anurūpā*) 마음챙김(*sati*)이 '계속해서 생각함(*anussati*)'이다.

① 부처님에 대해서 일어난 계속해서 생각함(*anussati*, 隨念)이 부처님을 계속해서 생각함이다. 부처님의 공덕을 대상으로 한 마음챙김의 동의어이다.

② 법에 대해 일어난 계속해서 생각함이 법을 계속해서 생각함이다. 잘 설해졌음 등의 법의 공덕을 대상으로 한 마음챙김의 동의어이다.

③ 승가에 대해서 일어난 계속해서 생각함이 승가를 계속해서 생각함이다. 좋은 길에 들어섬 등의 승가의 공덕을 대상으로 한 마음챙김의 동의어이다.

④ 계에 대해서 일어난 계속해서 생각함이 계를 계속해서 생각함

이다. 부서지지 않음 등의 계의 공덕을 대상으로 한 마음챙김의 동의어이다.

⑤ 보시에 대해서 일어난 계속해서 생각함이 보시를 계속해서 생각함이다. 너그러이 보시함 등의 공덕을 대상으로 한 마음챙김의 동의어이다.

⑥ 신들에 대해서 일어난 계속해서 생각함이 신들을 계속해서 생각함이다. 신들을 증명의 자리에 두고 자기의 신심 등의 덕을 대상으로 한 마음챙김의 동의어이다.

⑦ 죽음에 대해서 일어난 계속해서 생각함이 죽음을 계속해서 생각함이다. 생명기능(命根)이 끊어짐을 대상으로 한 마음챙김의 동의어이다.

⑧ 머리카락 등으로 분류되는 물질적인 몸에 속하기 때문에 '몸에 대한(*kāya-gatā*)'이다. 혹은 몸에 갔기 때문에 '몸에 대한'이다. 그것은 몸에 대한 것(*kāyagatā*)이고 또 그것은 마음챙김(*sati*)이기 때문에 몸에 대한 마음챙김(*kāyagatāsati*)이다. 그러므로 '*kāyagatasati*'라 말할만하지만 [*gata*라고] 단음으로 만들지 않고 [장음을 취하여 *gatā*로 만들어] '*kāyagatāsati*'라고 했다. 머리카락 등 몸의 각 부분의 표상을 대상으로 한 마음챙김의 동의어이다.

⑨ 들숨날숨에 대해서 일어난 계속해서 생각함이 들숨날숨에 대한 마음챙김(*ānāpānasati*, 出入息念)이다. 들숨과 날숨의 표상을 대상으로 한 마음챙김의 동의어이다.

⑩ 고요함(*upasama*)에 대해서 일어난 계속해서 생각함이 고요함을 계속해서 생각함이다. 모든 괴로움이 고요하게 가라앉음을 대상으로 한 마음챙김의 동의어이다.

1. 부처님을 계속해서 생각함(佛隨念)
buddhānussatikathā

2. 열 가지 계속해서 생각함 가운데 부처님을 계속해서 생각함(佛隨念)을 수행하기를 원하고 흔들림 없는 청정한 믿음을 가진 수행자는 적절한 거처에 조용히 혼자 머물면서 "이런 [이유로] 그분 세존께서는 ① 아라한(Arahan, 應供)이시며 ② 바르게 깨달으신 분(Sammā-sambuddha, 正等覺者, 正遍智)이시며 ③ 영지(靈知)와 실천을 구족하신 분(Vijjā-caraṇa-sampanna, 明行足)이시며 ④ 피안으로 잘 가신 분(Sugata, 善逝)이시며 ⑤ 세상을 잘 아시는 분(Lokavidū, 世間解)이시며 ⑥ 가장 높으신 분(Anuttara, 無上士)이시며 ⑦ 사람을 잘 길들이시는 분(Purisadammasārathi, 調御丈夫)이시며 ⑧ 신과 인간의 스승(Satthā devamanussānaṁ, 天人師)이시며 ⑨ 부처님(Buddha, 佛) ⑩ 세존(Bhagavā, 世尊)이시다.(A.iii.285)"라고 불·세존의 덕을 계속해서 생각해야 한다.

3. 여기서 이것이 계속해서 생각하는 방법이다. '그분 세존께서는 이런 이유로 아라한이시고, 이런 이유로 완전히 깨달으신 분(正等覺者)이시고 … 이런 이유로 세존이시다'라고 계속해서 생각한다. 이런저런 이유로 그분께서는 이와 같다는 말이다.

(1) 아라한(Arahan, 應供)

4. 이 가운데서 '① 멀리 여의었기 때문에(ārakattā) ② 적(ari)과 ③ 바퀴살(ara)을 부수어버렸기 때문에(hatattā), ④ 필수품 등을 수용할만하기 때문에(arahattā) ⑤ 비밀리에(raha) 악을 행하지 않기

때문에(*abhāvā*)' — 이러한 이유 때문에 그분 세존께서는 아라한이라고 계속해서 생각한다.

5. ① 그분은 모든 오염으로부터 멀리 아주 멀리 서계시며 도로써 잠재성향을 포함한 오염원들을 부수었다. 이와 같이 멀리 여의었기 때문에(*āraka*) 아라한이시다.

> 그분은 [오염원들을] 멀리 여의어
> 그것을 거느리지 않으시기 때문에
> 결점들을 거느리지 않은 주인이시기 때문에
> 아라한이라 한다.

6. ② 이 오염원이라는 적들을 도로써 죽여버렸다. 이와 같이 적들을(*ariṇaṁ*) 죽였기 때문에(*hatattā*) 아라한이시다.

> 탐욕 등으로 불리는 모든 적들을
> 주인께서는 통찰지의 칼로 죽여버렸기 때문에
> 그러므로 역시 아라한이라 한다.

7. ③ 윤회의 바퀴가 있으니, 그것은 무명과 존재에 대한 갈애로 이루어진 바퀴통을 가졌고, 공덕이 되는 행위 등의 바퀴살을 가졌고, 늙음·죽음의 테두리를 가졌고, 번뇌의 일어남으로 이루어진 차축에 꿰어있고, 세 가지 존재의 수레에 묶여있고, 무시이래로 회전해왔다.(M.i.55 참조) 세존께서는 그것의 모든 바퀴살을 보리수 아래에서 정진의 두 발로 계의 토양에 굳건히 머무시면서 믿음의 손으로 업을 부수는 도구인 지혜의 도끼를 쥐고 부수셨다. 이와 같이

바퀴살을(*arānaṁ*) 부수었기 때문에(*hatattā*) 아라한이시다.

8. 혹은 윤회의 바퀴는 그 시작이 알려지지 않은 윤회의 회전이라고들 한다. 무명은 뿌리이기 때문에 그것의 바퀴통이다. 늙음·죽음은 최후이기 때문에 테두리다. 나머지 열 가지 [조건 따라 생긴] 법들은 무명이 뿌리이고 늙음·죽음이 마지막이기 때문에 바퀴살(*arā*)이다.

9. 이 가운데서 괴로움(苦) 등에 대해 알지 못함이 무명(*avijjā*)이다. 욕계의 무명은 욕계의 상카라(*saṅkhāra*, 行)들에게 조건이 된다. 색계의 무명은 색계의 상카라들에게 조건이 된다. 무색계의 무명은 무색계의 상카라들에게 조건이 된다.

10. 욕계의 상카라들은 욕계의 재생연결식294)에게 조건이 된다. 이 방법은 나머지에도 적용된다.

11. 욕계의 재생연결식은 욕계의 정신·물질(*nāma-rūpa*, 名色)에게 조건이 된다. 색계에서도 이와 같고 무색계에서는 정신에게만 조건이 된다.

12. 욕계의 정신·물질은 욕계의 여섯 감각장소(*saḷāyatana*, 六入)에게 조건이 된다. 색계의 정신·물질은 색계의 [눈과 귀와 마노의] 세 가지 감각장소에게 조건이 된다.295) 무색계의 정신은 무색계의 [마노의] 하나의 감각장소에게 조건이 된다.

---

294) 재생연결식(*paṭisandhi-viññāṇa*)에 대해서는 『길라잡이』 3장 §8의 1번 해설과 5장 §§9-17 및 XIV. §§111-113; §§133-145를 참조할 것.
295) 색계에는 코와 혀와 몸이 있지만 각각의 감각기능은 없다고 한다. 『길라잡이』 5장 §28의 해설을 참조할 것.

13. 욕계의 여섯 감각장소는 욕계의 여섯 가지 감각접촉(*phassa*, 觸)에게 조건이 된다. 색계의 세 가지 감각장소는 색계의 세 가지 감각접촉에게 조건이 된다. 무색계의 하나의 감각장소는 무색계의 하나의 감각접촉에게 조건이 된다.

14. 욕계의 여섯 가지 감각접촉은 욕계의 여섯 가지 느낌(*vedanā*, 受)에게 조건이 된다. 색계의 세 가지 감각접촉은 색계의 세 가지 느낌에게 조건이 된다. 무색계의 하나의 감각접촉은 무색계의 하나의 느낌에게 조건이 된다.

15. 욕계의 여섯 가지 느낌은 욕계의 여섯 가지 갈애(*taṇhā*, 愛)의 무리(*kāya*)에게 조건이 된다. 색계의 세 가지 느낌은 색계의 세 가지 갈애의 무리에게 조건이 된다. 무색계의 하나의 느낌은 무색계의 하나의 갈애의 무리에게 조건이 된다. 이러한 곳의 이러한 갈애는 그 각각의 취착(*upādāna*, 取)에게 조건이 되고, 취착 등은 존재(*bhava*, 有) 등에게 조건이 된다.

16. 어떻게? 여기 어떤 자는 감각적 욕망들을 즐기리라 생각하고 감각적 욕망에 대한 취착을 조건으로 몸으로 삿된 행위를 하고 말로 삿된 행위를 하고 마노로 삿된 행위를 한다. 삿된 행위를 가득 채웠기 때문에 다시 악처에 태어난다. 그가 그곳에 재생할 원인이 되는 업이 업으로서의 존재(*kamma-bhava*, 業有)[296]이고, 그 업으로 받은 무더기들(五蘊)이 재생으로서의 존재(*upapatti-bhava*, 生有)이다.

---

296) 업으로서의 존재와 재생으로서의 존재에 대해서는 XVII. §§250-51을 참조할 것.

무더기들이 생산되는 것이 태어남(生)이고, 성숙해감이 늙음(老)이고, 무너짐이 죽음(死)이다.

17. 어떤 자는 천상의 복을 누리리라 생각하고 같은 방법으로[297] 선행(善行)을 한다. 선행을 가득 채웠기 때문에 다시 천상에 태어난다. 그가 그곳에 재생할 원인이 되는 업이 업으로서의 존재이다. 이와 같이 이 방법은 앞에서 설한 것과 같다.

18. 다시 어떤 자는 범천의 복을 누리리라 생각하고 감각적 욕망들에 대한 취착을 조건으로 자애(慈)를 닦고 연민(悲)과 더불어 기뻐함(喜)과 평온(捨)을 닦는다. 닦음을 원만히 했기 때문에 범천의 세계에 태어난다. 그가 그곳에 재생할 원인이 되는 업이 업으로서의 존재이다. 이와 같이 이 방법은 앞에서 설한 것과 같다.

19. 어떤 자는 무색계의 복을 누리리라 생각하고 같은 방법으로 공무변처 등의 증득(等至)을 닦는다. 닦음을 원만히 했기 때문에 그곳에 태어난다. 그가 그곳에 재생할 원인이 되는 업이 업으로서의 존재이고 그 업으로 받은 무더기들이 재생으로서의 존재이다. 무더기들이 생산되는 것이 태어남이고, 성숙해감이 늙음이고, 부서짐이 죽음이다.(M.ii.263 참조) 이 방법은 나머지 취착들의 경우에도 해당된다.

20. 이와 같이 "무명이 원인이고, 상카라들은 원인으로부터 생겨난 것이고, 이 둘 역시 원인으로부터 생겨난 것이라고 조건을 파악함에 대한 통찰지가 법들의 조건에 대한 지혜이다. 과거에도 미

---

297) 감각적 욕망을 조건으로 몸으로 선행을 하고 입으로 선행을 하고 마음으로 선행을 하는 것.

래에도 무명이 원인이고, 상카라들은 원인으로부터 생겨난 것이고, 이 둘 역시 원인으로부터 생겨난 것이라고 조건을 파악함에 대한 통찰지가 법들의 조건에 대한 지혜이다.(Ps.i.50)"라고 이 방법으로 모든 구절들을 상세하게 설명해야 한다.

21. 이 가운데서 무명과 상카라(行)들이 하나의 요약이고, 알음알이(識)와 정신·물질(名色)과 여섯 감각장소(六入)와 감각접촉(觸)과 느낌(受)이 하나의 요약이고, 갈애(愛)와 취착(取)과 존재(有)가 하나의 요약이고, 태어남(生)과 늙음·죽음(老死)이 또 하나의 요약이다. 처음 한 개의 요약은 과거이고, 중간의 두 개의 요약은 현재이고, 태어남과 늙음과 죽음은 미래이다.298)

무명과 상카라들을 언급함으로써 갈애와 취착과 존재도 포함되었다. 그러므로 이 다섯 가지 법들은 과거의 업의 회전이다. 알음알이 등 다섯은 현재의 과보의 회전이다. 갈애와 취착과 존재를 언급함으로써 무명과 상카라들도 여기 포함되었다. 그러므로 이 다섯 가지 법들은 현재의 업의 회전이다. 태어남과 늙음·죽음을 언급함으로써299) 알음알이 등이 지적되었기 때문에 이 다섯 가지 법들은 미래의 과보의 회전이다. 이들은 이런 측면에 따라 스무 가지가 된다.

상카라들과 알음알이 사이에 하나의 연결이 있고 느낌과 갈애 사이에 하나의 연결이 있으며 존재와 태어남 사이에 하나의 연결이 있어서 [연결은 모두 세 가지이다].300)

---

298) 상세한 설명은 XVII. §288이하 참조할 것
299) "알음알이, 정신·물질, 여섯 감각장소, 감각접촉, 느낌 — 이 다섯 가지 법은 태어남과 늙음·무너짐의 상태들이다. 그러므로 이 태어남과 늙음·죽음을 언급함으로써 이미 알음알이 등 다섯 가지 법을 나타냈고 이들은 미래의 과보의 회전이다.(Pm.128)"

22. 이처럼 세존께서는 네 가지 요약과 삼세와 스무 가지 측면과 세 가지 연결을 가진 연기를 모든 측면에서 알고 보고 깨닫고 통찰하셨다. "그것을 알았다는 뜻에서 지혜이고 꿰뚫어 안다는 뜻에서 통찰지이다. 그래서 '조건을 파악함에 대한 통찰지가 법들의 조건에 대한 지혜이다'라고 한다.(Ps.i.52)"라고 설하셨다.

세존께서는 이 법들의 조건에 대한 지혜로 이 법들을 있는 그대로 아시고 그들에 대해 역겨워하고 탐하지 않고 해탈하셨기 때문에 앞에서 설한 종류의 윤회의 바퀴의 바퀴살들을 부수었고, 쳐부수었고, 파괴시키셨다. 이와 같이 바퀴살들(araṇaṁ)을 부수었기 때문에 (hatattā) 아라한(araha)이시다.

> 지혜의 칼로 윤회의 바퀴살들을 부수었기 때문에
> 그래서 세상의 주인을 아라한이라 부른다.

23. ④ 최고의 보시를 받을만한 분이시기 때문에 옷 등의 필수품과 특별한 예배를 수용할만하다. 여래가 출현하시면 권세 있는 신과 인간은 다른 곳에 예배하지 않는다. 사함빠띠 범천이 보석의 화환을 수미산만큼이나 여래께 공양했고, 다른 신들과 빔비사라 왕과 꼬살라 왕 같은 사람도 힘을 다해 공양했다. 세존이 열반하신 후에도 아소카 왕이 그를 위해 9억 6천의 재산을 보시하고 인도 전역에 8만 4천 개의 사원을 건립했다. 그러니 다른 특별한 예배를 말할 필요가 있으랴. 이와 같이 필수품 등을 수용할만하기 때문에(araha-

---

300) 12연기의 이러한 이해는 『길라잡이』 8장에 잘 정리되어있고 특히 <도표 8.1>로 일목요연하게 설명되어있으므로 참조하기 바란다. 이것은 12연기를 일단 삼세양중인과로 이해하는 상좌부의 전통적인 견해이다. 연기법에 대한 이런 이해는 본서 XVII에서 상세하게 설명된다.

tta) 아라한이시다.

> 필수품과 더불어 특별한 예배를
> 세상의 주인께서는 수용할만하시기 때문에
> 세상에서는 그런 뜻에 적절하게 아라한이라 한다.
> 그러므로 승자께서는 이 이름을 가질만하다.

24. ⑤ 세상에서 영리함을 뽐내는 어떤 어리석은 자들은 오명을 두려워하여 몰래 악을 행하지만 그분은 결코 이와 같이 악을 행하지 않으신다. 그러므로 비밀리에 악을 행하지 않는다고 해서(*raha-abhavato*) 아라한이시다.

> 여여하신 분은 악업에 대해 비밀이란 것이 없다.
> 비밀이 없기 때문에 그분을 아라한이라 부른다.

25. 이와 같이 모든 곳에서

> 그분은 멀리 여의었기 때문에
> 오염의 적을 부수었기 때문에 성현이시고
> 윤회의 바퀴의 바퀴살을 파괴했고
> 필수품 등을 수용할만하고
> 비밀리에 악을 행하지 않으신다.
> 그러므로 아라한이라 부른다.

(2) 바르게 깨달으신 분(Sammā-sambuddha, 正等覺者, 正遍智)

26. 바르게(*sammā*) 그 스스로(*sāmaṁ*) 모든 법들을 깨달으셨기

때문에(*buddhattā*) **바르게 깨달으신 분**(Sammā-sambuddha, 正等覺者)이라 한다. 그분은 모든 법을 바르게 그 스스로 깨달으셨다. 완전히 알아야 할 법들(즉, 사성제)을 완전히 알아야 한다고 깨달으셨고, 철저히 알아야 할 법들(즉, 고제)을 철저히 알아야 한다고 깨달으셨고, 버려야 할 법들(즉, 집제)을 버려야 한다고 깨달으셨고, 실현해야 할 법들(즉, 멸제=열반)을 실현해야 한다고 깨달으셨고, 닦아야 할 법들(즉, 도제)을 닦아야 한다고 깨달으셨다. 그러므로 이와 같이 설하셨다.

> "완전히 알아야 할 것을 완전히 알았고
> 닦아야 할 것을 닦았으며
> 버려야 할 것을 버렸기 때문에
> 바라문이여, 나는 깨달은 자(*buddha*)다(Sn.558)"

27. 더욱이 '눈은 괴로움의 진리(苦諦)이고, 그것의 근본 원인으로 그것을 생기게 하는 과거의 갈애는 일어남의 진리(集諦)이고, 이 둘이 존재하지 않는 것이 소멸의 진리(滅諦)이고, 소멸을 잘 아는 도닦음이 도의 진리(道諦)다'라고 이와 같이 [눈과 눈의 일어남 등의] 구절을 낱낱이 드러내면서 모든 법을 바르게 그 스스로 깨달으셨다. 이 방법은 귀와 코와 혀와 몸과 마노에도 적용된다.

28. 이와 같은 방법으로 [위 구문을 다음의 법수들에도] 적용시켜야 한다.

형상(色) 등 여섯 가지 [밖의] 감각장소
눈의 알음알이(眼識) 등 여섯 가지 알음알이의 무리
눈의 감각접촉(觸) 등 여섯 가지 감각접촉

눈의 감각접촉 등에서 생긴 여섯 가지 느낌(受)

형상의 인식(想) 등 여섯 가지 인식

형상에 대한 의도(意思) 등 여섯 가지 의도

형상에 대한 갈애(愛) 등 여섯 가지 갈애의 무리

형상에 대해 일으킨 생각(尋) 등 여섯 가지 일으킨 생각

형상에 대한 지속적인 고찰(伺) 등 여섯 가지 지속적인 고찰

물질의 무더기 등 다섯 가지 무더기

열 가지 까시나

열 가지 계속해서 생각함(隨念)

부풀은 것의 인식 등 열 가지 인식

머리카락 등 서른두 가지 형태

열두 가지 [안팎의] 감각장소(處)

열여덟 가지 요소(界)

욕계의 존재 등 아홉 가지 존재301)

초선 등 네 가지 禪

자애를 닦음 등 무량함(無量)

네 가지 무색의 증득(等至)

역관으로 늙음·죽음으로부터 시작하고 순관으로 무명으로부터 시작하는 연기의 구성요소(各支)들.

29. 이제 이것이 [연기의] 한 구절을 결합한 것이다. 늙음·죽음은 괴로움의 진리이고, 태어남은 일어남의 진리이고, 이 둘이 존재하지 않는 것이 소멸의 진리이고, 소멸을 잘 아는 도닦음이 도의

---

301) 본서 XVII. §253-4를 참고할 것.

진리이다. 이와 같이 [사제의] 구절을 낱낱이 들어 모든 법들을 바르게 그 스스로 깨달았고 적절하게 깨달았고 원만하게 깨달으셨다. 그래서 설하였다. '바르게 그 스스로 모든 법들을 깨달았기 때문에 바르게 깨달으신 분이라 한다'라고.

(3) 영지(靈知)와 실천을 구족하신 분(Vijjācaraṇasampanna, 明行足)

30. 영지(明)와 실천(行)이 구족하기 때문에 **영지와 실천이 구족하신 분**(明行足)이라 한다. 여기서 영지란 세 가지 영지(三明)도 있고 여덟 가지 영지도 있다. 세 가지 영지는 「바야베라와 경」(Bhayabherava Sutta, 怖駭經, M4/i.22이하)에서 설한 방법대로 알아야 하고 여덟 가지는 「암밧타 경」(Ambaṭṭha Sutta, D3/i.100이하)에서 설한 대로 알아야 한다. 거기서 위빳사나의 지혜와 마음으로 이루어진 신통과 함께 여섯 가지 특별한 지혜(六神通)를 더하여 여덟 가지의 영지를 설하셨다.

31. 실천(行)이란 계(戒)로 절제함, 감각기능(根)들의 문을 단속함, 음식에서 적당량을 앎, 깨어있으려는 노력, 일곱 가지 진실한 법, 네 가지 색계선이라는 이 열다섯 가지 법들이라고 알아야 한다. 이 열다섯 가지 법들에 의해 성스러운 제자들은 스스로 실천하고 불사의 경지로 가기 때문에 실천이라 한다. 그래서 말씀하셨다. "마하나마여, 여기 성스러운 제자들은 계를 가진 자다.(M.i.355)"라고 모든 것은 『중부』의 중간 50개의 경들에서 설한 방법대로 알아야 한다. 세존은 이런 영지와 실천을 갖추셨기 때문에 영지와 실천을 구족하신 분이라 불린다.

32. 세존이 영지를 구족하심은 일체지(一切知, 全知 sabbaññutā)를 원만히 하신 뒤 성취하셨으며, 실천을 구족하심은 크나큰 연민(大悲)을 원만히 하신 뒤 성취하셨다. 그분은 일체지로 모든 중생들에게 이로운 것과 해로운 것을 아시고 크나큰 연민으로 해로운 것을 피하게 하고 이로운 것을 행하도록 권장하셨다. 마치 영지와 실천을 구족하셨던 다른 [과거의 부처님들]처럼. 그래서 영지와 실천을 구족하지 않은 [외도]들의 제자들은 자신을 괴롭히는 [고행] 등을 하면서 [나쁜 도닦음을 가지지만] 그분의 제자들은 나쁜 도닦음을 가지지 않고 좋은 도닦음을 가지는 것이다.

(4) 피안으로 잘 가신 분(Sugata, 善逝)

33. 행함이 아름답기 때문에, 멋진 곳으로 가셨기 때문에, 바르게 가셨기 때문에, 바르게 설하시기 때문에 **[피안으로] 잘 가신 분**(善逝)이시다. 여기서 '감(gamana, 행함)'도 '갔음(gata)'이라고 한다. 세존의 가심(행하심)은 아름답고 두루 청정하고 나무랄 바가 없다. 그것은 무엇인가? 성스러운 도(ariya-magga=八正道)다. 그 성스러운 도로써 안은(安穩)한 곳으로 집착 없이 가셨다. 그러므로 행함이 아름답기 때문에 바르게 가신 분이다. 그분은 불사의 열반인 멋진 곳으로 가셨다. 그러므로 멋진 곳으로 가셨기 때문에 바르게 가신 분이다.

34. 각각의 도로써 버린 오염원들로 다시 돌아오지 않고 바르게 가셨다. 이와 같이 설하셨기 때문이다. "예류도로 버린 오염원들로 다시 오지 않고, 돌아오지 않고, 되돌아오지 않기 때문에 바르게 가신 분이다 … 아라한도로 버린 오염원들로 다시 오지 않고, 돌아

오지 않고, 되돌아오지 않기 때문에 바르게 가신 분이다."

혹은 연등불의 발아래서 수기를 받은 이래로 보리수 아래서 정각을 이루실 때까지 30가지 바라밀을 완성하여 바른 도로써 일체 중생에게 이익과 행복을 주시고, 감각적 욕망들을 즐기고 자기를 괴롭히는 상견과 단견의 양극단에 빠지지 않고 바르게 가셨다. 이처럼 바르게 가셨기 때문에 바르게 가신 분이다.

35. 그리고 그분은 바르게 설하신다. 적절한 곳에서 적절한 말씀을 하신다. 그래서 바르게 설하기 때문에 바르게 가신 분이다. 여기 이것을 확증(sādhaka)하는 경이 있다.

"여래는 사실이 아니고 옳지 않고 이익을 줄 수 없다고 여기는 말이 남들에게 사랑스럽지도 못하고 마음에 들지도 않으면 그 말을 하지 않는다.

여래는 그 말이 사실이고 옳더라도 이익을 줄 수 없다고 여기면 또 그것이 남들에게 사랑스럽지도 못하고 마음에 들지도 않으면 그 말을 하지 않는다.

여래는 사실이고 옳고 이익을 줄 수 있는 말이라도 그것이 남들에게 사랑스럽지 못하고 마음에 들지 않으면 거기서 그 말을 해줄 바른 시기를 안다.

여래는 사실이 아니고 옳지 않고 이익을 줄 수 없다고 여기는 말이 남들에게는 사랑스럽고 마음에 드는 것일지라도 그 말을 하지 않는다.

여래는 그 말이 사실이고 옳더라도 이익을 줄 수 없다고 여기면 비록 남들에게 사랑스럽고 마음에 드는 것일지라도 그 말을 하지 않는다.

여래는 사실이고 옳고 이익을 줄 수 있는 말이 남들에게 사랑스럽고 마음에 들면 거기서 그 말을 해줄 바른 시기를 안다.(M.i.395)"

이와 같이 바르게 설하시기 때문에 바르게 가신 분이라고 알아야 한다.

(5) 세상을 잘 아시는 분(Lokavidū, 世間解)

36. 모든 방면에서 세상을 아시기 때문에 **세상을 잘 아시는 분**(世間解)이다. 왜냐하면 세존께서는 고유성질에 따라, 일어남에 따라, 소멸에 따라, 소멸에 이르는 방법에 따라 모든 방면에서 세상을 아셨고, 경험하셨고, 통찰하셨기 때문이다. 그래서 말씀하셨다.

"도반이여, 나는 태어나지도 않고 늙지도 않고 죽지도 않고 떨어지지도 않는 그런 곳을 직접 가서 세상의 끝을 알아야 하고 보아야 하고 도달해야 한다고 말하지 않는다. 도반이여, 그렇다고 나는 그런 세상의 끝에 도달하지 않고서도 괴로움의 끝을 성취하는 것을 말하지도 않는다. 도반이여, 나는 인식과 마음을 가진 이 한 길 몸뚱이 안에 세상과 세상의 일어남과 세상의 소멸과 세상의 소멸로 인도하는 도닦음이 있음을 천명한다.

> 여행으로써는 결코 세상의 끝에 도달하지 못한다.
> 그러나 세상의 끝에 이르지 않고서는
> 괴로움으로부터 해탈하지 못한다.
> 그러므로 세상을 아는 자, 슬기로운 자
> 세상의 끝에 도달한 자, 청정범행을 완성한 자
> 고요한 자, 그는 세상의 끝을 알아
> 이 세상도 저 세상도 바라지 않는다.(S.i.62)"

37. 세 가지 세상이 있다. ① 상카라(行)들의 세상과 ② 중생의 세상과 ③ 공간의 세상이다. 이 가운데서 "하나의 세상: 모든 중생은 음식으로 생존한다.(Ps.i.122)"라고 전승되어온 구절에서는 상카라들의 세상을 알아야 한다. "세상은 영원하다 혹은 세상은 영원하지 않다.(M.i.426)"라고 전승되어온 구절에서는 중생의 세상을 알아야 한다.

"달과 해가 운행하여
사방을 비추고 빛나는 한
천 개나 되는 세상, 그곳까지도
그대의 지배력(vasa)은 미칠 것이다.(M.i.328)"

위 구절에서는 공간의 세상을 알아야 한다. 세존께서는 그것을 모든 방면에서 아신다.

38. 마찬가지로 그분께서는 "하나의 세상: 모든 중생은 음식으로 생존한다. 두 가지 세상: 정신과 물질. 세 가지 세상: 세 가지 느낌. 네 가지 세상: 네 가지 음식. 다섯 가지 세상: ['나' 등으로] 취착하는 다섯 가지 무더기. 여섯 가지 세상: 여섯 가지 안의 감각장소(六內入). 일곱 가지 세상: 일곱 가지 알음알이의 거주.302) 여덟 가지 세상: 여덟 가지 세간 법.303) 아홉 가지 세상: 아홉 가지 중생의 거처.304) 열 가지 세상: 열 가지 장소.305) 열두 가지 세상: 열두 가지

---

302) XVII. §182의 주해와 D.ii.127를 참조할 것.
303) 획득과 손실, 명성과 오명, 비난과 칭찬, 행복과 고통이 여덟 가지 세간 법이다.(D.iii.358 참조)
304) XVII. §182의 주해를 참조할 것.

감각장소(十二處). 열여덟 가지 세상: 열여덟 가지 요소(界)(Ps.i.122)"라고 상카라들의 세상을 모든 방면에서 아신다.

39. 모든 중생들의 습성을 아시고, 잠재성향을 아시고, 행위를 아시고, 결심을 아시며, 눈에 때가 적은지 많은지, 기능(根)이 예리한지 둔한지, 행실이 바른지 나쁜지, 가르치기 쉬운지 어려운지, 가능성이 있는지 없는지를 아신다. 그러므로 그분은 중생의 세상을 모든 방면에서 아신다.

40. 중생의 세상처럼 공간의 세상도 모든 방면에서 아신다. 하나의 우주(cakkavāla, 輪圍山)는 종횡으로 각각 1천 2백만 3천 4백 5십 유순(yojana)306)이다. 그 주위는

> 일체의 주위는 3백6십만이고
> 일만 3백 5십의 유순이다.

41. 이 가운데서

> 이십사만이 있으니
> 이 만큼의 두께를 가진 것을 땅이라고 말한다.

그 [땅을] 지지하는 [물은]

---

305) 열 가지 장소란 열두 가지 감각장소(12處) 가운데서 열 가지의 물질의 감각장소를 뜻한다(DAȚ.ii.69)
306) 유순으로 음역을 한 *yojana*는 √*yuj*(*to yoke*)에서 파생된 중성명사이다. 어원이 암시하듯이 이것은 [소에] 멍에를 메워 쉬지 않고 한 번에 갈 수 있는 거리이며 대략 7마일 즉 11 Km 정도의 거리라고 한다.(PED)

사십팔만이 있으니 이 만큼 두께의
물이 바람 가운데 있다고 말한다.

그 [물을] 지지하는

바람이 허공을 상승하는 것은 구십육만이 있으니
이것이 세상의 전체 크기이다.

42. 이와 같이 굳게 서있을 때,

모든 산 가운데 최고 높은 수미산(Sineru, Sk. Sumeru)은
대해 속에 8만4천 유순이나 잠겨있고
그 만큼 수면위로 솟아 있다.
수미산의 크기보다 차례대로 각각 절반 크기로[307]
깊이와 높이를 가졌고 갖가지 신비한 보석으로 장엄된
유간다라, 이사다라, 까라위까, 수닷사나
네미다라, 위나따까, 앗사깐나의 큰 산맥
중심이 같은 이 일곱의 큰 산들이
수미산 주위를 에워싼다.[308]
4천왕의 거처이고, 신들과 야차가 머문다.
히말라야 산의 높이는 5백 유순이고

---

[307] "즉 유간다라 산은 수미산 크기의 절반인 바다 속으로 4만2천 유순만큼의 깊이와 그 만큼의 수면 위의 높이를 가졌고, 잇사다라 산은 또 바다에 2만1천 유순의 깊이와 그 만큼의 높이를 가졌다. 이와 같은 방법으로 나머지도 알아야 한다.(Pm.137)"

[308] "이 일곱의 산들이 차례대로 수미산을 중심으로 각각 에워싸고 있다. 먼저 유간다라가 수미산을 둘러싸고 있고, 잇사다라 산이 유간다라 산을 둘러싸고 있다. 이와 같이 각각의 산을 둘러싸고 있다는 뜻이다.(Pm.137)"

종횡으로 3천 유순이며
8만4천 봉으로 장엄되어있다.
나가라고 불리는 잠부 나무가 있으니
그 줄기는 15유순을 에워싸고
줄기의 가지들은 주위에 50유순이나 뻗쳐있으며
백 요자나의 넓이와 그와 같은 크기로 솟아있다.
이 잠부 나무의 거대함으로 인해
잠부디빠(염부제)라는 이름을 얻었다.

43. 잠부 나무의 크기는 아수라들의 찟뜨라빠딸리야 나무와, 가루라들의 심발리 나무와, 아빠라고야나(西牛貨洲)에 까담바 나무와, 북쪽 꾸루의 깔빠 나무와, 동쪽 위데하의 시리사 나무와 삼십삼천(帝釋天)의 빠리찻따까 나무와 같다. 그래서 옛 스승들은 말씀하셨다.

"빠딸리, 삼발리, 잠부, 신들의 빠리찻따까
까담바, 깝빠 나무, 시리사가 일곱 번째이다"
우주의 바위산이 바다 속 깊이와
수면 위의 높이가 각각 8만2천 유순으로
전 세상을 에워싸고 섰다.

44. 이 세상에서 월륜은 49유순이고, 일륜은 50유순이다. 삼십삼천(帝釋天)의 영역은 일만 유순이고, 아수라와 무간 대지옥과 잠부디빠의 영역도 그와 같다. 아빠라고야나는 7천 유순이고 뿝바위데하도 그와 같다. 웃따라꾸루는 8천 요자나다. 여기서 각각의 큰 섬은 각각 500개의 작은 섬으로 둘러싸여있고, 그 모두는 하나의 우주(cakkavāḷa, 輪圍山)이고 하나의 세계(lokadhātu)이다.309) 그들 사이

에 로깐따리야 지옥이 있다.

45. 이와 같이 그분은 공간의 세상을 모든 방면에서 아신다. 그러므로 모든 방면에서 세상을 아시기 때문에 세상을 아시는 분(世間解)이다.

(6) 가장 높으신 분(Anuttara, 無上士)

46. 자신의 덕보다 더 뛰어난 자가 없기 때문에 이 보다 더 높은 자가 없다. 그러므로 **가장 높으신 분**(無上士)이시다. 같은 방법으로 계의 덕(guṇa)으로 모든 세상을 능가한다. 삼매와 통찰지와 해탈과 해탈지견의 덕으로도 또한 그러하다. 계의 덕으로도 같은 자가 없고, 같은 자가 없는 [과거 부처님들과] 같고, 비할 수 없고, 닮은 자가 없고, 대적할만한 사람이 없다 … 해탈지견의 덕으로도 역시 그러하다.

그래서 상세히 말씀하셨다. "신들을 포함하고 마라를 포함한 세상에서 … 신과 인간을 포함한 사람들 중에 나보다 더 계를 구족한 자를 보지 못했다.(S.i.139)" 또 「악가빠사다 경」(Aggapasāda Sutta, 最上信樂經, A.ii.34) 등에서는 "나는 스승이 없다(M.i.171)"라는 등의 게송을 상세하게 인용해야 한다.

---

309) 우주로 옮긴 'cakkavāḷa'는 자따까에 몇 번 나타나고 주로 주석서에서부터 사용되었던 단어이고, 세계로 옮긴 'lokadhātu'는 『장부』에 나타나고 주석서에도 나타난다. 이 두 단어는 동의어로 취급한다.(ekissā lokadhātuyā ti ekasmiṁ cakkavāḷe - MA.iv.120)

(7) 사람을 잘 길들이시는 분(Purisadammasārathi, 調御丈夫)

47. 길들여야 할 사람들을 인도하기 때문에 **사람을 잘 길들이시는 분**(調御丈夫)이다. 길들이다, 가르치다는 말이다. 여기서 길들여야 할 사람들이란 길들여지지 않았지만 길들이기에 적당한 축생의 수컷들과 인간의 남자들과 사람이 아닌 남성들을 뜻한다.

세존께서는 아빨랄라 용왕, 쭐로다라 용왕, 마호다라 용왕, 악기시카 용왕, 두마시카 용왕, 아라왈라 용왕, 다나빨라까 코끼리 등의 축생의 수컷을 길들이셨고 독이 없게 하셨고 귀의처와 계에 굳게 서게 하셨다. 니간타의 제자인 삿짜까, 젊은 바라문인 암밧타, 뽁카라사띠, 소나단다, 꾸따단따 등의 인간의 남자를, 또 알라와까, 수찔로마, 카랄로마 야차와 제석천왕 등의 인간이 아닌 남성들을 갖가지 길들이는 방법으로 길들이고 가르치셨다.

"께시여, 길들여야 할 사람들을 부드럽게 가르치기도 하고, 강하게 가르치기도 하고, 부드럽고 강하게 가르치기도 한다.(A.ii.112)"라는 경을 상세하게 인용해야 한다.

48. 다시 세존께서는 계 등이 이미 청정한 자들에게 초선 등을 [설하시고] 예류자 등에게는 높은 도의 수행을 설하시면서 이미 길들여진 자들도 길들이신다.

혹은 [앞의 무상사를 여기 가져와서] **사람을 잘 길들이는 가장 높으신 분**(無上士 調御丈夫)으로 단 하나의 구문으로 간주하기도 한다. 세존은 길들여야 할 사람들이 단 한번 가부좌를 틀고 앉아 8방으로310) 걸림 없이 달릴 수 있도록 인도하시기 때문에 가장 높은

---

310) "8방이란 여덟 가지 증득(等至)이다. 그들은 서로가 연결되어있지만 서

사람을 잘 길들이시는 분이라 부른다. "비구들이여, 조련사에 의해 길들여진 코끼리는 오직 한 방향으로 간다.(M.iii.222)"라는 경을 상세하게 인용해야 한다.

(8) 신과 인간의 스승(Satthā devamanussānaṁ, 天人師)

49. 현생과 내생과 궁극적인 뜻(열반)으로 적절하게 가르치기 때문에 **스승**이시다. "대상(隊商)을 삿타(sattha)라 한다. 세존은 대상의 지도자(satthavāha)이시다. 대상의 지도자는 대상들로 하여금 사막을 건너게 하고, 도적들이 들끓는 사막을 건너게 하고, 야수들이 극성을 부리는 황무지를 건너게 하고, 먹거리가 없는 황무지를 건너게 하고, 물 없는 사막을 건너게 하고, 넘어가게 하고, 벗어나게 하고, 잡고서 건너가게 하고 안은한 곳으로 이르게 한다. 이와 같이 세존은 스승이시고 대상의 지도자로서 대상들로 하여금 사막을 건너게 하시고 태어남의 사막을 건너게 하신다.(Nd1.446)"라는 등의 『닛데사』(義釋)의 방법으로 여기서 뜻을 알아야 한다.

50. '신과 인간들의(devamanussānaṁ)'라는 합성어는 '신들의 그리고 인간들의(devānañ ca manussānañ ca)'로 풀이된다. 이것은 최고로 수승한 자들과 [향상의] 가능성이 있는 인간들을 상징하여 설했다. 그러나 세존은 축생들에게도 가르침을 설하셨기 때문에 스승이시다. 왜냐하면 그들도 세존으로부터 법을 듣고 [좋은 곳에 태어나는 것의] 강하게 의지하는 원인311)을 얻은 후 그 강하게 의지하는

로 섞이지 않는 상태로 나타나기 때문에 'disā(방위)'라 했다.(Pm.139)"
311) "강하게 의지하는 원인(upanissaya-sampatti)이란 도와 과를 얻기 위한 강한 원인(balavakāraṇa)이다. 그것은 세 가지 원인을 가진 재생연결 등

원인으로 두 번째 혹은 세 번째 생에 도와 과를 수용하는 자가 되기 때문이다.

51. [전생에 개구리였던] 만두까(Maṇḍūka, 개구리)라는 신의 아들 등이 여기서 그 보기이다. 세존께서 각가라(Gaggarā)의 강변에서 짬빠 시의 주민들에게 법을 설하실 때 개구리 한 마리가 세존의 목소리에서 표상을 취했다. 한 목동이 막대기에 기댄 채 그의312) 머리를 눌리면서313) 서있었다. 그는 죽어 곧 바로 삼십삼천의 12유순이나 되는 황금 궁전에 태어났다. 마치 잠에서 깨어난 듯 그곳에서 천녀의 무리에 둘러싸인 자신을 발견하고 '오, 참으로 내가 여기 태어나다니! 내가 어떤 업을 지었을까.'하고 살펴보다가 세존의 목소리에 표상을 취한 것 말고는 아무것도 보지 못했다. 그는 곧바로 궁전과 함께 세존께 가서 세존의 발아래 절을 올렸다. 세존께서는 아시면서 물으셨다.

"이런 신변과 이 만큼의 수행원으로314)

이다.(Pm.140.)" 세 가지 원인을 가진 재생연결 등은 『길라잡이』 4장 §§24-25를 참조할 것.
312) 이 문장의 첫 단어인 '그를(taṁ, 목적격)'은 개구리를 가리키는 것으로서 '그의(tassa, 소유격)'의 뜻이다.(Pm.140) 즉 이 단어는 개구리 전체를 나타내고 뒤에 오는 '머리에(sīse)'라는 단어는 그 부분을 나타낸다. 개구리의 머리를 눌렀다는 뜻이 되겠다.
313) 원문의 'sannirujjhitvā'를 Pm에서는 'sannirumbhitvā(눌리면서)'라는 단어로 설명하고 있다. 즉 개구리의 머리에 막대기를 둔 사실을 보지 못한 채 그곳에 막대기로 억압하고서 서있었다. 개구리도 막대기에 눌려 괴롭힘을 당했지만 법에 대한 환희심으로 울부짖지도 않고 죽었다.(Pm.140)
314) 원문의 '야삿사(yasasā)'는 이 만큼의 수행원과 이 만큼의 명성과 함께 라는 뜻이다.(yasasā ti iminā edisena parivārena, paricchedena ca. ―Pm.140)

광휘를 드날리며 아름다운 안색으로 사방을 비추면서
어떤 자가 나의 발아래 절을 하는가?"

"저는 전생에 물에서 사는 개구리였습니다.
설법을 들을 때 목동이 저를 죽였습니다.(Vv.49)"

세존은 그에게 법을 설하셨다. 8만 4천의 중생들이 법을 관통하였다. 신의 아들도 예류과를 얻은 뒤 미소를 지으면서 사라졌다.

(9) 부처님(Buddha, 佛)

52. 알아야 할 것을 전부 깨달았기 때문에 해탈의 구경에 이른 지혜를 가진 **부처님**이시다. 혹은 사성제를 그분 스스로 깨달았고 또 중생들로 하여금 깨닫게 하셨기 때문에 이런 측면에서도 부처님이시다. 이 뜻을 설명하기 위해 "사성제를 깨달은 분이기에 부처님이시다. 중생들을 깨닫게 하기 때문에 부처님이시다.(Nd1.457)"라고 시작하는 전체 『닛데사』의 방법 혹은 『무애해도』의 방법을 상세하게 인용해야 한다.

(10) 세존(Bhagavā, 世尊)

53. **세존**이란 [계 등의 모든] 덕으로 뛰어나고, [그것으로 인해] 모든 중생들 가운데 최상이요 존경받는 스승의 동의어이다. 그러므로 옛 스승들은 말씀하셨다.

"세존이란 최고라는 단어요
세존이란 최상이란 단어이다.

존중과 존경에 적당한 분이시니
그래서 그분을 세존이라 한다."

54. 혹은 네 가지 이름이 있다. ① 상황에 따른 것 ② 특징에 따른 것 ③ 표상에 따른 것 ④ 우연히 생긴 것이다. 우연히 생긴 [이름]이란 세간에 통용되는 말을 빌리면 '제 멋대로 생긴 것'이다.

이 가운데서 **상황에 따른 이름**이란 송아지, 길들여야 할 [어린] 소, 멍에를 멘 소 등이다. **특징에 따른 이름**이란 막대기를 가진 자, 일산을 가진 자, 상투를 튼 자, 손을 가진 자(코끼리) 등이다. **표상에 따른 이름**이란 세 가지 영지(三明)를 가진 자, 여섯 가지 수승한 지혜(六神通)를 가진 자 등이다. 시리왓다까(Siri-vaḍḍhaka, 복을 늘리는 자), 다나왓다까(Dhana-vaḍḍhaka, 부를 늘리는 자) 등은 단어의 뜻에 상관없이 생긴 **우연히 생긴 이름**이다.

55. 여기서 세존이란 표상에 따른 이름이다. 이것은 마하마야 [왕비]에 의해서도, 숫도다나 대왕에 의해서도, 팔만의 친척에 의해서도, 삭까(제석)나 산뚜시따(도솔) 등의 뛰어난 신에 의해서도 지어진 것이 아니다. 법의 사령관인 [사리뿟따 존자]도 이와 같이 설하셨다. "세존이란 이름은 어머니에 의해서 지어진 것이 아니다 ⋯ 세존이란 해탈의 구경에 이른 분315)인데 이것은 제불세존이 보리수

---

315) "모든 반대되는 법들로부터 벗어났기 때문에 '해탈(*vimokkha*)'이다. 이것은 아라한 도를 뜻한다. 그것의 '끝(*anta*)'은 아라한과이다.(Pm.141)"
"'해탈의 구경에 이른 분(*vimokkhantika*)'이란 단어는 아라한과를 증득한 그 순간에 [세존이란 이름이 생겼다는] 뜻을 나타낸다. '그렇다면 무슨 이유로 다른 번뇌 다한 자들에게도 이 세존이란 이름이 해당되지 않는가' 라는 의문의 여지를 없애기 위해 '일체지를 얻음과 함께'라는 표현을 사용했다.(Pm.142)"

아래에서 일체지를 얻음과 함께 실현하신 개념(paññatti)이다.(Ps.i.174; Nd1.143)"

56. 이 이름의 원인인 그 덕들을 드러내기 위해 다음 게송이 있다.

"행운을 가진 분, [한적한 곳에] 자주 가는 분
[필수품을] 수용하는 분, [법을] 분석하는 분,
[탐·진·치를] 부순 분, 존경받을 분, 축복받은 분
여러 가지 바른 방법으로 자신을 잘 닦은 분
존재를 종식시킨 분, 그분을 세존이라 부른다."

그리고 『닛데사』(義釋, Nd1.142)에서 설한 방법대로 여기서 각 단어들의 뜻을 알아야 한다.

57. 이것은 다른 방법이다.

① 행운을 가진 분 ② [마라를] 부순 분
③ 복을 [구족한] 분 ④ 분석하는 분
⑤ 수행을 가진 분 ⑥ 존재에서 여행을 버린 분
그래서 세존이시다

58. [① 행운을 가진 분]: 세간적인 행복과 출세간적인 행복을 생기게 하는 보시와 지계 [바라밀] 등 피안에 이른 행운(bhāgya)을 가진 자이기 때문에 바갸와(bhāgyavā, 행운을 가진 자)라고 말할만하나 바가와(bhagavā, 세존)라 부른다고 알아야 한다. 왜냐하면 여기서는 "모음의 첨가와 모음의 삭제(Kāshika 6.3.109)" 등 어원의 특징을

취하거나 혹은 문법적인 방법으로 '삐소다라 등(pisodarādi)'의 [예문을 가진] 삽입하는 특징을 취했기 때문이다.316)

59. [② 마라를 부순 분]: 그런데 그분은 탐욕, 성냄, 어리석음, 잘못 마음에 잡도리함, 양심 없음, 수치심 없음, 성냄, 적의, 얕봄, 비교함, 질투, 인색, 속임수, 사기, 완고함, 뻔뻔스러움, 자만, 거만, 허영, 태만, 갈애, 무명, 세 가지 해로움의 뿌리, 삿된 행위, 오염, 더러움, 바르지 못한 인식, 일으킨 생각, 희론, 네 가지 전도, 번뇌, 매듭, 폭류, 속박, 나쁜 길, [4종 필수품의] 갈애에 대한 취착, 다섯 가지 마음의 황폐, 얽매임, 장애, 즐김, 여섯 가지 분쟁의 뿌리, 갈애의 무리, 일곱 가지 잠재성향, 여덟 가지 삿됨, 갈애를 근본으로 한 아홉 가지, 열 가지 해로운 업의 길, 62가지 삿된 견해, 108가지 갈애의 행위로 분류되는 백 천 가지나 되는 모든 괴로움과 열병과 오염을 부수셨다.

혹은 간략하게 설하면 다섯 가지 마라를 부수셨다. 즉, 오염원의 마라, 무더기(蘊)의 마라, 업형성력(abhisaṅkhāra)의 마라, 신의 마라, 죽음의 마라이다. 그러므로 이러한 위험을 부수었기 때문에 박가와(bhaggavā, 부수어버림을 가진 자)라 부를만하나 바가와(bhagavā, 세존)라 부른다고 알아야 한다. 그래서 말씀하셨다.

"탐욕을 부수었고(bhagga) 성냄을 부수었고

---

316) 저자는 문법 지식을 동원하여 왜 'bhāgyavā'가 'bhagavā(세존)'로 되었는지를 설명하고 있다. 여기서 '삐소다라 등(pisodarādi)'이라는 구문은 빠니니 문법서의 'pṛṣodarādi, Pāṇini VI.3.109'를 뜻한다. 문법에서 '등(ādi)'이 붙는 구문은 특정 문법이 적용되는 예문을 모은 것으로 여기서는 'pisodara'라는 단어 등은 모두 이런 문법규칙이 적용된다는 뜻이다.

어리석음을 부수었고 번뇌 없는 분이시다.
그분의 모든 나쁜 법들이 파괴되었기 때문에
세존(bhagavā)이라 부른다."

60. 행운을 가진 분(bhāgyavā)이라는 [단어로] 백 가지 공덕의 특징을 가진 물질의 몸을 성취하신 것을 나타낸다. 결점을 부수어 (bhagga) 법의 몸을 성취하신 것을 나타낸다. 마찬가지로 [행운을 가졌기 때문에] 세상 사람들이 존경함을 나타내고, [결점을 부수었기 때문에] 현자들이 존경함을 나타낸다. 같이 하여 재가자들과 출가자들이 의지할만한 상태를 나타내고, 그들이 의지할 때 육체적이고 정신적인 고통으로부터 벗어남을 얻는 것을 나타내며, 물질적인 보시와 법의 보시로 도움을 받는 것을 나타내고, 세간적인 행복과 출세간적인 행복으로 연결하는 능력을 나타낸다.

61. [③ 복을 구족한 분]: 세간에서 복(bhaga)이라는 단어는 ① 지배력과 ② 법과 ③ 명성과 ④ 영화와 ⑤ 소원과 ⑥ 노력, 이 여섯 가지의 경우에 통용된다.

① 세존께서는 자기의 마음에 대해 최고의 지배력을 가졌고,[317] 몸을 극히 작게 만들고 극히 가볍게 만드는 등[318] 세간에서 알려진

---

317) "자기의 마음에 대해 최고의 지배력을 가졌기 때문에 혐오스러운 것 등에 대해 혐오스럽지 않다는 인식으로 머묾을 성취하고, 결심으로 신통을 나투는 등 신통에 대해 자유자재함도 마음의 지배력에 기인한 것이다. 마음을 닦아서 그것을 성취하기 때문이다.(Pm.144)"

318) "세간에서 알려진 자유자재는 모두 여덟 가지로 언급된다(*Cf.* Yoga-bhāsya, 3.45). 여기서 '등(ādi)'이란 단어는 다음 여섯 가지를 포함한다. 즉 'mahimā, patti, pākamma, īsitā, vasitā, yatthakāmāvasāyita'이다. 이 중에서 ① 마히마란 몸을 크게 만드는 것이다. ② 빳띠는 원하는 곳에

지배력을 가졌기 때문에 모든 측면에서 구족함을 가지셨다.

② 그와 마찬가지로 출세간적인 법을 가지셨다.

③ 삼계에 두루 퍼져있고 진실한 공덕으로 얻은 지극히 청정한 명성을 가지셨다.

④ 물질의 몸을 보기를 열망하는 사람들의 눈을 편안하게 할 수 있고 모든 면에서 원만한 사지를 구족한 영화를 가지셨다.

⑤ 그분이 원하고 바라는 것은 무엇이든지 ― 그것이 자기에게 이롭든, 남에게 이롭든 ― 그 모든 것을 그대로 성취하기 때문에 소원성취라고 이름하는 소원을 가지셨다.

⑥ 모든 세상이 존경하는 원인인 바른 정진이라 부르는 노력을 가지셨다.

그러므로 이런 복과 연결되어있기 때문에(*imehi bhagehi yuttattā*) 세존이라 하고, 복을 가진 자(*bhagā assa santi*)이기 때문에 이런 뜻에서 세존(*bhagavā*, 福者)이라 한다.

62. [④ 분석하는 분]: 모든 법들을 유익함(善) 등 세 가지로 분류하셨고, 유익한 법 등을 무더기(*khandha*, 蘊), 감각장소(*āyatana*, 處), 요소(*dhātu*, 界), 진리(*sacca*, 諦), 기능(*indriya*, 根), 연기(*paṭicca-samupāda*, 緣起) 등으로 분석하셨고, 괴로움의 성스러운 진리를 괴롭다는 뜻, 형성되었다는 뜻, 불탄다는 뜻, 변한다는 뜻으로 분석하셨고, 일어남의 진리를 쌓음의 뜻, 근원의 뜻, 묶는다는 뜻, 억압한다

이르는 것이다. ③ 빠깜마란 결심 등으로 원하는 것을 만드는 것이다. ④ 이시따란 자기를 조절하는 것에 대해 자유자재함을 말한다. ⑤ 와시따란 물, 불 등을 만드는 신통에 대해 자유자재함이다. ⑥ 얏타까마-와사위따란 공중을 걷거나 다른 어떤 것을 하면서 모든 경우에 성취를 얻는 것이다.(Pm.144)"

는 뜻으로 분석하셨고, 소멸의 진리를 벗어남의 뜻, 멀리 여읨의 뜻, 형성되지 않음의 뜻, 불사의 뜻으로 분석하셨고, 도의 진리를 출구의 뜻, 원인의 뜻, 본다는 뜻, 탁월하다는 뜻으로 분석하셨기 때문에 분석하는 분(vibhattavā)이시다.319) 분석하시고, 드러내시고, 보이시고라고 설한 것이다. 그러므로 분석하는 분(vibhattavā)이라고 부를만하나 세존(bhagavā)이라 부른다고 알아야 한다.

63. [⑤ 수행을 가진 분]: 천상에 머묾, 신성한 머묾, 성스러운 머묾과, 몸으로 떨쳐버림, 마음으로 떨쳐버림, 무더기의 떨쳐버림과, 공한 해탈, 원함 없는 해탈, 표상 없는 해탈과, 다른 세간적인 법과 인간을 능가하는 출세간적인 법들을 가까이 하고 반복하고, 많이 [공부]지으셨기 때문에 수행을 가진 분(bhattavā)이라 부를만하나 세존(bhagavā)이라 부른다고 알아야 한다.

64. [⑥ 존재에서 여행을 버린 분]: 세 가지 존재320)에서 갈애라 불리는 여행을 버렸기 때문에 '존재에서 여행을 버린 자(bhavesu vantagamano)'라고 부를만하나 '바와(bhava, 존재)'라는 단어에서 '바(bha)'라는 글자와, '가마나(gamana, 감)'라는 단어에서 '가(ga)'라는 글자와, '완따(vanta, 버림, 토함)'라는 단어에서 '와(va)'라는 글자를 장음으로 만들어 가져와서 '바가와(bhagavā, 세존)'라 부른다고 알아야 한다. 마치 세간에서 '메하나사 카사 말라(mehanassa khassa mālā)'라고 부를만하나 ['메'와 '카'와 '라'를 가져와서] '메칼라(허리끈)'라고 부르듯이.

---

319) 여기에 나타나는 단어들의 의미는 통찰지의 해설(XIV-XXIII)에서 상세하게 설명되고 있다.
320) 욕계, 색계, 무색계의 존재를 말한다.

65. 그가 이와 같이 '그분 세존께서는 이런 이유로 아라한이시고, 이런 이유로 완전히 깨달으신 분(正等覺者)이시고 … 이런 이유로 세존이시다'라고(§3) 부처님의 덕을 계속해서 생각할 때 "그때 그의 마음은 탐욕에 얽매이지 않고, 성냄에 얽매이지 않고, 어리석음에 얽매이지 않는다. 그때 그의 마음은 여래를 의지하여 올곧아진다.(A.iii.285)"

66. 이와 같이 탐욕 등에 얽매이지 않아서 장애들을 억압하고 명상주제를 향하고 올곧은(uju) 마음을 가질 때 부처님의 덕을 향해서 일으킨 생각(尋)과 지속적인 고찰(伺)이 일어난다. 부처님의 덕을 따라서 일으킨 생각과 지속적인 고찰을 할 때 희열(喜)이 생긴다. 그의 마음에 희열이 생길 때 편안함(輕安)을 통해 몸과 마음의 불안들은 편안하게 가라앉는다. 편안함의 가까운 원인은 희열이기 때문이다. 불안이 편안하게 가라앉을 때 육체적이고 정신적인 행복(樂)이 일어난다. 행복한 자는 부처님의 덕을 대상으로 하여 마음이 삼매에 든다. 이와 같이 차례에 따라 어떤 한 순간에 禪의 구성요소들이 일어나게 된다.

부처님의 덕은 심오하기 때문에, 혹은 갖가지 부처님의 덕을 계속해서 생각함에 전념하기 때문에 이 禪은 본삼매에 이르지 못하고 근접에만 이른다. 이처럼 이것은 부처님의 덕들을 계속해서 생각함을 통해 일어나기 때문에 부처님을 계속해서 생각함(佛隨念)이라 부른다.

67. 이러한 부처님을 계속해서 생각함을 닦는 비구는 천인사(Satthāra)[321]를 존중하고 천인사에 순종한다. 믿음이 깊어지고 마음

챙김이 깊어지고 통찰지가 깊어지고 공덕이 깊어진다. 희열과 기쁨이 커지고, 두려움과 공포를 극복하고, 고통을 감내할 수 있다. 천인사와 함께 사는 것 같은 인식을 얻는다. 부처님의 공덕을 계속해서 생각함을 항상 몸속에 지니고 있을 때 그의 몸도 탑묘처럼 예배를 받을만하다. 그의 마음은 부처님의 경지로 향한다. 계를 범할 대상을 만날 때 마치 면전에서 천인사를 대하는 것처럼 양심과 수치심이 나타난다. 더 이상 통찰하지 못한다하더라도 적어도 선처로 인도된다.

> 그러므로 슬기로운 자는 항상 게을리 하지 말지니
> 이처럼 큰 위력(*anubhāva*)을 가진
> 부처님을 계속해서 생각함을.

이것이 부처님을 계속해서 생각함에 대한 상세한 설명이다.

2. 법을 계속해서 생각함(法隨念)

dhammānussatikathā

68. 법을 계속해서 생각함을 닦기를 원하는 자도 조용히 혼자 머물러 "법은 세존에 의해서 ① 잘 설해졌고 ② 스스로 보아 알 수 있고 ③ 시간이 걸리지 않고 ④ 와서 보라는 것이고 ⑤ 향상으로 인도하고 ⑥ 지자들이 각자 알아야 하는 것이다."(A.iii.285)라고 교학

---

321) 천인사(天人師)로 옮긴 원어는 'Satthā'이다. 스승이라 옮길 수 있지만 부처님을 뜻하는 경우가 더 많기 때문에 부처님을 뜻할 때는 구분하기 위해서 여래십호 가운데 하나인 천인사(Satthā devamanussānaṁ)로 옮긴다.

(pariyatti, 배움)과 아홉 가지 출세간법322)의 덕을 계속해서 생각해야 한다.

69. **(1) 잘 설해졌고**라는 이 구절에는 교학(pariyatti)도 포함되지만 나머지 [다섯 구절]의 경우에는 출세간법만 포함된다. 여기서 교학은 잘 설해졌나니 시작도 중간도 끝도 좋고 의미와 표현을 갖추고 더할 나위 없이 완벽하고 지극히 청정한 범행을 드러내기 때문이다.

세존이 설하신 것은 단 하나의 게송이라도 더할 나위 없이 감탄을 자아내기 때문에 [그 게송의] 첫째 구(句)로 처음이 좋고, 둘째, 셋째 구로 중간이 좋고, 마지막 구로 끝이 좋다. 같은 뜻을 나열하는 경은 서론(序分)으로 처음이 좋고, 결론(流通分)으로 끝이 좋고, 나머지(正宗分)로 중간이 좋다. 여러 뜻을 나열하는 경은 처음의 나열로 처음이 좋고, 마지막의 [나열]로 끝이 좋고, 나머지로 중간이 좋다. 다시 서론과 그것을 설하게 된 동기로 처음이 좋고, 제도하려는 자들의 근기에 따른다고 해서 뜻이 전도되지 않고 또 원인과 비유가 적절하기 때문에 중간이 좋고, 경청하는 자들에게 믿음을 불러일으키는 결론으로 끝이 좋다.

70. 교법(sāsana-dhamma) 전체는 자기에게 이로운 계로 처음이 좋고, 사마타와 위빳사나와 도와 과로 중간이 좋고, 열반으로 끝이 좋다. 혹은 계와 삼매로 처음이 좋고, 위빳사나와 도로 중간이 좋고, 과와 열반으로 끝이 좋다. 부처님이 잘 깨달으셨기 때문에 처음이 좋고, 법이 좋은 법이기 때문에 중간이 좋고, 승가가 잘 실천하기

---

322) 여기서 아홉 가지란 네 가지 도와 네 가지 과와 열반이다.

때문에 끝이 좋다. 혹은 이것을 듣고 여여하게 수행하는 자가 얻어야 할 등각(等覺, abhisambodhi)으로 처음이 좋고, 독각(獨覺, paccekabodhi)으로 중간이 좋고, 성문각(聲聞覺, sāvakabodhi)으로 끝이 좋다.

71. 들을 때 이 교법은 장애를 억압하기 때문에 듣는 것만으로도 좋다(kalyāṇa). 그러므로 처음이 좋다. 도닦을 때 사마타와 위빳사나의 행복을 가져오기 때문에 도닦음으로 좋다. 그러므로 중간이 좋다. [사마타와 위빳사나의 행복을 가져오도록] 그렇게 도닦으면 도닦음의 과가 완성될 때 평정(tādi-bhāva)을 가져오기 때문에 도닦음의 과로도 좋다. 그러므로 끝이 좋다. 이와 같이 처음과 중간과 끝이 좋기 때문에 잘 설해졌다고 한다.

72. 세존은 법을 설하실 때 교법의 청정범행과 도의 청정범행을 설하시고 여러 가지 방편들로 그것을 밝히신다.

그것은 적절하게 의미(attha)를 구족했기 때문에 의미를 갖추었고, 표현(byañjana)을 구족했기 때문에 표현을 갖추었다.

선언하고, 설명하고, 드러내고, 분별하고, 밝히고, 서술함으로써 의미를 나타내는 단어에 적합하기 때문에 의미를 갖추었고, 음절과 단어와 세목과 문체와 어원과 설명을 구족했기 때문에 표현을 갖추었다.

의미가 심오하고 통찰함이 심오하기 때문에 의미를 갖추었고, 법이 심오하고 가르침이 심오하기 때문에 표현을 갖추었다.

의무애해(義無碍解)323)와 변(辯)무애해의 영역이기 때문에 의미를 갖추었고, 법무애해와 사(詞)무애해의 영역이기 때문에 표현을 갖추었다.

---

323) 네 가지 무애해는 XIV. §21이하에서 상세하게 설명되고 있다.

현자가 경험할만하기 때문에 슬기로운 자에게 믿음을 불러일으키
므로 의미를 갖추었고, 믿을만하기 때문에 세간 사람들에게 믿음을
불러일으키므로 표현을 갖추었다.

의도가 심오하기 때문에 의미를 갖추었고, 문장이 분명하기 때문
에 표현을 갖추었다. 첨가해야 할 것이 없기 때문에 전체가 원만한
상태로써 지극히 원만하다. 삭제해야 할 것이 없기 때문에 결점이
없는 상태로써 청정하다.

더욱이 도닦음(paṭipatti)을 통해 증득의 수승함이 있기 때문에 의
미를 갖추었고, 교학(pariyatti)을 통해 배움의 수승함이 있기 때문에
표현을 갖추었다.

계 등의 다섯 가지 법의 무더기와 연결되어있기 때문에 더할 나
위 없이 완벽하고, 결점이 없고 [고해를] 건너게 하기 위하여 생겼
고, 세간적인 것에 무관심하기 때문에 지극히 청정하다. 이와 같이
의미와 표현을 갖추고 더할 나위 없이 완벽하고 지극히 청정한 범
행을 드러내기 때문에 교법은 잘 설해졌다.

73. 혹은 이 [법은] 뜻이 전도된 것이 없으므로 잘(suṭṭhu) 설해
졌다(akkhāto). 그러므로 잘 설해졌다(svākkhāto)고 한다. 다른 외도들
의 법에는 그 뜻이 전도되어있다. 장애가 된다고 설한 그 법들에는
장애가 없고, 출구라고 한 법들이 출구가 아니기 때문에 그들의 법
은 잘못 설해졌다. 세존의 법은 그와 같이 전도되지 않았다. '이 법
들은 장애가 되고 이 법들은 출구이다'라고 설한 그 법들이 사실에
어긋나지 않기 때문이다. 이와 같이 교법은 잘 설해졌다.

74. 열반에 걸맞게 도를 설하셨고, 도에 걸맞게 열반을 설하셨

기 때문에 출세간법이 잘 설해졌다. 그래서 말씀하셨다. "세존은 제자들에게 열반으로 인도하는 도닦음을 널리 선포하셨고 열반은 도닦음과 더불어 부합한다. 마치 강가강의 물과 야무나강의 물이 서로 만나 합류하듯이 그와 같이 세존은 제자들에게 열반으로 인도하는 도를 널리 선포하셨고 열반은 도닦음과 더불어 부합한다.(D.ii.223)"

75. 성스러운 도는 양극단에 치우치지 않기 때문에 중도(中道, *majjhimāpaṭipadā*)다. 중도라고 설하셨기 때문에 잘 설해졌다. 사문의 과(沙門果)는 오직 오염원들을 가라앉힌 것이다. 오염원들을 가라앉힌 것이라 설하셨기 때문에 잘 설해졌다. 열반은 영원함, 불사(不死), 귀의처, 의지할 곳 등의 고유성질을 가진다. 영원함 등의 고유성질로 설하셨기 때문에 잘 설해졌다. 이와 같이 출세간법이 잘 설해졌다.

76. **(2) 스스로 보아 알 수 있고:** 성스러운 도는 우선 자기의 상속에서 탐욕 등을 없애는 성인에 의해 스스로(*sāma*) 보아 알만하기 때문에 스스로 보아 알 수 있는 것(*sandiṭṭhika*)이다. 그래서 말씀하셨다. "바라문이여, 탐욕에 물들었고, 압도되었고, 전도된 마음을 가진 자는 자기를 괴롭히는 것을 생각하고 타인을 괴롭히는 것을 생각하고 둘 다를 괴롭히는 것을 생각한다. 그는 정신적인 고통을 겪고, 슬픔을 겪는다. 탐욕을 버렸을 때 자기를 괴롭히는 것도 생각지 않고 타인을 괴롭히는 것도 생각지 않으며 둘 다를 괴롭히는 것도 생각지 않는다. 정신적인 고통도 겪지 않고 슬픔도 겪지 않는다. 바라문이여, 이와 같이 법은 스스로 보아 알 수 있는 것이다.(A.i.156-57)"

77. 다시 아홉 가지 출세간법을 얻게 되면 누구나 타인을 믿는

것에 의존함을 버리고 반조하는 지혜로 스스로 보기 때문에 스스로
보아 알 수 있는 것이다.

78. 혹은 찬탄할만한(*pasatthā*) 견해(*diṭṭhi*)가 찬탄할만한 견해
(*sandiṭṭhi*)이다.324) 찬탄할만한 견해로 물리치기 때문에 스스로 보아
알 수 있는 것(*sandiṭṭhika*)이다. 왜냐하면 성스러운 도는 그것과 연결
된 바른 견해로, 성스러운 과는 그것의 원인인 바른 견해로, 열반은
이 열반을 대상으로 가지는 바른 견해로 오염원들을 물리치기 때문
이다. 그러므로 마치 전차로 승리하기 때문에 전차병이라 하듯이
아홉 가지 출세간법도 바른 견해로 승리하기 때문에 스스로 보아
알 수 있는 것이다.

79. 혹은 견(*diṭṭha*)은 보는 것(*dassana*)을 뜻한다. 견(*diṭṭha*)이 바
로 본 것(*sandiṭṭha*)이다. 즉 본다는 뜻이다. 볼만하기 때문에 *sandiṭṭhi*
-*ka*(스스로 보아 알 수 있는 것)이다. 왜냐하면 출세간법은 그것이 보이
자마자 수행을 관통하고 [열반의] 실현을 관통하여 윤회의 두려움
을 물리치기 때문이다. 그러므로 옷(*vattha*)을 입을만하기(*arahati*) 때
문에 옷을 입을 수 있는 자(*vatthika*)라 하듯이 볼(*sandiṭṭha*) 만하기
(*arahati*) 때문에 스스로 보아 알 수 있는 것(*sandiṭṭhika*)이다.

80. **[(3) 시간이 걸리지 않고]**: 자신의 결과를 주는 데 시간이
[걸리지] 않기 때문에 시간이 걸리지 않는 것(*akāla*)이다. 시간이 걸

---

324) 이것은 동음이의(同音異義)로 설명한 것이다. 여기서 '찬탄할만한'으로
옮긴 *pasattha*는 수동형 과거 분사로써 그 어원은 *pra*(앞으로)+√*saṁs*
(*to praise*)이다. 그러므로 '*sandiṭṭhi*'를 '√*saṁs*(찬탄하다)+*diṭṭhi* (견
해)'로 분해해서 '찬탄할만한 견해'로 달리 해석하고 있다.

리지 않음이 바로 시간이 걸리지 않는 것(akālika)이다. 5일이나 7일 등의 시간을 경과하지 않고 결과를 준다. 즉 그것은 일어나자마자 곧바로 결과를 주는 것이라고 설했다.

81. 혹은 자신의 결과를 주는데 긴[325) 시간이 걸리는 것이 시간이 걸리는 것(kālika)이다. 무엇이 그것인가? 세간적인 유익한 법(善法)이다. 그러나 이것은 결과가 바로 그 다음에 따라오기 때문에 시간이 걸리지 않는다. 그러므로 시간이 걸리지 않는 것(akālika)이다. 이 시간이 걸리지 않는 것이라는 용어는 도에 관해서 설한 것이다.

82. [(4) 와서 보라는 것이고]: '와서 이 법을 보라(ehi passa imaṁ dhammaṁ)'고 이와 같이 검사하기 위해 초대를 할만하기 때문에 와서 보라는 것(ehipassika)이다. 무슨 이유로 초대할만한가? 있기 때문이고 청정하기 때문이다.326)

빈주먹에 금화나 황금이 있다고 말할 순 있지만 '와서 이것을 보라'고 말할 수는 없다. 무슨 이유인가? 있지 않기 때문이다. 그것이 소변이나 대변이라면 실제로 있다하더라도 아름다움을 드러내 보이면서 마음을 흡족케 하기 위해서는 '와서 이것을 보라'고 말할 수 없다. 오히려 풀이나 나뭇잎으로 가려야만할 것이다. 왜 그런가? 더럽기 때문이다.

그러나 이 아홉 가지 출세간법은 그 고유성질로 존재하는 것이고

---

325) "원문의 'pakaṭṭha'는 'dūra(먼)'의 뜻이다.(Pm. 149)"
326) "[이 법은] 궁극적인 뜻에서 얻을 수 있기 때문이고 오염원의 더러움이 없어 완전히 청정하기 때문이다.(vijjamānattā ti paramatthato upalabbhamānattā. parisuddhattā ti kilesamalavirahena sabbathā visuddhattā. —Pm.150)"

구름 없는 하늘에 둥근 보름달처럼, 황금색 돌 위에 놓인 보석처럼 청정하다. 그러므로 있기 때문이고 청정하기 때문에 와서 보라고 초대할만하다. 그래서 와서 보라는 것(*ehipassika*)이다.

83. **[(5) 향상으로 인도하고]:** 인도할만하기 때문에 향상으로 인도하는 것(*opaneyyika*)이다. 여기서 판별은 다음과 같다. 인도함(*upanayana*)이 인도(*upanaya*)다. 자기의 옷이나 머리가 불타는 것도 상관치 않고 오직 수행으로 [이 법을] 자기의 마음에 인도327)할 수 있기 때문에 인도하는 것(*opanayika*)이다. 인도하는 것이 바로 향상으로 인도하는 것(*opaneyyika*)이다. 이것은 형성된 출세간법들(열반을 제외한 네 가지 도와 네 가지 과)에 적용된다. 형성되지 않은 [열반]은 자기의 마음에 [마음의 대상으로] 삼을만하기 때문에 향상으로 인도하는 것(*opaneyyika*)이다. 깨달아서 체득할328) 만하다는 뜻이다.

84. 혹은 성스러운 도는 [성스러운 사람들을] 열반으로 인도하기 때문에 인도할만한 것(*upaneyya*)이다. 과와 열반은 실현해야 할 것으로 인도되어야 하기 때문에 인도할만한 것(*upaneyya*)이다. 인도할만한 것(*upaneyya*)이 바로 향상으로 인도하는 것(*opaneyyika*)이다.

---

327) "여기서 마음에 인도함(*upanayana*)은 마음에 일으킴(*uppādana*)을 말한다.(*citte upanayanaṁ uppādanan ti āha.* —Pm.151)" 즉 향상으로 인도한다는 뜻의 *opaneyyika*를 두 가지로 해석하고 있다. 아홉 가지 출세간 법 가운데서 처음의 여덟 가지는 수행으로써 마음에 일으킨다는 뜻에서 향상으로 인도하는 것이고, 마지막인 열반은 마음으로써 그 열반을 마음의 대상으로 삼기 때문에 향상으로 인도하는 것이라 설명한다.
328) "원문의 고수함(*allīyana*)은 닿음(*phusana*)을 말한다.(Pm.151)" 역자는 체득으로 옮겼다.

85. **(6) 지자들이 각자 알아야 하는 것이다:** 예리한 지자 등 모든 지자는 '나는 도를 닦았고, 과를 얻었고, 열반을 실현했다'라고 각각 자신 안에서 알아야 한다. 은사가 도를 닦을 때 [제자가] 함께 머문다 해서 그의 오염원들이 버려지는 것이 아니고, 은사가 과를 증득했다 해서 제자가 행복하게 머무는 것도 아니요, 은사가 열반을 실현했다 해서 제자가 실현하는 것도 아니다. 그러므로 이것은 타인의 머리에 꾸며놓은 장식처럼 [밖에서] 볼 수 있는 것이 아니다. 오직 지자들이 자신의 마음에서 볼 수 있고 체험하는 것이라고 말한다. 이것은 어리석은 자의 경계가 아니다.

86. 그리고 이 법은 잘 설해졌다. 왜 그런가? 스스로 보아 알 수 있기 때문이다. 시간이 걸리지 않기 때문에 스스로 보아 알 수 있는 것이다. 와서 보라는 것이기 때문에 시간이 걸리지 않는 것이다. 그리고 와서 보라는 것은 향상으로 인도하는 것이다.

87. 이와 같이 '잘 설해졌고'라는 등으로 구분한 법의 덕을 계속해서 생각할 때 "그때 그의 마음은 탐욕에 얽매이지 않고, 성냄에 얽매이지 않고, 어리석음에 얽매이지 않는다. 그때 그의 마음은 법을 의지하여 올곧아진다.(A.iii.285)" 이와 같이 앞서 설한 방법대로 (§66) 장애들을 억압할 때 차례에 따라 어떤 한 순간에 禪의 구성요소들이 일어나게 된다.

  법의 덕은 심오하기 때문에 혹은 갖가지 덕을 계속해서 생각함에 전념하기 때문에 이 禪은 본삼매에는 이르지 못하고 근접에만 이른다. 이처럼 이것은 법의 덕을 계속해서 생각함을 통해 일어나기 때문에 법을 계속해서 생각함(法隨念)이라 부른다.

88. 이러한 법을 계속해서 생각함을 닦는 비구는 '이와 같이 향상으로 인도하는 법을 설하고 이러한 공덕을 갖춘 스승을 과거에도 본 적이 없고 현재에도 세존 이외에 어떤 분도 본 적이 없다'라고 생각하면서 법의 덕을 봄으로써 천인사를 존중하고 천인사에 순종한다. 법에 대한 존경심을 내고 믿음이 깊어진다. 희열과 기쁨이 커지고, 두려움과 공포를 극복하고, 고통을 감내할 수 있다. 법과 함께 사는 것 같은 인식을 얻는다. 법의 공덕을 계속해서 생각함을 항상 몸속에 지니고 있을 때 그의 몸도 탑묘처럼 예배를 받을만하다. 그의 마음은 위없는 법의 증득으로 향한다. 계를 범할 대상을 만날 때 뛰어난 법의 성품을 계속해서 생각하기 때문에 양심과 수치심이 나타난다. 더 이상 통찰하지 못한다하더라도 적어도 선처로 인도된다.

> 그러므로 슬기로운 자는 항상 게을리 하지 말지니
> 이와 같이 큰 위력을 가진 법을 계속해서 생각함을.

이것이 법을 계속해서 생각함에 대한 상세한 설명이다.

3. 승가를 계속해서 생각함(僧隨念)
saṅghānussatikathā

89. 승가를 계속해서 생각함을 닦기를 원하는 자도 조용히 혼자 머물러 "세존의 제자들의 승가는 잘 도를 닦고, 세존의 제자들의 승가는 바르게 도를 닦고, 세존의 제자들의 승가는 참되게 도를 닦

고, 세존의 제자들의 승가는 합당하게 도를 닦으니, 곧 네 쌍의 인간들이요(四雙) 여덟 단계에 있는 사람들(八輩)이시다. 이러한 세존의 제자들의 승가는 공양받아 마땅하고, 선사받아 마땅하고, 보시받아 마땅하고, 합장받아 마땅하며, 세상의 위없는 복밭(福田)이시다"라고 성스러운 승가의 덕을 계속해서 생각해야 한다.

90. 이 가운데서 **잘 도를 닦고**라 함은 좋은 도닦음이다. 바른 도닦음과, 퇴보함이 없는 도닦음과, [열반에] 수순하는 도닦음과, 반대가 없는 도닦음과, [출세간]법과 [그것에] 이르게 하는 법(dhamma-anudhamma)의 도닦음에 들어섰다는 말이다. 세존의 교훈을 신중하게 듣기 때문에 제자들이다. 제자들의 승가가 **제자들의 승가**(sāvakasaṅgha)이다. 계와 바른 견해를 함께 가져서 공동체를 이룬 제자들의 무리라는 뜻이다. 여기서 바른 도닦음은 곧고, 구부러짐이 없고, 왜곡됨이 없고, 뒤틀림이 없고, 성스럽고, 참되다(ñāya)고 말한다. 그리고 어울리기 때문에 적당하다는 명칭을 가진다. 그러므로 그런 도를 닦는 성스러운 승가는 **바르게 도를 닦고, 참되게 도를 닦고, 합당하게 도를 닦는다**고 말한다.

91. 여기서 도에 선 자들은 바른 도닦음을 가졌기 때문에 잘 도를 닦고, 과에 선 자들은 바른 도닦음으로 증득해야 할 것을 증득했기 때문에 과거의 그 도닦음을 두고 잘 도를 닦았다한다고 알아야 한다.

92. 그리고 잘 설해진 법과 율에서 설한대로 도를 닦고 티 없이 도를 닦기 때문에 **잘 도를 닦고**, 중도로 양극단을 피하여 도를

닦고, 몸과 말과 마노의 구부러짐과 왜곡됨과 뒤틀림의 결점을 버리고 도를 닦기 때문에 **바르게 도를 닦는다.** 열반은 참되다고 말한다. 그것을 위하여 승가가 도를 닦기 때문에 **참되게 도를 닦는다.** 존경받기에 적합한 자들이 되도록 도를 닦기 때문에 **합당하게 도를 닦는다.**

93. **곧**(yad idaṁ): 즉 이들(yāni imāni). **네 쌍의 인간들이요(四雙):** 쌍으로써 첫 번째 도에 선 자와 과에 선 자를 한 쌍으로 만들어 네 쌍의 인간들이 있다. **여덟 단계에 있는 사람들(八輩)이시다:** 인간으로 첫 번째 도에 선 자를 하나로 만들고 또 과에 선 자를 하나로 만들어 이와 같은 방법으로 여덟 사람이 있다. **사람들**(purisa-puggala)이란 단어에서 뿌리사(purisa)라 하든 뿍갈라(puggala)라 하든 이 단어는 [인간이라는] 하나의 뜻을 가졌다. 배우는 자의 [근기에] 따라 말씀하신 것이다. **이러한 세존의 제자들의 승가:** 이 쌍으로 네 쌍의 인간들과 개별적으로 여덟 명의 인간들이 세존의 제자들의 승가이다.

94. **공양받아 마땅하고** 등에 대해서: 가져와서 헌공할만한 것이 시물(āhuna)이다. 먼 곳으로부터 가져와서 계를 갖춘 자들에게 보시할만한 것이라는 뜻이다. 이것은 네 가지 필수품의 동의어이다. 승가는 그런 [보시자와 시물]로 하여금 큰 과를 얻게 하기 때문에 시물을 받기에 적절하다. 그러므로 공양받아 마땅하다.

95. 혹은 먼 곳으로부터 직접 와서 모든 소유물을 여기 헌공할만하기 때문에 승가는 헌공 받을만한 자(āhavanīya)이다. 혹은 제석

(Sakka, 삭까 = 인드라) 등도 헌공할만하기 때문에 헌공 받을만한 자다. 이런 바라문의 불을 아하와니야(Āhavanīya, 헌공 받을만한 자)329)라 한다. 그 불에 준 것은 큰 결과를 가져온다는 것이 그들의 신조이다. 만약에 헌공한 것이 큰 결과를 가져오기 때문에 헌공 받을만한 자라 한다면 승가야말로 헌공 받을만한 자다. 왜냐하면 승가에 헌공한 것은 큰 결과를 가져오기 때문이다. 그래서 말씀하셨다.

"사람이 숲 속에서 백 년 동안 불을 섬길지라도
닦은 자들에게 단 한 순간이라도 예배하면
이 예배는 백 년의 제사를 능가하리.(Dhp.107)"

다른 부파에서330) 말하는 이 헌공 받을만한 자(*āhavanīya*)라는 단어는 여기서 말한 공양받아 마땅한 자(*āhuneyya*)라는 단어와 뜻은 같고 문자로만 조금 차이가 있을 뿐이다. 그러므로 공양받아 마땅한 자다.

96. 선사받아 마땅하고: 여러 곳으로부터 온 친애하는 친척과 친구들을 위하여 정성스럽게 준비한, 손님들에게 보시하는 물건을 선사품(*pāhuna*)이라 한다. 이 경우에도 [친척들이나 친구들에게] 이런 선사품을 주는 것보다 승가에 보시하는 것이 적절하다. 그러한 선사품을 받을만한 이는 승가와 같은 자가 없기 때문이다.

---

329) 바라문교의 제의서(Brāhmaṇa)에 의하면 공공 제사는 세 가지 불을 지피는 제단(*altar*)을 준비하여 거행된다. 그 가운데서 공물을 헌공하는 가장 중요한 불을 아하와니야(헌공 받을만한 불)라 부른다.
330) "다른 부파란 설일체유부 등의 부파이다(*nikāyantare ti sabbatthika-vādi-nikāye* — Pm.156)"

승가는 두 부처님들의 사이에 나타났고, 지속적으로331) 사랑받을 만하고 마음에 드는 [계 등의] 법을 갖추었다. 이와 같이 그에게 선사품을 주기에 적절하고 선사품을 받기에 적절하기 때문에 선사받아 마땅하다(pāhuneyya). 그러나 성전을 독송할 때 빠후네야(pāhuneyya) 대신에 빠하와니야(pāhavaniyo, 먼저 공양받을 자)라고 독송하는 사람들의 경우 승가가 우선으로 대접 받을만하기 때문에 공양할 것을 여기 가장 먼저(paṭhamaṁ) 가져와서(ānetvā) 헌공할만하기 때문에(hunitabbaṁ) 먼저 공양받을 자(pāhavaniya)이다. 혹은 모든 측면에서 공양을 받을만하기 때문에 먼저 공양받을 자다. 그것을 여기서는 같은 뜻으로 선사받아 마땅한 자(pāhuneyya)라고 한다.

97. 보시(dakkhiṇa)란 다가올 내생을 믿고 베푸는 보시를 말한다. [승가는] 그런 보시를 받을만하다. 혹은 보시에 도움이 된다. 왜냐하면 큰 결과를 얻게 하여 공양물을 청정하게 하기 때문이다. 그러므로 **보시받아 마땅하다**(dakkhiṇeyya).

모든 세상 사람들이 양손을 머리에 얹어 합장할만하기 때문에 **합장받아 마땅하다**(añjalikaraṇīya).

98. **세상의 위없는 복밭(福田)이시다:** 모든 세상의 비교할 수 없는 복이 증장하는 곳이다. 마치 왕이나 대신의 벼나 보리가 자라는 곳을 왕의 논이나 보리밭이라고 부르듯이 승가는 모든 세상의

---

331) '지속적으로'라고 옮긴 abbokiṇṇa는 문자적으로는 abhi+ava+√kṛ(to fill)의 과거분사로서 '가득 채워진'이란 의미이다. 그러나 어떤 문맥에서는 abbocchinna(a[부정접두어]+vi+ava+√chid[to cut]의 과거분사)의 의미로 쓰여서 '중단되지 않고, 끊임없이, 연속하여, 지속적으로' 등의 의미로 쓰이고 있다. 역자도 후자의 의미로 옮겼다.

복이 자라는 곳이다. 승가를 의지하여 세상의 갖가지 이익과 행복으로 인도하는 복이 증장한다. 그러므로 승가는 세간의 위없는 복밭이다.

99. 이와 같이 '잘 도를 닦고'라는 등으로 구분한 승가의 덕을 계속해서 생각할 때 "그때 그의 마음은 탐욕에 얽매이지 않고, 성냄에 얽매이지 않고, 어리석음에 얽매이지 않는다. 그때 그의 마음은 계를 의지하여 올곧아진다.(A.iii.285)" 이와 같이 앞서 설한 방법대로 (§66) 장애들을 억압할 때 차례에 따라 어떤 한 순간에 禪의 구성요소들이 일어나게 된다.

승가의 덕은 심오하기 때문에 혹은 갖가지 덕을 계속해서 생각함에 전념하기 때문에 이 禪은 본삼매에는 이르지 못하고 근접에만 이른다. 이처럼 이것은 승가의 덕들을 계속해서 생각함을 통해 일어나기 때문에 승가를 계속해서 생각함(僧隨念)이라 부른다.

100. 이러한 승가를 계속해서 생각함을 닦는 비구는 승가를 존중하고 승가에 순종한다. 믿음이 깊어진다. 희열과 기쁨이 커지고, 두려움과 공포를 극복하고, 고통을 감내할 수 있다. 승가와 함께 사는 것 같은 인식을 얻는다. 승가의 덕을 계속해서 생각함을 항상 몸속에 지니고 있을 때 그의 몸도 승가가 운집한 포살당처럼 예배를 받을만하다. 그의 마음은 승가의 덕을 증득함으로 향한다. 계를 범할 대상을 만날 때 마치 면전에서 승가를 대하는 것처럼 양심과 수치심이 나타난다. 더 이상 통찰하지 못한다하더라도 적어도 선처로 인도된다.

그러므로 슬기로운 자는 항상 게을리 하지 말지니
이와 같이 큰 위력을 가진 승가를 계속해서 생각함을.

이것이 승가를 계속해서 생각함에 대한 상세한 설명이다.

4. 계를 계속해서 생각함(戒隨念)
sīlānussatikathā

101. 계를 계속해서 생각함을 닦기를 원하는 자는 조용히 혼자 머물러 참으로 나의 계는 "훼손되지 않고, 뚫어지지 않고, 오점이 없고, 얼룩지지 않고, 벗어났고, 지자들이 찬탄하고, 비난받지 않고, 삼매에 도움이 된다.(A.iii.286)"라고 이와 같이 훼손되지 않은 것 등의 덕으로 자신의 계를 계속해서 생각해야 한다. 재가자가 [지니는 것이] 재가계고 출가자가 [지니는 것이] 출가계다.

102. 재가자의 계든 출가자의 계든, 그들의 시작에서든 끝에서든, 단 하나도 파하지 않았을 때 가장자리가 끊어진 천 조각처럼 훼손되지 않았기 때문에 **훼손되지 않은 것**(akhaṇḍāni)이다. 그들의 중간에서 단 하나도 파하지 않았을 때 중간에 구멍 난 천 조각처럼 뚫어지지 않았기 때문에 **뚫어지지 않은 것**(acchiddāni)이다. 그들을 차례대로 둘 혹은 셋을 파하지 않았고 배에 나타난 길고 둥근 모양 등을 한 얼룩덜룩한 검고 붉은 색깔 등을 가진 소처럼 오점이 없기 때문에 **오점이 없는 것**(asabalāni)이다. 그 사이사이에 그들을 파하지 않을 때332) 그들은 다른 색의 반점으로 얼룩덜룩한 소처럼 얼룩지지 않았기 때문에 **얼룩지지 않은 것**(akammāsāni)이다.

103. 일반적으로 말하면 일곱 가지 음행과 연결된 계와 노여움과 적의 등의 나쁜 법들에 의해 손상되지 않았기 때문에 그들 모두는 훼손되지 않았고, 뚫어지지 않았고, 오점이 없고, 얼룩지지 않았다.(I. §§143-52)

104. 훼손되지 않은 계들이 갈애의 노예상태로부터 풀려난 뒤 벗어난 상태를 만들기 때문에 **벗어난 것**(bhujissāni)이다. 부처님 등 지자들이 찬탄하기 때문에 **지자들이 찬탄하는 것**(viññūpasatthāni)이다. 갈애와 사견이 들러붙지 않고 어느 누구에 의해서도 '이것이 계 가운데서 당신의 결점이다'라고 비난할 가능성이 없기 때문에 **비난받지 않는 것**(aparāmaṭṭhāni)이다. 그들은 근접삼매나 본삼매에 도움이 되고, 혹은 도의 삼매와 과의 삼매에 도움이 되기 때문에 **삼매에 도움이 된다**(samādhi-saṁvattanikāni).

105. 이와 같이 '훼손되지 않고'라는 등으로 구분한 계의 덕을 계속해서 생각할 때 "그때 그의 마음은 탐욕에 얽매이지 않고, 성냄에 얽매이지 않고, 어리석음에 얽매이지 않는다. 그때 그의 마음은 계를 의지하여 올곧아진다.(A.iii.285)" 이와 같이 앞서 설한 방법대로 (§66) 장애들을 억압할 때 차례에 따라 어떤 한 순간에 禪의 구성요소들이 일어나게 된다.

계의 덕은 심오하기 때문에 혹은 갖가지 덕을 계속해서 생각함에 전념하기 때문에 이 禪은 본삼매에는 이르지 못하고 근접에만 이른

---

332) 즉 재가자의 경우 5계 가운데서 첫 번째 것을 파하고, 두 번째 것은 지키고, 세 번째 것은 파하고 등등을 하지 않는 것이 사이사이에 그들을 파하지 않는 것이다.

다. 이처럼 이것은 계의 덕들을 계속해서 생각함을 통해 일어나기 때문에 계를 계속해서 생각함(戒隨念)이라 부른다.

106. 이러한 계를 계속해서 생각함을 닦는 비구는 [계를] 공부하기를 존중하고 순종한다. 믿음이 깊어진다. 희열과 기쁨이 커지고, 두려움과 공포를 극복하고, 고통을 감내할 수 있다. [계를 구족한 자들과] 함께 살고, [그들을] 엎드려 영접함에 부지런하며, 자책하는 두려움이 없고, 작은 허물에도 두려움을 보며, 믿음 등이 깊어지고, 희열과 기쁨이 커진다. 더 이상 통찰하지 못한다하더라도 적어도 선처로 인도된다.

그러므로 슬기로운 자는 항상 게을리 하지 말지니
이와 같이 큰 위력을 가진 계를 계속해서 생각함을.

이것이 계를 계속해서 생각함에 대한 상세한 설명이다.

5. 보시를 계속해서 생각함(施隨念)
cāgānussatikathā

107. 보시를 계속해서 생각함을 닦기를 원하는 자는 자연스럽게 보시에 전념하고 항상 보시하고 나누어주어야 한다. 혹은 처음 닦는 사람은 '지금 이후부터 만약에 받을 사람이 있으면 단 한 입 분량의 덩어리라도 먼저 보시하지 않고 먹지 않으리라'고 받아들여, [수행을 시작한 바로] 그 날 덕이 높은 분들께 능력껏 최대한 보시한다.

그런 뒤 거기서 표상을 취하고 조용한 곳에 혼자 머물러 "이것은 참으로 내게 이득이고 참으로 큰 이득이다. 나는 인색함과 때에 얽매인 사람들 가운데서 때와 인색함에서 벗어난 마음으로 살고, 아낌없이 보시하고, 손은 깨끗하고, 주는 것을 좋아하고, 구걸하는 것에 반드시 부응하고, 보시하고 나누어주는 것을 좋아하기 때문이다. (A.iii.287)"라고 이와 같이 인색함의 때로부터 벗어난 것 등의 덕으로 자신의 보시를 계속해서 생각해야 한다.

108. **참으로 내게 이득이다:** 참으로 내게 이득이고, 장점이다. "[음식을 베풀어서] 생명을 주는 자는 천상이나 인간에 삶을 얻는다. (A.iii.42)" "보시하는 자를 좋아하고 많은 사람들이 늘 모인다.(A.iii.40)" "좋은 사람들의333) 법을 따라 보시하는 자는 사랑받는다.(A.iii.41)" 이와 같은 방법으로 세존께서 보시하는 자의 이득을 찬탄하셨다. 반드시 나도 그 이득에 동참하리라는 것이 여기서 뜻하는 것이다.

109. **참으로 큰 이득이다:** 이 교법과 사람 몸을 얻은 것은 참으로 내게 큰 이득이다. 왜 그런가? 나는 인색함의 때에 얽매인 사람들 가운데서 … 나누어주는 것을 좋아하기 때문이다.

110. **인색함과 때에 얽매인:** 인색함과 때에334) 사로잡힌. **사람들 가운데서:** 태어났기 때문에335) 중생이라 불린다. 그러므로 여기

---

333) "['좋은 사람들의 법'으로 옮긴] 'sataṁ dhammaṁ'은 '좋은 사람들인 보살(bodhisatta)들의 법'이라는 말이다.(Pm.160)"
334) 'maccheramalā'는 '인색함이라는 때'로 해석할 수도 있고 드완드와(병열) 합성어로 '인색함과 때'로 해석해서 '인색함과 [탐욕 등의] 때'라는 뜻으로도 해석할 수 있다.(Pm.160) 역자는 후자를 따랐다.
335) "'태어났기 때문에'라는 것은 '자신의 업에 따라 태어났기 때문에'라는 뜻이다.(Pm.160)"

서 이것은 '인색함과 때에 사로잡힌 중생들 가운데서'라는 뜻이다. 인색함과 때는 자기의 번영을 타인과 나누어 가짐을 견디지 못하는 특징을 가졌고, 마음의 본래 투명한 상태를 더럽히는 어두운 법의 일종이다.

111. **때와 인색함에서 벗어난:** 탐욕과 성냄 등 다른 때와 인색함에서 벗어났기 때문에 '때와 인색함에서 벗어난'이라 했다. **마음으로 살고:** 앞서 설한 그 상태의 마음으로 산다는 뜻이다. 그러나 경에서는 일래자였던 석가족의 마하나마(Mahānāma)가 의지해서 머무는 것에 대해서 여쭈었을 때 의지해서 머무는 것으로 설했기 때문에 "나는 벗어난 마음으로 집에서 산다(A.iii.287; v.331)"라고 설하셨다. 그곳에서는 [탐욕 등 오염원들을] 극복하고 산다는 뜻이다.

112. **아낌없이 보시하고:** 관대하게 보시한다.336) **손은 깨끗하고:**337) 손은 지극히 청정하고, 정성스럽게 자기의 손으로 선물을 주기 위해 항상 손을 씻는다는 뜻을 설한 것이다. **주는 것을 좋아하고:** 주는 행위가 주는 것이다. 보시한다는 뜻이다. 그 주는 것을 항상 실천하여 좋아하기 때문에 '주는 것을 좋아하고'라 했다. **구걸하는 것에 반드시 부응하고**(yācayoga): 구걸하는 자가 원하는 그것을 보시하기 때문에 구하는 것에 부응한다는 뜻이다. 독송할 때는 야자

---

336) "보답을 기대하지 않고 보시한다는 뜻이다.(Pm.160)"
337) 원어 'payata-pāṇi'는 본문에서 보듯이 '청정한 손을 가진 자(panisuddha-hattha)'라 설명된다. 그래서 '깨끗한 손을 가진 자'라는 의미에서 '손은 깨끗하고'로 풀어서 옮겼다. 이 말은 베풀기 전에 자신의 손을 닦는 인도풍습에서 유래된 것이다. 그래서 힌두 전적에서도 관대한 사람이라는 표현에 '손이 늘 물에 젖은 사람'이라는 말이 쓰이는 것도 같은 이유에서이다.

요가(*yājayoga*)라고도 한다. 헌공(*yajana*)이라 불리는 공양에 부응한다는 뜻이다. **보시하고 나누어주는 것을 좋아한다:** 보시하는 것과 나누어주는 것을 좋아함이다. '나는 보시하고, 또 내 자신이 사용할 것을 나누어준다. 나는 이 둘 모두 좋아한다.'라고 이와 같이 계속해서 생각한다는 뜻이다.

113. 이와 같이 '때와 인색함에서 벗어난'이라는 등으로 구분한 보시의 덕을 계속해서 생각할 때 "그때 그의 마음은 탐욕에 얽매이지 않고, 성냄에 얽매이지 않고, 어리석음에 얽매이지 않는다. 그때 그의 마음은 보시를 의지하여 올곧아진다.(A.iii.285)" 이와 같이 앞서 설한 방법대로(§66) 장애들을 억압할 때 차례에 따라 어떤 한 순간에 禪의 구성요소들이 일어나게 된다.

보시의 덕은 심오하기 때문에 혹은 갖가지 덕을 계속해서 생각함에 전념하기 때문에 이 禪은 본삼매에는 이르지 못하고 근접에만 이른다. 이처럼 이것은 보시의 덕을 계속해서 생각함을 통해 일어나기 때문에 보시를 계속해서 생각함(施隨念)이라 부른다.

114. 이러한 보시를 계속해서 생각함을 닦는 비구는 더 큰 양으로 보시하는 것을 향해 기운다.338) 탐하지 않는 잠재성향을 갖게 되고, 자애에 수순하며, 두려움이 없고, 희열과 기쁨이 커진다. 더 이상 통찰하지 못한다하더라도 적어도 선처로 인도된다.

> 그러므로 슬기로운 자는 항상 게을리 하지 말지니
> 이와 같이 큰 위력을 가진 보시를 계속해서 생각함을.

---

338) "['기운다'로 옮김] '*adhimutta*(결의)'는 '향하고 기울고 기댄다(*ninna-poṇa-pabbhāra*)'는 뜻이다.(Pm.161)"

이것이 보시를 계속해서 생각함에 대한 상세한 설명이다.

6. 신을 계속해서 생각함(天隨念)
devatānussatikathā

115. 신을 계속해서 생각함을 닦기를 원하는 자는 성스러운 도를 통해 일어난 믿음 등의 덕을 갖추어야 한다. 그 다음에 조용한 곳에 혼자 머물러, "사대왕천이 있고, 삼십삼천이 있고, 염라천이 있고, 도솔천이 있고, 화락천이 있고, 타화자재천이 있고, 범신천이 있고, 그보다 높은 천들이 있다. 이런 신들은 믿음을 구족하여 여기서 죽은 뒤 그곳에 태어났다. 나에게도 그런 믿음이 있다. 신들은 이런 계를 구족하여 … 배움을 … 보시를 … 통찰지를 구족하여 여기서 죽은 뒤 그곳에 태어났다. 나에게도 그런 통찰지가 있다.(A.iii.287)" 라고 이와 같이 신들을 증명(*sakkhi*)으로 삼은 뒤 믿음 등 자기의 덕을 계속해서 생각해야 한다.

116. 그러나 경에서는 "마하나마여, 성스러운 제자가 자신과 그 신들의 믿음과 계와 배움과 보시와 통찰지를 계속해서 생각할 때 그의 마음은 탐욕에 얽매이지 않는다(A.iii.287-88)"라고 설하셨다. 비록 이렇게 설하셨지만 그것은 신들을 증명으로 내세워339) 믿음 등 자신의 덕이 신들의 것과 같다는 것을 나타내기 위해 설했다고 알아야 한다. 왜냐하면 주석서에, "신들을 증명으로 삼은 뒤 자신의

---

339) "'무엇을 위해 증명으로 내세우는가? 믿음 등 자신의 덕이 신들의 것과 같다는 것을 나타내기 위함이다.'(Pm.162)"

덕을 계속해서 생각해야 한다."라고 분명하게 설했기 때문이다.

117. 그러므로 처음 [수행을 시작했을] 때 신들의 덕을 계속해서 생각한 뒤 그 다음 단계로 자기에게 있는 믿음 등의 덕을 계속해서 생각할 때 "그때 그의 마음은 탐욕에 얽매이지 않고, 성냄에 얽매이지 않고, 어리석음에 얽매이지 않는다. 그때 그의 마음은 신을 의지하여 정직해진다.(A.iii.285)" 이와 같이 앞서 설한 방법대로(§66) 장애들을 억압할 때 차례에 따라 어떤 한 순간에 禪의 구성요소들이 일어나게 된다.

믿음 등의 덕은 심오하기 때문에 혹은 갖가지 덕을 계속해서 생각함에 전념하기 때문에 이 禪은 본삼매에는 이르지 못하고 근접에만 이른다. 이처럼 이것은 신의 덕들을 계속해서 생각함을 통해 일어나기 때문에 신을 계속해서 생각함(天隨念)이라 부른다.

118. 이러한 신을 계속해서 생각함을 닦는 비구는 신들이 사랑하고 마음에 들어 한다. 믿음이 더욱더 깊어지고 희열과 기쁨이 커진다. 더 이상 통찰하지 못한다하더라도 적어도 선처로 인도된다.

> 그러므로 슬기로운 자는 항상 게을리 하지 말지니
> 이와 같이 큰 위력을 가진 신을 계속해서 생각함을.

이것이 신을 계속해서 생각함에 대한 상세한 설명이다.

일반적인 항목의 주석
pakiṇṇakakathā

119. 이 [여섯 가지 계속해서 생각함의] 상세한 가르침에서, "그 때 그의 마음은 여래를 의지하여 올곧아진다"라는 등으로 설하신 다음, "마하나마여, 올곧은 마음을 가진 성스러운 제자는 뜻에서 영감(*atthaveda*)을 얻고 법에서 영감을 얻으며(*dhammaveda*) 법과 관계된 기쁨(*pāmujja*)을 얻는다. 기뻐하는 자에게 희열이 생긴다.(A.iii. 285-88)"라고 설하셨다. 거기서 '이런 이유로 그분 세존께서는'이라는 등의 뜻을 의지하여 일어난 만족을 두고 **뜻에서 영감을 얻는다**고 했고, 성전을 의지하여 일어난 만족을 두고 **법에서 영감을 얻는다**고 했으며 둘 다로써 **법과 관계된 기쁨을 얻는다**고 설하셨다고 알아야 한다.

120. 신을 계속해서 생각함의 경우 신을 **의지하여**(*ārabbha*)라고 설한 것은 처음 단계에서 신을 의지하여 일어난 마음이나, 혹은 신들의 덕과 같고 신의 상태를 성취하는 [자신의] 덕을 의지하여 일어난 마음으로 설한 것이라고 알아야 한다.

121. 이 여섯 가지 계속해서 생각함은 오직 성스러운 제자들만이 성취할 수 있다. 불·법·승의 덕이 그들에게 분명하기 때문이다. 또 그들은 훼손되지 않음 등의 덕이 있는 계와, 때와 인색함으로부터 벗어난 보시와, 큰 위력을 가진 신들의 덕과 같은 믿음 등을 갖추었기 때문이다.

122. 「마하나마 경」(Mahānāma Sutta, A.iii.285-88)에서 세존께 예

류자가 의지하여 머무는 것에 대해 여쭈었을 때 예류자가 의지하여 머무는 것에 대해 설명하기 위해 이것을 상세하게 설명하셨다.

123. 「게다 경」(Gedha Sutta, 貪求經)에서도, "비구들이여, 여기 성스러운 제자는 여래를 계속해서 생각한다. 이런 이유로 그분 세존은 아라한이시고 ⋯ 그때 그의 마음은 올곧아진다. 그는 집착을 여의었고, 벗어났고, 방해로부터 벗어났다.340) 비구들이여 방해란 다섯 가닥의 감각적 욕망의 동의어이다. 비구들이여, 여기 어떤 중생들은 이것을 대상으로 삼아 청정해진다.341)(A.iii.312)"라고 하여 성스러운 제자들이 계속해서 생각함(隨念)을 통해 마음을 청정하게 한 다음 마침내 궁극적인 뜻에서 청정을 얻도록 하기 위해서 설하셨다.

124. 마하깟짜나(Mahā-Kaccāna, 대가전연) 존자가 설한 「삼바다오까사 경」(Sambādhokāsa Sutta, 障碍機會經)에서도, "경이롭습니다, 도반이여. 놀랍습니다, 도반이여. 아시는 분, 보시는 분, 아라한, 정득각자이신 세존께서는 중생들의 청정을 위하고 ⋯ 열반을 실현하게 하기 위해서 재가342)에서도 기회343)를 발견하셨으니, 그것은 곧 여섯

---

340) "['벗어났다'로 옮긴] 'vuṭṭhitaṃ'은 '벗어났다, 떠났다(apetaṃ)'라는 뜻이다. 이 모든 것은 억압에 관해서 말한 것이다. '탐욕으로부터(gedhamhā)'는 '방해로부터, 장애로부터(palibodhato)'의 뜻이다.(Pm.165)"
341) "'이것'이란 부처님을 계속해서 생각함으로써 얻은 근접삼매를 뜻한다. '대상으로 삼는다'는 것은 그것을 조건으로, 그것을 기초로 삼는다는 뜻이다. '청정해진다'는 것은 궁극적인 뜻에서 청정을 얻는다는 것이다. (Pm.165)"
342) "['재가'로 옮긴] 'sambādha'는 '군중'이란 뜻으로 여기서는 갈애의 오염으로 인해 근심이 있는 재가의 삶을 뜻한다.(Pm.165)"
343) "여기서 기회(okāsa)란 '출세간법을 증득할 수 있는 기회'이다.(Pm.165)"

가지 계속해서 생각함입니다. 무엇이 그 여섯입니까? 여기 도반이여, 성스러운 제자가 여래를 계속해서 생각합니다. … 이와 같이 여기 어떤 중생들은 청정해질 가능성344)이 있습니다.(A.iii.314-15)"라고 하여 성스러운 제자에게 궁극적인 의미인 청정한 법을 증득할 수 있는 기회가 되는 것으로 [이 여섯 가지 계속해서 생각함을] 설하셨다.

125. 「포살경」(Uposatha Sutta)에서도, "위사카여, 무엇이 성인들의 우뽀사타(포살)인가? 수단345)으로 오염된 마음을 청정하게 하는 것이다. 위사카여, 무엇이 수단으로 오염된 마음을 청정하게 하는 것인가? 여기 위사카여, 성스러운 제자는 여래를 계속해서 생각한다.(A.i.206-11)"라고 하여 포살을 행하는 성스러운 제자에게 마음을 맑히는 명상주제를 통해서 포살의 큰 결과를 보여주기 위해 설하셨다.

126. 『증지부』의 『열하나의 모음』에서도 성스러운 제자가 "세존이시여, 제 각각으로 머무는 저희들이 어떻게 머물러야 합니까?"라고 여쭈었을 때 머무는 [방법을] 보여 주기 위해서 이와 같이 설하셨다. "마하나마여, 믿음이 있는 자는 성취하고, 믿음이 없는 자는 성취하지 못한다. 부지런히 정진하는 자는 성취하고 … 마음챙김이 확립된 자는 … 삼매에 든 자는 … 통찰지를 가진 자는 성취하고, 어리석은 자는 성취하지 못한다. 마하나마여, 이 다섯 가지 법

---

344) '청정해질 가능성'으로 옮긴 원어는 'visuddhidhamma(청정한 법)'이다. 그러나 Pm에서 이것을 '청정한 고유성질, 혹은 청정해질 가능성'으로 풀이하기 때문에(Pm.165) 역자는 '청정해질 가능성'으로 옮겼다.
345) *upakkamena ti payogena.*(Pm.165)

(五根)에 굳건히 서서 여섯 가지 법을 닦아야 한다. 마하나마여, 여기 그대는 여래를 계속해서 생각해야 한다. '이런 이유로 그분 세존께서는 …'(A.v.329-32)"

127. 이와 같이 [여러 경에서 비록 성스러운 제자들에게 이것을] 설하셨다 할지라도 청정한 계 등의 덕을 갖춘 범부도 이들을 마음에 잡도리할 수 있다. 소문(anussava)을 의지해서라도 부처님 등의 덕을 계속해서 생각할 때 마음은 안정되고 그 힘으로 장애들을 극복하고 광대한 기쁨으로 위빳사나를 시작하여 아라한이 될 수 있기 때문이다.

128. 까따깐다까라(Kaṭakandhakāra)에 머물던 풋사데와(Phussadeva) 장로처럼. 그 존자는 마라가 만든 불상을 보고 '탐·진·치를 가진 이것도 이렇게 빛나는데 모든 탐·진·치를 여읜 세존은 얼마나 빛나실까'라고 부처님을 대상으로 희열을 얻고 위빳사나를 증장시켜 아라한이 되었다고 한다.

어진 이를 기쁘게 하기 위해 지은 청정도론의
삼매수행의 표제에서
여섯 가지 계속해서 생각함에 관한 해설이라 불리는
제7장이 끝났다.

옮긴이 · 대림스님

세등선원 수인(修印)스님을 은사로 출가.
봉녕사 승가대학 졸업.
인도 뿌나 대학교(Pune University)에서
빠라맛타 만주사의 혜품 연구(A Study in Paramatthamanjusa)로 철학박사 학위취득
현재 초기불전연구원 원장.

역서로 『염수경(상응부 느낌상응)』(1996),
『아비담마 길라잡이』(전2권, 2002, 12쇄 2016, 전정판 2쇄, 2018, 각묵스님과 공역),
『들숨날숨에 마음챙기는 공부』(2003, 개정판 2019),
『앙굿따라 니까야』(전6권, 2006~2007),
『맛지마니까야』(전4권, 2012, 5쇄 2021),
『니까야강독』(I/II, 2013, 4쇄 2017, 각묵스님과 공역)이 있음

청정도론 제1권

2004년 4월 16일 초판 1쇄 발행
2025년 3월 12일 초판 10쇄 발행

옮긴이 | 대림 스님
펴낸이 | 대림 스님
펴낸곳 | 초기불전연구원
　　　　경남 김해시 관동로 27번길 5-79
　　　　전화 (055)321-8579
홈페이지 | http://tipitaka.or.kr
　　　　http://cafe.daum.net/chobul
이 메 일 | chobulwon@gmail.com
등록번호 | 제13-790호(2002.10.9)
계좌번호 | 국민은행 604801-04-141966 차명희
　　　　하나은행 205-890015-90404 (구.외환 147-22-00676-4) 차명희
　　　　농협 053-12-113756 차명희
　　　　우체국 010579-02-062911 차명희

표지디자인 | 끄레 어소시에이츠

ISBN　89-953547-6-3 04220
　　　89-953547-5-5(전3권)

정가　30,000원